JN440825

세계의
꿈꾸는 자들,
그대들은
하나다

박수정의 남미 변두기 여행기

세계의 꿈꾸는 자들, 그대들은 하나다

지은이 / 박수정
펴낸이 / 강동권
펴낸곳 / (주)이학사

1판 1쇄 발행 / 2008년 8월 30일

등록 / 1996년 2월 2일 (등록번호 제 03-948호)
주소 / 서울시 종로구 안국동 17-1 우110-240
전화 / 02-720-4572 · 팩스/ 02-720-4573
이메일 / ehaksa@korea.com

ISBN 978-89-6147-116-9-03810

* 책값은 뒤표지에 표시되어 있습니다.
** 지은이가 남미에서 담아 온 더 많은 사진은 블로그에서 볼 수 있습니다(http://blog.daum.net/sonhadoresunivos).

이 도서의 국립중앙도서관 출판시도서목록(CIP)은 e-CIP 홈페이지
(http://www.nl.go.kr/cip.php)에서 이용하실 수 있습니다.
(CIP제어번호: CIP2008002466)

박수정의 남미 변두리 여행기

세계의 꿈꾸는 자들, 그대들은 하나다

박수정 지음

차례

꿈꾸는 자들,
그대들은 하나다:

브라질, 플로리아노폴리스

9월 11일 월요일

나를 안아준 사람

여기, 화장실 바닥은 깨끗하게 말라 있다. 오가는 사람들이 손을 씻는 세면대에도 물기 하나 묻지 않았다. 물 한 방울 떨어지지 않은 화장실이 오히려 야릇하다. 누군가 물 묻은 손을 털고 나가면 바로 물기를 닦아내는 사람이 있다. 머리가 희끗한 나이 든 여자.

나중에 한꺼번에 닦지, 속으로 생각하는데 화장실 들머리에 붙은 청결점검표가 떠오른다. 내 눈에는 지나친 노동으로 보이는데, 여자는 흥얼흥얼 콧노래까지 부르며 걸레질을 한다. 화장실에 세 번째 들러 눈길이 마주치자 모르는 척 그냥 가기가 뭣해 웃으며 꾸벅 인사를 하니 그이도 환하게 웃으며 인사를 받아준다. 서울에도 저 청결점검표가 있다고 하니, 내 손을 이끌고 가서는 표에 적힌 '조세피나'라는 이름을 가리키며 자기라고 알려준다. 일이 힘들지 않느냐는 물음에 새벽 6시부터 저녁 6시까지거나, 저녁 6시부터 새벽 6시까지 하루 12시간을 일한다는 말로 대신한다. 하루 24시간, 그중 일하는 12시간과 일하지 않는 12시간은 온전히 조세피나 자신의 시간일까.

어디 가는 길이냐고 물어 석 달 동안 남미를 다녀올 거라 하니 내 손을 잡는다. 건강하게 잘 여행하고 돌아가라고 빌어주고 넉넉한 품으로 꽉 안아준다. 카메라를 꺼내니 조세피나가 청결점검표 자기 이름 옆에서 웃는다.

헤어지고 나서 궁금했다. 언제인가, 서울 어느 건물에서 청소를 하는 노동자가 화장실 구석 바닥에 앉아 쉬는 모습을 보았다. 크고 좋은 건물, 화장실도 그야말로 빛나는 건물에서 일하는 노동자가 쉴 공간이 따로 없어서 화장실에서 쉬어야 하고, 화장실에서 밥을 먹어야 하는 걸 보면서 이게 말이 되나 싶었다. 조세피나는 어디에서 쉬고, 어디에서 밥을 먹을까. 다시 가보았다. 조세피나는 없다.

카메라에도 조세피나가 없다. 분명히 있어야 할 조세피나 얼굴이 없다. 언니한테 빌려 온 자그마한 카메라가 손에 익지 않았나 보다. 카메라 단추 하나 제대로 누르지 못하다니. 조세피나 얼굴을 잃은 게 왜 이렇게 안타까울까. 되돌아갈 때 여기, 남아프리카공화국 요하네스버그 국제공항 화장실에서 조세피나를 다시 만날 수 있으면 좋으련만. 당신이 내 손을 잡아주고, 안아주어 나 건강하게 잘 다니고 돌아갑니다, 라고 인사할 수 있으면 좋으련만.

먼, 길을 나서다

어제, 그러니까 9월 10일, 저녁 7시 30분에 출발한다던 비행기가 엔진에 이상이 생겨 밤 9시에야 인천 하늘을 날기 시작했다. 홍콩에 도착하면서 손목시계 바늘을 한 바퀴 뒤로 돌렸다. 처음 해보는 일이다. 밤 12시 7분이 밤 11시 7분이 되었다. 곧바로 남아프리카 항공 비행기로 갈아탔다.

남아프리카 공화국 요하네스버그로 가는 비행기는 사람들로 꽉 찼다. 사람들은 어떤 까닭으로 저 먼 곳으로 갈까. 여행을 가는 사람도 있겠고,

집으로 돌아가는 사람도 있을 테고, 일자리를 찾아 가는 사람도 있겠지. 요하네스버그로, 아니면 요하네스버그를 거쳐 더 먼 다른 곳으로. 결국 이동을 선택한 건 자신이겠지만, 선택을 하기까지는 얽히고설킨 일들이 있었을 것이다. 한 사람이 여기서 저기로 가지 않으면 안 될 그런 일들이.

밤새 승무원들이 바삐 오갔다. 몸이 마른 사람, 보통인 사람, 뚱뚱한 사람. 머리 모양도 긴 머리, 짧은 머리, 레게 머리, 핀을 찌른 머리, 하나로 질끈 묶은 머리, 빡빡 밀어버린 머리. 살갗도 검은 사람, 더 검은 사람, 하얀 사람. 여자, 남자. 그 다름이 좋았다. 여자 승무원들은 파란색 윗옷과 치마를 입고, 목에 스카프를 맸다. 옷은 낡아 빛바랬고 오래 입어 반들반들했다. 뜯어진 치맛단도 보였다. 낡고 바랜 것이 오히려 내겐 익숙하고 편안했다.

사람들에게 먹을 것을 나누어 주고, 잠자리를 챙기고, 깊은 밤 2시에 "면세Duty Free!"를 외치며 물건까지 팔아야 하는 승무원들은 노동자다. 밤하늘, 비행기 안에서 물건을 파는 걸 생각해낸 건 승무 노동자들이 아니겠지. 파는 일에는 때와 장소가 없는 건가. 면세 물품이 한 바퀴 돈 뒤, 승객들도 승무원들도 모두 쉬거나 잠들어 비행기 안은 조용했다.

새벽 4시쯤이었다. 어떻게 알았을까, 내가 목마른 걸. 잠이 깨어 흐린 불빛에 우루과이 작가 에두아르도 갈레아노가 쓴 『수탈된 대지』를 읽는데 왼쪽 어깨로 손가락 딱 하나 무게가 나비처럼 지나갔다. 남자 승무원이 아무 말도 않고 물을 건넸다. 한 손에 받쳐 든 넓은 쟁반에는 종류가 다른 주스들도 많았다. 어떻게 알았을까, 내가 주스보다는 물을 마시고 싶었다는 걸. 오랜 시간 사람에게 베푼 배려 담긴 노동이 사람 마음을 꿰뚫어보게 했을까. 임금 얼마로 매길 수 없는 무언가가 그 사람의 노동에 담겨 있다. 지난 밤, 물 한 잔 달게 마시면서 깨달았다.

나라 밖으로 처음 나가는데 참 오랫동안 비행기를 탄다. 어릴 때 살던 동네에 만신 할머니가 계셨다. 그 만신 할머니 말고도 가끔씩 점쟁이 할머니들이 동네를 지나치다 대문도 담도 없는 우리 집이 골목인 줄 알고 쑥 들어오곤 했다. 할머니들이 내게 해준 말을 무슨 부적처럼 가슴에 달고 있던 때가 있다. 아무도 기억하지 않고 나만 기억하는 이야기. 하도 오래되어 내가 지어낸 건 아닌가, 스스로 의심이 가는 이야기. 어릴 땐 친구들한테 대단한 예언을 전해주는 것처럼 자랑스럽게 얘기했고, 스무 살 시절까지만 해도 '그래 언젠가는' 하면서 가슴 한쪽에 간직해두었지만, 서른이 넘어서는 잊고 살다 어쩌다 한 번씩 떠오르면 희미하게 웃곤 했던 이야기다. "얘는 비행기 타고 다닐 애야. 이 나라 저 나라 다니면서 살 애야." 그 말을 들은 지 30년이 다 되어서야 긴 시간 동안 비행기를 탄다.

생각지도 않은 남미를 간다. 나무닭움직임연구소가 남미 6개 나라에 탈 워크숍과 일인극 공연을 가는데 동행하게 되었다. 나무닭움직임연구소는 '몸의 움직임, 마음의 움직임, 소리의 움직임, 사회의 움직임(운동)과 탈, 꼭두, 그림자, 신화 등에 깃들어 있는 제의성을 기반으로 하는 제의 연극을 연구하는' 단체이다. 나무닭움직임연구소는 체 게바라 사후 40년을 기념하는 연극을 준비한다. 이번 여행은 그 첫걸음이다. 연구소를 만든 장소익 선배가 처음 남미 얘기를 꺼냈을 때만 해도 그저 웃고 지나갔는데 이 비행기에 함께 앉아 있다. 장소익 선배와 연구소 작가인 임은혜 씨, 구로 문화공간 헐랭이밴드에서 음악을 하는 오유섭 씨와 50여 일 함께 움직인다. 그 뒤 남은 40여 일은 나 혼자 남미를 더 다니려고 한다.

홍콩, 요하네스버그를 거쳐 오는 동안, 비행기를 오래 타도 힘들지 않아서 내가 비행기 타고 다닐 사람이구나 싶었는데, 상파울루 가는 이 비행기는 점점 힘들어진다. 요하네스버그에서 아침 10시 20분에 출발한 비행기에는 가족들이 많이 탔다. 해가 떠 있는 시간이라서 움직이는 사람도 많고, 이야기하는 사람도 많다. 시끌벅적한 시장 분위기다. 12시간을 잠으로만 견딜 수도 없고 될 수 있는 대로 즐겁게 가야 할 테니 나름대로 사람들이 찾은 방법이겠지. 긴 시간을 그리도 즐겁게 지내는 사람들이 대단하다. 비행기 안에 탄 사람들은 같은 나라 사람들도 아니고, 나이도 다르고 생김새도 다르다. 그 모든 다름이 오히려 같음을 느끼게 해준다. 오로지 사람이라는 같은 점 하나.

상파울루를 얼마 안 남겨두고 비행기가 죽 내려간다. 갑자기 속이 울렁거리고 머리가 어지럽다. 곧 공항에 도착하나 보다 했는데 그게 아니라 그 상태로 계속 난다. 더 이상 책을 읽을 수도, 말을 할 수도, 바깥을 볼 수도 없다. 그저 가만히 의자 등받이에 몸을 기대고 눈을 감는다. 참 멀리도 왔구나. 비싼 돈 들여 이 먼 곳으로 와 사서 고생하는구나 하는 생각이 확 밀려온다. 속이 진정되지 않자 온갖 후회하는 말들이 떠오른다.

9월 11일 낮 4시 55분, 상파울루 과룰류스 공항에 도착했다. 멀미가 여전히 가라앉지 않는다. 입국 절차를 밟으려고 줄을 서는데 갑자기 사람 냄새가 코를 파고든다. 후끈한 열기까지 더해져 잠들 줄 알았던 멀미가 더 심해진다. 비행기 안에서는 못 느꼈던 사람들 냄새. 보고 싶다고, 돌아가고 싶다고 해서 당장 집으로 달려갈 수 없을 만큼 먼 곳에 왔다. 나는 왜 이 먼 길을 나섰을까.

새벽, 변두리를 말하다

브라질 산타카타리나 주 플로리아노폴리스로 가는 비행기를 타기 위해 콩고냐스 공항으로 가는 무료 버스를 탔다. 버스 짐칸에 짐을 싣는 사람이 가방에 번호표를 붙이고 보관용으로도 번호표를 나눠 준다. 그리고 차근차근, 차곡차곡 짐을 싣는다. 급하게 서두르지 않는다.

산타카타리나 주는 브라질 남쪽에 있다. 플로리아노폴리스는 대서양을 바라보는 섬이다. 플로리아노폴리스 공항에 내리니 마노가 있다. 마노는 브라질예술교육가협회 코디네이터이다. 나무닭움직임연구소와 그동안 교류했고, 이번 여행에 각 나라 단체들을 연결시켜준 사람이다. 나는 예전에 마노가 나무닭움직임연구소 초청으로 한국에 왔을 때 두 번 만났다. 마노가 사는 곳에 와서 보니, 어쩐지 더 친근하게 느껴진다. 마노와 함께 가비, 안드레, 프레즐이라는 친구들이 우리를 마중 나왔다. 플로리아노폴리스 공항은 이전 공항들과는 달리 작고, 차분하다. 차를 타고 지나는 마을들도 좋은 느낌을 준다. 어둠에 잠겨 아무것도 제대로 보이지 않지만 어두우니 오히려 마음이 보게 된다.

함께 온 세 사람은 안드레네에서 묵고, 나는 가비네에서 묵는다. 가비와 이야기를 하다 보니 훌쩍 새벽 3시가 넘는다. 여러 행사장에서 구해 모아놓았던 배지를 가져왔는데 가비한테 마음에 드는 걸 고르라고 내놓고 보니 설명이 필요했다. 철거투쟁을 하던 곳에서 받은 배지에는 사람들이 사는 집을 굴삭기가 무너뜨리는 그림이 그려져 있다. 가비와 나는 정부에 맞서 투쟁하는 가난한 사람들을 이야기하고, 이주노동자 투쟁 배지를 보면서는 브라질이나 아르헨티나에 와 있는 볼리비아 노동자들과 다른 나라에 가 있는 브라질 노동자들을 이야기했다. 가비가 내 수첩에 '변두리cidodu satelite'라는 낱말을 썼다. 우리는 처음 만났지만 변두리라는 공간과 삶에도 있을 변두리를, 살아온 만큼 이야기 나누었다.

9월 12일 화요일

세 여자가 먹는 아침

잘 때는 좀 쌀쌀하다 싶었는데 자고 일어나니 이불 속이 따뜻하다. 언제 잠들었는지 모르게 짧지만 깊게 푹 잤다. 밖에서 소리가 나 시계를 보니 아침 8시다. 가비가 일어났나 싶어 나가보니 가비가 아니라 가비 친구 줄리에트다. 프랑스에서 지리학 공부를 하러 왔다고 한다. 줄리에트가 차 한 잔을 타줘 마시는데, 순하다.

창문으로 들어오는 햇살이 좋다. 가비가 일어나 우리 세 사람은 빵, 망고를 갈아 만든 주스, 커피를 아침으로 먹었다. 작은 바게트 빵을 속은 파내어 먹고, 빵 안에는 토마토 한 쪽과 채소를 조금 넣어 먹었다. 채소를 날것으로 씹어보니 향이 강해 입이 싸해진다. 열무 비슷한 맛이다. 가비는 채소와 과일, 곡식을 좋아한다고 한다. 식탁 위 바구니에 사과, 귤, 망고, 바나나, 고구마, 감자가 잔뜩 담겨 있다. 부엌 찬장에 둔 곡식도 보여주는데 쌀과 콩, 다른 곡식들이 여러 가지 있다. 가비 말이 브라질 사람들은 쌀과 콩을 기본으로 먹는다고 한다. "나는 음식을 사랑해. 음식 만드는 것도 사랑하고, 음식 이야기를 하는 것도 사랑해. 즉석식품이나 가공식품은 싫어. 집에서 직접 요리해 먹는 걸 좋아해." 그렇게 말하는 가비 부엌 찬장에는 내 부엌에 있는 것보다 훨씬 다양한 양념들이 있다.

가비가 브라질 가수 카르톨라 노래를 틀었다. 생각과 달리 조용하고 다정하다. 길게 몇 절씩 부르는 게 아니라 딱 한 절 부르고 나면 다른 노래로 바뀐다. 내 엠피쓰리에 담긴 노래를 틀었더니 〈나이 서른에 우린 어디에 있을까〉라는 노래가 나온다. 엠피쓰리를 구해다 준 사람이 노래를 담아놓았다고 했다. 무엇이 들어 있는지도 모르고 처음 틀었는데 이 노래다. 아직 스물 중반이 안 된 가비와 줄리에트는 나이 서른을 꿈꿔볼 수 있지만, 나는 이제 '나이 서른에 대체 뭘 했지' 하는 나이가 되었다. 두 사람을 보면서 '내가 더 어려 보이는데 뭘' 해보지만 자꾸 삐져나오는 흰 머리카락과 나이에 맞지 않게 굵어버린 이마의 주름살은 아무래도 감출 수가 없다.

떠오르는 해, 솔 나센치 마을

가비 집이 있는 트린다지 지역에는 산타카타리나연방대학이 있다. 가

'떠오르는 해'라는 뜻의 '솔 나센치' 마을. 산 전체가 집이다. 아직 덜 지어진 집들도, 허술한 집들도, 나무판자로 지은 집들도 있다.

비와 친구들은 모두 이 대학에 다니는 학생들이다. 이 친구들이 에스피랄[나선]이라는 모임을 만들어 활동한다.

늦은 낮, 에스피랄 친구들, 가비, 아드리, 제니스, 안드레, 프레즐과 함께 솔 나센치 마을을 찾아간다. '떠오르는 해'라는 이름에 맞게 마을은 높은 산마을이다. 언덕길을 오르는데 아직 덜 지어진 집들이 더러 있다. 붉은 벽돌에는 구멍이 뚫려 있다.

언덕 위에 솔 나센치 주민협회 사무실이 있다. 작은 사무실 안쪽으로는 주민들이 모일 수 있는 큰 강당이 있다. 주민협회에서 달마다 만드는 신문 이름은 협회 이름을 줄인 암솔AMSOL인데 O 자는 해로 그려 넣었다.

사무실 앞마당에서 보니 산 전체가 집이다. 산에 집을 짓고 사는 모습은 낯설지 않다. 지금은 개발이라는 이름으로 사라진 곳이 많지만 한국에도 얼마나 많은 달동네가 있었던가. 사라진 달동네 사람들은 어디로 갔을까. 이제 해와 달을 볼 수 없는 지하로 숨어들어야 한 것은 아닌지.

이틀 뒤 마을에서 장소익 선배가 일인극 '부네굿'을 공연한다. 마을 사람들한테 그 소식을 알리러 짝을 지어 돌아다녔다. 나는 안드레와 함께 복사한 전단을 들고 산길을 올랐다. 안드레 말로는 22년 전부터 사람들이 이곳에 집을 짓기 시작했단다. 그 수는 점점 더 늘어나는데 정부가 특별히 도와주는 건 없다고 한다. 7월에 나온 암솔 신문에 실린 사진을 보니 주민들이 직접 돌로 길을 깔았다.

들르는 집마다 개를 키운다. 아니 키운다기보다는 그냥 함께 산다. 안드레가 문 앞에서 사람을 부르면 개들이 컹컹 짖어대고, 그 소리를 듣고 사람들이 나온다. 에스피랄 친구들이 주민들과 함께 활동을 해서인지 모두 반가워한다.

책가방을 메고 집으로 돌아가는 아이들도 모두 아는 척을 한다. 아이들은 학교가 끝난 뒤 공동체 센터에 들렀다 오는 길이다. 방과 후 공부방인데 "놀기도 하고 운동도 하고 여행도 하고 공부도 한다"고 아이들이 얘기해준다. 집에 돌아와서는 "텔레비전 보기, 게임, 동물 돌보기, 음악 듣기, 자전거 타기를 한다"면서 "한국 아이들은 뭘 하고 노느냐"고 묻는다. "너희들과 똑같아"라고 대답해준다. 아이들 노는 게 별다르지 않다.

아이들이 자신들이 말하는 게 어떻게 들리느냐고 묻는다. 브라질 사람들이 말할 때 들어보면 어떤 때는 노래처럼 들려 그 얘기를 해주니 서로 보면서 씩 웃는다. 나보고 한국말로 말을 해보라고 하더니 자기들 이름을 한글로 써주란다. 수첩에 아이들이 말하는 대로 이름을 써주었다. 홉슨, 베아트리스, 샤이안네, 펠리페, 호베티, 릴리안. 그게 뭐라고 아이들은 신나 소리 지르고 서로 자랑하더니 지나가는 친구를 데리고 와 친구 이름도 쓰게 한다. 짧게 이야기를 나누었는데 아이들이 "당신은 참 아름다운 것 같다"고 해준다. 이런 말을 어디서 들어본 적이 있을까. 나도 다른 사람한테 이런 말을 하고 살았을까. 그동안 이런 말에 인색하게 살았구나. 다른 사람에게 아름답다고 말해주는 너희들이 정말 아름다운 사람이란다.

아이들과 헤어져 부지런히 산동네를 오른다. 안드레는 전단을 한 집에 한 장씩 주는 게 아니라, 그 집 식구 수대로 다 나누어 준다. 아주 어린 꼬마 아이까지도 달라고 손을 내민다. 그걸 어디에 쓴다고 보물을 얻은 것처럼 두 손으로 꼭 쥐고 좋아할까. 이렇게 주면 모자를 텐데, 한집에 산다고 '하나'가 아니라 한 사람 한 사람을 챙기는 게 여기 문화인가 보다.

높은 곳으로 올라갈수록 집은 점점 더 작고 허술해 보인다. 아래쪽에 있는 집들은 붉은 벽돌로 지었는데 더 높은 곳에 있는 집들은 거의 다 나무판자로 지었다. 나무판자는 크기나 모양, 빛깔이 다 제각각이다.

이제 끝이겠지 하고 고개 들어보면 더 위에 집이 있다. 바위 위에 지은 집도 있다. 아래쪽에는 돌로 길을 깔아놓았지만 높은 곳은 흙 길이다. 직각에 가까운 오르막길도 있다. 아이들은 그 길을 다다다다다, 숨도 쉬지 않고 달려서 오르내린다.

한 아주머니가 들어오라고 한다. 나무판자로 만든 집. 방은 커튼으로 나누어져 있다. 막 저녁을 먹었는지 탁자에는 빈 냄비들과 포크가 있다. 그런데 꼬마 아이들이 빈 냄비에 달라붙은 스파게티를 박박 긁는다. 배가 덜 찼을까.

주인 여자와 남자가 마시던 마테차를 안드레에게 권한다. 차가 담긴 잔에 보온병에 있는 물을 더 부어 그이들이 마시던 빨대를 그대로 꽂아 준다. 안드레는 천천히 마테차를 다 마신다. 주인 여자는 내게 마테차를 주지 않았다. 빨대를 그대로 쓰는 게 낯설어 내게도 마시라고 하면 어쩌나 속으로 망설였는데 다행이다 싶으면서도 막상 안 주니 조금은 서운하다.

그 집에서 나오는데 여자 아이가 우리를 향해 손을 흔들며 "차우(안

넝]!"라고 외친다. 안드레와 나도 뒤돌아 손을 흔들며 "차우" 하고 내려오는데 아이가 다시 큰 소리로 "차우" 한다. 몇 발짝 못 걷고 뒤돌아 더 큰 소리로 "차우" 하는데 아이는 다시 "차우" 한다. 아이 얼굴은 어둠 속으로 점점 파묻혀 들어가는데 그 "차우" 하는 소리만은 더 뚜렷해지고 밝게 들린다. 아이는 "차우"를 멈추지 않는다. 아이와 우리 사이에 차우가 한참 이어졌다. 어두워져 길도 안 보이고, 갈 길도 바쁘지만 아이가 손 흔들며 외치는 차우를 지나칠 수가 없다. 외따로 있는 집에서 아이는 그리운 게 많았던 걸까, 우리는 아이 집에 오랜만에 들른 손님일까.

내려가는 길, 사람들이 하루 일을 마치고 집으로 돌아온다. 허름한 배낭을 어깨 한쪽에 메고 땅바닥을 쳐다보면서 묵묵히 걸어 올라오는 사람들. 저녁거리가 담긴 비닐봉지를 들고 걸어오는 사람들. 아침이면 저 산 아랫마을로 내려갔다가 해가 지면 산 위로 돌아오는 사람들. 지구 반대편에 와서 내 사는 곳, 가난한 사람들을 만난다.

9월 13일 수요일

예술, 길모퉁이에서 피어나다

낮 4시. 플로리아노폴리스 발전노조와 브라질예술교육가협회, 에스피랄이 마련한 거리문화제가 플로리아노폴리스 시내 길거리 한 모퉁이에서 열렸다.

발전노조 사람들이 작은 음향기를 하나 놓고, 노조 활동을 소개하는 홍보물을 전시했다. 길바닥에는 크고 긴 종이를 깔아놓고 붓이랑 그림물감과 물통을 놓았다. 어디선가 아이들이 나타나 하나둘씩 모이더니 붓으로 그리기도 하고 그냥 맨손으로 그리기도 하고 맘 가는 대로 그림을 그린다. 공연을 보러 온 엄마 아빠를 따라온 아이들인가 했는데 아니다. 원주민인 엄마 아빠는 저만치서 수레를 놓고 장신구나 자그마한 악기들을 판다. 언니, 오빠들은 학교 가고 부모가 장사 나오면 혼자 남는 아이들이 엄마 아빠를 따라 나와 하루 종일 거리에서 논다. 과라니 사람이라고 가비가 알려준다. 차로 14분 떨어진 거리에 과라니 사람들이 사는 마을이 있다고 한다.

에스피랄 친구들도 바쁘게 준비를 한다. 전자제품 가게 유리창을 거울 삼아 얼굴에 그림을 그린다. 안드레가 갈색 전지에 글을 쓴다. "우리에게 예술은 왜 필요한가?", "탐색·탐구·탐험 없이 진보는 가능할까?"라고 안드레와 친구들은 묻는다. 그 옆에서 나는 붓이 있는데 왜 손가락에 물감을 묻힐까, 왜 처음부터 손가락으로 쓰지 않고 볼펜으로 쓰고 위에 덧칠할까, 쓸데없는 생각을 한다.

우리에게 예술은 왜 필요할까. 사람들이 바쁘게 오가는 거리, 가게 안에, 거리 노점 위에 팔기 위해, 팔리기 위해 쌓아놓은 물건들이 무척 많다. 많고, 바쁜 그 속에서 예술은 무얼까? 쫓기듯 쫓듯 걷는 사람들이 몇 초 안 되는 순간이지만 눈길을 돌리고, 단 몇 분이지만 발걸음을 멈추고 거리문화제를 준비하는 사람들을 본다. 예술은 '잠시 멈춤'일까. 잠시 멈추고 생각해보자는 것일까. 어디로 가는지, 왜 가는지, 무엇을 원하는지 묻기 위해 잠시 멈추자는 것이 예술일까.

안드레가 전지에 쓴 글들은 다 묻는 말들이다. 예술은 어쩌면 '물음'일지도 모르겠다. 잘 안다고 생각하는 것들을, 당연하다고 여기는 것들을 정말 그러한가라고 묻는 물음. 나는 물음을 잊고 살지는 않는지, 더 이상 묻는 일 없이 사는 건 아닌지, 안드레가 쓴 글자들이 팔짱 끼고 나를 쳐다본다.

모든 준비가 끝나고 공연을 시작했다. 부네 탈을 쓴 배우가 맨발로 걸어 나온다. 말 한마디 없는 공연을 사람들도 아무 말 없이 바라본다. 작은 솟대 네 개에 화선지가 꽂혀 있다. 소원지이다. 사람들은 화선지에 '모두를 향한 사랑'이라고 썼고, '평화, 다름을 존중하기'라고 썼다. 사람들이 바라는 것은 돈이나 명예, 좋은 집이 아니다. 사랑과 평화다. 그리고 그 사랑은 한 사람이 아니라 모든 사람을 향하고, 평화는 우리가 서로 다름을 인정하는 것에서 시작한다. 사랑과 평화는 바로 그런 것이었구나. 사랑 끝, 평화 끝이 아니라 말에 담긴 뜻을 찾아 들어가야 사랑을 할 수 있고, 평화를 이룰 수 있겠구나.

바닥에 그려놓은 브라질 지도 위에 발전노조에서 만든 노란 윗옷이 있다. 브라질 땅에 어느 한때 드리웠을 아픔과 어느 길에 쓰러져간 사람들을 그리며 배우가 그 옷을 품에 안는다. 물과 꽃씨를 브라질 지도 위에 흩뿌린다. 상처에서 새싹이 움틀까. 소원지를 태우면서 부네굿이 끝났다. 부네굿을 보는 동안 사람들은 눈을 떼지 않고, 소리 내지 않고 부네굿 속으로 깊이 빨려 들어갔다.

부네굿 다음으로는 즉흥 시낭송회다. 초등학생쯤 되어 보이는 여자 아이가 나와 시를 낭송하고, 에스피랄 친구들도 시를 낭송한다. 시낭송회는 그이들한테 익숙해 보인다. 이렇게 아무나 나와 하고 싶은 대로 그 자리에서 시를 낭송하는 건 처음 본다. 사실 앞에서 사람들이 읊는 시가 사랑을 이야기하는지, 사회를 이야기하는지, 세계 평화를 이야기하는지 나는 모른다. 하지만 뭔가 거창한 것을 말하지 않고 가슴속 작은 이야기들을 꺼낸다는 걸 느꼈다. 그냥 무턱대고 내 시를 들으라가 아니라, 나는 당신과 함께 이야기하고 싶습니다, 라고 말을 걸었다.

아프로브라질Afro-Brasil 리듬인 마라카투 음악을 하는 '시리 고이아'라는 젊은 그룹이 나와서 여러 가지 북을 연주하며 노래를 한다. 사람들이 음악에 빨려 들어가 한데 어울려 춤을 춘다. 손에 물감이 덕지덕지 묻은 꼬마들도 조리를 끌면서 춤을 춘다. 그런 음악이 나오면 아무 생각 없이 그냥 몸을 흔들어대야 하는데, 나는 어정쩡하게 서서 박자도 제대로 못

부네굿을 한다. 바닥에 그려놓은 브라질 지도 위에 노란 윗옷이 놓여 있고, 그 주위로 작은 솟대 네 개에 소원을 담은 화선지가 꽂혀 있다(상단 원 참조). 사진 아랫부분의 솟대에 걸린 화선지에는 "평화PAZ"라는 글자가 보인다.

맞추면서 손뼉만 친다. 옆에 있던 한 여자가 온몸으로 춤을 춘다. 뒤로 질끈 묶은 머리를 풀고 한쪽 어깨에 멨던 가방을 뒤로 메고 여자는 가슴속에 든 모든 것들을 털어내려는 듯이 춤을 추는데, 여자 얼굴이 낯익다. 내가 아는 사람과 참 많이 닮았다. 눈매도 그렇고 세월이 축냈을 가녀린 몸매도 그렇다. 그러고 보니 이곳에서 만난 친구들을 보면서 내가 아는 사람들과 닮았다는 생각을 많이 했다. 언뜻 떠오르는 얼굴은 없지만 낯설지 않은 얼굴들이 많다. 어느 땅에서 누군가 총과 폭탄에 죽어간다면 그 사람은 내가 아는 누구일지도 모른다. 누군가 가난과 폭력, 전쟁에 목숨을 잃는다면 그 죽어가는 이가 어쩌면 나일지도 모른다.

말이라도 걸어보고 싶은데, 손이라도 잡아보고 싶은데, 음악이 멈추자 여자는 가던 길을 간다. 멀어져가는 저 여자의 긴 머리를 한참 쳐다본다. 세상 어디쯤 나를 닮은 이도 있을까. 만나고 싶다.

음악이 끝나고 사람들은 흩어져 제 갈 길을 가는데 꼬마들은 여전히 남았다. 엄마 아빠는 아직 짐을 꾸리지 않았다. 에스피랄 언니, 오빠, 누나, 형들한테 업어 달라거나 안아 달라고, 빙빙 돌려 달라고 매달린다. 꼬마들은 쉽게 흥분을 가라앉히지 못했다. 어른들은 쉽게 신명을 거두어들이고, 언제 그랬냐는 듯 뜨겁던 몸과 마음을 차갑게 식히지만, 꼬마들은 끝까지 간다. 너무 돌아 어지러우면 그대로 보도블록 위에 드러누워 밤하늘을 바라본다. '이제 끝났어, 그만'이라고 말할 법도 한데 에스피랄 친구들은 힘들어 거친 숨을 몰아쉬면서도 아이들이 달려들면 다시 손을 잡아 빙빙 돌려주고 목말을 태워주고 안아주고 업어준다. 꼬마들 마음을 읽은 게지. 나는 두 번 돌려주고는 지쳐버렸다. 아이들은 품에 꼭 안길 만큼 작다. 작은 아이들을 안고 보니 그동안 내 아이가 아닌 다른 아이들을 안아준 일이 없었다는 사실을 깨닫는다.

9월 14일 목요일

작고 여린 평화

아침 10시 20분, 플로리아노폴리스 남쪽 모후 다스 페드라스 지역 프란시스코 비에이라 거리에 있는 아팜(APAM, 어린이와 청소년의 부모와 친구 협회)에 갔다.

아팜은 1989년에 이 지역 아이들을 위해 만들어진 교육 공동체이다.

이 지역은 어린이와 청소년들을 둘러싼 환경이 그다지 좋은 편은 아니라고 한다. 가난과 폭력, 성매매가 아이들이 선 자리이다. 아팜은 아이들이 '스스로 설 수 있는 능력을 키우고 지식과 정보를 얻고, 삶을 넓혀나가는 힘'을 길러내는 교육을 펼친다.

1층에는 아직 학교에 다니지 않는 어린이들이 지내고, 2층 넓은 강당에서는 학생들이 지낸다. 낮에 학교에 가는 아이들은 아침에 와서 다양한 활동을 하다 점심을 먹고 학교로 간다. 반대로 아침에 학교에 가는 아이들은 학교가 끝난 뒤 이곳으로 온다. 6살부터 17살까지 나이가 다양한 아이들이 함께 모인다.

나무닭움직임연구소에서 한지로 만든 노동자 인형을 가져왔는데 아이들이 돌려가면서 만지고, 부네탈을 써본다. 탈을 쓴 배우가 아이들이 평화나 사랑이라고 쓴 소원지를 한 장씩 불태울 때, 아이들은 아무도 시키지 않았는데 북을 가져다 짧고 긴박하게 치고, 그 소리에 맞추어 모두 두 팔을 내뻗어 흔든다. 종이가 불꽃이 되어 활활 타오르고 다시 재가 되어 사람들 가슴속으로 퍼져나가는 순간을 아이들은 몸으로 느끼고 나타낸다.

아이들도 연극을 준비했다. 악기를 연주하고, 노래를 부르고, 강당 여기저기 있는 동물 탈을 얼굴에 쓰고, 몸에 두르고 연극을 한다. 소를 붙잡고 울고, 뭐라고 이야기도 하고. 라파엘 선생님이 밖에 세워두었던 커다란 여자 인형을 가져온다. 아이들이 하는 연극은 가만히 멈추어 있지 않고 뛰고 달린다. 아이들은 연극을 보는 관객이 아니라, 노래를 듣는 청중이 아니라, 스스로 연극을 하고 노래를 하는 예술가들이다.

쌀밥에 브라질 콩 페이종을 물이 자작하게 끓여 얹고, 까끌까끌한 만조카 가루, 토마토, 고기 몇 점을 곁들여 아이들과 점심을 먹는다. 가비가 가장 좋아한다는 페이종과 만조카. 식당에서도 페이종과 만조카는 어디든 빠지지 않고 나온다. 어느새 나도 만조카를 보면서 아는 척을 하고, 밥

위에 듬뿍 얹는다.

아홉 살 크리스토퍼가 공책에 연필이나 펜으로 그린 그림들을 보여주더니 한 장 뜯는다. 내 이름을 물어 써주었더니 그림 위에 한글로 내 이름을 적어준다. 여섯 살 자메르손은 유리구슬 하나를 선물로 준다. 어릴 때 겨울이면 친구들과 세모를 그려놓고 구슬치기했던 그 구슬이다.

아팜 아이들이 한국은 지금 몇 시냐고 물어 브라질과 정반대로 밤이라고 하자 믿기지 않는다는 눈빛이다. 마야라, 나야라, 라파엘, 알란, 우안, 마르셀로, 제오니는 내게 가족을 묻고, 나이를 묻고, 이름을 묻는다. 플로리아노폴리스에서 서울까지 가려면 얼마나 걸리는지를 묻고, 바다도 있냐고 묻는다. 나는 어설프게 지도를 그리고 세 면이 모두 바다라고 알려주었다. '바다'라는 우리말을 아이들이 따라한다. 아이들이 내게 묻는 말을 내가 못 알아들을 때는 나이 지긋한 남자 선생님이 어떻게든 설명을 해주셨다. 선생님은 아이들 물음을 그냥 내버리지 않고 모두 소중히 챙긴다.

멈춘 듯 느린 낮, 건물 뒤로 돌아가니 작은 화단이 있다. 담벼락 구석에 만들어놓은 화단에서는 예쁜 꽃이 아니라, 작고 여린 푸성귀들이 볕 바라기를 한다. 나무 팻말에 '파스[평화]'라고 적혀 있다. 평화는 거대한 게 아니라 작고 여린 걸까. 따뜻한 햇볕과 부드러운 바람이 여린 잎들을 쓰다듬어준다.

9월 15일 금요일

꿈꾸는 자들, 그대들은 하나다

낮 3시, 플로리아노폴리스 시내 라세르다 쿠칭요 거리에 있는 발전노조 사무실을 방문했다. 발전노조는 오래된 2층 건물을 통째로 쓴다. 텁수염 더부룩한 맑스 사진도 걸려 있고, 노조의 활동을 담은 사진과 포스터들도 가지런히 걸려 있다. 오래된 건물이어서 그럴까, 문이 있는 방마다 많은 이야기들이 숨어 있을 것 같다.

한국과 브라질의 노동운동과 문화를 놓고 발전노조 사람들과 이야기를 나누었다. 발전노조에서 잡은 제목은 '살라다 지 이데이아스'로, 과일 샐러드를 먹으면서 생각을 나눈다는 것이다. 강당 뒤편 둥그런 탁자에 여러 가지 과일을 섞어서 샐러드를 만들어놓았다.

벽을 따라 의자를 둥그렇게 놓고 가운데 바닥에 그동안 노조에서 만든 자료집과 시집, 책갈피, 볼펜, 배지 같은 기념품들과 흙, 씨앗, 브라질 전통 악기들을 한데 모아놓았다. 한국에서 가져온 한미자유무역협정(FTA) 반대 스티커와 배지도 함께 놓았다. 작은 의식이었다.

발전노조는 1961년부터 활동을 시작했는데 노조에서 오랫동안 일한 사람들은 대부분 여자이다. 19년 동안 노조에서 비서로 일한 사람, 32년 동안 기획자로 일한 사람, 14년 동안 인권 분야를 담당한 사람, 18년 동안 사회조직 기획자로 일한 사람, 28년 동안 문화 교육을 담당해 일한 사람 등으로 최소 10년 이상을 한곳에서 일한 사람들이다. 그런데 그 오래된 활동들을 더 발전시켜 이어나갈 젊은 세대들이 눈에 보이지 않는 게 이들이 처한 문제이고 고민이라고 한다.

짧게 자른 머리카락이 새하얀 지노는 발전노조에서 문화를 담당한다. 노조에서 사진, 영상, 춤, 문학, 시 관련 강좌를 열어 시집을 발간하거나 발표회를 한다. 한 기마다 매일 3시간씩 해서 열흘간 강좌를 진행한다. 모두 서른 시간 교육이다. 보통은 문화 교육 단체에서 할 법한데 노조에서 직접 그런 교육을 진행하는 게 눈에 띄었다. 시집만 해도 한두 권이 아니다. 노조에서는 어떻게 이런 교육을 하게 된 걸까, 지노에게 물었다.

"문화와 예술은 사람들이 서로 같다는 걸 알게 해준다. 이런 교육을 통해 서로가 쌓아놓은 경험과 품은 꿈을 교류했으면 한다. 인간, 인권, 꿈을 위해서.”

이 강좌에는 노조원뿐만 아니라 학생, 시민들도 참여할 수 있다. 강좌를 통해 만든 시집을 살펴보니 전기 기사, 기술자, 교육자, 배우, 학생, 변호사, 비서, 예술 교육자 등 다양한 사람들이 한데 어우러졌다. 회비로 15헤알을 낸다는데, 7,000원에서 8,000원 정도 된다.

“사람들은 강좌에 참여하면서 어떤 계기들을 만나고, 무감각했던 삶에서 역동성을 찾기도 한다”고 지노는 말한다. 사람들이 어떤 시를 쓰느냐고 물으니 “사랑, 투쟁, 삶”에 대해서 노래한단다. 노동과 운동이 문화와 예술을 만날 때 삶은 더 풍요로워진다.

모임 끝 무렵에 지노가 구호를 외쳤다. “세계의 꿈꾸는 자들, 그대들은 하나다!”라고. 나는, 당신은 지금 꿈을 꾸는가, 어떤 꿈을 꾸는가. 세상에 쉽게 주눅 들지 않는 꿈 하나 갖고 싶다.

9월 16일 토요일

현실에서 도망치지 않기 위해

이른 아침, 가비와 줄리에트와 함께 플로리아노폴리스 남쪽 해안으로 가는 버스를 탔다. 버스를 타고 가다 보니 길이 낯익다. 그저께 다녀온 아팜 가는 길이다. 승용차를 타고 갈 때는 못 보았는데, 버스를 타고 가니 보라, 파랑으로 페인트칠한 집들도 보고, 집을 짓는 노동자들도 보고, 우연히 만난 가비 친구도 보고, 마차에 어린 아들을 태우고 가는 아버지도 보고, 버스 정거장 뒤로 펼쳐진 황량한 벌판과 그 벌판에 딱 한 그루 서 있는 나무와 그 나무에 오줌을 누고 느릿느릿 돌아가는 개도 본다. 천천히 움직이면 보이는 게 많다.

아팜을 한참 지나 페리 호수 가까이 있는 밀레나 집에 도착했다. 나무닭움직임연구소 탈 워크숍 마지막 날, 에스피랄 친구들은 모두 밀레나 집으로 모였다.

처음 참가하는 친구들은 찬 바닥에 담요를 깔고 누워 얼굴에 석고붕대를 붙여 얼굴 틀을 만들었다. 미리 만들었던 친구들은 화선지를 손으로 찢어내어 하얀 탈에 붙였다. 벌써 다 만든 친구들은 탈을 쓰고 몸을 움직였다.

밀레나는 친구들과 함께 달삯을 내면서 산다. 학생도 있고, 창고에 유기농 곡식과 먹을거리를 갖다놓고 음식점에 배달해주는 일을 하는 노동자도 있다. 에스피랄 친구들이 탈 워크숍을 하는 동안 오토바이가 몇 대 들어왔다가 나가기도 하고, 잠시 다른 곳으로 간다고 짐을 옮기기도 하고, 여기에 사는지 아니면 놀러왔는지 여러 친구가 들락거렸다. 집은 넓지만 허름하고 세간도 통 없는데, 사는 사람들보다는 드나드는 사람들이 많아 어떨 때는 스무 명도 된다고 하니, 이 집은 아무래도 젊은이들의 자유 지대인가 보다.

창고를 구경하다가 창고의 흐린 불빛 아래에서 밀레나한테 브라질 젊은 학생들은 어떤 고민을 하는지 들어보았다.

"요즘 학생들은 브라질 역사를 잊고 역사를 이야기하는 걸 중요하게 생각하지 않는다. 질문을 하지 않는다. 식민과 강제 노예 이주라는 역사 속에서 브라질은 어떤 얼굴인지 묻고 공부해야 하는데 그러지 않는다. 그리고 학생들은 현실로부터 도망치려고 한다. 출구가 없다. 사람들 대부분은 가난하고 적은 수만 부자다. 젊은이들이 꿈꾸는 건 돈, 전문직, 중심가에 사는 것, 각자 더 커지는 것이다. 높은 계급에 속한 학생들은 마리화나나 엘에스디LSD, 코카인, 술에 빠져 있기도 하다. 정치나 문화에는 관심이 없다. 나는 사람들과 맺는 관계, 꿈, 삶을 고민한다. 학교를 졸업하면 이곳이 아닌 다른 곳에 가 있을지도 모르겠다."

젊은 학생들이 역사를 잊고, 현실로부터 도망치려고 한다는데, 에스피랄 친구들은 모여서 함께 현실을 고민한다. 자기들이 공부하며 사는 곳, 가난한 산동네 아이들과 공부도 하고 놀면서, 공연을 통해 사람들을 만나면서 함께 꿈꾸어야 할 것이 무엇인지 찾는다.

나는 결코 노예가 아니다

저녁, 마노가 모는 낡은 차를 타고 헤네랄 비에이라 다 로사 거리 카이사 언덕의 높은 길을 올랐다. 언덕 맨 꼭대기, 돌계단을 오르니 몽트 세라 성당이다.

이 마을에 사는 여성들이 성당에 들어서면서 서로 반갑게 껴안는다. 이 여성들은 모두 아프리카에서 강제 노예로 끌려온 사람들 후손이다. 그이들 얼굴빛은 플로리아노폴리스에서 본 사람들 중 가장 검다. 몽트 세라 성당과 흑인여성공동체인 노예 아나스타시아 문화 센터는 교육과 건강, 문화와 관련한 일들을 하면서 아프리카 의식과 문화를 이어나가려고 노력한다. 이 여성들은 제일 높은 곳에 살지만 사회에서 가장 낮은 곳으로 내몰렸다. 브라질에서 생산된 많은 부는 분명 이들 조상들과 이들 손에서 나왔을 테지만, 이들은 늘 가난했고 높은 언덕에서 화려한 불빛을 한 저 아래 세상을 내려다본다. 하지만 이 여성들은 중심가 불빛을 쫓지 않고 여기서 자신들만이 밝힐 수 있는 불빛을 만들어나간다.

성당에 들어가니 벽 선반에 하얀 마스크로 입이 가려진 여성상이 있다. 노예 아나스타시아. 브라질 땅을 점령한 포르투갈은 1778년부터 기니아, 앙골라, 콩고에 사는 아프리카 사람들을 노예로 끌고 왔다. 아나스타시아는 앙골라에서 끌려왔다. 강제로 배에 태워져 리우데자네이루에 도착한 아나스타시아는 노예주에게 저항했다. 아나스타시아는 "나는 결코 노예가 아니다"라고 절규했다. 노예주는 아나스타시아 입에 재갈을 물렸다. 그리고 아나스타시아 목에 쇠로 만든 두터운 목걸이를 채웠다. 재갈과

쇠목걸이는 반항자, 저항자를 표시하는 낙인이면서 움직일 때마다 고통을 주고 천천히 죽음으로 내모는 고문 도구였다. 끝내 아나스타시아는 목숨을 잃었다. 죽어 곰팡이 핀 아나스타시아는 노예가 해방된 이후에나 땅에 묻힐 수 있었다고 한다.

토요일 저녁마다 어리고, 젊고, 늙은 아나스타시아 딸들이 성당에 모인다. 미사에서 신부님은 "우리 공동체는 희망을 갖고 한 발 한 발 걸어왔다. 마음속 눈을 감지 말라. 세상에는 희망을 잃은 사람들이 많다. 거리에는 이름을 잃은 사람들, 집 없는 사람들, 고통 받는 어린이들이 있다. 희망을 갖고 삶을 변화시키고 세상에 저항하자, 변화시키자"고 말했다. 몽트 세라 성당을 오르는 길처럼, 가파른 길에 놓이고, 가파른 길을 오르는 삶들이 세상에는 많다. 그 삶들, 외따로 떨어지지 않고 이렇게 한데 모이면 조금은 앞이 보이리라. 언덕길 오르는 것처럼 힘들고, 더디더라도.

미사를 보는 동안 사람들은 노래를 많이 불렀다. 성당 앞 오른쪽에 자리를 잡은 성가대(기타를 치는 사람과 노래를 부르는 사람이 세 명 있었다)가 따로 부르기도 하고 미사에 참여한 사람들이 모두 함께 부르기도 했다. 이들이 부르는 찬송가는 울림이 깊다. 목으로 부르는 노래가 아니기 때문이다.

성가대 대표인 프리실라는 이 마을에서 태어나 지금도 여기서 산다. 스물한 살 프리실라는 토요일마다 사람들과 모여서 성가 연습을 한다. 성가대에는 밴드도 있는데 프리실라는 가수이다. 젊은 사람들은 저 아래 시내에 머무르기를 더 좋아할 것 같은데 공동체 젊은이들은 높은 이곳을 떠나지 않는다. 물론 마을 젊은이들 모두가 다 그런 건 아니다. 프리실라는 "때때로 매우 슬프다"고 한다. 왜냐면 "젊은이들이 하는 생각이 현실적이다. 젊은이들은 더 이상 여기에 재미나 흥미를 느끼지 않"기 때문이다. 그렇다면 프리실라한테는 이 공동체가 어떤 의미일까.

"함께 변화시켜나가는 것이 내게는 큰 의미이다. 이 공동체 센터가 중요한 건 어린이, 젊은이, 앞날이 없는 사람들, 거리 사람들의 삶을 바꾸고 거리를 바꿀 수 있기 때문이다. 우리 역사는 우리가 만든다."

프리실라는 21세기를 산다. 하지만 프리실라 안에는 "나는 결코 노예가 아니다"라고 절규한 18세기의 아나스타시아가 산다. 21세기, 여전히 자본과 폭력이 사람들 옆구리에 비수를 들이대며 노예가 되기를 강요하는 시대에 프리실라는 당당히 "우리 역사는 우리가 만든다"고 말한다.

플로리아노폴리스에서 닷새를 지내면서 가장 많이 들은 말, 평화. 사람들은 모두 평화를 원한다. 아직 세상에 평화가 없기 때문에 사람들은 그토록 애타게 평화를 찾는 것이겠지. 플로리아노폴리스, 가난한 사람들은 아주 높은 곳에 산다.

9월 17일 일요일

버스를 타고 국경을 넘다

일요일 아침, 가비와 함께 집을 나섰다. 혼자 버스를 타고 아르헨티나 부에노스아이레스로 간다. 쿠바에 갈 땐 어쩔 수 없이 비행기를 타야 하지만, 나머지 나라들은 혼자 버스를 타고 가기로 나는 계획을 잡았다. 함께 온 다른 세 사람은 비행기로 이동한다. 시간을 맞추기 위해 나는 하루 먼저 이곳을 떠난다. 서울서 마노와 편지를 주고받으면서, 내가 버스로 움직일 거라고 하자 마노는 처음에는 위험한 일이라고 했다. 하지만 길이 있고, 다니는 버스가 있고, 이미 그 길로 다녀본 한국 여행자들도 많기에 그리 두렵지는 않았다. 어쩐지 남미는 버스로 다녀야 할 것만 같았다. 그리고 무엇보다 나라 간 이동을 비행기로 다 하기에는 내 주머니도 마음도 부담스러웠다. 어젯밤, 마노 남편 단이 결국 혼자 버스로 이동을 하고 나중에도 혼자 40여 일 여행을 할 거라는 내 얘기를 듣고는 나보고

'강한 여자'라고 했다. 나는 워낙 겁쟁이인데 단 말대로 강한 여자가 되어야 한다.

가비가 어제 만들어놓은 빵과 귤을 챙긴다. 내가 수돗물을 끓여 물병에 담고 차 티백을 하나 넣자 가비가 좋은 생각이라며 자기도 한 병 만든다.

시내로 가는 버스를 기다리는데 여기는 남쪽에서 북쪽으로 도는 버스, 북쪽에서 남쪽으로 도는 버스가 있다고 한다. 이쪽 찻길과 맞은편 찻길을 눈여겨보다가 건너편 차가 먼저 와서 얼른 건너서 탔다. 이런 버스를 타고 이 마을 저 마을을 돌아보는 건데 뒤늦게 아쉽다.

히타 마리아 터미널은 한가했다. 150헤알, 우리 돈 6만 8,000원을 주고 산 플루마 버스표. 가비가 종이에 새 한 마리를 그리더니 떨어져 나온 깃털을 그린다. 플루마는 무척 부드럽고 얇은 깃털을 뜻하는 거란다. 깃털처럼 가볍게 날아 아르헨티나로 날 데려다 주려나. 플로리아노폴리스에서 부에노스아이레스까지는 26시간 걸린다고 한다. 내일 낮이 올 무렵에는 다른 나라에 가 있는 거다. 26시간이라. 명절 때 도로가 막혀 아예 차를 세워놓고 자면서 가느라 14시간 걸린 적은 있지만, 26시간 동안 차를 타본 적은 한 번도 없다. 그게 어떤 건지 모르니까 아무 생각 없이 차를 탄다. 남미에 와서 처음 혼자가 된다.

짐을 싣고 번호표를 챙기고, 가비와 인사를 하고 차에 탔다. 차가 떠날 때까지 가비가 목을 빼고 나를 본다. 가비 얼굴이 멀어지는데 눈물이 툭 떨어진다. 눈물이 떨어지니까 집 생각이 난다. 터미널은 헤어지는 곳이고, 헤어지는 건 눈물을 만든다.

옆자리에 몸집이 큰 여자가 앉았다. 위아래 모두 검은색 옷을 입은 여자는 포르투알레그리까지 간다고 한다. 귤을 꺼내 여자와 나누어 먹었다.

새벽까지 짐 챙긴다고 잠을 설쳤더니 졸렸다. 한참 자다가 눈떠보고 다시 자다 눈떠봐도 여전히 산타카타리나다. 가도 가도 산타카타리나다.

브라질 땅이 넓긴 넓구나.

낮 1시 40분. 남쪽으로 계속 달려온 버스는 아라랑과에서 멈추었다. 휴게소 화장실을 갔더니 요금을 받는다. 돈을 내면 화장지도 준다. 버스에 화장실이 있긴 하지만 달리는 화장실보다는 돈을 내더라도 멈추어 있는 화장실이 낫다.

휴게소 앞에는 브라질을 빠져나가는 차와 브라질로 들어오는 차들이 나란히 서 있다. 휴게소 바깥으로는 들판이다. 바람이 분다. 멀리서 혼자이니 기분이 묘하다. 우루과이에서 출발한 버스를 타고 플로리아노폴리스로 간다는 여자와 잠시 너른 들판을 함께 보았다. 쉰이 훨씬 넘은 여자는 프랑스에서 태어났는데 지금은 브라질에서 산다. 내게 어디로 가느냐고 물어, 아르헨티나를 거쳐 여러 나라를 다닐 거라 하니, "아름다운 계획"이라고 한다. 아무것도 확실한 것 없이 여행길에 나선 내게 여자가 한 말은 작은 힘이 되어준다. 돈도 빚지고, 마음도 빚지고 떠나온 여행, 아! 그냥 가는 거야!

5시 40분, 세계 사회 포럼이 몇 차례 열려 기사를 통해 이름만 들어 아는 포르투알레그리를 지난다. 사람들이 모여 "다른 세상은 가능하다"고 했다지.

여자가 내리고 나니 자리가 허전하다. 버스 터미널을 빠져나와 과이바강 위를 지나는데 다리 아래 무언가가 있다. 창문에 이마를 대고 보니 사람들이 사는 천막이다, 허름한 집들이다. 후미진 곳에 사람들이 사는구나. '후미진 곳', '후미지다'라는 말을 입속으로 되뇌어본다. 마치 처음 발견한 말처럼. 우리가 삶을 배울 수 있는 곳은 밝고 깨끗한 곳이 아니라, 후미진 그 어느 곳일 게다.

갈수록 사람들이 내려 차가 한가해졌다. 내내 차창 밖, 너른 들판을 보는 일도 해가 저물면서 힘들어졌다. 자다 깨다 자다 깨다를 되풀이해도 시간은 안 지나고 길은 멀다. 버스는 쉬지 않고 달린다.

시간은 어느새 자정을 넘고, 깊이 잠든 집들 사이로 차가 소리 없이 들어간다. 어둠 속, 아무도 다니지 않는 거리, 버스 불빛에 드러나는 집들. 마치 사람이 살지 않는 빈집들처럼 보인다. 잠자는 마을이 꾸는 꿈속에 살그머니 들어갔다 나오는 기분이다.

서쪽 끝, 우루과이아나에서 16시간을 운전한 기사가 가방을 들고 내린다. 운전기사가 바뀌었다. 승무원이 걷어갔다 돌려준 여권에는 브라질을 떠나는 확인 도장이 찍혀 있다.

아르헨티나 출입국 관리소에서 버스에 탄 5명이 모두 내렸다. 버스 안에서 의자에 푹 파묻혀 책을 놓지 않았던 마른 여자와 서프보드를 차에 실은 두 남자와 뒤에서 코를 골던 남자와 함께 출입국 관리소에서 한참 서 있었다. 담당자가 나와 아무 말 없이 여권을 한참 들여다본다. 이유도 없이 괜히 불안해진다. 5명의 여권을 돌려주지 않고 기다리라고 한다. 쌀쌀한 밤, 출입국 관리소에서 머문 25분은 무척 길기만 하다.

키 큰 나무들 머리끝에서 붉은 빛을 내뿜으며 해가 뜬다. 버스 타기를 잘했다. 달리는 길에서 낮과 밤, 아침을 맞고 보낸다. 아르헨티나로 넘어오면서는 계속 검문이다. 세이바스라는 곳에서는 군인이 차 안으로 들어와 검문을 했다.

버스 안에서 하루를 꼬빡 지냈다. 엔트레리오스 지방 구알레구아이추에서 차가 멈추었다. 엘 타게라는 휴게소 앞에 국제 버스들이 죽 늘어서 있다. 아르헨티나, 브라질, 파라과이, 우루과이를 오가는 길이어서 다른 곳보다 버스가 더 많다.

예정한 26시간이 지나도 부에노스아이레스는 쉽게 나오지 않더니, 어느새 부에노스아이레스다. 부에노스아이레스로 들어가는 길목, 집들이 허름하다. 도시, 진짜 얼굴은 중심가 깊숙이에 있지 않다. 도시 들머리에 그 얼굴이 있다.

기억, 진실, 정의:

아르헨티나, 부에노스아이레스

9월 18일 월요일

아무도 기다리지 않는 레티로 버스 터미널

플로리아노폴리스를 떠나 스물일곱 시간이 지나니 아르헨티나 부에노스아이레스다. 레티로 버스 터미널. 문화 활동가인 카를라가 비행기로 도착하는 사람들을 태우고 버스 터미널로 올 거라고 했는데 버스가 늦어져 사람들이 기다리다 지쳤으면 어쩌나 걱정이 되었다. 혼자 버스로 이동하는 게 함께 온 사람들을 불편하게 하는 건 아닌가 싶기도 하고.

아는 얼굴들이 보이지 않았다. 언제 올지 모르는 버스를 기다리다 먼저 어디론가 가 있겠지 생각하면서도 혹시나 하고 넓은 터미널을 이쪽 끝에서 저쪽 끝까지 둘러보았다. 없다. 차라리 다행이다. 어느새 나는 기다려주지 않는다고 서운해 토라질 나이도, 낯선 곳에서 어찌하나 두려워할 나이도 아닌 그런 나이가 되었다. 천천히 이 상황을 풀어나가야 했다.

카를라의 전화번호가 적힌 수첩을 꺼내들긴 했는데, 공중전화기가 그렇게 많아도 어떻게 쓰는지 몰라 전화기 앞에서 어정쩡하게 서 있었다. 마침 터미널 안에 전화방이 있다. 한 사람 들어갈 만치씩 칸을 나누고 전화 한 대와 의자 하나를 놓았다. 번호표에 적힌 칸으로 들어갔다.

집인지 사무실인지는 모르겠지만 여러 차례 번호를 눌렀는데 아무도 받지 않는다. 어떻게 된 걸까. 통화가 안 되니 전화방을 나가야 하는데 나가기가 싫었다. 나가면 다시 배낭을 메고 막막해지니까. 그렇다고 장사하는 집에 그냥 앉아 있을 수도 없고.

위에 있는 건 아닐까 위층으로도 올라가보고, 아래에 있는 건 아닐까 내려가도 보고, 밖에서 기다리는 건 아닐까 터미널 밖으로도 나가보고, 다시 전화방에 들어가 수화기를 들어보고……. 터미널에 발을 들인 지 한 시간이 되어가는 데다가 터미널을 자꾸 들락날락하니 혹시 갈 곳 없는 사람처럼 보이지는 않을까 걱정이 되었다.

네 번째 전화방에 들렀을 때에야 마노가 떠올랐다. 버스를 타기 전 터미널 휴게소에서 가비와 차 한 잔 마시는데 마노가 가비 휴대전화로 전화를 했다. 무슨 일이 생기면 꼭 전화하라며 이미 아는 전화번호를 한 번 더 불러주었다. 브라질로 전화를 하니 다행히 마노가 바로 전화를 받는다. 다른 전화번호가 있는지 물어보니 휴대전화번호를 알려준다. 하지만 그것마저 연결이 안 되어 아무래도 오늘은 혼자 지내야 할지도 모르겠다고 마음먹는데 전화방 여자가 도와줘 간신히 통화를 했다. 카를라의 목소리를 듣긴 들었는데 방전이 됐는지 말하다 끊겨버린다.

통화를 하니 제법 여유가 생겼다. 대합실 의자에 앉아 사람들을 본다. 국제 버스를 타고 다른 나라에서 오거나 아르헨티나 여러 지역에서 부에노스아이레스로 오는 사람들과 부에노스아이레스를 떠날 버스를 기다리는 사람들에다가, 보내고 맞이하려고 나온 사람들로 대합실 안팎 모두 복잡했다. 위층은 버스표를 파는 곳인데 버스 회사도 무척 많았다.

기차도 그렇고, 고속버스도 그렇고 늘 어디론가 가는 사람들이 많다는 사실이 풀리지 않는 수수께끼 같았다. 주말도 아니고 명절도 아닌 때에도 여전히 사람들은 떠나고 떠나오고 그런다는 게 말이다. 생각해보면 내게는 특별한 날이 아닐지도 모르지만 그 누군가에게는 특별한 날일 텐데. 누군가 태어나고, 누군가 돌을 맞이하고 누군가 생일을 맞아 잔치를 하고 누군가 아프고 누군가 결혼을 하고, 누군가 죽고…… 그 누군가에게 무슨 일이 벌어져 다른 그 누군가는 기차를 타고, 고속버스를 타고 잠시 혹은 길게 다니러 가야 하는 것이겠지. 나는 단지 그 순간 한꺼번에 모여든 사람들을 볼 뿐이고 그이들 발걸음 거쳐 온 사연은 모르는 것이지. 죄다 고향을 떠나와 도시 노동자가 되어야 했으니 기차 타고 버스 타고 떠나는 일이 오히려 일상일지도 모르는 일. 레티로 역, 이 많은 사람들도 마찬가지겠지.

9월 19일 화요일

기억 · 진실 · 정의—5월 광장 어머니회

목요일 낮 3시 30분이면 어김없이 부에노스아이레스 5월 광장을 도는 사람들이 있다. 광장 바닥에 그려진 것처럼 하얀 머릿수건을 쓰고 침묵으로 한 걸음, 한 걸음을 떼는 사람들, 5월 광장 어머니회다. 침묵과 걸음은 저항이다.

1976년 3월 24일 군사 쿠데타로 정권을 잡은 호르헤 비델라와 군부는 그해부터 1982년까지 군사독재로 사람들의 숨통을 틀어막았다. 국가안보라는 이름으로 3만에 가까운 사람들을 납치하고 죽였다고 한다. 아르헨티나 모든 땅에서 어느 날 갑자기 사람들이 사라지고, 실종되었는데, 그이들은 10대 청소년이기도 하고, 젊은이들이기도 하고, 아이를 뱃속에 품은 사람이기도 하고, 끌려간 엄마한테서 막 나온 갓난아기이기도 하다. 노동조합원이기도 하고 농민이기도 하고 종교인이기도 하고 장애인이기도 하고 징집된 자이기도 하고 신문기자이기도 하고 교수이기도 하다. 집에서, 학교에서, 일하는 현장에서 강제로 끌려갔다. 그리고 아무도 그이들이 어디로 끌려갔는지 몰랐다. 무슨 일이 그이들한테 벌어졌는지 몰랐다.

딸과 아들이 학살당한 지 30여 년이라는 시간이 지난 지금 어머니들은 머리가 하얗게 세고, 등 굽고 무릎 아픈 할머니들이 되었다. 하지만 지금도 광장에 있고, 내일도 광장에 설 것이다. 왜냐하면 아직 세상은 저항해야 할 것으로 가득 차 있기 때문이다.

국회의사당 광장 가까이, 이폴리토 이리고옌 거리에는 5월 광장 어머니회가 있다. 5월 광장 어머니회가 운영하는 카페와 서점이 있는 1층으로 들어가면 안쪽에 어머니들이 모이는 사무실이 있다. 사무실 밖 벽에는 수많은 증명사진들을 붙여놓은 판이 걸려 있다. 녹색 판 위에는 "살아나기를 바란다", "산 채로 나타나라"라는 어머니들의 절규가 적혀 있다. 어머니들은 그랬다고 한다. "내 자식들, 산 채로 데려갔으니 산 채로 데려오라"고.

5월 광장 어머니회 사무실 벽에 걸려 있는 희생자들의 사진. 이 사진에 있는 사람만 400명이 넘는다.

회원 한 분이 며칠 전에 돌아가셔서 그 장례 관련한 모임을 끝내고 나온 어머니들과 잠시 만났다. 장소익 선배가 아는 원불교 부에노스아이레스 교당 장세욱 교무가 통역을 해주어 어머니들이 하는 얘기를 들을 수 있었다.

"우리는 더 이상 죽음을 슬퍼하지 않는다. 자본주의와 제국주의에 반대하고 저항한다. 모든 걸 돈으로 사는 사회를 거부한다. 우리는 인간적인 사회, 복지사회를 바란다. 죽음이 없는 사회를 위해서 활동한다. 그리고 해방을 원한다. 해방을 위해서 끊임없이 활동한다. 우리는 각자 자기 주머니를 털어가며 모여왔다. 우리가 주체가 되어 투쟁한다. 우리는 30년 동안 투쟁해왔다. 서점과 카페, 도서관을 만들고 대학을 만들어 젊은 사람들과 연대한다. 우리는 모든 일들을 우리가 직접 한다."

노동자, 농민, 학생, 지식인, 예술가, 활동가로 어떤 세상을 꿈꾸었을 딸들과 아들들. 그이들 꿈은 이제 어머니들이 꾸는 꿈이 되었다. 어머니들은 거침없이 말한다. 저항과 거부, 해방, 투쟁, 연대를. 세계 여러 단체에서 찾아와 사무실에 놓고 간 기념품들은 결코 장식품이 아닐 것이고 장식하려고 놓아둔 것도 아닐 것이다.

어머니들은 무척 바빴다. 자세한 이야기를 듣거나 나눌 시간이 없었다. 5월 광장 어머니회가 운영하는 대학이 궁금했다. 이름도 묻지 못했는데 한 어머니가 챙겨준 자료를 보니 대학 안내 자료가 있다. 대학 이름은 '5월 광장 어머니회 민중대학'이다. 그 이름 아래에 '투쟁과 저항의 대학'이라는 이름이 적혀 있다. 투쟁과 저항의 대학이라니! 너무 과격한가? 너무 멋진가? 본디 진정한 학문은 투쟁하는 것이고 저항하는 것일 게다. 전복하는 것일 게다. 구속하고 억압하는 것에 대해서, 거짓과 정의롭지 않은 것에 대해서, 불평등하고 폭력적인 것에 대해서. 공부는 그러라고 하는 것일 게다.

어떤 걸 함께 공부하나 살펴보니, 일반 전문 과정과 자격증을 주는 전문 과정, 필수 이수 교과, 세미나, 짧은 강좌 등으로 다양하게 나뉘어 있다. 정치경제학과 사회학, 사회심리학, 연구(조사, 수사) 저널리즘, 다큐멘터리 영화, 자본주의와 인권(비평 이론과 역사철학), 대중 교육, 협동조합운동, 심리극이 일반 전문 과정이다. 일반 전문 과정은 최소 2년에서 4년 동안 공부를 한다. 자격증을 얻을 수 있는 전문 과정에는 노동 사회, 법률, 진로지도 교육과 역사학이 있다. 모두 5년 과정이다. 누구나 들어야 하는 것은 체 게바라와 맑스에 관한 강좌, 5월 광장 어머니회 역사 강좌이다. 자본론 읽기, 맑스에서부터 라틴아메리카의 맑시즘에 관한 한 접근, 라캉 읽기, 아동 발달, 해방신학, 예술-회복과 사회 통합, 정치와 경제에 대한 체의 생각 읽기와 같은 세미나 프로그램도 있다. 볼리바리아노 강좌라는 이름 아래 라틴아메리카 역사, 아르헨티나 정치 역사, 아랍 세계 강좌를 개설해놓았다. 그 밖에 아르헨티나 노동운동 역사에 관한 강좌도 있다.

한국에도 3년 과정으로 운영하는 전태일을 따르는 사이버노동대학이 있다. 그 밖에도 다양하게 학교 밖 학교가 있는 것으로 안다. 학교 이름과 학번으로 자기를 소개하는 건 얼마나 부끄러운 일인가. 더불어 꿈꾸는 사회를 만드는 공부라면 한번 해볼 만하지 않은가.

옌볜에서 온 사람

장세욱 교무를 따라 우리는 옌볜延邊이 고향이라는 아주머니가 하는 식당에 가서 점심을 먹었다. 돼지불고기와 김치, 나물로 가득한 밥상을 받았다. 아주머니는 온 지 8년이 되었다는데 그동안 한 번도 옌볜에 가보지 못했다. 함께 살던 이들 얼굴을 8년 동안 보지 못한 거다. 일자리를 찾아 헤매고, 낯선 도시에 적응해가는 동안 시간은 훌쩍 가버리고 말았을 것이다. 가야지, 가야지 하면서 고향으로 가지 못하고 부에노스아이레스에 머무는 사람들이 많을 것이다. 돌아가리라는 바람은 바람을 맞고, 돌아갈 시간은 미뤄지고, 만남은 유예당한 채. 얼마나 더 견디어야 옌삔 가는 비행기를 탈 수 있을까. 그리움도 빛깔이 바래어지는 건 아닐까.

모르겠다. 돌아가는 것만이 최선은 아닐 테고, 여기에 정착하는 것도 한 삶이겠지만, 어디든 정들면 고향이라지만, 사람은 얼마큼 자기 삶의 주인이 될 수 있는 건지, 우리가 세상을 선택하는 건지, 세상이 우리를 선택하는 건지. 배 터지게 밥을 먹고 헤헤 웃는데, 속이 허하다.

샛길

헌책방에 들렀다가 저녁이 올 무렵, 혼자 코리엔테 길을 걸었다. 사람들과 만나기로 한 카를로스 가르델 거리까지는 전철역으로 다섯 정거장이었다. 사람들은 바쁘게 걸었다. 사람들은 가게 앞에 멈추어 주린 배를 간식거리로 채우기도 하고, '몽땅 천 원' 가게처럼 생활 용품을 싸게 파는 곳에 들르기도 하고, 가방이나 옷, 신발들을 예쁘게 진열해놓은 가게 유리문 앞에서 잠시 멈추어 눈길을 주기도 한다. 물결처럼 사람들 속에 파묻혀 길을 걸었다.

이 큰 길을 중심으로 이쪽과 건너편 저쪽 모두, 사이사이로 다시 길들이 이어진다. 나는 그 샛길을 살짝 쳐다만 볼 뿐, 성큼 그 길로 들어서지는 못한다. 분명 저 길에도 사람들이 다니고 있건만 나는 쭉 뻗은 길, 앞으로만 걷는다. 길을 잃고 싶지 않은 걸까. 샛길로 빠졌다가 돌아오는 길은 조금은 멀지 모르겠지만 그 길에서만 만날 수 있는 것들이 있다. 어젯밤 사람들과 함께 샛길에 서 있다가 종이 박스를 실은 수레를 끌고 가는 남자와 어린 여자 아이를 보았다. 수레를 끌고 밀고 가면서 손에 든 빵을 먹던 두 사람. 사람들은 '샛길로 빠지지 말라'고 할 게 아니라 더 많은 샛

길을 찾아야 하는 건 아닐까. 그래도 지금은 코리엔테 길로 쭉 걸어간다. 횡단보도 빨간 불 따위는 무시한 채 건너는 부에노스아이레스 사람들과 함께 모든 신호를 위반하며.

9월 20일 수요일

전화방

민족민주열사·희생자추모기념단체연대회의에서 일하는 이형숙 씨가 왔다. 서울서 남편이 챙겨 보낸 비정규직 철폐 노래 음반도 함께 왔다. 오기 전에 서울여성 노동자회 황현숙 선배가 노동자회에서 만든 포스트잇을 선물로 60개나 챙겨주고 엽서도 챙겨주었는데 어느새 바닥이 났다. 그래서 남편한테 전화로 사람들을 만나 선물할 만한 걸 보내 달라고 부탁했더니 노동자들이 투쟁하는 현장이면 어디고 스스로 찾아가 노래 부르고, 목재 공장에서 일하던 손으로 노래를 만들고 기타를 연주하는 가수 김성만 씨한테서 음반을 얻어다 보내주었다. 시디 케이스 하나당 음반이 두 개씩 들어 있으니 모두 50장이다. 다 꺼내고 나니 형숙 씨 큰 가방이 텅 빈다. 언젠가 친구가 "어떻게 인생이 빚만 갚고 사느냐, 쌓아놓기도 하고 살아야지"라는 말을 해서 한참을 웃었는데, 나는 있는 빚도 못 갚고 늘 빚을 지고, 쌓고 산다, 사람들한테.

선물 잘 받았다고 나는 냉큼 전화방으로 간다. 부에노스아이레스에는 전화방이 무척 많다. 전화를 다 걸고 나서 쓴 만큼 요금을 계산한다. 어떤 곳은 기본요금을 내게 하는 곳도 있고 어떤 곳은 기본요금 없이 통화한 요금만 받는 곳도 있다. 왜 이렇게 전화방이 많을까. 물론 외국인들뿐만이 아니라 아르헨티나 사람들도 전화방을 많이 이용한다. 카를라도 휴대전화를 가지고 있지만 그것은 받기 위한 것인지 전화를 걸 때는 전화방을 찾는다. 아무래도 그러는 게 돈이 덜 드나 보다. 나도 때때로 휴대전화는 받기만 하고 걸 때는 공중전화를 써야지 마음먹어보지만 어느새 휴대전화의 빠르기에 길들여져 쉽지가 않다. 카를라는 전화방을 찾아 길을 건너고 골목을 접어들고 그러던데.

브라질에서는 전화하기가 어려워 딱 한 번 수신자 부담 전화를 썼는데, 여긴 눈에 띄는 게 다 전화방이니 잘 왔다고 전화, 잘 있느냐고 전화, 온지 며칠 됐다고 집으로 전화다. 그리고 다시 잘 받았다고 전화를 한다.

전화방에 들어가보면 페루나 볼리비아로 전화 거는 사람들이 많다. 살던 곳을 떠나온 사람들, 이주해 노동하는 사람들이 많은 거다. 이곳 소식을 전하기 위해서, 고향 소식을 듣기 위해서, 해결해야 할 일이 있어서, 몸 한가득 그리움이 차버려서 더 이상 어쩌지 못해 그리움을 비우기 위해 사람들은 전화방을 찾을 테지.

칸막이가 대부분 투명한 유리라 옆자리 사람들이 다 보인다. 종이쪽지에 적힌 무언가를 보면서 불러주기도 하고, 희미한 웃음을 짓기도 하고, 무슨 이야기를 듣는지 심각한 얼굴로 입을 꾹 다물기도 한다. 가리봉 시장이 떠오른다. 그곳은 이제 중국 거리가 되었는데, 3년 전 중국 식료품점이 궁금해 들렀더니 전화기를 두어 대 놓고 중국으로 전화를 할 수 있게 해놓았다. 그냥 공중전화를 쓰면 되는 내게 그 전화방은 낯설었다. 지금 나는 먼 곳, 부에노스아이레스에 와서 전화방에 앉아 있다. 가리봉 그 전화방이 더 이상 낯설지 않다.

전화방에 앉아 서울을 향해 수화기를 들면 생각지 못한 물기가 목소리에 스며든다. 수화기를 내려놓고 나서는 청승맞게 질질 짜고. 왜 눈물이 나는지 모르겠다. 밥도 빨래도 청소도 안 해도 되고, 자다 깨는 일도 없고, 신나게 다니면 될 것을, 왜 질질 짜는지 모르겠다. 문을 열고 나오면 전화방 여자는 다 안다는 눈빛으로 나를 쳐다본다. 나야 얼마 있다 돌아가면 그만이지만 얼마일지 기약하지 않고, 기약하지 못하고 머무르는 사람들 마음은 어떨까. 어디 이곳뿐이겠는가. 서울은 안 그러겠는가. 가난한 사람들은 세계 곳곳으로 떠밀려 흘러갈 텐데. 몰아쳐 오는 파도는 묘하게 희망을 주기도 하지만, 파도에 휩쓸려 가 닿은 곳에서 입 안 한가득 모래가 서걱대기도 할 것이다.

아르헨티나 사람들은 '모퉁이'라는 말을 좋아한다고 장세욱 교무한테서 건네 들었다. 봄을 찾아 여기저기 헤매다 집 모퉁이에 벌써 와 있는 봄을 만나는 동화책을 아이와 즐겨 읽었더랬다. 저 모퉁이를 지나면 무엇이 나올까. 내가 찾는 그 무엇이, 내가 찾는 그 사람이 저 모퉁이를 지나면 나올까. 저 모퉁이 뒤에 벌써 와서 나를 기다리는 건 아닐까. 아니면 아직 오지 않았을까. 하지만 느닷없이 찾아오는 복병이 마찬가지로 저 모퉁이 뒤에 숨어 있을지도 모른다.

9월 21일 목요일

봄이 시작되는 날

남미의 다른 나라들은 비자가 없어도 갈 수 있는데 볼리비아만 비자가 필요하다. 아침 8시, 볼리비아 대사관이 있는 알시나 거리로 갔다. 그쯤이면 문 열기 전일 테니 맨 앞에서 기다려 재빨리 비자를 신청할 수 있겠지, 괜히 기다리느라 시간 버리지는 않겠지 하고 갔다. 그런데 이게 무슨 일인가. 아직 열지 않은 대사관 문 앞에서부터 사람들이 길게 죽 늘어서 있다. 줄 끝을 찾아 한참 걸어야 할 정도로. 도대체 몇 시에들 나온 걸까, 이 정도 줄이라면 새벽 6시 정도부터 서 있었던 걸까. 그나저나 모두 비자를 만들려고 온 사람들이란 말인가.

문이 열리기를 기다리는 이들은 볼리비아 사람들이다. 앞에 서 있는 남자는 볼리비아에서 와 옷을 만드는 공장에 다닌다고 한다. 아르헨티나로 일하러 온 노동자들이 뭔가 필요한 서류를 갱신해야 하는 거였다.

아기들은 엄마 품에 안겨 있고, 조금 큰 아이들은 엄마나 아빠 곁에서 놀기도 하고, 말없이 서 있기도 했다. 투정 부리고, 짜증 낼 법도 한데 아이들은 가만히 있다. 어른들도 마찬가지다. 아무도 기다림에 지쳐하거나 지루해하지 않는다. 당연히 해야 하거나 당연히 겪어야 하는 일을 하는 것처럼, 기다림이라는 형벌을 달게 받는 사람들처럼 그렇게들 서 있다.

아이를 안은 여자들은 정말 한 손으로 아이를 안고 있다. 뒤로 업어 포대기로 질끈 묶거나 앞으로 매거나 하지 않고 한 손으로 딱 안고 있을 뿐이다. 얼굴 하나 찡그리지 않고, 아이 엉덩이가 흘러내려 다시 추스르는 일도 없이 한 손으로 꽉 안는다. 견딘다. 아니, 견딘다는 말은 알맞지 않다. 뭐랄까, 어서 지치고 짜증 내라고 달려드는 기다림을 강요하는 세상에 '내가 지치나 봐라' 하며 짱짱하게 맞선다고나 할까.

한 남자가 배낭을 메고 신문을 잔뜩 들고 나타났다. 아르헨티나로 온 볼리비아 사람들이 단체를 만들어 펴내는 신문이었다. 한 부 샀다. 그래야 마음이 편할 것만 같았다. 신문 이름은 '회생'이다. 잠깐 선 채 눈에 띄는 사진과 낱말들을 훑어보니 볼리비아 모랄레스 대통령이 쿠바 아바나에 가서 카스트로를 만났다는 기사도 있고, 원주민 지역을 방문한 사진도 나왔다. 땅 어머니 파차마마Pachamama 이야기도 나오고, "굶주림은 범죄다, 굶주림은 야만이다"라며 빈곤에 대해 이야기하고, 볼리비아 인권운동과 관련한 이야기도 나온다. 신문을 다 읽어낼 수 있다면 좋으련만. 잘 접어 가방에 집어넣는다.

송금 회사에서 나온 사람들이 신청서를 가지고 다니며 사람들에게 설명을 한다. 여기에 서 있는 사람들은 아르헨티나에서 일을 해 번 돈을 볼리비아 집으로 보내야 하겠지. 보내는 돈으로 고향 가족은 먹을 것도 사고, 입을 것도 사고, 집도 고치고, 일거리도 알아보고, 새로운 일을 시작해보기도 하고, 공부도 시키고, 모아놓기도 하고, 그러다 누군가에게 떼이기도 하겠지. 돈은 눈 녹듯 사라지기도 하겠지. 돈 때문에 사람들은 웃기도 하고 울기도 하고 한숨 쉬기도 하고 소리치기도 하겠지. 저 송금 회사를 통하면 돈은 무사히 고향 집으로 갈까. 부디 부자는 등쳐먹지 못하고 늘 가난한 사람만 등쳐먹는 인간들 손을 피해 무사히 갈 수 있기를.

빵과 커피를 파는 사람들이 다닌다. 엄마들과 아빠들은 아이들 손에 빵 하나를 들려준다. 신문보다는 그래도 좀 더 팔린다.

카를라가 와서 비자를 신청하는 건 굳이 줄을 서지 않아도 된다며 문 열 때까지 어디 카페에 들어가서 기다리자고 한다. 줄에서 빠져나와 보니 뒤로 꼬리가 길게 이어졌다. 아침 햇살이 시린 줄을 말린다.

'봄이 시작되는 날'이라 거리에는 꽃이 넘쳐났다. 봄이 온 걸 기뻐하며 서로 꽃을 선물하는 날이라고 한다. 볼리비아 대사관 앞 사람들은 아무도 손에 꽃을 들지 않았다. 하지만 보인다. 그이들이 가슴속에 하나씩 키우는 꽃들이. 멀리 있는 누군가에게 마음으로 보내는 꽃들이. 매혹적이지도 화려하지도 않은 그리움이라는 꽃.

5월 광장 나무 아래 뿌려진 어머니

목요일 낮 3시 30분. 햇볕 따뜻한 5월 광장이다. 5월 광장 어머니회에서 활동하다 돌아가신 어머니가 자신을 땅에 묻지 말고 5월 광장에 뼛가루를 뿌리라고 했다고 한다. 아다 마리아, 94세로 며칠 전인 15일에 눈을 감았다는데, 아들이 독재 정권에 납치된 지 서른 해 되는 날이었다고 한다. 광장 한쪽, 나무들이 있는 곳에 뼛가루를 뿌렸다. 그 자리는 목요일마다 광장을 돌고 난 뒤 어머니들이 습관처럼 늘 앉아 쉬던 자리다. 오열도 통곡도 함부로 밖으로 내뱉지 않는 어머니들은 여느 때 목요일처럼 광장을 돌기 시작했다.

5월 광장 어머니회 회원들이 천천히 광장을 도는데, 가만 보니 5월 광

'5월 광장 어머니회'〈위〉와 '5월 광장 어머니회 설립자노선'〈아래〉이 5월 광장을 돌기 시작한다.

장 어머니회와 따로 현수막을 들고 광장을 도는 사람들이 있다. 5월 광장 어머니회 설립자노선이다. 그러고 보니 광장에는 책과 기념품을 파는 탁자도 두 군데에 나누어져 있다. 자료 하나를 사면서 전날 만났던 어머니들이겠거니 하고 인사를 했는데 상대는 영 낯설어해 조금 이상하다 했더니 내가 만났던 분들이 아니었다. 남미에 오기 전 자료들을 찾아 읽다가 5월 광장 어머니회가 두 단체로 나누어졌다는 글을 읽었는데 5월 광장에 와서 두 어머니들을 본다.

천천히 소리 없이 광장을 돌다 5월 광장 어머니회는 대통령궁이 보이는 데까지 걸어갔다. 몇 년 전에 한국 사회단체가 초청해 서울에 가보았다는 할머니가 지팡이를 짚고, 좀 더 젊은 할머니 팔을 의지해가며 한참 떨어져 저만치 앞서간 대열 뒤를 걸었다. 광장을 도는 30년 동안 성성했던 다리는 조금씩 늙어왔을 텐데, 그래도 걸음을 멈추지 않는 건 저렇듯 의지해가며 한길 걸어온 동지들이 있기 때문일까. 걸어가는 할머니 뒷모습을 카메라를 든 사람이 찍는다. 나는 다시 사진 찍는 그 사람을 찍는다. 사람, 몸짓, 걸음에서 뭔가를 읽어내되, 제대로 읽어낼 것, 거기에 없는 것을 덧붙이는 것은 아무래도 쓸데없는 짓이겠지.

5월 광장 어머니회 보나피니 대표가 연설을 하고 시위는 끝났다. 무슨 말을 했을까. 소리가 아니라 말을 듣고 싶었는데 내 귀는 쉽게 알아듣지 못한다.

한 청년이 슬픈 표정으로 서 있다. 공감하지만 슬픔을 위로해줄 말은 못 건네고, 청년이 충분히 슬픔에 잠길 자유를 방해하며 앞에서 한 말이 무엇인지 얘기 좀 해 달라고 했다. "일주일 전에 한 어머니가 죽었다. 우리에게는 매우 중요한 사람이다. 우리는 그를 잊지 못할 것이다. 계속 싸우겠다"라고 말했다고 힘없이 띄엄띄엄 전해준다. 대학에서 공부를 한다는 청년은 5월 광장은 "신성한 곳"이라고 내게 알려준다.

5월 광장 어머니회 설립자노선

사람들과 함께 피에드라스 거리에 있는 5월 광장 어머니회 설립자노선 사무실을 걸어서 찾아갔다. 일본에서 찾아온 사람과 약속이 있다고 해서 오랫동안 이야기할 수는 없었지만 갑작스런 방문에도 반가워해주었다.

어머니들이 하얀 머릿수건을 나누어 주셨다. 거기에는 "기억·진실·정의"라는 낱말이 새겨져 있다. 지나간 시간에 무슨 일이 있었는지 잊지 않고 기억하기, 독재 정권이 꼭꼭 가둬둔 진실을 찾아내기, 정의를 위해서 물러서지 않고 싸우기라고 혼자 낱말들 앞에 덧붙여본다.

30년이 다 되는 시간을 투쟁해온 아이다와 사무총장으로 일하는 크리스티나와 둘러앉았다. 추모연대 명예회복위원회 위원장으로 일하는 형숙 씨가 과거 문제 해결에 대해 물어 아이다가 그간 있었던 이야기를 들려주었다.

"1983년 12월 알폰신 민선 정부가 들어서고 장성급인 최고위 장교들을 재판에 회부했다. 아주 높은 장성급으로 14명에서 20명 가까이 무기징역을 선고받았다. 많은 재판이 진행되었다. 그러나 1986년 12월에 최종기소중지법이 공포되고, 이듬해인 1987년 7월에는 의무복종법이 공포되어 모든 게 다 허물어졌다. 알폰신 대통령이 민선이어도 군부의 힘이 커서 이 두 가지 법이 통과되었고, 범죄자들을 풀어주게 된 것이다. 1989년 메넴 대통령이 들어서고 나서 1990년에 조금 남은 사람들마저 다 풀어줬다. 우리는 이 법들이 만들어질 때부터 지금까지 이 두 법이 잘못되었다고 끊임없이 저항해왔다. 모든 인권 단체들이 이 두 법을 없애라고 요구해왔다. 당시 아르헨티나에서는 이 두 가지 사면법 때문에 재판을 할 수 없었다. 그래서 이탈리아, 프랑스, 스페인에 가서 피고 없이 재판해서 징계를 내리게 했다."

화해라는 이름으로 내놓았던 최종기소중지법과 의무복종법. 이 두 가지 법은 무려 3만 명에 달하는 사람들의 목숨을 앗아 간 범죄자들을 더 이상 형사 처벌하지 못하게 만들었다. 최종기소중지법은 인권범죄를 기소하는 데 있어서 법적 시한을 60일로 제한하는 것이고, 의무복종법은 실제 폭력을 행한 사람들은 상관이 내린 명령에 복종한 것이기 때문에 처벌이 불가능하다는 것이다. 최종기소중지법을 아르헨티나에서는 레이 데 푼토 피날이라고 한다. 푼토 피날은 마침표라는 뜻이다. 아무것도 해결하지 않고, 아무도 처벌하지 않고 마침표를 찍을 수 있을까.

"500명이나 되는 손녀, 손자들이 사라졌다. 이 아이들을 훔쳐다가 전리품으로 나누어 갖고 선물하고, 그 부모는 죽였다. 그런데 그 두 가지 사면법에 아이들 문제는 해당이 안 되었다. 미성년자 약탈과 은닉 범죄는 예외로 한 것이다. 그래서 아이들을 훔친 사람들은 구속되었다. 하지만 단순히 아기 유괴 정도 선에서 기소가 되어 감옥에 들어가고 큰 범죄로는 기소가 안 되었다."

당시 납치된 임산부들이 비밀 구금 장소에서 출산한 아기들 이야기이다. 수용소 담당자는 분명 밖에 있는 가족들에게 보내준다며 아기들을 데려갔는데 중간에 아기들은 사라져버렸다. 그 아기들은 엄마와 아빠를 고문하고 죽인 사람들 손에서 키워지게 되었다. 아이다는 '아세시노〔살인자〕'라는 말에 유독 힘을 주었다.

"이제까지 20여 년 동안 이 법을 없애기 위해 모든 인권 단체가 계속 노력했는데 성공하지 못했다. 그러다 2003년 키르츠네르 정부가 사면중지법을 승인했다. 의회에서 가결이 되었다. 그리고 2년 뒤인 2005년 비로소 대법원에서 이 두 법이 헌법에 맞지 않는다고 판결했다. 그래서 이번에 비밀 수용소를 감독했던 미겔 에체 콜라츠를 단순 범죄자가 아니라 엄청난 학살범으로 기소했다. 하지만 주도적인 범죄자인 로페스는 나타나지 않고 있다."

세계에는 아르헨티나와 마찬가지로 군사독재 정권이 학살을 저지른 나라들이 많다. 그리고 그 문제는 제대로 해결되지 않고 있다. 사회 통합이나 화해라는 이름으로 처벌하지 않고 그냥 덮어두기도 한다. 죽은 사람은 분명 있는데 죽인 사람은 없는 '광주'가 떠오른다.

"문제는 이 사람들이 이 범죄에 대해서 후회하지 않는다는 것이다. 다시 이런 일이 일어날 수 있다는 게 두렵다. 당시 이 범죄에 가담한 사람은 군인만이 아니다. 시민, 경찰, 신부도 있다. 앞으로 재판이 엄청나게 확대되어갈 것이다. 1976년 3월 24일, 쿠데타가 일어났는데 군인만이 일으킨 게 아니라 동조자가 많았다. 주교들이 군인들이 만든 단체에 소속되어 있었다. 우리도 가톨릭 신자지만 이건 너무 가슴 아프다. 물론 주교들 중에서는 그 군사정권에 가담하지 않고 대항해 학살당한 사람도 있다. 우리는 그 전에는 '사라진, 실종'이라는 낱말을 몰랐다. 그런데 1976년 군사 쿠데타가 발발하기 전에 벌써 2,000명이 실종되는 일이 일어났다. 군사 쿠데타 발생 1년 전인 1975년에 내 남동생과 아들이 실종되었다."

최고위 책임자뿐만 아니라 군대 내 고위급 장교에서부터 하급 장교와 장병까지, 비밀 구금 장소에서 직접 사람들을 다루었을 모든 사람까지, 게다가 동조한 시민들과 그 모든 사람까지 책임을 져야 하고 벌을 받아야 할 것이다. 어쩌면 아르헨티나에서는 폭풍이 일지도 모르겠다. 두렵더라도 넘어야 할 산이고, 건너야 할 강일 게다. '무초'는 '많다'는 뜻이다. 아이다는 범죄에 가담한 사람이 많다는 얘기를 할 때 "무초, 무초, 무초, 무초……"라고 했다.

처음에 하나였던 어머니회가 두 단체로 나뉜 이야기를 들었다.

"1977년에 모임을 시작했다. 그러다 1986년에 지금의 두 단체로 나누어졌다. 다 설명하긴 어렵다. 땅을 파서 그 유골이라도 건지는 것을 그쪽은 원하지 않는다. 그것을 받아들이고 안 받아들이고는 큰 차이가 있다."

어려운 문제다. 그리고 사실 나는 잘 모르겠다. 5월 광장 어머니회는 유해 발굴을 반대했다. 그리고 5월 광장 어머니회 설립자노선은 유해 발굴을 원했다. 한쪽 어머니들은 자식들이 살아오기를 바란다. 물론 살아올 수 없다는 걸 모르지 않는다. 어머니들은 당신들 눈으로 자식의 죽음을 확인하고 싶지 않다. 어머니들은 자기 가슴에서 자식들의 죽음을 인정하고 싶지 않은 것이리라. 다른 쪽 어머니들은 유골이나마 쓰다듬고 싶은 것이다. 눈앞에서 사라졌던 자식들 주검을 안고 가슴에 맺힌 풀리지 않을 한을 그래도 풀고 싶은 것이다. 자식들을 부여안고 실컷 울고 싶은 거다.

크리스티나 사무총장이 5월 광장 어머니회 설립자노선이 걸어온 역사를 정리한 자료를 주었다. '목요광장', 그 첫걸음은 1977년 4월 30일, 목요일 3시 30분에 시작되었다. 그때는 어머니 14명이 모였다. 그다음 주에는 배로 늘어났다. 그다음 주에도 마찬가지였다. 함께 광장을 돌던 이들이 더러는 죽고, 더러는 떠났겠지만 어머니들은 여전히 목요일이면 하얀 수건을 머리에 두르고 광장에 선다. 처음 모임을 시작하고 250일이 되던 날, 동료 아수세나가 실종되었다. 독재 정권이 어머니회를 탄압하기 시작한 것이다. 그 이틀 전에는 동료인 에스테르와 마리아, 인권 옹호자인 프랑스 수녀가 은폐된 구금 장소인 해군기술학교로 연행되기도 했다. 딸과 아들들이 당한 일을 언제든 이들도 당할 위험에 처했지만 어머니들은 물러서지 않았다. 아이다가 말한다.

"우리들이 원하는 것은 멋진 기념비에 사라진 사람들 이름을 쓰는 것이 아니라 죽인 사람을 기소해서 감옥에 보내는 것이다. 그 군사 정치하에 아무도 거리에 나설 수 없는 상황에서 우리는 거리로 나왔다. 왜? 우리는 어머니이기 때문이다. 우리는 이 사회에서 정의가 이루어지는지 지켜본다. 지금 그 정의는 학살자들을 빨리 기소하고 재판을 하는 것이다.

하지만 우리는 사형에 대해서는 반대한다. 우리와 함께 투쟁하는 조직에는 어머니들 모임, 노벨상 수상자 단체, 자매들, 형제들, 아들들 모임 등 10개가 있다. 절대 용기를 잃지 말고 나가자. 왜? 진실은 언제나 승리하니까. 거짓말로 나라를 건설할 수는 없다."

어머니들과 이야기를 끝내고 사무실을 천천히 둘러보았다. 사무실 벽 하나 가득 사라진 딸과 아들들 사진이 붙어 있다. 그때 나이와 사라진 날이 이름과 함께 적혀 있다. 엔리케는 1976년 1월 31일, 스물아홉에 끌려갔다. 죽은 아들 사진을 쓰다듬고 입 맞추는 엔리케의 어머니. 단 한 번만이라도, 결코 영원이 아니더라도, 단 일 년이, 단 하루가, 단 한 시간이 아니라 아주 짧은 순간에 지나지 않는다 할지라도 살아 있는 뺨을 만지고 입술을 맞출 수 있다면 하는 바람이 칼날이 되어 온 가슴을 후벼 파는 일이 어머니에게는 얼마나 많았을까. 아들 사진 앞에서 웃는 어머니 손을 잡아보니 따뜻하다.

복도에 아르헨티나 지도가 걸려 있었다. 그 지도에는 사람들이 납치당해 고문당한 곳, 비밀 구치소, 대량 학살지가 표시되어 있었다. 부에노스 아이레스, 마르 델 플라타, 라스 플로레스, 레시스텐시아, 산타페, 코르도바, 투쿠만, 후후이, 차코, 멘도사. 아르헨티나 어느 곳 하나 비껴가지 않았다. 남미에 가면, 아르헨티나에 가면 둘러보면 좋다고 여행 정보들이 알려주는 곳 중 어느 한 곳도 빠지지 않고 무참히 죽어간 사람들이 있는 것이다. 이 지도는 그러니까 학살 지도인 셈이다. 학살 지도는 아르헨티나에만 있지는 않을 것이다.

눈까마스

남미에 오면서 공책 한 권을 가져왔다. 그 공책에는 『눈까마스』(송기도 옮김, 서당출판사, 1988)라는 책을 읽으면서 옮겨 적은 글들이 있다. '눈까마스Nunca Mas'는 '절대 더는 안 돼!'라는 뜻이다. 알폰신 민선 정부는 '국가 실종자 조사위원회'를 만들어 독재 정권 시기에 자행된 납치·구금·실종·사망 진상을 조사하고 분석하게 했다. 위원장은 작가 에르네스토 사바토Ernesto Sabato였다. 1984년 9월 20일 보고서가 나왔다. 이 보고서는 '사바토 보고서'라고 불렸다.

사바토 보고서라는 게 있다는 것만 알았는데 우연히 도서관에서 『눈까마스』라는 책을 발견했다. 겉표지가 새빨갛다. 책을 펼치니 그 안은 시뻘겋다. 사람들이 당한 고통, 그 참혹함으로 피투성이다. 아니 새까맣게 타들어갔다.

앉은 자리에서 다 읽을 수밖에 없었다. 읽으면서, 책으로 읽고 이야기로 들은 광주가 생각났다. 고등학교 3학년이던 어느 날, 언니가 빌려 온 광주민중항쟁을 기록한 『죽음을 넘어, 시대의 어둠을 넘어』(전남사회운동협의회 편, 풀빛, 1985)를 밤새워 읽었다. 머리카락들이 낱낱이 곤두서버려 한참을 어찌할 줄 모르고 울기만 했는데, 이 책도 마찬가지다. 아시아에서, 남미에서 저 70년대는 과연 무엇일까, 인간은 과연 어떤 존재인가, 묻지 않을 수 없게 만든다. 『눈까마스』를 부에노스아이레스에서 다시 읽는다.

아이들이 보는 앞에서 부모들이 끌려갔고, 부모들이 보는 앞에서 자식들이 끌려갔다. "주말 깊은 밤"이나 "이른 새벽"에 침입해 반항할 틈도 없이 납치해갔다. 그렇게 잡혀간 사람들 머리에 두건을 씌웠다. 두건은 단지 앞을 볼 수 없게 만드는 물건이 아니었다.

"두건 씌우기는 피해자에게 절망감과 고뇌와 광기를 불러일으켰다. 두건이 씌워져 있으면 외부 세계란 존재하지 않는 것 같은 기분이 들었다. 아무런 보호도 받을 수 없으며 완전한 고독감을 느끼는 것이다. 무방비로 위험에 노출되었다는 느낌과 고립감, 공포감은 이루 말로 표현하기 어렵다. 볼 수 없다는 사실만으로도 정신력이 무너져버리고 저항심을 잃어버리는 것이다. '나요, 나요, 571번'. 두건 씌우기는 이미 효력을 발휘했다. 왜냐하면 나는 리산드르 라울 쿠바스가 아니고 이미 한 번호였을 뿐이다."

두건이 씌워진 사람들은 자기 이름이 아니라 번호를 기억한다. 그리고 "번호를 부르면 고문을 받아야 한다는 사실도 기억한다."

그이들을 내리누르는 공포, 그것은 인간이 이겨낼 수 있는 공포였을까. 아니 그 공포 속에서 살아남는다손 쳐도 영혼은 벌써 베어져 피 흘리지 않았을까.

"그 공포는 막연한 죽음에 대한 공포가 아니고 사라지지 않고 죽는 것, 또는 죽지 않고 사라지는 그런 죽음이었다. 죽을 사람이 사전에 어떤 통첩도 받지 않고 죽는 죽음, 즉 싸워보지도 않고 죽고, 죽어가면서 죽고, 또는 결코 죽지 않는 죽음 같은 것이었다."

고문으로 사람을 죽이기도 했지만, 산 사람을 비행기에 태워 바다에 버리기도 했단다. 수면제를 먹이거나 마취제를 주사해 잠들게 해놓고서 말이다. 그러고서는 납치된 사람들이 어떻게 되었는지, 어디에 있는지 가족들이 물을라치면 "관계 당국은 공식적으로 이 같은 사실에 대해서 전혀 모르는 일이라고 발표"했다고 한다. "군 복무 기간 중 실종된 자식들에 대해 부모들이 끊임없이 질문을 하면 공식 답변은 '탈영'이라는 한마디 말"뿐이었고.

보고서는 '그 시기 사법부'에게 묻는다.

"어떻게 동일한 방법으로, 그리고 많은 증인들 앞에서 이루어진 명백한 범죄들이 버젓이 용납될 수 있었을까? 어떻게 판사들이, 납치되었다가 풀려난 사람들의 증언을 수년 동안 청취하고도 한 건의 납치 사건도 판결하지 않았을까? 어떻게 한 군데 구치소도 검색하지 않았을까?"

이건 물음이 아니라 절규다.

임신한 채 잡혀온 사람들에게도 고문이 가해졌다. 그 안에서 아이를 낳아야 한다는 사실 자체가 고문이었을 것이다.

"가족에게 넘겨주겠다는 약속을 하고 태어난 지 2~3일 된 갓난애를 어머니로부터 빼앗아갔으나 아직도 이 아이들은 실종된 상태이다."

그렇게 실종된 아이들이 보고서 작성 당시 172명이었다고 한다. 신고된 숫자만이다. 아르헨티나에는 5월 광장 할머니회도 있다. 그 이름을 처음 보았을 때는 얼핏 이런 생각을 했다. 어머니들이 나이 드셔서 할머니가 되어서 할머니회라고 붙였나 보다고. 그런데 책을 보니 그 의문이 풀어졌다. 잡혀간 딸들이 아이들을 낳았고 그 아이들을 아직 품에 안지 못한 채 할머니가 된 것이다. 5월 광장 할머니회는 당시 손녀와 손자 25명을 찾았다고 한다.

"오랜 기다림과 관망 끝에 우리들은 잃어버린 손자들을 찾기 위해 모임을 결성하게 되었다. 모임을 결성한 후 먼저 깨닫게 된 것은, 우리들은 불과 100명밖에 되지 않았고 우리가 맞붙어서 싸워야 할 적은 너무나 많았다는 것이다. 왜냐하면 아직도 신고는 계속 접수되고 있었으니까."

끌려가는 엄마와 아빠를 보았던 아이들, 그 엄마와 아빠가 오기만을 하염없이 기다리던 아이들은 기다리면서 죽어갔다. 부모가 맞닥뜨렸던 공포와 고통은 그대로 아이들 마음에 물들어버렸다. 책에 12살 마르셀로 이야기가 나온다. 보고서는 마르셀로 외할머니가 들려준 이야기를 전해준다. 1976년 4월, 그러니까 그 아이가 6살 때 부모가 납치되었다.

"마르셀로는 수많은 시간을 창가에 서서 부모가 귀가하기를 기다렸다고 한다. 그리고 부모가 연행된 뒤부터 마르셀로는 할머니와 같은 침대에서 잠을 잤다. 이 어린이가 기다리던 부모는 다시는 나타나지 않았다. 그러던 어느 날 1982년 10월, 잠에서 깨어난 할머니는 옆에 죽어 있는 손자를 발견했다."

아이가 가진 희망이 다 죽어버린 걸까. 창가에 쏟아지는 햇빛이, 창가로 불어오는 바람이 부모가 죽었다는 걸 전해주었을까. 6년이라는 시간을 겪어보니, 시간이 가면 계절이 바뀌고 바뀐 계절은 다시 돌아오고 떨어진 꽃잎은 다시 피어나듯, 눈앞에서 잠시 사라졌던 것들이 어느 순간 되돌아온다는 것을 알았는데, 6년을 기다려도 오지 않는 엄마와 아빠는 십 년을, 백 년을, 천 년을 더 기다려도 올 수 없다는 걸 아이는 알아버렸을까.

모든 저항과 지항은 "권력을 전복"하는 것으로, 테러로 여겨져, 온갖 정치폭력과 탄압이 "국가 안보주의"와 질서 유지라는 이름으로 아무렇지도 않게 자행되었다. 아르헨티나, 남미에서뿐일까? 내가 사는 땅은 다를까?

사바토는 "우리가 정의와 진실만을 추구하는 것은 우리가 겪은 비극적 사건이 다시는 이 땅에서 반복되지 않도록 하기 위한 것"이라고 말한다. 그런데 불안한 그림자는 여전히 남아 있다. 『눈까마스』 서론에 이렇게 쓰여 있다.

"희생자와 가해자가 우리와 동시대인이고, 비극이 우리 땅에서 발생되었다는 것과 우리 역사를 오욕되게 한 장본인들이 아직도 진정하게 뉘우치는 말이나 행동을 보여주지 않았다는 것은 우리들에게 일말의 불안감을 갖게 한다."

지나간 일을 읽는다. 30년이나 지난 옛일을 읽는다. 그런데 읽으면서 자꾸 현재라는 생각이 든다. 무엇 하나 제대로 말끔히 맺고 끊는 일 없이 이어져온 역사 속에 살고 있어서일까. 옛날 일이라고, 옛 책이라고 치부하고 방치해온 것들을 다시 꺼내들어야겠다. 더 늦기 전에, 마음이 더 늙고 낡기 전에. 스무 살 시절 읽었던 책들이 마흔을 앞에 두고도 여전히 유효하다는 걸 『눈까마스』를 읽으면서 알았다.

9월 23일 토요일

볼리비아 노동자 공동체

카를라는 볼리비아 땅과 노동자들을 사랑한다고 한다. 정말 아름다운 사람들이라고 감탄한다. 부에노스아이레스 바호 플로레스에 볼리비아 노동자들이 모여 사는 곳이 있다. 바호는 '낮은, 작은'이라는 뜻이다. 플로레스 지역 아랫부분에 있기도 하지만, 플로레스가 잘사는 동네인데 바호 플로레스는 가난한 동네이기에 바호가 붙은 걸까.

카를라와 형숙 씨와 함께 바호 플로레스로 갔다. 다른 세 사람은 공연과 워크숍 때문에 그저께 코르도바에 가고 없다. 버스를 타고 가는데 어린아이가 차에 올라 노래를 부른다. 아이가 노래를 부르는 동안 차에 탄 사람들 모두 동전 한두 개씩은 꺼내어 손에 든다. 카를라도 작은 비닐 동전 지갑에서 동전을 꺼냈다. 아무도 아이를 외면하지 않는다. 줘야 하나 말아야 하나 고민할 필요가 없다. 버스는 잔돈을 거슬러주지 않기 때문에 꼭 동전을 준비해야 한다고 카를라가 며칠 전에 말해주었다. 동전 지갑을 따로 가지고 다니는 카를라가 특이해 보였다. 동전 지갑에는 버스비도 들어 있지만 이렇게 차에 올라 노래를 부르거나 하모니카를 부는 사람들을 위한 작은 돈도 함께 들어 있다.

바호 플로레스에는 12월 9일 빈민연합과 마르틴 피에로라는 지역 조직이 있다. 이 두 지역 조직은 국내 조직인 남부 자유운동과 연결된다. 우리가 찾아간 곳은 그 조직들에 속한 마테 코시도 공동체 본부다. 대문 옆 담벼락 위에 글씨를 쓰고, 그림을 그려 넣어 직접 만든 팻말이 예쁘다.

공동체 본부 옆에 너른 빈터가 있다. 그 뒤로 문 닫은 공장이 있는데, 담벼락에 '1976년 3월 24일, 잊을 수도 용서할 수도 없다'라는 글귀가 적혀 있다. 그날은 군부가 쿠데타로 정권을 잡고 이전부터 행해온 학살을 공공연하게 자행하기 시작한 날이다. 빈민가 담벼락이 진실을 말한다.

담벼락에 '중남미 최초의 증언 소설' 『집단 학살』(1957)을 쓴 작가 로돌포 왈쉬가 그려져 있다.
그 옆에는 '로돌포 왈쉬 저널리스트 유격대 동료 1977년 3월 25일 실종'이라고 쓰여 있다.

"잊을 수도, 용서할 수도 없다"고. "잊어서도, 용서해서도 안 된다"고. 너무 잘 잊고, 잘 용서하고, 좋은 게 좋은 거라고 정치와 역사를 아싸리판으로 만들어버리는 일들이 일상인 사회에서 사는 나는 담벼락에 저런 글을 써본 적이 없다.

담벼락에 한 남자 얼굴이 그려져 있다. 누굴까. 공동체 본부 조직가인 헨리가 자기가 그린 로돌포 왈쉬Rodolfo Walsh라고 한다. 얼굴 옆에는 '로돌포 왈쉬 저널리스트 유격대 동료 1977년 3월 25일 실종'이라고 쓰여 있다. 독재 정권 때 납치되어 아직도 실종된 상태라고 한다. 헨리가 준 소식지 맨 뒤표지에 카메라를 목에 건 로돌포 왈쉬의 모습이 실려 있다.

바호 플로레스에 와서 로돌포 왈쉬를 처음 만난다. 로돌포 왈쉬는 '중남미 최초의 증언 소설'로 평가되는 『집단 학살』(1957)을 쓴 작가다. 로돌포 왈쉬는 사진을 찍고 녹음기로 인터뷰를 하며 감추어지거나 왜곡된 사실을 파고들어 진실을 밝혀내고 그걸 소설로 썼다.

『집단 학살』은 "1956년 6월 9일 부에노스아이레스 근교에 위치한 호세 레온 수아레스 쓰레기 매립지에서 에우헤니오 아람부루 장군 군사정권에 의해 비밀리에 총살되었던 12명의 주민들에 대한 서술자의 철저한 조사와 피해자들의 증언에 근거를 두고" 쓰인 '증언 소설'이라고 한다. 이를 통해 로돌포 왈쉬는 "죽음이라는 위험을 무릅쓰고 공식적 이데올로기를 비판하는 문학 유형을 제시"했다고 한다. 다른 작품으로 『누가 로센도를 죽였는가』(1969)가 있다. 로돌포 왈쉬는 "지금까지 발표되었던 공식적인 언술의 진실성과 객관성에 의심을 품고, 나머지 생존자들과 희생자들의 가족을 비롯해 사건에 직간접적으로 연루된 인물들과의 인터뷰와 녹음, 끝없는 현장 답사와 사진 촬영"을 통해 진실을 찾아나갔다고 한다. 로돌포 왈쉬는 이런 말을 했다고 한다. "오늘날 정치적 성향이 배제된 문학을 창작한다는 것은 불가능하다"라고. (로돌포 왈쉬가 쓴 작품에 대한 인용은 박종율, 「아르헨티나 증언 소설의 발생 요인과 로돌포 왈쉬」, 『라틴아메리카연구』 15권 1호 325쪽, 2002 참고.)

나한테 부족하고 필요한 것을 간청할 수 있는

헨리와 동료 조직가 나우엘과 함께 마을을 걸었다. 집들은 다 지어지지 않았다. 오르다 만 붉은 벽돌. 벽돌 구할 돈이 마련되지 않았나 보다. 시멘트와 벽돌이 엉성하게 붙은 걸 보니 집을 전문으로 짓는 노동자가 지은 게 아니다. 재료를 살 돈이 생길 때마다, 시간이 날 때마다 조금씩 스스로 짓는 집. 온갖 재료가 다 들어갔다. 벽돌이 모자라면 함석을 대기도

내가 사는 동네의 옛 모습과 너무 닮았다.

하고, 나무판자로 잇기도 했다. 어디서 주워 온 문짝들도 세워져 있다. 엉성하고 매끈하지 않아도, 어느 빈틈으로 찬바람이 들어오거나 비가 샐지도 모르지만, 스스로 짓는 집은 한편으로는 뿌듯함을 줄 것이다. 언제 다 지어질지 모르지만.

참 이상도 하지. 똑같다. 지금은 다 철거되어 높은 아파트가 자리 잡아버린 나 사는 동네 옛 모습과 어쩜 그리 같을 수가 있을까. 한 사람 간신히 들어가는 골목도 그렇고, 문 열면 바로 방인 것도 그렇고, 모든 이야기 소리가 그 좁은 골목길로 쏟아져 나오는 것도 그렇고, 집 앞에, 그러니까 골목에 작은 나무와 꽃을 심는 것도 어쩜 그리 똑같을까. 가난은 어디든 그렇게 닮았나 보다. 플로리아노폴리스에서도 그랬던 것처럼.

그런데 닮지 않은 게 있다. 바호 플로레스에서는 가난한 사람들이 이렇게 살고 있는데 내가 사는 동네에는 더 이상 그 가난한 집들에 살던 사람들이 없다. 새로 깨끗하게 지어 올린 아파트에는 그이들이 살지 않는다.

가난한 사람들끼리 더러는 악다구니도 해가며 서로 의지하고 살았는데 그이들이 뿔뿔이 흩어져 어디론가 사라져버렸다. 가난한 사람들은 재개발 앞에서 속수무책으로 쫓겨나버리고 만다. 때로는 재개발에 맞서 싸우기도 하지만 맥없이 스러져야 하거나, 이긴다 하더라도 이미 예전으로 돌아갈 수 없게 되어버린다.

가난하게 사는 지금, 바호 플로레스는 공동체를 만들어 산다. 빈민연합을 만들고, 다른 조직과 연대하고, 라디오 공동체도 만들고, 사회문제에도 적극 참여한다. 가난하다고 해서 자유나 평등, 평화에 눈 돌릴 틈이 없다고 외면하거나 다른 사람한테 맡길 일이 아니다. 누구보다 더 가난한 사람들한테 절실한 건 자유이고, 평등이고, 평화다. 돈 있는 자들은 돈으로 가짜 자유나 평등, 평화를 사기라도 하지만 가난한 자들은 그럴 수가 없다. 그렇기 때문에 싸워서 진짜 자유와 평등, 평화를 찾아야 한다. 세상이 시키는 대로만 해서 얻을 수 있는 건 아무것도 없다.

좁은 골목 안으로 들어가니 공부방이 있다. 어린이를 보호하고 돌보고, 가르치는 곳이다. 무엇보다 아이들을 먹이는 역할이 크다. 공부방은 약 15년 되었다. 200명이 넘는 어린이들이 이곳에 와서 점심을 먹는다. 리디아, 엘리오스, 리디오가 아이들 점심 챙겨주는 일을 맡아 한다. 아들 호메르트가 엄마 리디아 곁에 꼭 붙어 있다.

아이들은 공부방에서 노래도 하고, 재미있는 이야기도 나누고, 시도 쓰고, 옛이야기도 듣고 만든다. '어린이 권리'를 적어놓은 그림판이 있다.

1. 차별받지 않을 권리
2. 날마다 맛있는 음식을 먹을 권리
2. 추위를 느낄 땐 따뜻한 옷을 입을 권리
3. 장난감을 가질 수 있고, 웃고 즐길 수 있는 권리

4. 친구를 사귈 수 있고, 아름다운 순간을 나눌 수 있는 권리
5. 부모한테 사랑받을 권리
6. 학교에 가고 좋은 것을 배울 권리
7. 좋은 취급을 받고, 추악한 것에는 아니라고 말할 권리
8. 상처를 받고 아플 때 치료받을 권리
9. 신을 믿고, 나한테 부족하고 필요한 것을 간청할 수 있는 권리
10. 내가 좋아하는 사람한테 사랑한다고 말하고 사랑한다는 얘기를 들을 수 있는 권리

왜 그런지 2번이 두 개다. 이 권리들은 당장은 아이들과 함께 사는 어른들이 지켜주어야 하겠지만 그것만으로는 부족하다. 지역사회와 나라와 세계가 모두 이 권리들을 지켜주어야 한다. 아무래도 집에 돌아가면 종이에 써서 눈에 가장 잘 띄는 곳에다 붙여놓아야겠다. 딸딸딸 외워야겠다. 나는 저 작고 소중한 권리를 자꾸 침범하는 일이 많다.

써놓은 권리들이 어찌 어린이들한테만 해당되겠는가. 추운 겨울, 따뜻한 밥과 국 한 그릇 앞에 앉지 못하는 사람들, 얼음이 어는 날씨에도 지하보도에서 신문지 한 장으로 잠을 청해야 하는 사람들, 사랑받기는커녕 세상으로부터 외면당하고 배제당해야 하는 사람들이 숱한 세상이다. 어찌해야 좋을까.

돌아나오는 길, 바람이 분다. 황량한 바람이다. 모르고 바라보면 이 마을도 황량하고 음습하고 위험하고 두렵고 그렇게 보일 것이다. 거기에 덧붙여 가난한 곳에 모든 폭력과 절망이 있을 거라고 어떤 이들은 상상을 부풀려 나갈 것이다. 세상은 가난한 사람에게 많은 혐의를 씌워오지 않았던가.

9월 24일 일요일

로사리오

새벽 5시 10분, 택시를 타고 레티로 버스 터미널로 갔다. 새벽 6시 30분에 출발하는 로사리오 행 버스를 타기 위해서다. 체 게바라가 아니라면 로사리오라는 이름을 들어볼 일도, 가볼 일도 없을 것이다. 그러나 체 게바라가 태어난 로사리오에 꼭 가고 싶었던 건 아니다. 체 게바라가 남긴 흔적을 찾아 나서고 싶은 마음도 사실 없다. 특별한 일 없는 일요일 하루 그저 나들이처럼 형숙 씨와 새벽 버스를 탔을 뿐이다. 형숙 씨는 어떤 마음일지 모르겠지만.

4시간 걸려 로사리오에 도착했다. 체 게바라의 생가 앞에서 잠깐 멈추어 섰고, 체 게바라의 얼굴이 벽에 그려져 있는 광장에 잠시 앉았다. 작은 광장, 머리가 하얗게 센 남자가 와 앉아 있다 가고, 개를 끌고 나온 젊은 여자가 느릿느릿 걸었다.

그곳에서 바깥쪽으로 걸어 나오니 파라나 강이다. 파라나 강을 찾아온 사람들이 강바람을 맞으며 걷거나 달린다.

로사리오는 따뜻하다. 내내 어둡고 차갑던 부에노스아이레스에 있다가 로사리오에서 따뜻한 볕을 쬐니 그것만으로 오길 잘했다는 생각이 든다. 어느 골목, 체 게바라가 죽은 지 39년이 되는 해를 추도하는 행사를 알리는 포스터가 붙어 있다. 마오쩌둥주의 계열 공산주의 혁명 청년 조직에서 붙여놓은 것이다. 포스터 속에서 체 게바라가 웃는다. 이 골목으로 접어들기 전에 보았던 원주민 여성 몇은 웃지 않았다. 햇볕은 따뜻했지만 그이들은 털실로 짠 두꺼운 옷을 입고 어느 건물 앞 맨 바닥에 구멍 뚫려 퍼져버린 고무바퀴처럼 앉아 있었다. 깨끗한 길, 파랗게 맑은 하늘, 화사하게 꽃핀 나무들이 봄을 말하지만, 모두에게 봄이 오는 건 아니었다.

9월 25일 월요일

차 안에서 먹는 고마운 밥

조금 있으면 칠레 산티아고로 출발한다. 산티아고로 출발하는 버스 두 대가 4시쯤 떠났다. 떠나기 전 차에서 내려 마지막으로 서로 힘껏 껴안는 사람들, 떠나는 차를 향해 멈추지 않고 손을 흔드는 사람들. 저이들은 울지 않는데 괜히 보는 내가 눈물이 난다. 당연한 걸 갑자기 깨닫는다. 내게는 손 흔들어줄 사람이 아무도 없다는 사실을. 감상에 젖지 말자고 떠오르는 얼굴들을 멀찌감치 밀쳐둔다.

150페소(4만 4,000원) 주고 탄 라피도 국제 버스가 한참을 달려 리니에르스에서 멈추었다. 승무원 두 명이 차에서 내리더니 스티로폼 상자에 담긴 저녁거리를 가져와 차 뒷좌석에 싣는다. 버스 맨 뒤에 있는 화장실에 갔다 오면서 보니 차에 탄 승객이 모두 7명이다. 운전기사와 승무원은 4명이다.

브라질 들판은 조금 삭막했는데 아르헨티나 들판은 푸르다. 말, 소, 양도 더 많이 보인다. 낮게 울타리 쳐진 들판들. 울타리를 빠져나온 말들이 간혹 한 마리씩 있다. 오래전 이 벌판엔 누가 있었을까, 무엇이 있었을까.

버스가 달린 지 두 시간이 지나자 승무원이 과자를 나눠 준다. 받으면서 나는 고맙다고 했다. 그냥 인사가 아니라, 정말 고맙다. 승무원이 플라스틱 컵과 콜라를 들고 다니면서 한 잔씩, 한가득 따라준다. 콜라를 싫어하고 마시고 싶지 않지만 쉽게 거절하지 못한다. 비행기에서 나눠 주는 먹을거리와는 비교할 수 없지만 비행기 서비스보다는 값싼 버스 서비스가 눈물 나게 고맙다. 저녁노을 지는 하늘이 눈앞에 있다. 먹어보니 과자는 어릴 때 먹던 라면땅 맛이다.

하늘이 붉게 물든다. 좋은 걸 보면 한집에 사는 사람들이 떠오른다. 나 없는 동안 그이들도 좋은 거 많이 봤으면 좋겠는데, 맛있는 거 많이 먹고 신나게들 지냈으면 좋겠는데. 그러고 보니 날마다 아이랑 걷던 저녁길이 떠오른다. 함께 걷자는 아이에게 고마워하지 못하고 귀찮아서 짜증 내던 날도 허다했다.

배고픈데 밥 안 주나 하다가 잠이 들었다. 차 안이 환해 눈을 떠보니 밤 9시다. 맞은편 아저씨가 밥 먹으라고 한다. 승무원이 갖다 준 저녁, 감자와 닭고기 요리는 입에 맞는데 달걀말이 비슷한 요리는 입에 안 맞아 남겼다. 먹을 걸 남기려니 미안해 짜디짠 햄은 푸석푸석한 빵과 함께 꼭꼭 씹어 먹었다. 사실은 햄도 입에 안 맞았다. 차 탄 사람들과 함께 먹지만 혼자 먹는 저녁. 여긴 어디쯤일까. 쉬지 않고 차는 달린다. 벌써 5시간을 달려왔다.

부에노스아이레스를 출발한 버스는 산 루이스를 거쳐 새벽 5시 45분에 아르헨티나 서쪽 멘도사에 도착했다. 한 잔씩 따라준 커피를 들고 내렸는데 커피를 다 마실 때쯤 차가 떠나 화들짝 놀랐다. 맞은편에 앉았던 아저씨가 한 시간 뒤에 버스가 다시 돌아온다고 말해주었다. 승무원이 다른 사람들에게는 뭐라고 다 한마디씩 해주던데 나한테만 말을 해주지 않았던 거다. 못 알아들을 거라고 생각한 건지 모르고 지나친 건지. 차에 기름도 채우고 청소도 하고 그러려나 보다. 중간에 기름 한 번 넣고, 밥과 음료수 실을 때 빼고는 13시간을 내리 달려온 차다. 운전기사가 가방을 들고 승무원들과 헤어지는데 보니 나이가 꽤 들어 보인다.

희뿌옇게 아침이 밝아온다.

9월 26일 화요일

안데스를 넘다

왼쪽으로는 눈 쌓인 안데스가 펼쳐지고, 오른쪽으로는 호수다. 차창에 부딪치는 바람 소리가 날카롭다. 내가 눈 쌓인 산에 취해 왼쪽 창밖만 내리 보자 건너편 뒷자리에 앉은 안경 쓴 남자가 나를 부른다. 자기가 앉은 오른쪽 창가를 가리키며 호수를 보라고 한다. 남자가 내게 일러주지 않았다면 호수를 못 보고 지나쳤을 것이다. 그곳에 호수가 있는지도 모른 채 그냥 산을 올랐을 것이다.

남자는 아내와 아들과 함께 탔다. 두 자리에 세 사람이 꼭 달라붙어 앉아 있다. 남자도, 아내도, 아이도 호수마냥 맑다. 내가 호수 쪽으로 고개를 돌리자 남자와 여자는 '여기 참 아름다운 자연이 있어요' 하는 눈빛으로 나를 본다. 아름다운 건 혼자만 보고 싶은 게 아니라 함께 나누고 싶은 것일까. 옆자리도 아니고 건너편 앞에 앉은 내게, 왼쪽으로 얼굴을 처박고 눈 산에 취한 나를 깨워 자신이 만난 아름다운 호수를 나누어 주는 사람. 나도 내내 저 산을 보면서 두고 온 사람들을 생각했다. 저 산을 함께 보면 얼마나 좋을까, 하며 못내 아쉬워하던 참이다. 저 부부 마음을 헤아리자 주책없이 눈물이 난다. 아들을 가운데 앉힌 두 사람. 딱 내 모습이다. 물론 우리는 버스를 탈 일이 있을 때면 세 자리를 얻지만.

이제 2주밖에 안 지났는데 11월, 12월에는 혼자 어떻게 다니려고 이렇게 눈물이 날까. 저 산과 호수도 눈물 나게 아름답다. 하지만 그보다 아름다운 사람들 때문에 눈물이 난다. 더 이상 호수를 바라볼 수가 없다. 호수를 보려면 그 세 가족과 그 앞에 앉은 아저씨에게 젖은 눈을 보여야 하니.

버스를 타고 가는 사람들, 얇은 주머니가 비행기 대신 버스표를 끊게 했을까 싶었는데 그게 다는 아닌 것 같다. 눈 쌓인 저 산과 산 한가운데에서 빛나는 호수, 그 물빛을 보려고 사람들은 이 버스를 탔을지도 모른다.

창밖을 본다. 나무가 없는 돌로만 이루어진 산이다. 돌산 중간 중간 선인장들이 돋아났다. 제법 많다. 호수 이름을 물었는데 건너편 아저씨가 잘못 알아듣고 자기 이름을 묻느냐고 되묻는다. 생각해보니 아직까지 이름도 못 물어보았다. 내게 이것저것 많이 챙겨주었는데. 되돌아온 종이에 빅토르라는 이름이 적혔다. 빅토르는 투르 버스 운전 노동자이다. 투르 버스는 칠레 지방을 죽 다니는 버스이다. 서울에서 남미 버스를 검색하면서 그 이름을 들었기에 낯익다. 시간만 된다면 그 버스를 타고 칠레를 위아래로 다녀보면 좋으련만 아무래도 그럴 여유는 안 날 것이다.

아르헨티나 국경에 다다랐다. 햇볕이 강렬하다. 이 높은 곳에도 마을이 있다. 차에 탔던 젊은 남자 둘이 배낭을 메고 이곳에서 내린다. 좋은 생각이다.

칠레 출입국사무소에서 시계를 한 시간 앞으로 돌렸다. 여권 검사가 끝나고, 출입국사무소 직원이 버스에서 모든 짐을 꺼내 검색대 위에 올렸다. 까만 수색견이 버스 아래 가방 넣는 곳에 들어가 냄새를 맡고 나온다. 그러고서는 검색대 위에 놓은 가방들과 짐 앞에 한 줄로 서 있는 사람들 주위를 돌아다니며 킁킁 냄새를 맡아댄다. 기분이 영 안 좋다. 졸지에 범죄자가 된 것만 같다. 함께 버스에 탄 사람들 가방이 열리고 찢겨 밖으로 짐이 빠져나온다. 칠레 국경에서는 워낙 검색이 심하다는 이야기가 있다. 특히 농산물(과일, 씨앗 종류)은 먹으려고 싸오는 것도 안 된다고 했다. 검색장을 나오니 조금 정신이 없다. 높긴 높은가 보다. 이 높은 곳에서 내려가면 칠레다.

영혼이 우거진 숲에 씨앗을 뿌리는:

칠레, 산티아고

9월 26일 화요일

산티아고에 내리다

스물두 시간이 걸렸다. 오는 동안은 길기만 했던 시간이 다다르고 나니 짧게 느껴진다. 산티아고 버스 터미널은 그리 크지 않다. 글로리아 하라네 집을 직접 찾아가려고 집 전화번호와 주소를 적어와 부에노스아이레스를 출발하기 전에 미리 전화를 했다. 글로리아는 없고 어떤 아주머니가 받았다. 어머니이신가 하며 도착해서 집으로 바로 찾아가겠다고 해놓은 터였다.

환전소에서 칠레 돈으로 바꾸고 전화를 하니 글로리아는 없고, 젊은 여자가 받는다. 그런데 글로리아가 없다고만 할 게 아니라 오라고 해주면 좋으련만 다른 말은 없다. 갑자기 머리가 복잡해진다. 다시 전화를 하니 이번에는 젊은 남자다. 글로리아 동생들인가. 남자한테 찾아가겠다고 하니 오라고 한다. 아, 이제야 좀 뭔가 통하는구나 하면서 가방을 들쳐 멨다.

그리 멀지 않다면 걸어서 가거나 버스를 타야겠다 싶어 안내하는 곳에 찾아가 물으니 가깝다면서 앞으로 죽 걸어가라고 한다. 아무리 가도 버스를 탈 만한 곳이 나타나지 않아 어쩔 수 없이 택시를 탔다. 그런데 잘못 탔다. 그리 가까운 거리가 아니었다. 완전 외곽 지역으로 빠져 한참을 간다. 글로리아 집이 있는 라 플로리다에 가서도 택시 기사는 집을 못 찾아 한참 빙빙 돌았다. 글로리아 집에 전화를 해서 몇 번 물어보고서도 제대로 못 찾아 결국 글로리아 집에서 누군가가 나왔다. 나중에 알고 보니 버스 터미널을 좀 벗어나면 전철역이 있다. 전철을 탔으면 천 원이면 될 것을 2만 원이 넘는 돈을 택시비로 내버렸다. 그 돈이 마땅한가 따져볼 새도 없이. 안내해준 여자는 그 전철역을 말해주었던 건데 전철은 생각도 못했던 거다. 좀만 천천히 생각하고 움직이면 될 것을 왜 그런지 버스 터미널에 도착하면 마음이 급해진다. 택시 타라고 달라붙는 기사들과 내가 가야 할 곳에 전화하는 일, 도착한 나라 돈으로 바꾸는 일, 그런 일이 아니더라도 나라가 바뀌어서 그런지 버스를 타고 오는 동안은 차분했는데 내리기만 하면 정신이 쏙 빠진다. 그래서 미리 다음에 갈 곳 버스 시간을 알아놓거나 표를 끊어놔야지 했던 생각은 꼭 까먹는다. 세상 일이 다 뜻대로 되는 건 아닌가 보다. 아니, 미리 계획을 세우고, 그것에 착착 맞추어 생활하는 습관이 안 된 나는 이 먼 곳에서도 닥치는 대로 산다.

글로리아 하라네

찻길로 나온 훌리오를 따라 집으로 들어갔다. 나를 기다리느라 다들 점심도 안 먹었다. 그렇잖아도 나도 무척 배가 고팠다. 내 전화를 받았던 여자 둘과 어린 남자애, 훌리오 또래 정도 되어 보이는 남자가 한 명 더 있었다.

국물 있는 음식이 나왔다. 보기만 해도 좋았다. 닭고기에 푹 익은 밥알까지 들어 있어 낯설지 않은 음식은 카수엘라다. 한 숟가락 떠서 입에 넣는데 아, 소리가 절로 난다. 국물이 그리웠나 보다. 음식을 차려준 사람이 글로리아 엄마인 줄 알았다. 그래서 "어머니, 음식이 참 맛있어요" 하니 어머니가 아니란다. 이 집 살림을 맡아 일하는 엘레나 아주머니였다.

갑자기 의문이 들었다. 이들은 누구지? 글로리아는 이 집 딸이나 누나나 언니가 아니었다. 엄마였다. 나는 아무 생각 없이 글로리아가 20대일 거라고 생각했던 거다. 왜 그렇게 생각했을까. 아무런 사전 정보 없는 생각은, 나 편한 대로 편견과 선입견으로 똘똘 뭉치나 보다. 카밀라는 딸이고 훌리오와 펠리페는 아들이다. 훌리오 또래의 다른 남자는 카밀라의 친구였다. 펠리페가 종이를 가져와 한글로 사람들 이름을 써 달라고 해 훌리오와 함께 이 집에서 사는 여자 친구이자 아기 엄마인 아만다 이름을 알게 되었다.

의문이 풀리고 나니 전화하던 내 모습이 어찌나 웃기던지. 훌리오와 카밀라도 마찬가지로 전화로 "글로리아? 글로리아?" 하던 나를 흉내 내며 웃는다. 그냥 글로리아 없다고만 했지, 엄마 없다고는 안 했잖아. 그런데 생각해보니 이름을 부르는 이 문화가 편하다. 11살 펠리페가 '수정' 하고 나를 부르며 이야기를 하거나, 17살 카밀라나 훌리오 모두 '수정' 하고 불러주면 나는 나이를 잊고, 그저 친구가 된다. 나도 이들 이름을 부르면서 나이 많은 누나나 언니가 되는 게 아니라 나이 같은 건 끼어들 틈도 없이 친구가 된다.

차를 타고 오면서 창밖을 너무 많이 봤는지 왼쪽 목이 굳고 결린다. 버스 타고 스물두 시간, 시간은 몸에 냄새를 달라붙게 하나 보다. 처음 만나는 사람들이고 남의 집이지만 어쩔 수 없다. 밥도 얻어먹고, 몸도 씻겠다고 나섰다. 가져온 파스를 붙이고 나니 살 것 같다. 파스를 챙기면서 이렇게 쓰일지는 몰랐다.

나는 파업 중이다

베야비스타 라 플로리다 전철역에서 센데스(CENDES, 사회개발문화

센터)에서 활동하는 마리셀라, 왈도, 릴리안과 나무닭움직임연구소 사람들을 만나 함께 전철을 타고 파업하는 병원을 찾아갔다.

라 플로리다에서 더 남쪽으로 내려가 푸엔테 알토에 있는 소테로 델 리오 병원은 공립 병원이다. 열악한 임금 때문에 병원 노동자들이 21일째 파업과 단식투쟁을 하고 있다. 도착해서 보니 병원 앞 도로에서 노동자들과 이들을 지지하는 사람들이 시위를 한다. 지켜보는 경찰들이 있긴 했지만 막거나 저지하지는 않았다.

병원 정문에 손으로 쓴 현수막이 걸렸다. "모든 협박에도 불구하고 서류에 서명할 때까지 소테로 노동자 파업과 단식투쟁은 앞으로 쭉 계속될 것이다!" 파업하는 노동자들은 거의가 여성들이다. 다들 가슴에 종이표를 붙였다. "나는 파업 중이다." 짧은 이 문장이 참 묘하다.

5시부터 병원 마당에서 병원 노동자들과 남부 지역 중등학생 모임과 한국에서 온 우리들이 함께하는 집회를 시작했다. 병원 정문 앞에서 만났을 때 "아르헨티나에서 태어났지만 나는 국제주의자다"라고 소개한 알레한드로가 기타를 들고 나와 노래를 불렀다. 칸돔베라는 남아메리카 전통 노래라고 릴리안이 수첩에 적어주었다. 일정표에 적힌 알레한드로 이름 앞에는 '음유시인'이라고 쓰여 있다. 알레한드로는 잔디밭에 앉은 여성 노동자들에게 바짝 다가가 노래를 불렀다. 그이들한테 바치는 노래. 눈을 마주보면서 부르는 노래. 마음을 보내는 노래. 그런 노래를 부르는 알레한드로는 음유시인이다.

파업 중인 노동자들은 대부분이 15년 이상을 소테로 병원에서 일했다. 이곳 파업에는 모든 노동자, 즉 의사와 간호사, 행정 업무를 보는 사람, 보조 업무를 담당하는 사람들이 참여해 낮에는 300명이 싸우고, 밤에는 150명이 싸운다고 한다.

16년째 일한다는 마리아 소토나야가 목에 선전물을 걸고, 얼굴에 탈을

소테로 병원 마당에서 병원 노동자들과 남부 지역 중등학생 모임과 한국에서 온 우리들이 함께 하는 집회를 시작했다. 기타를 치며 노래 부르는 사람이 '음유시인' 알레한드로다.

쓰고 행사장을 돌아다녔다. 직접 만든 선전물은 "거짓말은 이제 그만. 우리는 조속한 해결을 원한다"고 외쳤다.

젊은 가수들이 나와 노래를 부르고 나자, 말을 하는 시간이 왔다. 빨간 추리닝을 입은 노조 대표가 나와 파업이 어떻게 되어가는지 보고하고, 다른 단체 사람들이 나와 격려도 하고, 연대를 외쳤다.

검은 가죽 코트 안에 의사 가운을 입은 한 여성이 나왔다. 베르나는 다른 병원 의사다. 환자를 돌보는 의사지만 사회문제를 해결하려고 하는 투사이자 지도자다. 그러기에 함께 파업을 하는 것은 아니지만 베르나는 파업하는 소테로 델 리오 병원 노동자들과 함께 운동을 한다고 릴리안이 말해준다. 왜일까. 왜 베르나는 자기 병원 노동자들이 아닌데 함께 움직일까. 작고 단단해 보이는 베르나는 모인 사람들에게 말했다.

"대중의 건강을 위해서 일하는 노동자들이 어떤 정치 상태에 놓여 있는가 하는 문제는 중요하다. 우리는 노동자의 존엄성을 완전히 회복할 권리가 있다. 노동자들이 생각하는 진실을 건설하자."

말은 어디에서 나올까. 존엄성을 회복하고, 진실을 건설하자는 말은 현실에서 나온 말일 것이다. 존엄성이 훼손당하는 현실에서.

밤에도 천막에서 농성하는 엄마 마리솔을 만나려고 여섯 살 파멜라가 아빠와 함께 왔다. 파멜라 말고도 어린아이들이 많이 보였다. 파멜라가 집에서 만들어온 카드를 수줍게 엄마한테 내민다. 편지에는 어서 빨리 엄마와 함께 많은 시간을 보냈으면 하는 마음이 담겨 있다.

전태일 열사와 한국 노동운동을 다룬 영상을 보던 마리솔이 내 손에 있던 수첩과 볼펜을 달라고 하더니 편지를 쓴다.

"나는 여기 소테로 델 리오 병원에서 일한다. 우리를 위해서 한국에서 다정한 동지들이 왔다. 이렇게 가슴 아픈 순간을 함께 나누고, 여기 우리 병원에서 한배에서 난 자매처럼 사랑으로 위로하는 것은 경이로운 일이다. 찾아주어 고맙다. 마리솔"

마리솔이 쓴 편지는 그 자리에 간 우리한테만이 아니라, 한국에 있는 여성 노동자들에게, 세계 어느 나라든 싸워야 하는 여성 노동자들에게 보내는 편지이다. 한국에 있는 여성 노동자들은 똑같은 일을 하면서도 비정규직이라는 이유로 차별 대우를 받으며, 더 일하고 싶어도 정규직으로 전환해야 할 2년이 거의 다 채워지면 잘려야 한다. 노동조합을 만들면 공장 밖으로 쫓겨나야 하고, 일 년이 넘고 몇 해가 넘도록 공장 앞에 천막을 쳐야 한다. 머리카락을 싹둑 자르며, 쓰러지기 전까지 곡기를 끊어가며, 본사로 노동부로 법원으로 국회로 정부로, 찾아다닐 수 있는 곳이면 어디든 발바닥 부르트도록 쫓아다니며 노동자가 가진 권리를 외쳐대도 꿈쩍 않는 세상에 맞선다. 지금 힘들어도 너무 외로워하지 마시라, 여기 산티아고에서 한배에서 난 이상으로 가까운 자매들이 싸운다.

집회가 끝나자 하늘은 어두워지고 병원 마당에 친 천막들에 불이 켜졌다. 누군가 잔디밭 한가운데 서 있는 기념비 앞으로 우리를 데려갔다. 피노체트 독재 정권 때 실종된 한 여성을 기리는 비인데 1991년에 세워졌다. 레이날다 델 카르멘. 소테로 델 리오 병원에서 일한 의학 과학기술자다. 공산당 당원으로 활동했던 카르멘은 1976년 12월 15일 체포되어 행방불명되었다. 당시 29살이었던 레이날다는 외동딸이었고, 결혼해 임신 5개월이었다. 두 생명이 어느 날 빛을 잃었다. 레이날다를 그리워하고 애통해했을 이들이 망치와 정이 아니라 눈물로 비에 새겼을 시를 읽는다.

거짓을
진실로
폭력을
온화함으로
증오를
사랑으로
죽음을
영원한 삶으로
이긴다

독재 정권에 동지를 빼앗긴 동료들이, 독재 정권은 끝났지만 해결해야 할 것 많은 현실에 맞서 밤이슬을 맞아가며 싸운다. 천막 앞에 여성 노동자들이 모였다. 의료 보조자로 일한 지 16년이 된다는 루시아, 행정관리 일을 25년째 한다는 알베르티나, 비서 업무를 맡은 마갈리, 응급실에서 일하는 카롤리나, 무슨 일을 하는지는 미처 알아듣지 못한, 이제 4년차 된다는 파올라는 조금도 기죽지 않고 생기 가득하다. 권리는 다른 사람이 손에 쥐어주지 않는다. 권리는 누군가가 발 앞에 던져주지 않는다. 오늘도 이들은 머리카락 달라붙고 때 묻은 베개가 있는 집을 두고 찬 기운 올라오는 텐트 바닥에 몸을 누인다.

9월 27일 수요일

죽은 이를 보내는 사람들

아침, 무용가 파트리시오 분스테르Patricio Bunster를 땅에 묻기 전 그이를 사랑하는 많은 사람들이 산티아고 북쪽 레콜레타에 있는 국립묘지 앞 평화광장에 모였다. 국립묘지에는 대통령이었던 살바도르 아옌데Salvador Allende, 민중 가수 빅토르 하라Víctor Jara가 묻혀 있다.

장미 한 송이씩을 손에 들고 사람들이 모였다. 아기를 유모차에 태우고 나온 어린 엄마도 있고, 종이에 분스테르를 기리는 글을 써서 들고 나온 고등학생들도 있다. 날은 덥고, 햇볕은 따가운데 모두 서서 분스테르를 기린다.

분스테르는 무용가 조안 하라Joan Jara와 처음 결혼한 사람이다. 영국에서 태어난 조안 하라는 분스테르와 딸 하나를 낳고 이혼한 뒤 칠레대학 부설 연극학과에서 무용을 가르치다가 빅토르 하라를 만났다.

파트리시오 분스테르를 나는 몰랐다. 무대 현수막 사진으로 처음 얼굴을 본다. 현수막에는 "거장이자 동료인 파트리시오 분스테르와 함께 늘 춤춘다"라고 써 있다. 고등학생들은 길게 엮은 종이에 "당신이 지나온 역사는 노래이고 당신이 춘 춤은 새의 비행이다. 우리들 가슴에서 결코 사라지지 않을 것이다"라고 적어 왔다.

이런 글귀만으로도 분스테르가 칠레 사람들에게 얼마나 사랑받는 무용가인지 알 수 있다. 젊은 사람부터 나이 든 사람까지 많은 가수들이 기타를 들고 나와 노래를 부른다. 릴리안이 빅토르 하라와 함께 '칠레의 새로운 노래Nueva Canción Chilena'를 열어나간 인티 이이마니Inti Illimani 그룹이라고 무대에 선 가수들을 알려준다. 인티 이이마니는 페루·볼리비아 원주민이 쓰던 아이마라 말로 '이이마니 산의 태양'이라는 뜻이라고 한다.

여러 사람들이 나와서 말을 한다. 분스테르와 함께한 시간들이 만들어낸 추억과 안타까움과 사랑이 담긴 말을. 칠레 공산당 의장 기예르모도 나와 그이를 보낸다. 분스테르는 공산당 당원이었다.

85세로 삶을 마친 분스테르는 1973년 피노체트 쿠데타 이후 추방되어 멕시코, 쿠바 등 다른 나라에 가서 춤을 가르쳤다. 1985년에 칠레로 돌아와서는 조안 하라와 함께 공동 작업을 했다. 분스테르는 "민중 문화와 긴밀히 연결"된 춤에 대해 고민했다고 한다.

무대에 분스테르가 이끌던 무용단 에스피랄이 나와 춤을 추었다. 빅토르 하라가 부르는 노래를 배경음악으로, 생전에 분스테르가 안무한 춤을 춘다. 브라질 플로리아노폴리스에서 만난 가비와 친구들도 에스피랄이라는 이름으로 모임을 만들었는데 여기서 다시 에스피랄이라는 이름을 만난다.

쉽게 보낼 수 없나 보다. 조금이라도 더 이야기로, 노래로, 춤으로 함께하고 싶은가 보다. 추모 행사는 2시간이 넘도록 이어졌다. 그 시간 동안 뙤약볕 아래 서 있는 사람들을 보니, 여러 생각들이 지나간다. 노래를 가진 사람들, 노래를 부르는 사람들, 춤을 가진 사람들, 춤을 추는 사람들. 70년대와 80년대라는 독재가 꽁꽁 묶어놓은 시간을 지나온 사람들. 이들을 견디게 해준 건 어쩌면 저 자유를 향한 노래와 춤일지도 모르겠다.

에스피랄 춤꾼들이 분스테르가 잠든 관을 들고 무대에서 내려왔다. 모든 사람들이 두 손을 높이 들어 흔든다. 잘 가시라. 흔들던 손을 내려 손뼉을 쳤다. 짧게, 힘차게 끊어서. 저 앞 국립묘지로 들어가는 분스테르.

에스피랄 춤꾼들이 분스테르가 잠든 관을 들고 무대에서 내려와 국립묘지로 향한다.

저곳은 "인간이 마땅히 누려야 할 권리를 위해 싸운 사람들이 묻힌 곳"이라고 옆에 있던 릴리안이 말한다.

암호를 푸는 일

분스테르를 보내고 나서 낮 1시 30분, 유니온 라티노아메리카나 전철역 가까이에 있는 칠레 섬유의류노조연맹 사무실을 찾아갔다. 파트리샤와 나이 든 간부들이 직접 만든 음식을 먹으며 이야기를 나누었다.

섬유의류노조연맹은 1911년에 만들어졌다. 칠레 전체를 대표하는 노조로 모든 지역마다 조직이 있다고 한다. 하지만 조합원 수는 7,000명 남짓으로 많이 줄었다. 여성이 75%, 남성이 25%라고 한다.

"신자유주의가 칠레 기업을 문 닫게 했다. 다른 나라 기업들이 들어온다. 칠레 기업은 규모가 점점 더 작아진다."

작아지고, 적어지고, 사라지고. 이것은 곧 노동조합이 작아지고 적어지고 사라지는 것으로 이어진다. 중요한 건, 노동은 있되 노동자가 사라지는 것이라고 할까. 노동은 하되 그 노동이 더 이상 인정받지 못하는 것이라고 할까.

지난날, 피노체트 독재 정권이 행한 탄압도 노동자들의 활동을 어렵게 했다. 당시 이 노조연맹도 탄압을 받았다. 노조연맹 조직가 57명이 실종되었다. 아직까지 실종된 조직가들을 한 명도 찾지 못했다.

"피노체트 이후 큰 공장이 작은 규모로 나누어졌다. 한 공장을 여러 개로 나누고, 다시 그 한 공장 안에서 분업이 이루어졌다. 작은 규모로 여럿으로 나누어진 공장에서 일하는 노동자들은 더 이상 싸울 수가 없게 되었다. 규모가 큰 회사들은 다른 나라로 이전하고, 공장 규모가 작아지자 집에서 일하게 된 사람들이 많다. 이럴 경우 사회와 법의 보호를 받을 수가 없다."

이 노조연맹은 정부로부터 지원을 받지 않고 독자적으로 움직인다. 정치 성향을 왼쪽과 오른쪽으로 나눈다면 이곳은 왼쪽이다. 사무실에는 오랫동안 활동해온 나이 많은 사람들이 대부분이다. 시간이 흘러도 제자리를 벗어나지 않고 지킨다는 것은 좋은 의미이겠지만 더 이상 젊은 활동가들이 없다는 것은 이곳 노동운동이 마주선 문제이기도 하다.

사무실 복도 문 위에 원주민 그림이 걸려 있다. 마푸체Mapuche 원주민이다. 이마에 전통문양을 새긴 모직 띠를 두르고, 민족을 나타내는 깃발을 들었다. 도심 한가운데 있는 건물 안, 노조연맹 사무실에서 맞닥뜨린 그 원주민은 갑자기 저 먼 시간으로 나를 이끈다. 노조연맹 사람들에게 근원과 같은 얼굴일까. 겉모습은 다르지만 자신들의 정체성을 잃지 않겠다는 것일까.

노조 사무실 좁은 복도에는 사진과 여러 행사 포스터들이 붙어 있다. 내게는 모두 암호다. 더듬더듬 암호를 풀어보았다. 3·8 세계 여성의 날 포스터에는 "여성 노동자들에게 평등한 대우는 더 인간답고, 정의롭고, 연대하고, 참여하는 사회를 앞당긴다"라고 쓰여 있다.

여전히 암호다. 평등, 인간답다는 것, 정의, 연대, 참여하는 사회. 이 말들은 어느 나라든 그 나랏말 사전을 펼쳐들면 무엇이라고 쉽게 설명되어 있을 테지만 현실에서는 지나치게 오랫동안 암호로만 남아 있다. 암호를 풀려고 하면 한쪽 구석으로 몰아넣고 집단 구타를 해댄다. 말을 쥔 자들, 경제를 쥔 자들, 군대를 쥔 자들, 법을 쥔 자들, 권력을 쥔 자들이 모두 한패가 되어서 흠씬 두들겨 패는 일이 너무 흔하지 않은가. 그래도 여전히 저 암호를 푸는 게 살아가는 일이리라.

엘보스케 문화 센터

섬유의류노조연맹 사무실을 나와 다시 전철을 탔다. 일고여덟 살쯤 되어 보이는 남자 아이가 엄마랑 나란히 앉아 있다. 아이가 한참동안 엄마 볼을 손으로 쓰다듬어준다. 세상에서 누가 저 여자를 지금 저 아이보다 더 따뜻하게 쓰다듬어줄까. 나와 함께 사는 아이도 늘 내 얼굴에 뽀뽀를 해주고, 안아주고 그랬다. 아무것도 바라지 않고 껴안고 뽀뽀하는 아이였다. '돌아가면 사랑하는 모습만 늘!' 이라고 마음먹는다. 무사히 여행을 마치고 돌아가고 싶다. 집으로. '집' 이라는 낱말이 새롭다. 여행은 똑같다고 생각했던 것을 새롭게 보게 해주나 보다. 날마다 지내던 곳을 떠나와도 사람 사는 곳, 다시 비슷한 모습을 만난다. 두고 온 내 날들이 그립다.

전철은 산티아고 남쪽으로 한참 내려갔다. 전철에서 내려 전철역으로 마중 나온 차를 타고 주민사회교육공동체인 엘보스케 문화 센터를 찾았다. 엘보스케는 라 플로리다 서쪽에 있는 지역이다.

나무닭움직임연구소에서 이 지역 주민들과 사흘 동안 탈 워크숍을 하는데 오늘이 그 첫날이다. 넓은 강당에 길게 이어놓은 책상 앞에서 어린 아이부터 나이 든 할머니까지 모두 진지하게 기다린다. 석고붕대를 자를 가위와 종이를 준비해 책상 위에 놓아두고.

작업을 하는 동안 밖으로 나왔다. 동네가 한가하다. 남자 아이 둘이 스케이트보드를 가지고 나와 열심히 탄다. 멋진 동작을 하기 위해 수도 없이 넘어지면서도 되풀이한다. 인생은 거저 얻을 수 있는 게 아니겠지. 무릎이 까지고, 팔이 긁히고, 엉덩방아 찧고, 멍투성이가 되도록 거듭해야만 바라는 움직임을 멋지게 해 보일 수 있겠지. 굳이 어려운 동작을 하려고 하지 않아도 그냥 탈 수 있을 텐데 아이들은 '지금'을 넘어서고 싶은가 보다.

이곳에서 일하는 빅토리아가 나와서 사진을 찍어 달라고 한다. 자기 이름에는 아버지 이름과 어머니 이름이 들어 있다고 말해주는데, 흰 머리카락이 많았지만, 쉰여덟이라는 나이를 가늠할 수 없는 밝은 얼굴이다. 착하고 수줍은 아이처럼 저만치 선다. 지역 주민이면서 활동가인 나이 든 여자. 빅토리아에게 활동은 거창하고 이름 내미는 그런 게 아니라 이웃들과 한 발짝 나아가는 삶을 사는 일처럼 보인다.

강당에서 탈을 만드는 동안 맞은편 작은 방에서는 다른 모임을 하는 회원들이 탁자에 둘러앉아 뭔가를 이야기한다. 그 옆 작은 사무실에 빅토리아와 함께 들어갔는데 예닐곱 살 되어 보이는 아이를 데리고 한 여자가 상담을 하러 왔다. 내가 나가려고 하자 빅토리아가 옆에 있어도 괜찮다고 하지만, 사무실을 나왔다. 그이들이 나눌 말을 제대로 다 알아듣지는 못할 테지만, 혹시라도 어려운 개인 사정을 이야기할지도 모를 여자가 조금이라도 마음이 불편할까봐서였다.

강당에는 깔아놓은 요에 할머니들이 누워 계셨다. 얼굴에 석고붕대를 붙이는 시간이다. 한 할머니 얼굴에 석고붕대를 붙이는데, 흘러나오는 음악을 들으면서 편안히 잠들면 좋을 텐데 할머니는 눈을 감지 않으신다. 할머니 눈 감고 편히 주무세요, 라고 말씀드렸는데 쉽게 눈을 못 감으신다. 두려움 가득한 눈으로 아무 말 못하고 누운 할머니 얼굴을 보면서, 나는 잘 알지는 못하지만 할머니와 칠레 사람들이 지나온 어두운 시간들을 떠올린다. 두려움이 몸을 파고들었을 시간들을. 당신이 겪지 않았다고 해도, 당신 가족이 겪지 않았다고 해도 독재 정권이 휘두른 폭력은 할머니 몸과 마음에 아픔을 남겼을 것이다. 석고붕대가 굳으면 차가운 기운이 느껴진다고 그러는데 할머니가 추우신지 몸을 떠신다. 딱딱하게 굳은 석고처럼 할머니 몸도 굳을까 걱정이 되었다. 탈을 떼어내고 뻣뻣해진 몸을 천천히 주무른다.

어둠을 더듬어 찾아간 마을, 레구아

하루가 길다. 아침부터 쉬지 않고 움직인다. 마리셀라는 꼭 가봐야 할 곳이 더 있다고 발걸음을 멈추지 않는다. 엘보스케에서 나와 전철을 타고 라 플로리다 역에서 내려 다시 버스를 탔다.

밤 9시, 서울 같으면 음식점들과 가게들 불빛으로 대낮처럼 밝을 시간이지만 산티아고 남쪽 지역 레구아 마을은 어둠침침하다. 분명 사람들이 사는 마을인데 텅 빈 것처럼 을씨년스럽다. 혼자라면 올 수도 없을 것이다.

레구아 마을에는 라디오방송과 TV 방송을 하는 공동체가 있다. 정규방송이 아니라 민중 방송이다. 어느 건물, 좁고 비탈진 계단을 올라가니 작고 천장이 낮은 작업실이 나온다. 라디오방송국이다.

방송국 이름이 라 벤타나, 창문이란다. 창문, 바람이 들어오고, 빛이 들어오고, 어둠이 밀려들어오는 곳. 지나가는 사람들 발걸음과 이야기 소리가 들리고, 소문과 어떤 징후가 스며드는 곳. 내다보고, 기다리는 곳, 긴 기다림 끝에 한숨이 새어 나가는 곳. 밤이 지나 새벽이 오는 곳.

빅토르 하라가 부른 노래 가운데 〈창문을 열어Abre la Ventana〉라는 노래가 있다. 방송국 이름을 그 노래에서 가져왔을까. 어설프게 내 맘대로 그 노래를 읊어본다.

> 마리아, 창문을 열어 태양이 네 집 모든 구석구석을 비추게
> 밖을 봐 우리 인생은 걱정과 슬픔 속에 몸을 뒤척이는 것만은 아니야
> 행복을 찾기 위해서는 태어나고 자라고 사랑하는 것만으로는 충분하지 않아
> 더 많은 고통을 견디어야 해
> 지금 네 눈은 빛으로 네 손은 꿀로 가득 찼어
> 마리아, 정원에서 아침이 피어나는 것처럼 네 웃음이 피어날 거야

레구아 마을에서는 라디오방송국이 마을 사람들을 세상과 소통시키는 '창문'이리라. 라 벤타나 라디오방송국은 세계공동체라디오방송연합(AMARC) 회원 단체이다. 방송국 벽에 세계공동체라디오방송연합 펜던트가 걸려 있다. 이 조직은 '모두 외치자!'라는 문구처럼 다양한 모습으로 살아가는 사람들이 '말'을 하게끔 세계 공동체 라디오들이 연대하고 서로 돕는 비정부기구이다. 돈과 권력을 가진 자들만 '말'을 하고, 그 말이 세상을 휘두르고 전부인 양 하지만, 그 말에는 폭력과 정복이 들어 있다. 진정한 '말'은 억눌리고, 소외당한 자들한테 나온다. 자유와 평등과 평화를 바라는 말이기에.

두 사람이 방송국을 꾸리는데 프로듀서를 맡은 사람은 부르고스이고, 아나운서 겸 디제이를 맡은 이는 룰로이다. 룰로는 레구아 욕Legua York이

레구아에 있는 라디오방송국, 라 벤타나. 프로듀서인 부르고스와 아나운서 겸 디제이인 룰로, 두 사람이 운영하는 민중 방송이다. 라 벤타나 라디오방송국은 세계공동체라디오방송연합(AMARC) 회원이다(우상단 부분도 참조).

라는 그룹에서 노래하는 힙합 가수이기도 하다. 그룹 이름은 마을 이름에서 따왔다. 이 그룹은 "민주주의와 라틴아메리카 정신을 옹호"한다고 한다. 마을을 바탕으로 하지만, 레구아 욕 그룹은 마을에만 머무르지는 않는다. 다른 나라에 가서도 여러 차례 공연을 했다고 한다. 발표한 앨범 제목 하나가 "우리들은 모범적인 사람이 아니다"라고 한다. 제목에서 상상컨대, 아마도 이 룰로와 그룹 동료들은 기존 질서를 삐딱하게 바라보고, 끊임없이 저항할 것이다. 어쩌면 가차 없는 전복을 꿈꿀지도 모른다.

생방송으로 룰로가 나무닭움직임연구소 두 사람을 인터뷰하고, 마리셀라가 통역을 했다. 헐랭이밴드 오유섭 씨는 기타를 잡고 노래를 불렀다.

늦은 밤, 어디선가 이 낯선 언어에 귀 기울이는 사람이 있겠지.

다른 곳을 둘러보기 위해 방송국에서 나와 걸었다. 우리가 머무는 라 플로리다에 있는 집들은 넓진 않아도 다들 마당이 있고 낮은 울타리들이 담장을 대신해서 툭 터진 느낌을 주는데 레구아에 있는 집들은 겉에서 보면 집이 그대로 담장이다. 꽉 막혀 있고 닫혀 있다. 집들은 아무도 살지 않는 것처럼 보이는데 사람들이 밖에 나와 앉아 있다. 의자 한두 개를 내놓고 어둠 속에 앉아 있다. 때때로 젊은 남자애들이 무리지어 다닌다. 모두 룰로를 아는 척한다. 그런데 함께 온 친구들이 자꾸 주의를 준다. 혼자 떨어져서 걷지 마라, 모두 붙어서 가라, 가방을 조심하라고. 여기서 태어나서 자라고 지금도 사는 룰로와 함께 가는데도 말이다. 이곳 레구아는 "마약 밀매와 폭력으로 낙인찍힌 곳"이라고 한다. 함께 온 릴리안도 처음 와본다고 해서 속으로 조금 놀랐다. 친구들이 자꾸 조심하라는 말을 하니 속에서 화가 난다. 사람도 별로 없는 길에 지나다니는 젊은이들이래야 어린 애들뿐인데, 게다가 동네 주민인 룰로도 있는데, 이렇게 경계하며 길을 걸어야 한다는 게 영 속상했다.

마약 밀매와 폭력으로 낙인찍힌 레구아라고 하지만 원래 이곳은 산티아고에서는 상징적인 마을이라고 한다. 릴리안은 내 수첩에 레구아는 산티아고에서 처음으로 사람들이 땅을 점거해 집을 짓고 마을을 만든 곳이라고 적어주었다. 사회주의자와 공산주의자들이 모였던 마을이었다고 한다. 하지만 텔레비전에서 레구아는 오랫동안 "바보"와 "소매치기"로 그려졌다고 한다. 레구아 마을 젊은이들과 주민들은 1973년 군사 쿠데타가 일어났을 때 군대와 경찰이 휘두른 폭력에 저항했다. 그런데 저항 뒤에 군부는 주민들을 협박하고 탄압하기 시작해 44명이 희생당했다고 한다. 그래서 한 역사학자는 "이곳 레구아에는 인권에서 폭력까지의 역사가 있다"고 말했다.

이런 역사를 지닌 이 마을에는 여러 단체들이 있다. 라디오방송국 말고도 텔레비전방송국, 음악 작업실, 도서관, 사회·교육·문화 단체들이 여럿 있다. 레구아라는 마을 사회를 조직하고 교육을 진행하며 소통을 이루어내는 곳들이다. 그런데 밤길을 걸으며 한 짧은 생각으로는, 아직까지는 낮은 조직할 수 있어도 밤은 조직할 수가 없는가 보다.

룰로네로 가는데 길 건너편에서 룰로 어머니와 아버지, 아들이 우리를 기다렸다. 부모님은 무척 젊으셔서 룰로와 친구 같다. 마찬가지로 룰로도 너무 젊어 어린 아들과 친구 같다. 룰로 아버지도 레구아 마을에서 공동체 활동을 해오셨단다. 을씨년스러운 거리와는 달리 집은 아늑했고, 부모님, 룰로 부부, 아들 3대가 서로 따뜻한 눈빛으로 바라봐 기분 좋다. 무엇보다 한길을 걷는 아버지와 아들이라는 게.

뒤돌아 나오는 길, 차 안에 앉아 나는 계속 밖을 쳐다보았다. 산티아고에 있는 빈민가 중 하나로 꼽히는 레구아. 언젠가 이 레구아의 밤길을 다시 걷게 된다면 친구들한테서 "혼자 다녀도 괜찮아, 가방 걱정 따위는 안 해도 돼"라는 말을 듣기를 바란다. 사람들이 어둠과 침묵에 자신을 감춘 채 집 앞에 앉아 있는 게 아니라 밝은 웃음을 터뜨리는 그런 모습을 보았으면 좋겠다. 무엇보다 빅토르 하라가 노래 부른 것처럼 레구아 마을에서 내일은 웃음이 피어났으면 좋겠다. 마을은 좀처럼 카메라에 담기지 않았다. 멀어질 때까지 그저 바라보는 수밖에 없었다.

9월 28일 목요일

닫힌 광장

산티아고 남부 터미널에 가서 내일 밤 볼리비아 라파스로 출발하는 버스표를 끊었다. 버스는 선택할 여지없이 3만 4,000페소 하는 풀만 버스밖에 없다. 브라질과 아르헨티나에서는 돈을 바꾸면 더 많이 받는 기분이었는데 칠레에서는 확 줄여서 받는 것 같다. 생각보다 물가가 비싸다. 밤 11시 20분 차로 출발해 사흘 걸려 10월 1일에야 볼리비아 라파스에 들어간다. 그런데 표를 받고 보니 타는 곳이 다르다. 남부 터미널이 아니라 산 보르하 터미널이다.

사람들과 만나기로 한 문화광장으로 갔다. 라 모네다 전철역에서 내려 사람들에게 물어 쉽게 찾았다. 10분쯤 늦게 도착했는데 6시 행사가 아직 시작되지 않았다.

"빅토르 하라, 세상을 노래한다"라는 제목으로 문화광장에서 빅토르 하라를 기념하는 전시회를 하는데 그 개막식 행사다. 9월 28일은 빅토르 하라가 태어난 날(1932. 9. 28)이다.

엽서 크기로 만든 초청장에 바첼렛 대통령과 빅토르 하라 재단 대표 조안 하라가 초청인으로 나와 있다. 칠레 정부와 빅토르 하라 재단이 공동으로 준비한 행사이다.

광장 잔디밭에는 깨끗한 의자들이 줄지어 늘어서 있다. 그런데 이상하다. 광장 끄트머리로 철망이 빙 둘러쳐졌다. 들어가는 곳 한군데만 조그맣게 열어놓고 들어가려는 사람들한테서 모두 초청장을 확인한다. 검은 양복을 입고 검은 넥타이를 맨 경호원들도 많이 보인다. 초청장이 있어야 들어갈 수 있다고 미리 얘기를 듣긴 했지만 막상 눈앞에서 보니 뭔가 께름칙하다. 철망이라는 선 밖에 있는 사람들을 두고서 반으로 접어 주머니에 넣어둔 초청장을 꺼내 보이고 들어가려니 불편하다. 빅토르 하라를 잘 아는 것으로나 좋아하는 것으로나 나는 저이들한테 비길 수가 없는데.

잔디밭에 늘어선 의자들 중 한쪽 편 의자들은 텅 비어 있다. 빈 의자는 누구를 기다리는가. 저 빈 의자는 누가 앉아야 할 자리인가. 원래 저 철망 밖에 서서 이쪽을 바라보는 저이들 자리가 아닌가.

행사장에는 경찰도 많고 경찰견도 여러 마리다. 사람들 사이로 코를 킁킁거리며 돌아다닌다. 광장은 원래 툭 터진 곳인데 철망이 여기와 저기를 만들고 나누어버렸다. 안과 밖을 만들어버렸다. 광장은 더는 열려 있지 않고 닫혀버렸다. 모두 들어올 만큼 너른 광장, 의자 같은 건 어울리지 않는다. 광장 가득 어딘가에 서거나 앉아서, 누워서 함께 빅토르 하라를 이야기하고 노래하면 좋을 것을.

철망 밖에서 기타를 거꾸로 치켜들고 노래하며 항의하던 사람들이 안으로 들어왔다. 그 모습을 보자니 아, 잘 됐구나가 아니라 실망스럽다. 다들 데리고 들어와야지 저희들끼리만 쏙 들어오면 어쩌는가. 이 자리는 이름이 있거나, 조금이라도 문화를 한다거나 하는 사람들만 들어오는 자리가 된 셈이다.

기념행사를 할 무대 뒤편에 전시된 건 빅토르 살아생전 모습이었다. 연극을 하고 노래를 하고 칠레의 여러 지방을 다니며 노동자, 농민, 아이들과 함께한 사진이다. 사진 위에 그가 부른 노래 가사가 시처럼 새겨져 있다. 전시물을 둘러보는데 검은 양복을 입은 사람이 다가와 스페인어를 할 수 있냐고 묻는다. 그 사람이 더 길게 말하지 않아도 무슨 말인지 알아들었다. 한 덩치 하는 카메라를 들고 있는 사람들이 대부분인 그 자리에서 허름한 옷을 입고 부스스한 머리를 한 채 손바닥만 한 카메라를 들고 다니는 내게 그이가 묻고 싶은 것은 이곳에 들어올 자격이 있느냐이다. 초청장을 보여주니 처음 얼굴과 달리 웃으며 간다. 그걸 내미는 내 모습이라니.

행사가 시작되어 바첼렛 대통령이 나오고 조안 하라가 나왔다. 영상 속의 빅토르 하라가 어스름 지는 산티아고와 저 멀리 서 있는 사람들을 바라본다. 빅토르 하라는 이런 자리가 편안할까. 전시물에 수도 없이 거듭 적힌 말들, 무대 앞에서 하라를 추모하며 하는 말들, 평화, 노동자, 여성,

어린이라는 말……, 그 말의 의미는 지금도 살아 있을까.

단순한 나는 혼자 격해진다. 광장이 광장 역할을 못하고 막힐 때, 빅토르 하라는 죽는다. 주제넘고 편견 가득한 판단일지도 모르겠다. 하지만 기타를 하늘 높이 치켜들고 빅토르 하라가 불렀던 노래 〈엘 아파레시도〔혼령〕〉를 "코렐레 코렐레 코렐라〔달려라 달려라 달려라〕"라며 힘차게 부른 이들도 벌써 문화 기득권자들이 된 건 아닌지 감히 생각한다 .

여기와 저기가 나누어진 광장. 저 밖에 있는 사람들은 이런 사실을 별로 대수롭지 않게 생각할 수도 있다. 그래, 나처럼 좀스럽게 굴지 않고 '그까짓 거'라고 생각할 수도 있다. 주최 측은 어떤 위험이 걱정되었던 것일까. 대통령이 나오는 자리이니까, 유명 인사들이 나오는 자리이니까 그랬을까. 나는 여기에 들어왔지만 가까이서 보지 않으리라. 저 의자에 앉아서 보지 않으리라, 저 철망 밖에 서서, 철망에 기대서, 아이를 목에 태우고, 저 멀리서 바라보는 저들처럼 멀리서 서서 보리라.

철망을 치고 진행한 행사는 40분이 채 안 되어 끝났다. 무얼 하자고 모인 건가. 1시간 동안 사람들을 이곳과 저곳으로 가르는 것 외에 무얼 했는가. 기타를 든 문화 활동가들은 멋들어지게 구호나 외치자고 이곳에 왔는가. 소수가 누리는 문화, 소수가 말하는 평화, 소수만 자랑스러운 노동자, 소수에게 머물러 있는 그 모든 것.

그런데 앉거나 가까이서 보지는 않겠다고 했지만 나는 왜 이 자리를 나갈 생각은 하지 못했을까. 이 불편한 자리를 나와 저편에 있는 사람들 옆으로 가지 않았을까. 그러니 삶은 한 끗 차이다. 여차하면 다리는 여기에 있고 입은 저기에 가 있을지도 모른다.

영혼이 우거진 숲에 씨앗을 뿌리는

문화광장을 벗어나 유니온 라티노아메리카나 전철역 가까이에 있는 빅토르 하라 경기장까지 걸어갔다. 경기장 앞, 골목길에서 빅토르 하라 생일 행사를 한다. 이 경기장은 원래 칠레 경기장이었다가 빅토르 하라 경기장으로 이름이 바뀌었다. 1973년 9월 11일, 피노체트가 쿠데타로 살바도르 아옌데 정권을 무너뜨리고 1973년 9월 16일 이곳에서 빅토르 하라와 수많은 사람을 고문하고 죽였다.

경기장 문 앞길에 의자가 12개 놓여 있다. 의자에 앉은 사람들도 있지만 대부분은 그냥 길바닥에 앉거나 담벼락에 기대어 섰다. 마이크 2개와 작은 앰프가 있고, 조명은 어두운 가로등이 대신했다. 가수들이 나와 기타를 치면서 노래를 한다. 젊은 가수도 있고 나이 든 가수도 있고, 여자도 있고, 남자도 있다. 인생은 노래하고, 노래하고…….

산티아고 골목길에 앉아 빅토르 하라를 만난다. 기타 줄을 뜯고, 오선지에 음표를 그려 넣고, 노랫말을 쓰고, 마이크를 쥐고 노래를 하고, 배우들에게 움직임을 전달하고, 학생들을 가르치고, 노동자와 농민 손을 잡고, 사랑하는 사람들 뺨을 쓰다듬고, 민주와 자유와 평화를 위해 주먹을 불끈 쥐고 치켜들었을 두 손이 부러뜨려진 채 총살당한 빅토르 하라를 만난다.

아까 광장 전시장에서 본 사진들. 민중이 부르던 노래를 찾아 떠나고, 노동자, 농민, 가난한 여성과 아이들 삶을 파고들며 노래를 만들고 부른 사람. 사진으로 본 빅토르 하라가 웃는 얼굴은, 마치 땀 흘려 일할 때 알맞게 불어오는 바람처럼 보였다. 파란 줄기와 이파리들에 달게 내리는 한 줄기 비처럼, 비 내린 뒤 맑게 갠 하늘처럼 그렇게 웃었다.

칠레 사람들에게 빅토르 하라는 '사랑'인가 보다. 산티아고에 온 첫날도 보고, 그 다음날 분스테르 추모 행사에서도 보고, 어제도 그제도 노래하던 국제주의자라는 아르헨티나 출신 알레한드로가 산티아고 이 골목길에 다시 낡은 배낭을 하나 메고 와서 기타를 치며 노래 부른다. 25년을 노래 부른다는 낸시도 찬 밤공기에 목소리를 실어 보낸다. 무대도 없고 조명도 없고 관객도 없지만 사람들은 빅토르 하라를 부르고, 삶을 부른다.

노래에서 많이 나오는 말들은 동지, 새벽, 늘, 노래, 체 게바라, 죽음, 권리, 군대, 시몬 볼리바르, 자유, 문화, 투쟁이었다. 납치와 감금, 고문과 살해, 실종, 그런 폭력을 견디면서 투쟁해온 세계 곳곳에 사는 사람들이 원했던 건 무엇일까. 그이들이 원했던 게 독재자에게는 그리도 두려운 것이었을까. 빅토르 하라가 노래한 '풍요로운 공동체'를 일구는 일, '영혼이 우거진 숲에 씨앗을 뿌리는' 일, '삶에서 기쁨을 맛보는' 일, '평화를 사랑'하는 일은 정말 어려운 일인가. 그 어느 세력에게는 사람을 죽여가면서도 막아야 하는 일이었을까.

밤 골목, 차가운 바닥에 앉아 노래를 듣는데 갑자기 내가 서성거리던 거리가 그립다. 미군기지로 빼앗기는 땅을 지키려다 논바닥에 내팽개쳐진 사람들이 있는 곳, 식량 주권을 지키려다 경찰폭력에 죽어간 사람들이 있는 곳, 쫓겨난 공장 앞에 천막을 치고 몇 년이고 싸우는 사람들이 있는 곳, 차별에 맞서서 싸우는 사람들이 있는 곳, 편견과 고정관념에 맞서서 싸우는 사람들이 있는 곳, 더 가난한 이들과 함께하려는 사람들이 있는 곳, 거리에서 노래를 부르고, 시를 쓰고, 그림을 그리고, 춤을 추는 사람들이 있는 곳. 주춤거리고 멀찍이서 바라보던 그 거리. 처음 와본 여기도 그리 낯설지 않지만, 낯익은 저기가 못내 그립다.

노래 부른 가수들이 하나둘씩 먼저 자리를 뜬다. 담벼락에 붙은 사람들과 땅바닥에 붙은 사람들은 움직이지 않고 노래를 듣는다. 노래가 끝날 때마다 힘주어 손뼉을 친다. 나도 앞에 나가 노래 한 곡 부르고 싶은 마음 간절한데 차마 용기를 내지 못하고 시간은 간다.

산티아고에서 자는 마지막 밤. 내일 밤이면 볼리비아로 가는 버스를 타야 한다. 나는 왜 버스를 타고 남미를 도는가. 잘 모르겠다. 두려운 길인 건 마찬가지. 처음이 가장 두려울 줄 알았는데 그게 아니다. 어디론가 편지를 보내고 싶다.

우리는 승리하리라

노래가 다 끝난 뒤, 나이 든 여성들이 촛불을 켠 케이크를 높이 들었다. 모두 언제부터 이 자리를 지켰을까. 다 함께 케이크를 나누어 먹고 경기장 안으로 들어갔다. 당시 사람들이 갇히고 살해당한 현장을 함께 둘러보았다.

루이스 카르데나스라는 관리자가 설명을 해준다. 바싹 마른 몸에 하얗게 센 머리카락. 세월이 얼마만큼 흘렀는지를 몸이 말해준다. 카르데나스도 독재 정권에 끌려갔던 사람이다.

불 꺼진 경기장 안에서 카르데나스가 젊은이들에게 과거 이 자리에서 어떤 일이 있었는지 이야기를 들려주었다. 목소리는 작고 여렸다. 속삭임이었다. 무수한 목숨이 사라진 이곳, 카르데나스는 어딘가 스며 있을 그이들 숨결을 듣는 것일까. 속삭임은 일사천리로 이어지지 않는다. 침묵과 낮은 한숨과 흘리지 못하는 눈물이 끼어들어 우리는 기다려야 했다. 듣는 사람들 중 누구도 함부로 숨을 내뱉지 못했다.

"이 경기장은 예전에는 칠레 경기장이었지만 지금은 빅토르 하라 경기장으로 불린다. 독재 정권이 모진 고문을 가해도 빅토르 하라가 참고 견디며 살바도르 아옌데 민중 정부를 지지하고 독재 정권에 맞서자 빅토르 하라를 죽였다. 그러나 오늘날 빅토르 하라는 칠레 모든 사람들 가슴에 살아 있다. 뒤에 정부가 빅토르 하라에게 경의를 표하며 2003년 9월, 이 경기장을 기념물로 만들었다."

이 경기장으로 끌려온 사람이 5,000명이라고 한다. 빅토르 하라는 마지막으로 남긴, 이름을 적지 않은 편지에서 "이 도시 작은 곳에 5,000명

작고 낡은 빅토르 하라 경기장의 복도. 끌려온 5,000명이 이곳을 지나갔다.

이 끌려왔다면 모든 도시, 모든 나라로 치면 도대체 얼마나 된다는 것인가"라고 했다고 한다. 5,000명의 발길이 닿았던 복도와 경기장은 이제 낡고 흔적은 희미해졌다. 하지만 빅토르 하라가 바로 여기 죽음 한가운데에서 '우리는 승리하리라 우리는 승리하리라'라고 노래 부른 것처럼 빅토르 하라와 실종되고 죽은 모든 이들은 사람들 가슴에서 잊히지 않고 살아날 것이다.

빅토르 하라 경기장을 나와 거리를 걷는다. 도시는 원래가 그런 건가 보다. 나라가 달라도 어디든 똑같은 모습이다. 차, 매연, 시끄러운 소리, 나뒹구는 쓰레기들, 높은 건물들, 늦은 밤 지친 사람들. 낮에는 여기에 분주함이 덧칠해져 다른 도시가 보이겠지. 하지만 독재 정권이 남긴 흔적은 쉽게 다른 것으로 덧칠해 감출 수 없다. 칠레도, 아르헨티나도, 내가 사는 땅도.

9월 29일 금요일

만년설 쌓인 산을 보는 사람들

사흘 밤을 잤던 마리셀라 집. 마리셀라는 부모와 함께이면서 따로 산다. 2층집의 아래층에는 마리셀라의 어머니와 아버지가, 위층에는 마리셀라가 산다. 어머니는 몸이 아프셔서 병원에 입원해 계신다. 우리 일행은 세 집에 나누어 잤다. 나와 형숙 씨는 아래층의 빈 방에서 머물렀다.

아침마다 마리셀라가 사는 2층으로 올라갈 때면 계단 맨 위에서 눈 쌓인 안데스 산이 보인다. 가깝다. 아, 집에서 저 아름다운 산을 날마다 볼 수 있다니. 이것만으로도 라 플로리다 사람들은 행복하지 않을까. 행복하지 않다고, 행복이라는 거 모르고 산다고, 행복이 도대체 무어냐고, 아니 행복 같은 거 따로 생각해보지도 못하고 그냥 살다가도 문득 이렇게 작은 것들을 만나면 이게 행복한 거구나 깨닫는다. 맑은 하늘, 따뜻한 볕, 부드러운 바람, 새소리, 저 높은 산, 나무, 보도블록 사이를 비집고 나오는 민들레, 환한 미소, 가벼운 걸음, 계산하지 않는 '사랑해'라는 말. 그러고 보면 행복은 '돈'과는 아무 상관이 없다. 늘어놓은 것 가운데 어느 하나도 돈으로 살 수 있는 건 없다. 아, 돈이 호주머니에 두둑하면 맑은 하늘이 더 맑아 보일까? 산천 좋은 곳으로 놀러갈 수 있으니 더 맑은 하늘을 볼 수 있는 것일까? 호주머니가 텅 비어 있으면 집 밖을 나다니기도 힘들고, 나와서도 고개를 푹 숙이고 다니니 맑은 하늘을 볼 일이 없을까? 아니다. 하늘이 늘 맑다고 해도 그래서 그 하늘을 늘 쳐다본다고 해도 늘 행복한 것은 아닐 거다. 행복을 느끼는 건 어느 한 순간이겠지. 짧은 어느 한 순간. 그러니 그 짧은 한 순간에 성이 차지 않는 사람들은 돈으로 살 수 있는 것들을 사서 채우는 거겠지. 늘 허기진 사람들. 대형 매장에서 수레가 넘쳐나도록 먹을 것과 새로운 물건들을 살 것을 강요당하는 사람들, 그것도 깊은 밤까지.

아침마다 먼저 일어나 있는 사람은 마리셀라의 두 딸이다. 중학생인 딸이 문을 열어준다. 딸들은 피곤한 엄마를 깨우지 않는다. 밥을 차려 달라고 하지도 않는다. 따뜻한 배웅을 바라지도 않는다. 아이들은 빵과 우유, 코코아가루를 꺼내고 물을 끓인다. 간단하게 자기가 먹고 싶은 만큼만 먹고 구멍 뚫린 체육복을 아무렇지도 않게 입고 간다.

먹는 걸 놓고 보면 마리셀라도 아버지를 위해 무얼 차리거나 하지 않는다. 누구 한 사람이, 특히 엄마라는 이름으로, 혹은 딸이라는 이름으로 살림을 책임지지 않는다. 아버지는 따로 살림을 한다. 어느 날은 아버지가 빵과 채소들로 한가득 장을 봐왔다. 그렇다고 그걸 딸에게 주지도 않는다. 하지만 늦은 밤, 마리셀라가 아버지 방으로 들어가 따뜻한 목소리로 밤 인사를 나누고 병원에 있는 어머니 걱정을 나누는 소리를 들으면 마리셀라와 아버지가 서로 독립해 살면서도 마음을 나누는 게 느껴진다.

마리셀라네 사람들은 집 안에서는 고양이가, 집 밖에서는 개들이 털을 날리고 똥을 아무 데나 눠도 별 불편함 없이 산다. 집 마당에 두 마리 개가 눈 똥이 가득이었는데 큰딸이 놀러온 왈도의 아들과 함께 청소를 한다. 호스를 연결해 마당을 아주 깨끗이 물청소한다.

왈도는 딸 파멜라와 함께 활동한다. 같이 며칠을 붙어 다녔는데도 그런 사실을 몰랐다가 뒤늦게야 알았다. 가만 보니 이 동네는 함께 활동하는 사람들이 한 동네에 산다. 그리고 한집 식구들이 모두 함께 활동하거나 서로를 지지한다. 그래서 어른들이 친구면 아이들도 다 친구다. 부모랑 자녀 사이가 친구처럼 보이고, 심지어 친구 부모와 친구 자녀들이 서로 친구 같다. 마리셀라 아버지도 마리셀라 친구들이나 아이들을 안다. 그러니까 죄다 알고 어울리는 사이들인 거다. 10대, 20대 자녀들을 둔 마리셀라, 하라, 왈도가 사는 동네, 아이들이나 어른들이나 다 제집 드나들 듯 다니고 어느 집 식구 누구를 만나도 다 잘 아는 사이라는 점이 눈에 띈다.

그러니 이들은 특별한 문화 운동을 하는 사람들이 아니라 이곳에서 삶을 꾸려나가는 사람들이다. 사는 일과 진보를 지향하는 일이 한길에 있는 게다. 만년설 쌓인 저 산을 함께 바라보면서 친구들과 아이들과 문화와 어울려 산다. 이들에겐 이웃이 있다.

지속되는 고통과 저항, 마푸체 원주민

사람들이 엘보스케로 간 동안에 떠날 짐을 꾸렸다. 부에노스아이레스와 산티아고를 함께 다닌 형숙 씨는 산티아고를 마지막으로 서울로 돌아간다. 가는 편에 몇 가지 짐들을 보내기로 했다. 선물로 받은 책들과 자료, 음반, 글로리아가 준 체 게바라 얼굴이 담긴 티셔츠와 발전노조에서 받은 티셔츠, 마노가 보낸 땅 없는 농업 노동자 운동 티셔츠, 섬유의류노조연맹에서 받은 티셔츠들, 그럴듯하게 쓰고 싶었지만 겨우 하는 말이 밥 잘 먹고 잘 지내느냐는 게 다인 엽서 한 장을 써서 챙겨 넣었다.

마리셀라가 라 플로리다 오히긴스 마을에 갈 준비를 한다. 마리셀라가 마푸체 원주민이 이마에 두르는 띠, 트라리웨를 가져간다고 보여준다. 마리셀라가 이마에 두르니 그 모습이 본래 마리셀라인 양 자연스러워 보인다. 마푸체 원주민들은 주로 칠레 중남부 지역에 산다. 남부 안데스 문명 중 하나인 마푸체 문명은 1250년, 비오비오 강 유역에서 시작되어 지금까지 이어진다. 마푸체는 '땅의 사람들'이라는 뜻이다. 이름처럼 그이들은 농사를 지으며 살아온 민족이다.

내가 마푸체 원주민에 대해서 궁금해하자 마리셀라가 『문화』라는 신문을 주는데, 2005년 11월에 발간된 신문에 마푸체 원주민 가수 안투 리웬을 인터뷰한 기사가 실려 있다. 첫 장에 실린 사진에서 안투 리웬은 마푸체 의식에 쓰이는 북, 쿨트룽을 치면서 노래를 부른다. 낮에 사람들과 잠시 들른 대통령궁, 라 모네다 궁에서 마푸체 의식 탈인 코욘과 나무 사람

마푸체 의식 탈인 코욘과 나무 사람.

을 보았는데 우연일까, 마푸체 흔적을 아주 조금씩 따라간다.

칠레 중남부 지역 테무코에서 태어나 11살 때부터 산티아고에 와서 가정부와 점원으로 일했던 안투 리웬은 '투쟁', '저항', '진실'을 주제로 노래를 부른다. 그 주제들은 안투 리웬의 노래 주제이기도 하지만 마푸체 원주민 모두가 소중히 여기는 주제이기도 하다. 마푸체 원주민은 자연조건을 이용해 300년이나 스페인에 저항하며 싸웠지만 다른 나라 원주민들과 마찬가지로 역사에서 배제되고 소외당했다. 마푸체 원주민이 당한 건 배제와 소외 정도가 아니라 원주민 역사의 근절이었다. 그런데 그것은 먼 과거 한때가 아니다. 피노체트 정권 때 마푸체 원주민들은 더 큰 고통을 당했다. 펼쳐 든 신문에서 안투 리웬이 말한다.

"피노체트 정권은 쿠데타가 진행되는 동안에 우리 민족을 말살하려고 무척 많은 사람들을 고문하고 살해했다. 오늘날까지 우리는 저항을 지속한다. 우리 문화를 승인하게 하기 위해서 계속 투쟁하다가 감옥에 갇힌 사람들이 많다."

원주민이 겪는 고통은 과거 스페인이 침략했을 때로 그치는 것도, 독재정권 시기로 끝나는 것도 아니었다. 바로 지금 고통을 당하고, 저항한다.

안투 리웬을 인터뷰한 기사 바로 옆에 한 젊은 남자 사진이 있다. 사진 아래에는 '2002년 11월 7일, 경찰에 살해당함'이라고 적혀 있다. 안투 리웬이 말한 '지속되는 고통과 저항'이 그 기사에 있었다.

산타 알리카 땅 개발 과정에서 현직 경찰에게 살해당한 젊은이는 마푸체 원주민 알렉스 레문이다. 신문이 나온 2005년 11월은 알렉스 레문이 죽은 지 3년이 되는 때였다. 알렉스 레문 가족과 친구들뿐만이 아니라 마푸체 민족 모두가 그날을 비통해한다고 신문은 말한다. 마푸체 원주민들은 3년 동안 인종차별과 마푸체 민족에 대한 차별에 맞서서 싸웠다. 경찰 공직에 있는 어느 누구도 알렉스 레문 살해 사건에 대해 책임지지 않고, 그이를 살해한 경찰은 정당방위를 한 것으로 인정받아 처벌받지 않았다. 마푸체 원주민들은 자신들이 당하는 인권침해와 탄압에 맞서 계속 싸울 거라고 한다.

지난 신문에서 오늘을 읽는다. 원주민은 과거의 사람들이 아니다. 지금 사는 사람들이다. 섬유의류노조연맹 사무실에서 그림을 보고, 라 모네다 궁전 마당에서 탈을 보면서 마푸체라는 이름만 알았더랬다. 산티아고를 떠나기 몇 시간 전, 마푸체 원주민이 겪는 오늘을 조금이나마 알아서 다행이다. 하지만 이름만 아는 건 중요하지 않다.

춤추는 사람들, 오히긴스 마을

저녁 6시에 오히긴스 마을로 출발했다. 버스 터미널까지 가려면 시간이 좀 걸릴 텐데 늦지 않을까 걱정이 되긴 했지만 마리셀라와 글로리아가 시간이 충분하다고 해서 따라나섰다. 오히긴스 마을은 칠레 원주민 문화를 보존하고 이어나가는 곳으로 풍습 문화 센터라는 이름으로 39년째 공동체 생활을 한다.

저녁에 마을 너른 마당에서 칠레 민속춤 공연과 나무닭움직임연구소 공연을 하기로 했는데 그 전에 강당에서 잠시 마을 사람들과 이야기를 나누게 되었다. 어린아이, 젊은이, 나이 든 어른들까지 스무 명, 모두 조용히 이야기를 듣고, 자신을 소개하고, 궁금한 것은 사소한 거라도 빼놓지 않고 묻고 대답했다. 그 모습에서 생각지 못한 진지함을 엿보았다.

이 공동체 마을에는 여러 소모임이 있다. 춤, 글쓰기, 연극 소모임이 있고, 노동운동을 고민하는 모임도 있고, 매달 소식지도 만들어낸다.

"전통, 풍습, 춤 모든 것이 자기 정체성을 갖고 있다. 우리는 모든 것을 함께한다. 우리는 정부로부터 돈을 받지 않고 스스로 활동한다. 지원을 받는 곳과 다르다. 정부로부터 돈을 받지 않고 일을 한다는 건 매우 어려운 일인데 우리는 그걸 한다. 전통을 이어가는 일을 한다. …… 한국 노동자 조직은 신자유주의에 대항할 힘을 갖고 있는가? 여기 그룹은 쿠트(CUT, 칠레 노동조합연맹)를 신뢰하지 않는다. 위에 있는 지도자들은 아래로 오지 않는다. 교육이나 문화가 더 이상 아래로 내려오지 않는다."

궁금한 게 있는 사람들, 궁금함을 풀어보려는 사람들을 보면서 나는 적잖이 놀랐다. 그래, 사람은 더 이상 궁금한 게 없고 호기심이 모두 사라져버릴 때 늙을 것이다. 한순간 폭삭 늙어버릴 것이다. 그래서일까. 이곳 사람들 얼굴은 나이를 가늠할 수 없다. 반짝반짝 윤기가 돈다, 얼굴이 빛난다.

이야기를 끝내고 밖에 나가보니 사람들이 마당에 무대를 세운다. 강당 옆에는 옷을 만드는 작업장이 있다. 꽤 넓은 작업장에서 춤출 아이들과 소녀들, 어른들이 민속 의상으로 갈아입는다.

아이들이 입은 옷은 태평양에 있는 칠레 파스쿠아 섬 민속 의상이다. 파스쿠아 섬은 라파 누이 섬, 흔히 이스터 섬이라고 부르는 섬이다. 이 옷을 입고 '수아 수아'라는 춤을 춘다고 한다.

어른들은 '쿠에카'라는 춤을 춘다. 칠레 국기 빛깔로 만든 옷을 입은 여

칠레 파스쿠아 섬 민속 의상을 입고 있는 여자 아이들. 아이들은 이 옷을 입고 '수아 수아' 라는 춤을 춘다.

성이 머리에 검정 빛깔의 모자를 쓰고 손에 하얀 수건을 들었다. 함께 춤을 추는 부부가 나란히 섰는데 옆에 선 남편은 가죽장화에 손수건을 꽂았다. 그런데 자세히 보니 구두를 따로 신고 가죽으로 종아리를 감쌌다.

강당에서 이야기를 나눌 때 사회를 본 남자도 어느새 춤출 옷으로 갈아입고 나왔다. 춤출 준비를 끝낸 남자는 얼굴이 아까보다도 더 빛났다. 얼굴이 그렇게 환한 건 그이가 행복하기 때문이다.

"춤은 사람들을 서로 느끼게 해준다. 여기 있는 게 행복하다. 춤을 좋아한다. 춤은 좋은 것이다. 춤을 추면 마음이 열린다."

정말 그래 보인다. 춤출 옷으로 갈아입은 사람들은 모두 마음이 설레는 것 같아 보였다. 처음 춤을 추는 것처럼, 처음 만나는 것처럼.

저녁 7시 50분, 한껏 준비한 공연을 시작했다. 어린아이들이 나와 춤을 추자 동네 사람들은 열렬히 손뼉을 쳐주었다. 큰소리로 환호하고 여기저기서 휘파람을 불었다. 어린이 춤, 소녀들 춤, 어른들 춤이 이어지는 동안 사람들은 대충 손뼉 치지 않았다. 억지로 손뼉 치지도 않았다. 공연 내내 귀여운 아이들 모습에, 이제 훌쩍 커버린 소녀들이 내뿜는 아름다움에, 나이 든 부부들이 마주보며 춤추는 모습에 맘껏 웃고, 흥을 낸다. 춤은 "사람들을 서로 느끼게 해준다"고 한 말을 조금 알겠다. 힘껏 쳐주는 저 손뼉 소리가 사람들 기억 속에 남아, 삶이 힘든 어느 때 주저앉더라도 언제든 다시 일어날 수 있게 해주지 않을까.

남자 가수가 기타를 메고 나와 의자에 앉아서 노래를 부른다. 전혀 가수 같지 않고 오히려 만담꾼 같은 그 가수는 노래보다 말이 많다. 아니 노래가 말하듯이 중얼중얼하는 노래이다. 사람들은 중간 중간 웃고 손뼉 치고 난리가 났다.

노래를 따라 부르면서 춤을 추는 사람들. 이들은 노래 부르고 춤추며 자본주의에 저항한다. 모든 걸 똑같게 만드는 자본주의, 선택할 여지를 주지 않고 선택을 강요하는 자본주의, 똑같은 옷과 먹을거리를 강요하는 자본주의 세상에서 이 마을은 자신들을 찾기 위해 이렇게 춤을 춘다.

모든 춤이 끝나고 음악이 나왔다. 그동안 의자에 앉아 춤추는 사람들을 바라보던 사람들이 자리에서 일어나 춤을 추었다. 주머니에서 하얀 손수건을 하나씩 착, 꺼내어 흔들면서. 아, 이곳에서 춤을 추려면 저 하얀 손수건 한 장만 있으면 되나 보다. 얇고 작은 손수건 하나 손에 든 저이들 모두 순식간에 춤꾼이 된다. 보기만 하던 사람들도 결코 빠지는 춤이 아니다.

오히긴스는, 내가 산티아고에 온 첫날부터 두꺼운 스페인어-영어 사전을 가방에 넣고 다니면서 조금이라도 더 내게 알려주려고 애쓰던 릴리안이 태어나 자란 마을이다. 릴리안은 칠레대학에서 역사를 전공하는 학생으로 '실종과 인권'을 주제로 논문을 쓰려고 한다. 릴리안이 자기는 코무니스타[공산주의자, 공산당원]라고 한다. 코무니스타와 공산주의자, 같은 뜻을 가진 두 말이 왜 이렇게 달리 느껴질까. 오히긴스 마을에서 자라면서 릴리안은 자기가 그리는 세상을 보았을까.

산티아고를 떠나며

센트랄 전철역에 있는 산 보르하 버스 터미널은 무척 크다. 차도 사람도 빽빽하게 들어차 있다. 브라질이나 아르헨티나 버스터미널에서 본 사람들과 달리 많은 이들이 나랑 모습이 비슷하다. 살갗도 그리 하얗지 않고, 키도 몸집도 그리 크지 않은 사람들. 칠레 북쪽으로 올라가 페루나 볼리비아로 가는 사람들이 어쩐지 내게는 편안하다.

내가 탈 차 옆에 같은 풀만 버스인데 좀 더 좋아 보이는 차가 있다. 남미 버스는 두 가지나 세 가지 등급으로 나누어지는데 계속 제일 싼 세미카마를 타게 된다. 한 등급 위인 카마는 침대라는 뜻으로, 의자가 누울 수 있을 만큼 뒤로 더 많이 젖혀지는 버스라고 한다. 옆에 버스가 제일 좋은 버스여서 내가 탈 버스가 허름해 보인다.

밤 11시 36분, 버스가 출발한다. 라파스로 가는 길은 지나온 길들과 어떻게 다를까. 나를 배웅한다며 같이 전철을 타고 길을 나선 훌리오가 창밖 불빛 밝은 쪽을 가리키며 "부자들이 사는 곳인데 저기만 잘살고 나머지 칠레는 가난하다"고 그랬다.

전철을 타고 집으로 돌아가면서 훌리오는 다시 어둠에 잠긴 가난한 칠레를 보겠지. 식민 역사와, 독재와 가난은 결코 나누어진 게 아닌 것 같다. 그 역사들을 고민하던 훌리오에게 마음속으로 이야기를 전한다.

그래, 훌리오, 내가 사는 곳도 마찬가지야. 국민소득 지표는 실제 사람들 삶과는 아무 관계도 없어. 비싼 아파트를 수십 채씩 갖고 어찌할 줄을 모르는 사람들이 있는가 하면, 겨울이면 거리에서 얼어 죽어가는 사람들도 있어. 그런데 훌리오, 네가 가난한 사람들을 걱정하는 한, 길은 보일 거야. 당장은 아니더라도. 네 마음이 누군가를 구원할 거야. 하다못해 네 자신이라도.

9월 30일 토요일

산티아고 북쪽으로 달리다

춥다. 밤새 덜덜 떨면서 잤다. 창가라 바람이 막 들어온다. 열리는 창문도 아니고 통유리인데도 춥다. 이렇게 추운데 왜 난방을 안 해주는지 모르겠다. 새벽 6시쯤 승무원이 지나가기에 춥다고 했더니 담요를 준다. 진작 달라고 할 걸, 얇지만 발끝까지 덮으니 훨씬 낫다.

칠레 북쪽으로 가는 길. 바다와 산, 벌판을 모두 본다. 사람 손이 미치지 못한 땅을 만난다. 자연 그대로여서 다행이다. 브라질과 아르헨티나에서는 키가 큰 나무들을 보았는데, 여기서는 벌판과 산에서 모두 키 작고, 둥근, 점처럼 박힌 나무들을 만난다. 설악산 대청봉 가는 길에 있는 눈잣나무처럼 여기서만 살 수 있는 생명들인가 보다. 안데스 산을 넘을 때처럼 이 길에도 십자가들이 많다. 그냥 십자가만 꽂아놓기도 하고, 나무로 작은 집을 만들어 십자가를 달아놓기도 하고, 그 안에 성모상을 모셔놓기도 했다. 안녕을 기원하는가. 유독 칠레 북쪽 가는 길에 더 많다.

높은 곳을 오르나 보다. 차가 속력을 늦춘다. 느려져야 할 때 느려지지 않으면 사고가 나겠지. 느려진 속도가 마음에 든다. 사방이 안개로 뿌연 이곳에서 속도는 저절로 겸손해진다. 겸손해질 수밖에 없다. 겸손하지 못한 사회는 파멸을 가까이 두고 있을지도 모른다. 그런데 나도 때때로,

아니 자주 겸손을 모른다.

조금씩 큰 나무들이 보인다. 마을도 나온다. 구름이 걷히면서 사방이 밝아진다. 칠레에서는 유난히 휘날리는 국기를 많이 본다.

승무원이 다니면서 열어놓은 커튼을 모두 다시 친다. 벌어지지 않게 양쪽을 맞붙이기까지 한다. 아니, 이 좋은 빛과 볕을 왜 가리는 걸까. 사람들 더 자라고 그러는 건가. 내가 보고 있던 창문도 승무원이 커튼을 쳐버린다. 한쪽만 조금 벌려 밖을 본다. 아니, 야금야금 풍경을 먹는다.

다시 땅에 달라붙은 나무들이 보인다. 산이 둥글다. 만지면 폭신폭신 주물러질 듯하다. 모래산이다. 꽃만 자연이 아니라 돌도 자연이다. 꽃만 아름다운 게 아니라 돌도 아름답다. 누구든 보면 취하리라. 이 모래와 돌과 나무들에 비하면 상품과 광고로 가득 찬 도시는 얼마나 초라한가.

살짝 들춘 커튼 사이로 창밖의 햇빛이 눈을 찌른다. 승무원은 이쯤에서 내리쬐는 이 빛을 미리 알았을까. 그래서 아까 그렇게 커튼을 꼭꼭 여몄을까. 저곳에 사람이 산다. 저곳에 혼자 앉아 있는 사람이 있다.

사람들이 모두 차에서 내리고, 차는 기름을 넣어야 하는지 어디론가 사라진다. 50분 동안 쉬란다. 이곳은 코피아포. 옆에 앉은 남자가 알려주었다. 버스를 타면 "여기가 어딘가요?"만 줄기차게 물으며 수첩과 볼펜을 내민다. 멈춘 곳이 어딘지는 알아야겠기에. 모두 귀찮아 하지 않고 알려준다. 그런데 필기체라서 도저히 알아보지 못하는 글씨도 있다. 그래도 고맙다. 차가 설 때마다 어디냐고 묻는 내게 꼬박꼬박 알려주는 모든 이.

돌아온 차는 우리에게 점심으로 치즈 한 장 넣은 빵을 주었다. 빵을 씹는다. 머릿속에 들어왔다 나가는 생각도 꼭꼭 씹는다. 코피아포를 지나와서는 물빛 좋은 바다를 끼고 달린다. 저 바다가 지도에서만 본 태평양인가. 건너면 한국이겠지. 그리움도 적당해야 좋다. 넘치면 눈물이 주책이다. 실컷 저 바다를 보고 가자.

벌써 낮 두 시다. 차냐랄이다. 버스 회사 지부에서 잠시 쉰다. 하늘은 맑은데 바람이 심난하게 분다. 그래서일까, 동네가 회색의 느낌으로 다가온다. 손잡이 달린 바구니에 빵을 넣고 하얀 천으로 덮어서 팔러 다니는 남자, 매점에서 커피를 파는 여자, 표 끊는 곳에서 일하는 여자, 시멘트 계단에 앉은 나. 커다란 빵과 두툼한 햄, 칼을 들고 와 옆에 앉는 남자. 슬근슬근 빵을 가르고, 햄을 썰어 빵 사이에 끼우면서 나를 보고 웃는데 성긴 이가 드러난다. 그 성긴 이 사이로 지나간 것은 무얼까.

버스에서 내 뒷자리에 앉은 여자들은 이곳이 익숙한가 보다. 밖으로 나가더니 한참 있다 어른 주먹 두 개를 포갠 듯한 아이스크림을 손에 쥐고 온다. 아이스크림이 맛있게 보이기도 했지만 부러웠던 건 시간과 거리가 낯설지 않고 익숙하다는 거였다. 설사 익숙하지 않다고 해도 저 밖으로 성큼 다녀올 수 있다는 게. 사람들이 내리고 다시 사람들이 탄다. 그래, 비행기가 가지 않는 곳이 세상에는 더 많다.

저녁을 먹은 지 얼마 안 되어 승무원이 비스킷과 차를 주었다. 홍차인데 설탕을 넣어 달달하다. 사기잔에 받침까지 받친 홍차를 마셨다. 흔들리는 차 안에서 나눠 주는 것만도 일일 텐데. 아침에 커피를 줄 때도 그랬다. 아침에는 고참 승무원이 커피를 나누어 주더니 저녁 홍차는 초보 승무원이 나누어 준다. 고참 승무원은 후배를 바라보다가 아무래도 불안한지 자기가 건네받아 나누어 준다. 친절한 사람이다.

아까까지만 해도 햇볕이 쨍쨍 내리쬐더니 해가 확 졌다. 내내 사막 길을 달려왔다. 지나온 길은 모두 회색이다. 산도, 땅도, 하늘도. 사막 같은 마음, 사막처럼 서걱대는 마음, 이런 낱말이 떠오른다. 산타 마르타를 지나니 이제 사막이 끝나고 바다다.

안토파가스타에서 쉬었다 간다. 내 뒷자리와 그 뒷자리에 앉은 네 여자가 휴게소에서 내릴 때마다 함께 다니는데 똑같은 가방을 들고 있다. 가방 아래쪽 구석에 동그란 기호가 그려져 있다. 얼핏 보니 여성이 그려져 있고 '신디카토[노동조합]'라고 쓰여 있다. 그렇게 몇 번 멀리서 보다가 좁은 화장실에서 얼굴을 맞닥뜨렸다. 가방을 가리키면서 물어보니 페루 푸노 간호사 노조 사람들이다. 몇 마디 오가지도 않았는데 필라르라는 사람이 내게 주소를 알려달라고 한다. 편지를 하겠다며. 갑작스러웠지만 수첩에서 종이를 한 장 떼어 주소와 전화번호를 적어주었다. 그리고 필라르가 내 수첩에 집 주소와 전화번호를 적어주었다. 푸노에 오면 자기 집에서 묵어도 되니 전화하라고, 기다리겠다고 한다. 생전 처음 본 사람이 잠시 한 차를 타고 갈 뿐인 사람한테 이렇게 말해주니 말만으로도 고마웠다.

병원 간호사 노조 사람들이 멀리 산티아고까지는 무슨 일이었을까. 산티아고에서 만났던 병원 노동자들 얼굴이 떠오른다. 사람들이 낱낱으로 혼자 있지 않고 자신과 같은 사람들과 어깨를 겯고 씨줄과 날줄로 조직을 만든다. 만나지 않아도, 보지 못해도 세상 어느 곳엔가 노동자, 당신이 있다. 그 당신들이 조금 더 나은 세상을 만들기 위해 지금 움직인다.

10월 1일 일요일

울지 말자

칠레 북쪽 끝, 아리카다. 500페소로 커다란 핫도그와 커피 한 잔을 샀다. 서울과 별 차이 없는 물가가 한없이 비싸게만 느껴졌던 산티아고를 지나와서 그런가, 1,000원이 안 되는 돈으로 아침을 먹으니 흐뭇하다. 그런데 터미널 안에 동그랗게 마주보는 가게들 모두 같은 차림에 같은 값이다. 앞치마를 두른 중년 여자가 플라스틱 통에 담아놓은 재료들을 천천히 빵 사이에 가득 담는다. 느릿한 시간을 빵 속에 채운다.

간밤, 차가 여러 차례 멈추어 사람들을 내려주고 태웠다. 이렇게 가다 버스표에 적힌 대로 아침 7시까지 도착할 수 있으려나 싶어 조금 답답하기도 했다. 아리카에 도착한 줄도 모르고 잠에 취해 있는데 승무원이 깨워 일어나 보니 새벽 6시 30분이다. 밤새 내리는 사람들 짐 챙겨주고 새로 타는 사람들 짐 싣고, 잠 한숨 못 잤을 승무원들과 기사, 그이들이 대단하다.

밤에 자다가 엉덩이가 깨지는 줄 알았다. '아프다'도 아니고 '저리다'도 아니고 딱 '깨지다'라는 표현이 맞다. 31시간이다. 오래도 앉아 있었다. 서른 한 시간을 좁은 차에서 견뎌온 사람들, 다들 애썼다. 사람들은 늘 어디론가로 가지만 지금 여기를 거치지 않고는 한 발짝도 못 나아간다. 남미에서는 버스를 타고 가는 길 그 자체가 여행이다.

번호표를 내고 짐을 찾았다. 짐을 받아 든 사람들은 순식간에 흩어졌다. 아리카까지만 간다는 옆에 앉았던 남자도 안 보이고, 잘 가라고 인사하려고 보니 필라르도 없다. 함께 버스를 타고 온 낯익은 얼굴들이 사라지니 갑자기 혼자다. 실은 처음부터 혼자였는데, 아주 오래전부터 혼자였던 것을. 어머니 뱃속 이전부터 혼자였고, 무덤 뒤까지도 혼자일 것을……. 터미널 차부에서 한참 두리번거렸다.

빵 속에 담긴 시간은 느릿한 맛이다. 라파스 가는 버스는 아침 10시 30분에 출발한다. 시간이 많이 남았다. 토마토를 넣은 핫도그를 한 입 베어 먹는다. 음식이 들어가니 기분이 달라진다. 괜히 화장실 세면대 앞에서 이 닦으면서 울지 말자.

고원,
주름 진 산:

볼리비아, 라파스

10월 1일 일요일

라파스 가는 길

라파스로 가는 여행객들이 많다. 특히 유럽에서 온 사람들이 눈에 많이 띈다. 라파스가 어떤 곳이기에 사람들이 그곳으로 가는 걸까. 스무 살을 갓 넘겼을 젊은이들이 차에 짐을 싣는데 끝이 없다. 저런 나이에 세상을 헤집고 다녀야 하는 건데, 혼자여서 좀 더 가벼울 때. 하지만 내 '이런 나이'도 괜찮다. 건너편에 앉은 여자처럼 아이가 '딸려도' 괜찮다.

아까 라파스에 있는 콤파(COMPA, 예술생산자공동체)의 도리스한테 전화했는데 안 받는다. 산티아고에서 비행기로 출발한 사람들은 벌써 도착했겠지.

옆에 볼리비아 남자가 앉는다. 차가 출발한다. 라파스, 평화라는 이름을 가진 도시로 간다.

나무 하나 없는 흰 산이다. 그래도 가끔 밭이 나오고, 푸른빛을 띤 채소들이 간간히 있어서 좋다. 버스가 이 흰 산을 넘는다. 모래가 반짝인다. 산 높이 오른다. 길을 내다 길에 묻힌 사람들이 얼마나 많을까. 삶은 죽음을 딛고 이어진다. 내 삶은 다른 이의 목숨을 딛고 서 있다. 이 길에도 십자가가 보인다. 산에는 당연히 나무가 있는 줄 알았는데 그게 아니다. 돌 산도 있고, 모래 산도 있다. 내가 아는 건 티끌만큼 작다.

분명히 차가 산을 타고 한참 올라왔는데 아무리 달려도 다시 내려가질 않는다. 올라온 그 위치에서 다시 평지가 시작된다. 고원이다. 척박한 땅에서 살아가는 사람들이 있구나. 대단한 사람은 다른 곳에 있지 않고 척박한 땅에 있을 것이다. 차가 더 높이 오른다. 생각할 여유가 없어진다. 잠이 온다.

차가 덜컹거려서 눈을 떠보니 저만치 집 한 채가 보인다. 뭐라고 쓴 나무 간판을 만들어놓은 걸 보니 차나 밥을 파는 곳인가 보다. 차가 멈추자 그 집에서 사람들이, 어른 아이 모두 달려 나온다. 어린 여자애 둘과 그 애들과 사는 듯한 여자와 남자가 달려오는데 그 활짝 웃는 얼굴이라니. 어쩜 그리도 반갑게 달려 나올까. 부탁한 게 있나 보다. 승무원이 커다란 가방을 하나 건네준다. 필요한 물품을 이렇게 얻나 보다. 그리고 잠시라도 사람, 그 그리운 얼굴을 보는가 보다. 버스는 채 일 분도 안 되어 다시 흙먼지 자욱이 남기고 사라지지만.

저만치 눈 쌓인 산이 보인다. 옆에 앉은 남자가 산을 가리키며 라 푼테나라고 한다. 만년설 쌓인 저 산 기슭에 칠레와 볼리비아 국경이 있고, 그곳에 출입국사무소가 있다고 한다. 늘 그대로 있는 눈. 언제 내린 눈일까? 햇볕이 이렇게 쨍쨍한데 저 눈은 안 녹을까?

내리막길인 줄 알았는데 다시 오르막길이다. 마을이 나타난다. 사람이 사는 곳에 차가 멈춘다. 타라파카 지역 푸트레다. 높은 산에 밭이 있다. 말로는 표현하기 힘든데, 이 길이 마음에 든다. 칠레에서 볼리비아 가는 길, 부에노스아이레스에서 카를라는 볼리비아가 아름답다고, 자기는 볼리비아와 볼리비아 사람들을 사랑한다고 그랬다. 카를라한테는 말로 표현할 수 있는 이유들이 따로 있을지도 모른다. 그 이유를 듣지 않았어도 길에서 느낀다. 좋은 걸 어찌 다 말로 표현하겠는가. 이 길을 따라가면 나올 볼리비아를 카를라처럼 나도 좋아하게 될 것 같다.

아까 보았던 눈 쌓인 산 거의 꼭대기에 도착했다. 이 높은 곳에 호수가 있다. 노란 이끼 같은 풀이 나 있다. 그곳에 비쿠냐Vicuña가 떼를 지어 있다. 새끼들인지 작고 가냘프다. 이 높은 산에서 목 길고 다리 가는 비쿠냐들이 풀을 뜯고 물을 마신다. 옆에 남자가 비쿠냐는 발자국 소리나 무슨 소리가 나면 재빠르게 움직인다고 알려준다. 아름다운 걸 볼 때마다 왜 이리 잠이 쏟아지는지 모르겠다. 칠레와 볼리비아 국경에 다 왔나 보다. 칠레 쪽 국경은 추가라고, 볼리비아 쪽 국경은 탐보 케마도다.

다섯 시간을 달려왔다. 와, 머리가 어지럽고 정신이 없다. 이게 고산병인가. 볼리비아 출입국사무소에서 수속을 밟고 들어왔는데 못 느꼈던 차 냄새, 사람들 냄새가 막 나 정신을 못 차리겠다. 아까 칠레 쪽 국경에서 차가 멈추었을 때 코카잎차를 두 잔 샀다. 높은 산에서는 코카나무 잎이 도움이 된다는 말을 들었기 때문이다. 혼자 마시기는 그렇고 옆에 앉은 남자가 고맙기도 하고 해서 나누어 마시려고 두 잔을 샀다. 그런데 차에 타고 보니 남자 앞에 친구가 앉아 있던 것을 생각 못했다. 그래서 두 사람에게 코카잎차를 주었다. 그걸 마셨더라면 이렇게 어지럽지는 않았을까.

다행히 남자가 사온 육포와 감자를 먹으니 좀 살 것 같다. 볼리비아 음식이라고 한다. 감자는 손가락 두 마디 정도 크기로 껍질째 삶았다. 짭짤한 것을 먹으니 울렁거리던 속이 좀 낫다. 날 살릴 것은 감자와 육포밖에 없다는 생각으로 주는 대로 막 먹었다.

아무 생각 않고 자고 싶은데 머리가 아프다. 다른 사람 어깨에 머리를 푹 기댔으면 좋겠는데 차마 옆에 남자한테 어깨 좀 기대자고 하지는 못한다. 몇 해 전인가 전철에 앉아 한참 졸았다. 졸다가 아예 잠이 들었다. 그런데 하필 옆에 앉은 모르는 남자 어깨에 기대어 잠이 들었다. 자다가 눈을 떴을 때 얼마나 미안했던지. 나 같으면 어깨를 앞으로 밀쳐 깨우든지 옆으로 비켜나 고개를 떨어뜨리든지 한껏 불편한 티를 냈을 텐데. 미안하면서도 고마웠다. 얼마나 많이 잤을까만 짧은 그 순간 푹 편안하게 잤다. 그때 다음에 누군가 나처럼 피곤해 잠이 들어 내 어깨에 기댄다면 나도 까짓 어깨쯤 얼마든지 빌려주어야겠다고 마음먹었더랬다. 그런데 그게 쉽지 않더라.

아, 머리가 아프다. 앞에 앉은 젊은 애들 중 한 여자애가 머리가 아픈지 정신을 못 차린다. 승무원이 머리를 주물러 주고 안심을 시킨다. 그래, 아직은 참아낼 수 있어, 나는.

흙벽돌집들이 보인다. 붉은 땅과 붉은 산을 닮은 붉은 집들이다. 다닥다닥 붙어 있지 않고 멀리 띄엄띄엄 한 집씩 땅에서 쑥 올라와 있다. 집들은 사람 손으로 만들어진 것 같지 않다. 볼리비아 땅과 산처럼 저절로 땅에서 솟아난 것만 같다. 낮고 작은 집들. 두렵다. 사람이 만든 것이 아니라 땅이 지어냈지 싶은 집들, 이곳에 사는 사람들은 그 누구보다 대단할 듯해 두렵다. 알 수 없는 두려움이다. 그렇지만 공포는 아니다.

금방 나올 줄 알았던 라파스는 1시간 더 가야 한단다. 차에서 내린다 해도 도리스 극단이 가까울 것 같지는 않은데 계속 이 상태라면 걱정이다.

아픔은 아름다운 걸 본 대가일까. 높은 산에 길을 내고 만년설 쌓인 산꼭대기까지 거침없이 올라온 인간에게 자연이 요구하는 대가일까. 그 산꼭대기 풀과 호수와 비쿠냐를 본 대가일까. 아픈 머리가 쉬이 나아지지 않는다.

두려운 도시

버스가 라파스 엘알토 지역으로 들어왔다. 네거리 찻길은 오른쪽으로 갈 차와 왼쪽으로 갈 차가, 나올 차와 들어갈 차가 서로 섞여 아수라장이다. 그 아수라장 틈새로 사람들이 바글댄다. 가라앉을 듯했던 어지럼증이 다시 솟구친다. 자연이, 집들이, 이제는 사람들까지 내 두려움을 더한다. 그런데 여기가 도착지가 아니란다. 이곳은 수도 라파스의 높은 지역, 라파스 엘알토이다. 알토라는 말은 '높은'이라는 뜻이다. 터미널은 저 아래 라파스, 분지 저 맨 아래에 있단다. 도리스 극단 주소에 엘알토라고 적혀 있던데 여기서 내리면 오히려 헷갈릴까 싶어 일단은 터미널로 갈 생각이다. 옆에 앉았던 남자가 친구와 함께 내린다. 내게 잘 가라고 인사를 한다. 조금이라도 얼굴 익은 이가 사라지면 왜 이렇게 버려진 듯 할까. 그냥 따라 내리고 싶은 마음을 억누른다.

아, 차가 내려간다는데 이 위에서 보니 둥그렇게 구멍 뚫린 곳에 도시가 있다. 저런 도시는 처음이다. 어떻게 저럴 수 있을까. 기이하다.

라파스에서 모든 걸 토해내다

산티아고에서 라파스까지 오는 데 걸린 시간은 35시간이 아니었다. 중간에 3시간 정도 차를 기다린 걸 빼더라도 40시간이 걸렸다. 10월 1일 일요일 저녁 7시, 사가르나가에 있는 라파스 버스 터미널에 도착했다. 속은 미식거리고 머리는 어지럽고 38리터가 채 안 되는 배낭은 무겁기만 하다. 티티카카 호수를 거쳐서 푸노로 갈 버스표를 미리 끊는 일 같은 건 도저히 불가능하다. 잊어버리지는 않고 있으나 움직일 수가 없다. 환전할 여유도, 눈앞에 보이는 현금인출기에서 돈을 꺼낼 여유도 없다. 터미널 차부에서 터미널 안쪽으로 걸어온 것만 해도 엄청난 일이다. 그냥 어디엔가 쓰러지고 싶다. 하지만 어쩌겠는가. 정신을 차려야지. 마침 터미널 안에 물과 먹을 걸 파는 작은 가게에 전화기가 있다. 볼리비아 돈이 없는데 다행히 할머니가 1달러를 받아주신다. 물 한 병을 사서 벌컥벌컥 들이마시고 도리스한테 전화를 했다. 얼굴도 모르는 도리스 목소리를 들으니 살겠다. 아무래도 나를 살려줄 사람은 도리스다. 도리스한테 버스 터미널이라고 하니 차로 데리러 온단다. 웬만하면 적어놓은 주소를 들고 찾아가려고 했는데…….

터미널 밖으로 나와 계단에 앉았다. 의지와는 상관없이 고개는 자꾸 떨어지고 몸은 늘어진다. 배낭을 끌어안고 고개를 파묻었다. 낯선 곳에서, 게다가 여기는 사람들이 많이 다니는 버스 터미널이니 약한 모습을 보이면 안 된다고 다짐해보지만 그래도 나는 참을 만큼 잘 참았다.

버스 터미널로 많은 사람들이 들어오고 나간다. 볼리비아 사람들은 버스 타러 오는데 담요 한 장씩을 들고 온다. 거의 다가 그렇게 담요를 들었다. 그 모습이 특이하지만 벌써 버스를 타고 세 번이나 국경을 넘어본 나는 남미 버스를 탈 때 저것만큼 필요한 것도 없다는 것을 안다. 내게도 저런 담요가 있다면 버스에서 결코 춥지 않을 텐데.

온다던 도리스가 나타나지 않는다. 한군데에 있으면 사람들이 이상하게 볼까 싶어 무거운 가방을 메고 터미널 안으로 들어갔다. 앉을 만한 의자가 없어 그냥 바닥에 쭈그리고 앉았다. 어떤 꼬마 남자애가 엄마와 할머니와 버스를 타러 왔다. 아이는 반짝 빛나는 검은 구두를 신고 옷차림도 좋다. 아이가 나를 쳐다보기에 내가 희미하게 웃었다. 아이가 발로 나를 툭 친다. 아이한테 뭐라고 할 힘도 없다. 아이 엄마는 아이한테 그러면 안 된다는 시늉을 한다. 기분 나빠 할 힘도 없다. 이 먼 땅에서 지금 나는 꼬마 아이한테 발로 차이고나 있다. 내 눈에는 터미널을 드나드는 모든 사람들이 여기에 익숙해 보인다. 오로지 나 혼자만 익숙하지 않은 사람이다. 라파스, 3,650m나 되는 높은 땅에서, 외롭다.

얼마나 시간이 흘렀을까. 다시 밖으로 나왔다. 완전히 어두워졌다. 터미널 앞을 배회하는 사람들, 차 시간이 다 되었는지 급하게 달려오는 사람들, 전통 옷을 입고, 포대기로 아이를 업은 여자들, 한 보따리씩 물건을 매고 가는 사람들. 내가 저이들 중 하나여서 지금 움직일 수 있다면 얼마나 좋을까.

도리스는 왜 이렇게 안 올까. 기다림은 아무것도 하지 못하게 한다. 기다리는 행동은 아무것도 하지 않는 것이다. 어두운 밤이 지나 푸릇한 새벽이 오도록 창문을 내다보는 동안은 다른 아무것도 할 수 없다. 먹으면서 기다릴 수 없고, 놀면서 기다릴 수 없고, 책 읽으면서 기다릴 수 없고, 춤추면서 기다릴 수 없고, 노래하면서 기다릴 수 없고, 사랑하면서 기다릴 수 없다. 기다리는 건 그저 맥없이 기다리는 것이다. 그게 싫다. 더는 기다리지 말고 찾아가자. 사랑이든, 민주주의든, 진실이든, 평화든, 평등이든, 정의든, 기다리지 말자. 아무것도 결코 오지 않는다. 기다리다 미친다. 찾아가자.

울렁거리던 속이 더는 참을 수 없게 되었다. 그래도 길에다는 안 된다 싶어 입을 꽉 다물고 쓰레기통이 있는 곳으로 가방을 메고 갔다. 쓰레기통에 얼굴을 대자마자 속에 든 것이 넘어온다. 먹은 것도 별로 없어 넘어올 것도 없다. 다행이다. 옆에 사람들이 이상한 눈으로 쳐다보지 않는다. 많이들 보았나 보다. 물병에 든 물로 입을 헹구고 이젠 괜찮겠지 했는데 얼마 안 있어 속이 울컥하더니 다시 속에 든 것이 쏟아진다. 그래도 쓰레기통을 찾을 정신은 남아 있다. 도리스가 빨리 와주었으면 좋겠는데. 아직까지는 이럭저럭 버티지만 점점 그냥 아무 데나 눈을 감고 누워버리고 싶다.

전화를 한 번 더 해보자 싶어 터미널 안으로 들어갔다. 전화도 안 받는다. 다시 밖으로 나가려는데 누군가가 다가온다. 나는 도리스? 했다. 설사 그이가 도리스가 아니어도 그 순간 도리스가 되어주기를 바랐다. 다행이다. 도리스다. 더 늦었으면 나는 정말 어떻게 되었을지 모르겠다. 최악인 몸 상태는 낯선 곳, 낯선 밤과 맞물려 소용돌이 속으로 빨려 들어가고 있었다.

도리스와 함께 차가 있는 곳으로 걸어가는데 이젠 쓰레기통을 찾을 여유도 없이 그냥 속이 넘어왔다. 아니 그건 내가 토하는 게 아니라 볼리비아 하늘이 나를 치고, 볼리비아 땅이 나를 끌어당기는 것이었다. 그 정신에도 처음 만난 사람 앞에서 이게 뭔 망신인가, 싶은 생각이 떠올랐다. 도리스가 괜찮다고 한다. 여기서는 누구나 그렇다고. 다시 발걸음을 옮기는데 채 세 발자국도 못 떼고 다시 토한다. 이런 식으로 토해보기는 처음이다. 못 마시는 술 먹고 토하는 것쯤은 비길 바가 못 된다. 이 상태로 차를 타면 차에서 무슨 일이 벌어질지 모르는데 차를 타야 했다.

트럭을 탔는데 다시 분지 꼭대기 저 위로 올라간단다. 눈앞이 아득해진다. 아까 내려오면서 얼마나 두려웠는데 저기를 다시 오르나. 이럴 줄 알았으면 다들 엘알토에서 내릴 때 승무원한테 주소 보여주고 좀 내려 달라고 할걸. 그런데 그랬으면 아마 나는 길거리에서 오도 가도 못하고 있었을 거다.

엘알토에 있는 콤파는 5층 건물이다. 먼저 도착한 일행 세 사람이 있는 곳은 맨 꼭대기란다. 난간도 없는 계단을 기듯이 올랐다. 어둠 속에 콤파 건물은 미로처럼 더 정신이 없었다. 5층 맨 끝에 있는 방에 들어갔더니 아침에 비행기로 온 세 사람이 다들 겹겹이 옷을 껴입고 두세 장씩 담요를 덮고 이마에는 코카잎을 붙이고 침대에 누워 있다 일어나 앉는다. 떠나기 전 일행들에게 라파스는 비행기로 오면 더 어지럽고 버스를 타면 올라오면서 적응이 되어 괜찮을 거라고 자신 있게 얘기했는데 비행기로 온 사람들보다 내가 더 심해 보인다. 그이들은 아침에 도착해 그래도 하루가 가고 있으니 나아 보였다. 침대에 눕자마자 버스 터미널에서 사람들이 둘둘 말아 들고 가던 그 담요를 뒤집어썼다. 제발 그냥 잠에 빠져 들기를 바라며.

10월 2일 월요일

케나 소리에 까무룩 잠드는 낮

새벽쯤인가, 누군가 내 머리에 정을 대고 망치로 박는 것처럼 아팠다. 코카잎차를 마셔도 소용이 없고, 도리스가 갖다 준 고산병 약을 먹어도, 먹었다는 사실이 위안을 줄 뿐이지 차도가 없다. 챙겨온 두통약을 겁도 없이 아플 때마다 먹어보았지만 약기운이 얼마 못 간다.

아침으로 닭고기로 국물을 내고 쌀을 넣어 만들어 삼계탕과 맛이 비슷한 칼도 데 포요를 먹으려고 했는데 몇 숟가락 못 먹고 그냥 누웠다. 다른 사람들은 일어나 움직이고, 먹어도 보고, 이야기도 하는데 나는 도저히 아무것도 할 엄두가 안 났다. 탈 워크숍을 하는 장소익 선배와 임은혜 씨는 내려가서 프로그램을 진행하고, 오유섭 씨는 워크숍을 하는 모습을 사진 찍고 왔는데, 나는 간신히 화장실만 오갔다.

희한하다. 이 건물은 뭔가 한 번에 '짠' 하고 다 만든 게 아니라 틈날 때마다 만든 것 같다. 화장실 문도 버스 문짝을 뜯어다 달아놓았다. 변기에는 시트가 없다. 시트 없는 변기는 여기가 처음은 아니다. 오는 동안 들른 휴게소 화장실에서도 거의 변기 시트가 없었다.

누워 있는데 밖에서 시멘트 바닥을 드르륵 파는 소리가 났다. 몸을 일으켜 창밖을 보니 공사가 한창이다. 엘알토에는 가난한 사람들이 많이 산다고 한다. 저 아래 라파스 시내가 더 잘사는 곳이고. 콤파 극단은 가난한 사람들과 함께하기 위해 이곳 엘알토 사테리테에 건물을 지은 것이다.

콤파에서는 연극만 하는 것이 아니라 영화 상영도 하고, 아이들과 주민들을 위한 도서관과 식당도 운영한다. 이 극장은 아이들이 노는 놀이터이면서 배움터이고, 어른들이 쉬고 의논하는 곳이다. 멀리서 와서 자원봉사도 하고 활동을 배우는 이들을 위해 잠자리도 마련해놓았다. 예술가들이 상상하는 곳이고, 만드는 곳이다.

옆방에서 아이들이 안데스 지역 악기인 케나를 분다. 그리고 그 피리 소리에 맞춰 노래를 부른다. 벌써 몇 번째 되풀이하는지 모르겠다. 해 있을 때부터 부르기 시작해서 해가 다 져 방이 어두워진 지 한참인데 케나 소리와 노랫소리는 멈출 줄 모른다. 엘알토는 고도가 4,100m다. 거기서 5층을 더 올라온 곳에서 나는 몇 번을 까무룩 정신을 잃듯 잠이 들었다 깼는데 옆방에서 아이들은 멈추지 않고 케나를 불고 노래를 부른다. 정말 피나는 연습을 한다. 한두 시간도 아니고 벌써 서너 시간이 지났는데 얼마나 더 연습해야 만족할는지. 되풀이되는 노래를 머릿속으로 따라 부르다 잠이 든다.

10월 3일 화요일

예술은 어디서 꽃피는가

조금 정신이 나서 1층에 있는 식당으로 걸어 내려갔다. 물론 5층에서 1층까지 내려가는 일은 다시 올라올 일을 생각하면 조금은 두렵다. 아직까지는 음식을 먹을 힘이 안 나 그냥 커피만 한 잔 마셨다.

도리스와 독일에서 대체 복무로 콤파에 와 활동하는 레온이 우리들을 탈을 만드는 가게가 모여 있는 레오나르도 플로레스 거리로 데려갔다. 마주보고 있는 가게들이 죄다 탈을 만드는 곳이다. 골목은 한가하고 조용하다. 좁은 가게 안에 다양한 탈들과 축제 옷들이 걸려 있다.

한 가게 이름은 '자수를 놓는 아마우타'였다. 아마우타는 잉카 현자다. 좁고 먼지 뽀얗게 내려앉은 작업장이지만 망치를 두드리거나 바느질을 하는 동안 이들은 노동과 고통으로 지친 사람들을 이 세계가 아닌 다른 세계로 연결해주는, 자수를 놓는 현자일지도 모르겠다. 아마우타에는 '선생, 대가'라는 뜻도 있는데 라파스 골목에 묻힌 이들은 세상이 알아주지 않는 대가일 것이다. 진정한 대가는 남들이 알아주는 것 따위는 신경

레오나르도 플로레스 거리의 탈을 만드는 가게. 좁은 가게 안에 다양한 탈과 축제 옷이 걸려 있다.

쓰지 않는 이들이 아닐까. 그러고 보면 세상에 알려지지 않은 대가가 무수히 많을 것이다. 바람 한 자락에 씨 뿌리고, 싹 나고, 열매 거둘 때를 아는 이들이나, 물결을 보고 바다 저 깊은 곳을 내다보는 이들, 다른 이들이 내뱉는 한숨 소리에서 걱정 근심을 읽어내는 이들, 모두가 대가가 아니고 무엇이랴.

세상이 알아주지 않아도 꼭 해야 할 일을 하는 사람들이 있기에 세상은 아름답다. 우리가 머무는 콤파도 세상이 알아주기를 바라지 않고 세상에 꼭 필요한 일을 하는 단체다. 콤파는 1989년에 만들어진 트로노 극단에서 출발했다. 그때는 거리의 아이들이 사회에서 자리 잡을 수 있도록 활동하는 사회단체에 속해 있었는데, 1991년에 독립해 콤파를 만들었다.

콤파 건물은 일정한 공사 기간을 두고 한 번에 다 만든 게 아니다. 건물을 만드는 데 쓴 재료는 새것이 아니다. 도시에 버려진 것들, 길바닥에 나뒹구는 것들을 모른 체하지 않고 소중히 그러모아 창문을 만들고 화장실을 만들고 도서관을 만들고 영화관을 만들고 극장을 만들고 사무실을 만들고, 그렇게 한 층 한 층 쌓아 올렸다.

라파스 엘알토에는 가난한 도시 노동자들이 많이 산다. 아이들은 가난한 어른보다 더 가난하다. 보호받지 못하고 일찍 거리로 내쫓겨 떠돌아야만 하는 아이가 많다. 거리의 아이들은 범죄, 알코올과 약물중독, 학대에 쉽게 노출된다. 이들에게 자신을 키워나갈 교육과 문화, 예술은 너무도 멀리 있다. 어느 나라고 똑같이 가난한 아이들은 그런 것에서 애당초 배제된다. 아이들을 둘러싼 환경은 결코 "공정하지도 않고, 민주적이지도 않다".

만나보지는 못했지만 콤파를 만들었다는 이반이라는 사람은 거리의 아이들과 함께 살면서 트로노 극단을 시작했다. 아이들뿐만 아니라 젊은이들, 도시 빈민들과 이 공동체를 함께해왔다. 이반은 어릴 적에 아버지를 잃었다. 군사독재 정권이 아버지를 살해했다. 그 죽음을 결코 잊지 못하고 그 자신도 80년대 독재 정권에 맞섰던 이반은 연극과 예술을 통한 교육으로 가난한 영혼들을 치유하고 새로운 공동체를 만들어나갔다. 어린이들과 젊은이들에게 "사회정의와 인권이라는 가치들"을 일깨우고, 당연한 그 권리들을 사회에서 마땅히 누리게 하기 위해 활동했다.

콤파가 하는 일은 크게 네 가지다. 문화의 집, 문화 거리, 트럭 극단, 트로노 극단이 그것이다. 콤파 건물 이름이기도 한 문화의 집에서는 어린이들과 젊은이들에게 다양한 예술 훈련을 한다. 연극과 음악, 춤, 서커스 등을 통해 공동체가 가진 다양한 주제를 교육한다.

2004년에 시작한 문화 거리는 주민들과 어린이, 젊은이들이 함께 참여해 거리에 예술을 꽃피우는 것이다. 벽에 그림을 그리고, 지붕과 기둥, 테라스에 조각을 하면서 교육은 길에서 자유로이 이루어지고, 길을 걷는 이들은 자연스레 문화 여행을 하게 된다.

트럭 극단은 '움직이는 문화의 집'이다. 네덜란드에 있는 한 단체로부터 커다란 트레일러트럭을 지원받았다고 한다. 그 트럭은 어디든 찾아가 공연하는 움직이는 극장이다. 트럭 극단은 엘알토에 있는 여러 가난한 마을과 볼리비아의 다른 지역에 있는 작은 도시 등 볼리비아 구석구석까지 돌면서 자신들이 만든 연극과 음악, 춤, 서커스를 함께 나눈다.

트로노 극단은 엘알토에만 머무르지 않고 볼리비아와 남미의 다른 나라들, 유럽 여러 나라에 있는 작가들과 협조해 예술 창작 활동을 다져왔다고 한다. 그 밖에도 엘알토뿐만 아니라 다른 지역에 예술생산자공동체를 만드는 일에도 관심을 기울인다. 문화·예술 창조 활동을 통해 사람들이 생각을 넓혀나가고 서로 연대하게 만든다.

가난한 이들에게는 학교도 열려 있지 않다. 콤파는 되풀이되는 가난과 소외를 문화와 예술 교육으로 끊어내려고 한다. 이런 게 대안 교육이 아닐까. 가장 가난한 이들에게 필요한 게 바로 대안 교육이다. 아이들 속에 들어 있는 보석들을 꺼내어 반짝반짝 빛나게 하는 일. 버려진 것들을 모아 만든 콤파 문화의 집처럼 사회에서 버려진 사람들이 모인 이곳에서 교육과 예술이 피어난다. 4,100m 고원, 그 자연에 사람들은 겸손하게 자신을 적응시켜나가지만, 평등하지 않은 세상에는 저항하며 새로운 세상을 만들어나간다.

10월 4일 수요일

조금씩 엘알토에 적응하다

새벽 4시, 사흘째 똑같은 시간에 머리에 통증이 왔다. 머리를 꽉 죄어오는데 처음에는 너무 두려워 산티아고나 부에노스아이레스로 되돌아가고 싶었다. 아니면 병원에라도 누워 있어야 혹시 모를 상황에 대처할 수 있는 거 아닌가 하는 생각도 들었다. 사흘째 되니 아픔을 겁내지 않게 되었다. 아, 이 시간이면 똑같이 아파오는구나, 그러면 풀릴 때도 있겠지, 하고 두려움에서 조금 벗어날 여유가 생겼다. 아픔도 내 몸의 일부이고, 아픔이 곧 나라는 걸 받아들였다. 나를 지나쳐 가는 모든 것이 곧 나인 것을. 원하든 원하지 않든 그렇게 세상은 내게 들어왔다 내게서 나간다. 아픔을 두려워하기보다 받아들이려 하니 아픔이 올 때를 알고 나갈 때를 알게 되었다. 깊게 숨을 들이쉬고 내쉬며 아픔과 함께 잠시 사는 법을 배웠다.

그동안 음식은 통 입에 못 대고 간신히 커피 한 잔, 코카잎차, 두통약으로 버텼던 몸이 음식을 받아들일 수 있게 되었다. 하지만 몸이 조금씩 나아지자마자 떠날 시간이 되었다. 늘 하루 먼저 출발해야 하는 나는, 예정대로라면 내일 떠나야 한다. 그런데 아무래도 이 몸 상태로 버스를 타는 건 힘들지 않을까 싶었다. 그래서 동료들한테 이번에는 같이 비행기를 타고 리마로 가겠다고 했다.

다음에 갈 곳은 쿠바 아바나인데 라파스에서는 아바나 노선이 없다. 그래서 페루 리마로 가서 비행기를 타야 한다. 여행 전 구역을 비행기로 이동하는 일행들과 달리 나는 버스로 이동하는 계획을 세웠기 때문에 서울에서 모든 이동 방법을 따져보았다. 페루 리마–쿠바 아바나 왕복표도 나름대로 싼 걸로 구했다. 그런데 리마까지 가는 게 문제였다. 리마까지도 버스로 갈 수는 있지만 시간이 너무 많이 걸린다. 라파스에 머무는 시간이 닷새인데 리마까지 버스로 간다면 이틀 넘게 시간을 빼야 한다. 게다가 버스를 타면 비행기 시간에 딱 맞추기도 어려울 듯했다. 그래서 찾은 방법이 볼리비아와 페루 사이에 있는 티티카카 호수 쪽으로 가는 버스를 타고 코파카바나를 지나 페루 푸노로 가는 것이다. 푸노에서 하룻밤을 자고 아침 일찍 공항이 있는 훌리아카로 가서 저렴한 페루 국내선을 타고 리마로 갈 생각이었다. 머릿속에 그런 계획을 짜고는 훌리아카에서 리마 가는 비행기 표를 알아보느라 서울에서 며칠을 보냈는지 모른다. 13만 5,000원을 주고 표를 샀다. 그렇게 알아보느라 보낸 시간이 아깝고 비싼 라파스-리마 간 국제선 비행기 표를 사는 게 부담은 되지만 이번만큼은 내 몸을 위하자 싶었다. 무엇보다 혼자 떠나지 않아도 된다고 생각하니 좋았다. 그렇게 난 단순했다.

살레냐를 함께 먹던 이들은 사라지고

엘알토에서 라파스 시내로 내려갈 땐 택시와 버스를 섞어 탄다. 그런데 여기 버스는 대부분 낡은 승합차이다. 버스 승무원들은 출입문을 죄다 열어놓고 문에 매달려 행선지를 재빠르게 불러댄다. 주소를 적은 종이를 들고 사람들에게 물어가면서 걷거나 버스를 타고 다니면 어디가 어디인지 그래도 알겠는데, 누군가를 따라가면 여기가 어디라고, 이름난 어느 곳이라고 아무리 이야기해줘도 머리에 잘 안 들어온다. 그러니 길은 머리로 아는 게 아니라 발로 아는 건가 보다. 발품을 팔면 팔수록 길이 익숙해진다.

라파스 가르시아 거리에는 국가 해방을 위한 체포·실종·희생자 가족 협의회(ASOFAMD)라는 단체가 있다. 도리스가 벨을 누르고 한참 기다리자 안에서 사람이 나왔다.

사무실 안에 여러 가지 포스터들이 붙어 있다. 그중 하나가 참 눈에 익었는데 가만 생각해보니 부에노스아이레스 5월 광장 어머니회 설립자노선 사무실에서 보았던 포스터다. 중남미 대륙을 여자 얼굴로 표현한 포스터. 부에노스아이레스로, 산티아고로, 라파스로, 그렇게 실종은 이어지고 학살은 이곳도 비껴가지 않았다.

볼리비아도 70년대와 80년대에 군부독재가 상처를 남긴 곳이다. 옆에서 나란히 걷고 떠들고 노래하던 사람이 사라졌다. 스스로 사라진 게 아니라 누구에겐가 어디로 강제로 끌려갔다. 그러고는 돌아오지 못했다. 라틴아메리카 땅 곳곳에서.

볼리비아는 1960년대부터 1980년대 초반까지 독재 정부가 권력을 잡았다. 바리엔토스(1964~1969년), 오반도(1969~1970년), 반세르(1971~1978년), 나투쉬(1979년 1월~11월 16일), 가르시아(1980~1982년)로 독재는 이어졌다.

독재자가 너무 많은가? 독재 정권이 집권한 시간이 너무 긴가? 하지만 내가 사는 땅도 마찬가지였다. 내가 태어나기 이전부터 집권한 독재 정부가 내 머리가 한참 굵어질 때까지 이어졌다. 그 시간들을 합치면 볼리비아를 넘어선다.

초등학교 시절에는 독재자를 보면서도 그 사람이 독재자인지 몰랐다. 커서야 알았다. 안방 장롱 속에 넣어두고 보았던 흑백 텔레비전에 그 독재자는 날마다 얼굴을 비추었다. 왜 그랬는지 모르겠지만 나는 그 독재자가 나오면 텔레비전 앞에 가서 손바닥을 내밀고 "돈 백 원만 줘"라고 했다. 한 번도 아니고 뉴스에 나올 때마다. 친구들과 고무줄놀이를 할 때면 "고마우신 우리 아버지 박정희 대통령"으로 시작하는 찬가를 부르며 폴짝폴짝 뛰었다. 그랬다. "아버지"라고 불렀다. 그래서 텔레비전 앞에서 돈 백 원만 달라고 했던 걸까. 절대 얻을 수 없는 돈 백 원을. 4학년 때, 그 독재자가 죽자 학교는 온통 울음바다였다. 친구들이 우는데 울지 않으면 이상하게 볼 것 같아 마음이 조급했다. 울지 않으면 안 되는 줄 알았다. 친구들은 두 손바닥으로 얼굴을 가리고 우는데 어째 나는 눈물이 한 방울도 안 나오는지. 어쩔 수 없었다. 다행히 시골에 계신 큰고모 이름이 박정희다. 고모가 죽었다고 생각하자고 마음먹었다. 몇 번 보지 못한 큰고모 얼굴을 머릿속에 떠올렸다. 마음속으로 고모가 죽었대, 혼잣말을 했다. 그러자 찔끔찔끔 눈물이 나왔다. 펑펑 쏟아지지는 않았지만 손으로 닦아낼 정도는 나왔다. 누군가 울지 않는 내게 "너는 왜 울지 않느냐?"고 다그칠까 두려웠을까. 독재자는 죽었지만 그 뒤로도 민주주의는 바로 오지 않았다.

가족협의회는 1971년에 쿠데타를 일으켜 정권을 잡은 반세르 독재 정권이 집권했던 7년을 "볼리비아 역사에서 암흑기"라고 표현한다. 그 독재 정권은 볼리비아에 "고통과 죽음이라는 씨앗을 뿌렸다". 반세르 독재 정권은 몇 가지 기록을 남겼다. "볼리비아에서 33명 실종, 콘도르 작전으로 아르헨티나에서 35명 실종, 칠레에서 실종된 사람들 중 8명 살해당함, 볼리비아에서 72명 살해당함, 아르헨티나에서 6명 살해당함, 이 밖에 수백 명이 고문당하고 추방당함." 하지만 그게 다는 아니다. 기록으로 남아 셀 수 있는 숫자가 다는 아니다. 지금까지 해결되지 않고 남은 사건들은 무수히 많다.

그런데 이 범죄에 가담한 자들은 "처벌을 받지 않고 여전히 인생을 즐기며" 살고 있다. 이런 일이 새삼스럽지 않고, 낯설지 않다. 낯설어야 할 것이 낯설지 않고, 새삼스러워야 할 것이 새삼스럽지 않은, 놀라운 일이 결코 놀랍지 않은 세상. 아무래도 내 간은 물 묻은 시멘트처럼 딱딱하게 굳었거나 배 밖으로 튀어나왔나 보다.

70년대 남미 사람들에게는 그 어느 곳에도 피난처가 없었다. 자기 땅에서 쫓겨나거나 피난처를 찾아서 국경을 넘어도, 넘어간 그곳도 마찬가지로 독재정치가 사람들 목숨을 함부로 하는 땅이었으니. 당시 아르헨티나, 볼리비아, 칠레, 브라질, 파라과이와 우루과이 독재 정권은 콘도르 작전이라는 협정을 맺었다. 독재 정권에 저항하는 민주·반체제 세력을 감시·추격·납치·살해하는 데에 6개 나라 독재 정권이 이 작전으로 서로 협력해 십만 명이 넘는 사람들을 군사행동이라는 명목으로 죽였다. 대부분 젊은 학생들, 기자들, 지식인들, 노조원들이었다. "독재에 저항하고 자유를 요구하며 인간 권리를 바라는 모든 생각 있는 사람들이었다." 단지 생각을 할 줄 알고, 그 생각을 표현할 줄 아는 사람들이라면 모두 죽음을 당했던 것이다.

가족협의회는 '무처벌'에 반대하기 위해 온갖 노력을 다했다. "대량 학살에 관계한 사람들"은 반드시 재판을 받아야 한다는 것이다. 그리고 독재 시기의 기억을 없애려고 하는 그 어떤 것에도 반대해왔다. 그것은 "기억을 희미하게 하는, 시간이 흐르는 것마저도 물리쳐내려고" 한 노력이다. 그이들은 "기억하지 않는 국민은 역사가 없는 국민"이라고 말한다. 가족협의회는 그 독재 정권 시대를 겪지 못한 젊은 사람들에게 오늘날 볼리비아 사람들이 크지는 않으나 민주주의와 자유를 누릴 수 있는 것은 저 70년대에 희생당한 이들 덕분임을 일깨우려고 한다. 크든 작든, 많든 적든 볼리비아에 민주주의는 왔는데 사라지고 죽어간 이들은 가족들에게 되돌아오지 못한다. 민주주의는 거저 온 것이 아니라 가족들 가슴에 상처를 남기며 왔다. 볼리비아의 "민주주의는 반세르의 밤이 시작될 때 새벽을 믿었던 가족들의 희생"으로 자라왔다.

가족협의회는 과거의 문제만이 아니라, 현재와 미래의 인권 문제를 위해서도 싸운다. "결코 어떤 인권침해도 용납할 수 없다"는 게 그이들 생각이다. "어느 누구도 가난하다고 해서 자유를 침해당할 수 없으며, 편견 없는 재판을 받을 권리가 있고, 자신들을 위한 권리를 요구할 수 있다. 어느 누구도 불법으로 감금당하거나 노예가 될 수 없다. 어느 누구도 고문당하거나 인간의 품위를 떨어뜨리는 잔인한 취급을 당할 수 없다"고 주장한다.

가족협의회에서 건네준 8장짜리 자료에는 독재 정권 시기에 죽어간 사람들이 소개되어 있다. 그중 1953년에 볼리비아에 온 캐나다인 수도사

마우리시오가 있다. 그이는 복음서를 볼리비아 노동자계급의 현실에 맞게 해석해냈다고 한다. 볼리비아의 가난한 사람들에게 헌신적인 수도사였고, 가톨릭교회 진보 운동 지도자 중 한 사람이었다고 한다. 수도사는 "이 시대에 대해 스스로 질문을 했다". 그 질문은 이렇다. "교회와 우리 사제는 박애·청빈·종교적 자유·사회정의를 신조로 삼겠다고 고백한 것을 위해 언제 우리 삶을 희생할 것인가?" 그이는 "일하는 사람"이 중요함을 끊임없이 이야기했다. 1971년 8월 21일, 독재 정권은 볼리비아에서 추방당했다 다시 돌아온 그이를 향해 총을 쏘았다.

포토시에서 태어난 로베르토 이야기도 있다.

"로베르토는 법학부 대학생이었다. 볼리비아 국민 투쟁에 깊이 몰두했던 혁명론자인 그이는, 1967년에 체 게바라의 명령으로 게릴라들과 접촉했다는 혐의로 미국중앙정보국(CIA)에 체포돼 고문당했다. 그때부터 로베르토는 볼리비아에서 CIA가 아는 육체와 정신에 가할 수 있는 모든 고문을 받는 표적이 되었다. 1970년에 로베르토는 첫 번째 망명을 했다. 그랬다가 반세르가 쿠데타를 일으키기 전에 고국으로 돌아왔다. 반세르 독재 정권 시기에 가장 위험한 인물로 지목된 로베르토는 다시 체포되었다. 그날 이후 로베르토는 상상할 수 없는 공포로 가득한 삶을 살게 되었다. 이러한 고문은 극단으로 사람을 약화시키고 굴복시킨다. 1973년 중반 로베르토는 주치의로부터 교정 불가능한 정신 상해라는 진단을 받고 멕시코로 떠났다. 로베르토는 1973년 12월 30일 멕시코시티에서 35살로 죽었다. 아내와 네 자녀를 남겨두고 떠났다."

"육체와 정신에 가할 수 있는 모든 고문을 받는 표적"이 되었던 사람. 매우 높아 어지러운 라파스에서 고문과 학살, 실종과 죽음, 기억이라는 낱말들이 가득한 종이를 헤맨다. '안 돼'라고 외치고 싶지만 지금 이 순간에도 어느 곳에선가 저 낱말들은 현실이 되어 움직일지도 모른다.

지난 20년 동안 한국 사회에서 민주화 시대, 민주주의 실현이라는 말을 참 많이 들었다. 마치 시혜를 베푸는 듯한 말투로, 지나치게 많다는 듯 비난이 섞인 말투로 말해지기도 했다. 민주주의는 누가 시혜를 베푸는 것도 아니며, 많다고 지나칠 일도 없는 것을.

볼리비아에서 민주주의를 회복하려면 "시민민주주의가 회복되어야 할 뿐만 아니라, 60, 70, 80년대 독재 정권 아래에서 볼리비아 시민들의 권리가 제한되었던 일, 선거 부정행위, 무처벌이라는 문제, 고문과 그 밖의 잔혹 행위, 인간의 품위를 떨어뜨리는 잔인한 대우, 처벌, 부지불식간에 행해진 실종과 같은 범죄에 대해서 볼리비아 정부가 명백하게 조사하고 처벌해야 한다"고 가족협의회는 말한다.

인간의 권리를 있는 대로 침해한 시대를 온전히 해결하지 않고는 민주주의는 아직 오지 않은 미래이다. 우리 손에 쥐어진 민주주의는 어쩌면 빈껍데기일지도 모른다. 독재자에게, 학살자에게 어떠한 미사여구라도 붙여 면책시키려는 움직임이 조금이라도 있는 한, 민주주의는 오지 않은 것이다. 여전히 독재자와 학살자를 그리워하며 살려내려는 사람들이 민주주의가 오는 길을 가로막는다.

중남미 대부분 나라들에는 가족협의회와 같은 단체들이 있어서, 1981년 1월에 라틴아메리카 체포·실종자가족협의회연합(FEDEFAM)이 만들어졌다. 아르헨티나, 볼리비아, 브라질, 콜롬비아, 칠레, 에콰도르, 엘살바도르, 과테말라, 온두라스, 멕시코, 니카라과, 파라과이, 페루, 우루과이 등 남미의 나라들이 거의 빠지지 않고, 본부는 베네수엘라 카라카스에 두었다.

가족협의회연합은 최근 콜롬비아 보고타에서 열린 회의에서도 "강제실종 방지와 무처벌 반대"를 적극 주장했다. 가족협의회연합은 1992년부터 이와 관련한 국제협약을 채택할 것을 국제연합에 끈임 없이 주장해왔다. (내가 남미에서 돌아온 뒤인 2006년 12월 20일, 국제연합 총회에서 '강제실종으로부터 모든 사람을 보호하기 위한 국제협약'이 채택되었다.)

25년이라는 시간 동안 이들은 사회에서 희생된 사람들을 드러내고, 모든 책임자를 찾아내려고 노력해왔다. 쉽지 않았을 것이다. 때로는 막막하고, 때로는 협박당하고, 때로는 슬픔이 몸을 움직이지 못하게 막아설 때도 있었을 것이다. 하지만 이들은 "실종자들이 한 생각, 외침, 울음, 그리고 그들이 꾸었을 꿈과 희생"을 잊지 않고 기억하며 그 어둠과 힘겨움을 넘어서왔다. "25년은 여행하기에는 먼 길이다"라고 가족협의회연합은 말한다. 하지만 이들이 "정의와 진실을 이루기 위해" 걸어야 할 길과 시간은 아직 많이 남았고, 그 길을 걷는 것은 여전히 쉽지 않다.

"21세기 오늘날에도 여러 나라에서 인권침해가 벌어지는데 참 걱정이다. 콜롬비아, 과테말라, 멕시코, 온두라스, 파나마 그리고 엘살바도르에서는 억압, 고문, 살해가 여전하다. 과테말라와 엘살바도르의 평화협정 이후 억압과 위험이 사라질 줄 알았는데 다시 억압이 가해지고 실종과 학대를 보게 된다. 무엇보다도 인권 활동가 가족에게 심하다. 잠재적인 폭력은 사람들에게 굶주림과 실업의 고통을 가중시킨다. 아직도 '무처벌'이 영향력을 행사한다. 우리는 폭력이 더 이상 인권에 대항하지 않을 때까지 계속 싸울 것이다."

8월 30일은 "국제 실종자의 날"이다. 물론 내가 가진 달력에는 그런 말이 없다. 평화와 자유, 진실, 정의를 향한 발걸음은 멈추지 않을 것이다. 그이들이 내거는 구호는 짧지만 절실하다. "절대 다시는! 기억하자! 무처벌 반대!"

누군가 살테냐 데 포요를 사왔다. 접시에 하나씩 얹어주면서 싸 먹으라고 종이도 한 장씩 주었다. 닭고기와 감자, 양파, 달걀로 속을 채운 살테냐는 만두 모양인데, 잘못 먹으면 속에 든 국물이 뚝뚝 떨어져 손이 젖는다. 손이야 젖든 말든 찐득해지든 말든 입맛에 딱 맞다. 다른 나라에서는 엠파나다라고 하는데 그 종류가 한두 가지가 아니다. 남미 사람들이 즐겨 먹는 값싼 먹을거리이다. 많은 사람들이 살테냐와 엠파나다를 함께 먹던 이들, 딸과 아들, 아내와 남편, 친구들을 오래전에 빼앗기고 말았다.

10월 5일 목요일

주름 진 산

아침 7시 30분, 사람들과 함께 트럭을 타고 티와나쿠 문명을 만나러 가는 길. 도리스가 중앙 안데스 지역에서 일어났던 문명들의 연도표를 보여준다. 차빈(기원전 1000~기원후 400년), 파라카스(기원전 700~기원후 100년), 비쿠스(기원전 400~기원후 500년), 레콰이(1~600년), 모체(1~800년), 나스카(100~700년), 티와나쿠(100~1100년), 와리(550~1000년), 찬카이(1000~1430년), 치무(1200~1532년), 잉카(1200~1532년). 도리스가 티와나쿠가 가장 오래된 문명지라고 했을 때 가장 먼저 발생한 문명인 줄 알았는데 그게 아니라 가장 긴 시간, 천 년 동안 고원에 꽃핀 문명이었다.

분주한 거리를 빠져나와 들판이 양 옆으로 펼쳐진 길을 따라 트럭이 달린다. 학교 가는 아이들이 보인다. 차를 기다리는 아이들도 있고, 자전거를 타고 달리는 아이들도 있고, 걸어가는 아이들도 있다. 대체 걸어서 갈 만한 거리에 학교가 있기는 한 걸까.

잠시 차를 세웠다. 너른 들판 저 멀리 높은 산들이 펼쳐져 있다. 고원지대. 저 높은 곳에 사람들이 산다. 저곳을 바라보는 이곳도 높다. 바람이 꽤 차다. 찬바람이 구름을 맑게 하나. 하늘과 구름이 자아내는 빛깔이 어찌 저리도 잘 어울릴까. 산들을 보는데 수많은 주름이 있다. 주름 진 산. 주름은 어떻게 생겨났을까. 저 산에 깃든 사람과 동물, 식물들이 내뿜는 숨결이 저 주름을 만들어냈을까. 주름과 주름 사이에 내가 모르는 이야기들이 얼마나 많이 숨겨져 있을까. 주름 진 저 산처럼 사람들도 몸과 마음에 주름을 새기며 산다. 모르고 살다가 굵어져 감출 수 없는 주름을 찾아내고선 한 시절이 갔음을 깨닫는다. 웃음이 만든 주름보다는 찌푸리고, 화를 이기지 못해 새겨진 주름이 더 많을 테지.

트럭은 용쓰는 소리만큼 빠르지는 않았다. 라파스에서 서쪽으로 71km만 달리면 있다는 티와나쿠를 1시간 반 정도 걸려서 왔다. 표지판에 3,870m라고 적혀 있다. 라파스에 닷새째 머무니 이제 높은 곳이 두렵지 않다.

사진 속에서 웃는 여자

박물관이 아직 문을 열지 않아 아침을 먹으러 갔다. 집이 있던 흔적만 남긴 흙벽들, 라파스로 오는 길에 땅에서 솟아난 것처럼 보였던 집들이다. 만져보니 여간 단단한 게 아니다. 한 시대를 마감하고 묻혀버린 문명지, 그 옆에서 다시 사람들은 집을 짓는다.

느릿느릿 마을을 지나 광장으로 갔다. 1612년에 지었다는 티와나쿠 성당 앞에는 유적지에서 가져다 놓았을 거대한 인물상이 양쪽에 있다. 도리스가 아침 먹을 곳을 알아보러 간 동안 우리를 태우고 온 아빠를 따라온 소년이 타르카를 불었다. 진한 밤 껍질 빛깔에 아무것도 덧칠하거나 새기지 않은 기다란 사각기둥 모양을 한 피리다.

광장 저쪽에 가게가 있다. 한 여자가 우리를 가게로 이끈다. 여자는 종종걸음을 걸었다. 그리고 혼잣말로 뭐라고 종알거렸다. 눈길을 여기 뒀다 저기 뒀다 허둥댄다. 여자가 무지 바쁘다. 그 바쁜 여자를 보는데 웃음이 났다. 우리는 마치 갑자기 연락도 없이 찾아든 손님이 된 듯했다. 여자는 치우지도 않고 내줄 것도 없는 초라하고 어질러진 집에 손님이 들이

웃고 있는 말리네. 이 여자와 나란히 앉아 시간을 잊고 이야기를 나누고 싶었다.

닥쳐 정신이 없는 주인 같았다. 정신은 없어도 무척이나 기쁜 얼굴이다. 뭘 해야 할지 몰라 왔다 갔다 하는 여자 발걸음과 삐죽삐죽 웃음이 새어 나오는 얼굴이 예쁘다. 앞니가 많이 빠져 나이를 가늠할 수 없는 여자가 예쁘기만 하다. 여자는 천년만년 만에 사람을 보는 것처럼 눈길을 어디에 둘 줄을 몰라 하며 그렇게 수줍어했고, 설렜다. 선한 얼굴을 그전에도 많이 봐왔지만, 선한 저 여자 얼굴은 오늘 여기서 처음이다. 아마도 오래도록 잊지 않을 것이다.

가게 안에는 탁자가 세 개 놓여 있다. 벽 쪽 선반에는 탄산음료들이 놓여 있고, 볼리비아나 맥주 광고지가 벽에 붙어 있다. 그 아래에는 우리가 조금 있다 갈 유적지에 있는 신전에서 열린 새해를 맞이하는 의식 '위카쿠티, 태양의 귀환' 포스터가 붙어 있다.

우리가 앉는 걸 보고 여자는 가게 안쪽에 있는 문을 열고 들어간다. 문 열린 틈으로 보니 안은 집이다. 잠시 있다 여자가 접시에 빵을 내온다. 빵 속에는 아무것도 들어 있지 않았다. 단맛도 짠맛도 아니다. 아무 맛도 안 내는 그런 빵이 맛있다. 다시 여자가 커피와 코카잎차를 내왔다. 제대로 다 나왔는지 몇 차례나 우리 머릿수를 세어본다.

빵도 다 먹고 마실 것도 다 마셨다. 가게를 꽉 채우며 앉았던 사람들이 휑하니 다 떠나고 나면 여자는 얼마나 쓸쓸할까. 혼자 왔다면, 시간이 멈추어버린 듯한 광장을 바라보며 여자와 이런 얘기, 저런 얘기 하며 시간을 잊어버려도 좋을 텐데. 여자가 나보다 나이가 많든 적든 상관없이, 철없는 나는 여자한테서 삶을 한 수 배울 텐데. 박물관과 유적지를 둘러보기보다 살아 있는 이 여자랑 나란히 앉아 있고 싶은데……. 사진 속에 남은 여자, 말리네는 아직도 웃는다.

티와나쿠, 오래된 터에서

박물관 앞에는 사람들이 많았다. 학생들이 단체로 버스를 타고 왔다. 박물관과 유적지를 모두 둘러보는 표를 샀다. 한 군데씩 갈 때마다 한 장씩 떼어서 내면 되는 표였다. 다른 나라에서 온 여행객한테는 좀 더 비싸게 받는다. 80볼리비아노. 만 원 정도 될까.

박물관 전시실마다 지키는 사람이 한 명씩 있다. 지키는 사람이라는 말은 아무래도 안 어울린다. 그 오래전 유물들처럼 참 소박하게 생긴 사람들이 의자에 앉아 있거나 서 있다. 딱딱한 제복을 입지도 않았고, 날카롭게 감시하는 눈빛도 없고, 서비스라는 이름을 단 상냥한 미소도 날리지 않았다. 평소 입는 옷차림에 챙이 달린 빨간 모자를 하나씩 썼을 뿐. 무료함을 달래려는 건지 작은 라디오를 들고 있는 사람도 있다.

그런 그이들 중 나이 든 한 남자는, 대개는 "거기 앉지 마세요"나 "만지면 안 됩니다"라고 말 할 것 같은, 티티카카 호수에 띄웠던 갈대로 엮어 만든 배에 먼저 올라앉는다. 그 배는 물을 떠나와, 멀리 시간을 떠나와 전시실이 빙 둘러싼 마당 한쪽에 햇볕을 쬐며 앉아 있다. 그이도 저런 배를 타고 물 위를 흘러보았을까. 어느 물 위를 흐르다 지금 여기에 와 있는 것일까. 더 멀리 가고 싶었을까, 더 깊이 가고 싶었을까. 때로는 바람에 휩쓸리기도 하고, 뒤돌아보기도 하고, 의심하기도 하고, 주저하기도 하고, 한 발도 내딛지 못하고 멈추어 선 때도 있었을까. 그이 뒤에 가만히 앉아본다. 아무 말도 없고, 뒤돌아보지도 않는다. 배를 쓰다듬는 그이 손길을 따라 나도 배를 쓰다듬는다. 손끝으로 느끼고 싶었다. 다른 삶이 아니라 내내 똑같은 삶이라는 것을.

유적지로 가는 길은 멀다. 도리스는 가까이 있는 데부터 보지 않고 먼저 보아야 할 곳으로 우리를 데려갔다. 먼 시간 속으로 걸어가는 사람들.

어린 학생들이 똑같이 체육복을 입고 가방을 메고 왔다. 선생님이 설명하시는 걸 조용히 귀담아 듣기도 하고, 큰 공책과 연필을 꺼내어 받아 적기도 한다. 아이들은 반지하 사원을 둘러본다. 돌담 안쪽으로 얼굴만 내민 돌사람들이 아이들을 본다. 얼굴은 크기와 생김새가 다 다르다. 다양

티와나쿠 사원의 돌담 안쪽에 있는 얼굴만 내민 돌사람들. 세상에 다양한 사람들이 모여 살 듯 돌사람들의 얼굴은 크기와 생김새가 다 다르다.

한 사람들이 모여 사는 세상을 말하는 것일까. 그 다 다른 얼굴들은 돌벽에 단단히 박혀 어느 한곳만 뚫어지게 바라본다.

사원 한가운데에는 사람 모습을 한 모놀리토스(단 하나의 암석으로 된 비석)가 세 개 서 있다. 가장 커다란 모놀리토스 뒤로 작은 모놀리토스 두 개가 함께 서 있다. 반지하 사원은 바로 옆에 있는 칼라사사야 신전에서 중요한 의식이 있을 때 찾아오는 사람들을 맞이하는 곳이었을 거라고 추측한다는데, 모놀리토스는 그동안 얼마나 많은 사람들을 봐왔을까. 모놀리토스에 새겨진 얼굴이고 몸이고 많이 닳았다. 바람과 햇빛이 쓸어가기도 했겠지만, 오는 사람들에게 자신이 지닌 기운을 죄다 나누어 준 탓일지도 모르겠다.

커다란 돌로 만든 태양의 문. 가운데에 태양신이라는 비라코차가 새겨져 있다. 원래는 그 비라코차 이마에 보석을 박았다는데 지금은 남아 있지 않다. 그 보석에 햇빛이 비치면 사방으로 빛이 반사되었을 것이다. 비라코차 양쪽 옆으로 모두 48개의 동물 모양이 새겨져 있다. 콘도르 얼굴이란다. 달력 역할을 했을 거라고 한다.

그리고 돌로 만든 벽이 있는데 그곳에 구멍이 하나 뚫려 있다. 왜 그곳에 구멍을 뚫었을까 궁금해했는데 트럭을 운전해준 분이 구멍에 대고 소리를 낸다. 신기하게도 그 소리는 확성기를 타고 나오는 것처럼 크게 들렸다.

언제, 어떤 사람들이, 어떻게 이곳을 만들었는지 아직도 밝혀지지 않은 게 많다는 티와나쿠 유적지는 계속 발굴 중이다. 일하는 사람들 중 누군가가 타고 왔을 자전거가 한쪽에 세워져 있다. 체, 삽, 빗자루, 손수레가 있다. 그곳에서 일하는 여자, 남자 노동자들이 한쪽에서 싸온 점심을 먹는다. 얼핏 지나가면서 보니 볼리비아로 오는 버스에서 옆에 앉은 남자가 사와서 함께 먹었던 감자와 말린 고기가 있다. 먹어봐서 그런가, 반갑다. 하나 얻어먹고 싶지만 그 말을 못하고 대신 그이들 모습을 보면서 뒷걸음을 걸었다. 먼 옛날 거대한 돌상을 만들어내고 돌벽을 만들어내던 이들, 누군가 돌에 찍히고 눌려 사라져도 다시 돌짐을 지고 감자를 먹어야 했을 테지. 돌담 아래 민들레, 따뜻한 볕에 낮잠이 한창이다.

비행기 표가 없다

티와나쿠에서 돌아와 점심을 먹고 나니 4시가 넘었다. 혼자 다녀봐야 하는 것을 바쁜 도리스와 함께 비행기 표를 사러 길을 나섰다. 택시를 타고 라파스 시내로 내려와서 다시 버스를 탔다.

항공사를 찾아가니 비행기 표가 없다. 한 닷새 뒤에나 출발하는 비행기 표만 있다. 정신이 번쩍 난다. 어떻게 비행기 표를 떠나기 하루 전에 끊을 생각을 했을까. 그러니 아무래도 나는 현실감이 모자란다. 멀고 넓은 땅에 와서 마치 내가 사는 땅에서처럼 움직이려 했다니. 명절 때마다 표를 미리 끊어놓지 않고 명절 즈음해서 역에 나가 다른 사람이 반환하는 표를 운 좋게 구하던 게 습관이 되었나 보다. 그런 걸 행운이라 생각하고 만족하며 살아온 나는 당연히 비행기 표도 구할 거라고 여겼다. 다른 항공사를 찾아가도 마찬가지다. 사정을 한다고 없는 좌석이 생기는 것도 아니고, 방법은 내일 공항으로 나가보는 것뿐이라고 한다. 운이 좋으면 누군가 취소한 표를 얻을지도 모른다고. 하지만 그 운을 믿고 내일까지 라파스에 머무는 건 도박이나 마찬가지다.

갑자기 마음이 바빠졌다. 사무실로 돌아와 버스표를 알아보았다. 당연히 버스표도 없다. 서울에서 미리 알아보기로도 라파스에서 푸노로 가는 버스는 아침에 한 대 있었다. 버스 터미널에 전화해보니 아침 8시에 출발하는 버스가 한 대 있단다. 당연히 오늘 버스는 벌써 푸노에 도착하고도 남을 시간. 내일 아침에 그 버스를 타도 소용이 없다. 라파스에서 푸노로,

푸노에서 훌리아카로, 훌리아카에서 리마로, 리마에서 쿠바 아바나로, 이 긴 이동을 멈추지 않고 해야 하는데 어떡하나.

도리스는 별다른 방법이 없다고, 며칠 기다렸다가 비행기를 타라고 한다. 어쨌든 내가 벌린 일이고, 이 문제를 해결할 사람도 나밖에 없다. 급하게 가방을 쌌다. 비행기 표와 현금카드, 돈이 든 안전 복대를 배에 두르고, 잠바를 입고, 배낭을 단단히 메고, 노트북이 든 가방을 어깨에 걸고 나섰다. 버스는 없다고 하지만 어쨌든 나는 어디로든, 떠나고 출발하는 곳으로 가야 한다. 버스 터미널로 가보는 수밖에 없다.

저녁에 체 게바라 서거 39주년 추도 행사를 하는 대학으로 가는 일행들에게 내일 리마 공항에서 만나자고 했다. 행여 못 만나면 아바나 가서 만나자고 했다. 속으로 혼자 말했다. 아바나에서도 못 보면 그냥 다음 행선지인 리마에서 만나요, 라고. 리마-아바나 왕복 비행기 삯이 얼만가, 도저히 포기할 수 없다고 생각했는데 어쩔 수 없으면 포기하자고 마음 한쪽을 비운다.

나는 어디로 가는가

터미널로 가는 버스를 탔다. 차장에게 터미널에서 꼭 내려달라고 몇 번이나 부탁을 했다. 버스가 바로 아래로 내려갈 줄 알았는데 그게 아니다. 엘알토를 한 바퀴 구석구석 죄다 돈다. 이제야 알겠다. 그동안 이곳 친구들이 아래로 내려갈 때 왜 꼭 택시를 타고 내려가서 버스로 갈아탔는지.

버스는 퇴근하는 사람들로 가득 찼다. 조금이라도 빈자리가 있으면 어떻게든 한 사람이라도 더 태웠다. 꽉 끼어서 가지만 어느 누구도 불편한 기색을 보이지 않았다. 그 모습을 보자니, 돈을 벌기 위해서 사람을 더 태우는 게 아니라, 한 사람이라도 더 먼저 집으로 데려다 주기 위해 태우지 싶다.

내일 아침까지도 아니고, 바로 이 밤 안으로 어떻게든 푸노까지는 가야 할 텐데 못 갈지도 모른다는 사실도, 그래서 아바나 가는 비행기 표를 그냥 날려야 한다는 사실도 별로 실감이 나지 않는다. 모든 게 불가능해도 멈추지 않고 무조건 움직여야 한다는 생각뿐.

거의 한 시간을 돌아 터미널에 이르렀다. 버스 터미널에 오긴 왔는데 뭘 어쩌자고 온 건가. 차는 벌써 아침에 떠나고 없는 것을. 막 출발하는 버스표를 팔려고 사람들이 행선지를 불러댄다. 다 볼리비아 도시들이다. 알면서 확인한다. 푸노로 가는 버스표 파는 곳에 가서 물어보니 당연히 없다. 남자가 내일 아침에 타고 가란다. 없는 표를 몇 번이고 더 묻는다.

다른 창구로 가니 긴 머리카락을 귀쯤에서 반만 뒤로 묶은 여자가 앉아 있다. 알면서도 이것밖에 달리 할 일이 없는 나는 다시 버스 있느냐고 묻는다. 없다. 계속 이렇게 묻고만 있을 수는 없는 일. 그렇다고 되돌아 콤파로 갈 수도 없고, 어쨌든 여기서 무슨 수를 내야 한다. 여기, 이 여자 앞을 벗어나면 못 가는 거다, 안 가는 거다. 여자는 작은 부스 안에 앉아 있고 나는 밖에서 그 여자와 마주보고 있다. 지도 좀 달라고 했다. 생각했던 버스는 코파카바나라는 곳을 거쳐서 푸노로 가는 거였다. 티티카카 호수를 보면서 갈 수 있는 버스다. 아무래도 밤이니 그쪽 길은 어렵지 않을까 싶어 다른 국경 지대를 찾아보았다. 티티카카 호수 맨 끝으로 데사구아데로가 있다. 여자한테 지도를 내밀고 데사구아데로로 해서 푸노에 갈 수 있느냐고 물으니 갈 수 있단다. 택시를 부를 수 있냐고 물었다. 여자가 잠시 기다리라며 어딘가에 전화를 한다. 택시가 온단다. 돈은 880볼리비아노. 십만 원 안팎. 그나마 다행이다. 택시를 타고 이쪽에서 국경까지 가면 데사구아데로에서 푸노로 데려다 줄 다른 운전기사가 나온단다. 택시를 기다리는 동안 여자가 매표소를 정리한다. 자기가 함께 데사구아데로까지 갈 거란다. 여자 이름은 로우르데스. 그이가 함께 가준다니 한결 마음이 놓인다. 돈 좀 아낀다고 버스로 다녔는데 이렇게 한 번에 나간다. 어쨌든 나는 간다.

문 닫힌 국경

저녁 8시, 택시를 타고 출발한다. 여기선 택시도 승합차다. 넓은 차에 나는 짐과 함께 뒤에 혼자 탔다. 앞에 운전기사와 로우르데스가 앉았다. 운전기사는 한눈에 믿음이 가는 얼굴이다. 로우르데스도 마찬가지다. 어쩌면 믿고 싶은 건 내 마음이겠지. 지금, 내가 믿을 수 있는 건 사람밖에 없다. 이 두 사람과 몇 시간 뒤 저쪽에서 만날 운전기사를 믿지 않으면 나는 푸노에 갈 수 없고, 리마에 갈 수 없고, 아바나에 갈 수 없다.

다른 사람이 알면 간이 탱탱 부었다고 할지도 모르겠다. 말도 제대로 안 통하면서 깜깜한 밤에 택시로 국경을 넘다니 말이다. 그런데 앞에 앉은 사람들도 간이 부었다. 국경 문 닫는 시간이 밤 9시란다. 뻔히 닫힐 것을 알면서 나를 태우고 간다.

라파스 시내와 엘알토를 빠져나가는 데 시간이 한참 걸렸다. 국경 가는 길은 아침에 다녀온 티와나쿠를 지나간다. 한 번 다녀온 길이라 낯설지는 않지만 가면서 시간이 얼마나 걸렸는지 아는 나로서는 맥이 풀렸다. 두 사람은 웃으면서 얘기하는데 나는 끼어들 여유가 없다.

어둠 속에 뜨문뜨문, 희미한 불 하나씩 밝힌 집들이 보인다. 다들 자기 둥지로 깃들 시간에 나는 떠나야 한다. 푸노까지 갈 수 있을까. 안 되면 어쩔 수 없지. 하는 데까지 해보는 거지.

티와나쿠 이정표가 나오고서도 한참 뒤에야 티와나쿠를 지난다. 이 다급한 상황에서도 잠이 온다. 눈을 감지 않으려고 눈을 부릅떠봐도 소용이 없다. 잘 나선 길인가, 조금 걱정스럽다. 겁도 없이 나선 길, 어쩌겠는가, 달리 방법이 없는 것을. 국경이 닫힐 텐데, 저이들이야 다시 돌아오면 되지만, 나는 어떻게 되는 걸까.

깜빡 잠이 들었나 보다. 눈을 떠보니 데사구아데로에 다 왔다. 어둠 속에서 먹을거리를 파는 수레들이 불을 밝히고 있다. 자전거를 고쳐 만든 차들이 사람들 사이를 뚫고 달린다. 밤거리에 사람들이 가득하다. 묘하다. 마치 지하 도시에 사람들이 바글바글 모여 있는 듯하다. 낮과 다른 세상이 펼쳐지는 밤. 낮이 땅 위의 시간이었다면 밤은 땅 아래의 시간일까. 분명 땅 위에 있는데 감추어두었던 땅 아래의 세계를 엿보는 듯하다.

출입국사무소에는 멈추어 선 덤프트럭과 트레일러들이 늘어섰다. 그 차들은 움직이지 않았다. 내일 아침이 오면 부지런히 국경을 넘어 달리겠지.

차를 세워두고 셋이서 볼리비아 출입국사무소로 걸어갔다. 문을 두드리니 군복 입은 남자가 나온다. 벌써 시간이 끝나 안 된다며 내일 아침에 오란다. 내일 아침 비행기를 타야 하기 때문에 지금 안 가면 안 된다고 사정을 말한다. 하지만 이쪽 사정일 뿐, 남자는 구구절절 사정을 들어주지 않는다. 남자는 정해진 규칙대로 자신이 할 일을 하면 될 뿐이다. 운전기사와 로우르데스는 "세뇰, 세뇰, 포르 파보르"를 연신 외쳐댔다. 제발 부탁한다고. 어느새 나도 불쌍한 표정으로 간절하게 "세뇰, 포르 파보르"를 읊조렸다. 남자는 냉정히 문을 닫는다. 다시 문을 두드려봐도 소용없다. 퍼뜩 돈이 떠올랐다. 얼마쯤 건네주면 혹시 출국 도장을 찍어주지 않을까. 갑자기 마음이 복잡하다. 아무리 돈이면 안 되는 거 없는 세상이지만 위기를 모면하려고 떠올린 것이 돈이라니.

어쩔 수 없다. 쿠바가 나랑 인연이 없나 보다. 안 되는 거 억지로 되게 하지 말자. 마음을 접는다. 여기서 하루 묵든지, 아니면 두 사람을 따라 라파스로 되돌아가든지 하자. 그렇게 마음을 먹는데 두 사람은 가능한 방법을 알아보려고 갖은 애를 쓴다.

이번에는 페루 출입국사무소로 갔다. 그곳도 문이 잠겨 있다. 안에서 불빛이 새어 나왔다. 창문을 두드리니 한참 있다 젊은 남자가 나온다. 여기도 이미 업무가 끝났지만 볼리비아에서 출국 도장을 받아오면 입국 도장을 찍어주겠다고 한다.

다시 볼리비아 출입국사무소의 닫힌 문을 두드리는데 소용이 없다. 다른 방에서 소리를 듣고 어떤 사람이 나온다. 그이가 운전기사에게 스테판이라는 이름과 집이 어디쯤인지 알려준다.

차를 타고 그 집을 찾아 나섰다. 두 사람은 나만 차에 남겨두고 밖에서 문을 잠갔다. 로우르데스와 운전기사가 건너편 어느 집으로 찾아간다. 한참 있다 돌아오더니 안 됐다고 한다. 그러더니 차를 다시 국경 쪽으로 돌린다.

이젠 페루 출입국사무소도 불이 꺼졌다. 문을 두드려도 아무도 나오지 않는다. 못 가도 괜찮다 싶다. 태워다만 주고 나 몰라라 하고 가버려도 그만일 텐데, 이리저리 다니며 할 수 있는 노력을 다한 두 사람이 보여준 그 마음만으로도 괜찮다. 처음부터 가능하지 않은 일 아니었나. 비행기 표를 하루 전에 알아본 나, 버스도 없는데 택시로 가자고 알아보고, 그것도 국경 문이 뻔히 닫힌다는 것을 알면서도 출발했고. 욕심이 많았다. 남미를 동네로 안 거다.

어젯밤 꿈에 어금니가 쑥 빠졌다. 뭔가 안 좋은 일이 생기나 했다. 집에 있는 사람들이 걱정되기도 했다. 이런 일이 있으려고 그런 꿈을 꾸었나 보다.

국경은 단지 줄 하나다. 하얀 줄 하나. 지켜 서서 막는 사람도 없다. 그 줄 앞에 서 있는데 로우르데스가 나보고 가란다. 그냥 넘어가란다. 훌리아카 공항이나 리마 공항에 가서 벌금 내고 입국 도장 받으란다. 볼리비아 출국 도장 없어도 문제 되지 않는다고 별일 아닌 것처럼 말한다. 밀입국을 하는 것인가. "정말 괜찮냐"고 몇 번이나 물었다. 괜찮단다. 하지만 문제가 되려면 아무것도 아닌 것도 문제가 되는 게 세상일 아닌가.

그래, 내겐 달리 선택의 여지가 없다. 그래, 가는 거다. 로우르데스랑 줄을 넘었다. 내 마음에 쳐진 줄이나, 세상이 쳐놓은 줄은 쉽게 넘지 못하고 고작 눈에 보이는 하얀 줄을 넘는다. 줄을 넘으니 페루 땅이다. 나는 벌써 페루에 왔다.

미리 와서 기다리던 차는 이제껏 남미에서 탄 차 가운데 가장 좋은 새 차였다. 택시 표시가 따로 되어 있지는 않았다. 운전기사가 젖혀진 의자에 누워 잔다. 로우르데스가 깨운다.

남은 건 돈 계산. 라파스에서 차를 타고 오는 도중에 로우르데스가 돈을 달라고 했다. 모든 일이 다 끝나고 주는 게 나을 것 같아 도착해서 주겠다고 했다. 잔돈이 없기도 하지만 이 밤에 애쓴 것이 고마워 900볼리비아노를 주고 거스름돈은 그냥 두라고 할까 생각하는데 말할 틈도 없이 로우르데스가 거스름돈을 바꾸러 간다.

로우르데스가 정말 고맙다. 안 지 몇 시간 안 되지만 믿을 사람이 옆에 있다는 사실만으로도 얼마나 큰 힘이 되는지. 로우르데스한테 페루 쪽 운전기사가 좋은 사람이냐고, 당신들 친구 맞느냐고 물으니 그렇단다. 로우르데스가 페루 쪽 운전기사한테 돈을 건네준다. 그러면서 나에 대해 몇 가지 이야기를 해준다. 푸노에 도착해서 잘 곳 얻어주라고.

로우르데스를 꼭 껴안았다. 로우르데스는 다시 줄을 넘어 볼리비아로 간다. 나만 놔두고 가버리다니. 고맙다는 말을 하고 싶었는데 볼리비아 운전기사는 다시 못 보았다. 인사 한마디 못한 게 무척 아쉽다.

어두운 밤, 푸노 가는 길

차 뒷자리에 가방을 놓고 앉았다. 그동안 무척 긴장했나 보다. 아마 비행기 표가 없다는 사실을 확인했을 때부터였겠지. 푸노로 가는 차에 앉고 보니 그동안 긴장했던 게 확 풀린다. 그래도 아직 긴장을 놓으면 안 된다. 리마에 갈 때까지.

조금 가다가 운전기사가 앞자리에 앉겠냐고 묻는다. 먼 길 앞뒤로 따로 앉아 무슨 마나님처럼 가기도 그래서 앞에 앉았다. 운전기사가 안전벨트를 맨다. 나도 안전벨트를 맸다. 다른 나라에서는 안전벨트를 매는 걸 통 못 보았다고 하니 여기는 안전벨트를 맨다고 그런다.

운전기사 토미는 키도 크고 몸집도 크다. 얼굴은 검다. 머리에 딱 달라붙는 모자를 쓰고, 통 넓은 청바지에 산뜻한 파란색 윗옷을 입었다.

좀 가다가 차에 기름을 넣으려는데 주유소 문이 닫혀 있다. 조금 더 가니 기름집이 있다. 통에 기름을 담아 파는 가게다. 남자들과 전통 옷을 입은 여자가 일을 한다. 거기서 깔때기를 대고 차에 기름을 넣었다.

토미가 시곗바늘을 한 시간 앞당기란다. 내 손목시계는 11시가 다 되어가는데, 페루는 한 시간 느리단다. 밤 10시가 되었다. 나는 거저 시간을 번 건가. 브라질과 아르헨티나가 같은 시간이었고, 칠레와 볼리비아가 같은 시간이었다. 브라질과 페루는 두 시간 차이가 난다.

토미는 서른한 살이다. 여섯 살 남자 아이의 아빠다. 햇빛 가리개 안에 넣어둔 사진을 꺼내 보여준다. 사진은 비닐 안에 들었는데 겉에 아이 이름을 펜으로 적어놓았다. 안디. 안디가 4살일 때 토미와 찍은 사진과 여섯 살 지금 모습이 담긴 사진이다. 웃는 안디는 눈이 크고 예쁘다. 토미는 안디 얘기를, 나는 내 아이 얘기를 주고받았다.

푸노로 가는 길은 어둠뿐이다. 차가 거의 다니지 않는 길, 가로등이 있을 리 없다. 차 전조등이 어둠을 조금씩 벗겨낼 때 살짝 엿본 풍경은 볼리비아와 뭔가 다르면서도 비슷하다. 너른 들판, 나무 없는 낮은 산은 비슷했지만 그래도 듬성듬성 키 큰 나무들이 있다.

간간이 지나가는 차들은 죄다 화물차들이다. 토미 차는 일본 차인데 새 차여서 그런지 속력을 꽤 낸다. 토미는 힙합 음악을 좋아한다. 힙합 노래를 최대한 큰 소리로 켜놓았다. 볼륨을 끝까지 올리고 속력을 끝까지 올리고 어두운 길을 달리는 일, 한 번도 해보지 않은 일을 한다. 노래는 한 번도 멈추지 않았다. 토미와 나는 노래로 잠을 쫓고, 노래로 어둠을 무서워하지 않고, 노래로 침묵하는 시간을 채웠다.

가도 가도 빈 들판. 어쩌다 한 번씩 작은 불빛이 나타난다. 잠들지 않은 집. 아니면 집은 잠들었으되, 길 가는 이들을 위해 불을 켜놓았을지도.

토미가 라파스가 안 춥더냐고 물어 춥고 머리가 무척 아팠다는 이야기를 했다. 사흘을 누워 있었다는 얘기를 해주니 놀란다. 한국 인구가 얼마냐고 물어 대답해주자 놀라면서 "페루는 땅이 넓은데 인구가 적다, 한국은 땅은 좁은데 인구가 많다"고 한다.

마추픽추에 가봤느냐고 물었더니 토미는 아직 못 가봤단다. 나중에 가볼 거란다. 세계 곳곳에서 마추픽추를 보려고 사람들이 몰려들지만 정작 가까이 사는 토미는 아직 마추픽추를 가보지 못했다. 왜일까? 하긴, 버스나 기차로 길어야 댓 시간, 비행기로는 한 시간이면 전국 어느 곳이든 가 닿을 수 있는 땅에 사는 우리나라 사람들도 우리나라 안에 가보지 못한 곳이 얼마나 많은가.

졸린다. 하지만 낯선 길이라 편안히 잠들 수가 없다. 억지로 참는다. 그랬더니 환영이 보인다. 달리는 차 저 앞으로 사람들이 걸어 나온다. 속으로 안 되는데, 부닥치는데, 어쩌나 하는데 막상 차가 그 지점을 지나치면 환영은 사라진다. 그러다 다시 나타난다. 오래전에 보았던 영화, 그것보다 더 무서운 영화는 없으리라 했던 〈매드니스〉에 나오는 한 장면처럼. 눈꺼풀은 천근만근에, 환영은 줄줄이 나타나고, 점심을 두 그릇이나 먹어 속은 부글부글 끓고, 몸이 아주 정신이 없다.

토미는 피곤하지 않을까. 음악을 크게 틀어놓으면 피곤한 줄 모른단다. 늦은 밤, 불빛도 없고, 막막한 길을 달리는데 기다리는 동안 잠깐 눈 붙였다 해도 어둠을 달리는 그 자체가 그냥 피곤한 일 아니겠는가. 토미는 저만치 앞을 보면서 한 손으로 뚜껑을 열고 2리터짜리 코카콜라를 마신다.

밤 12시, 두 시간 남짓 달려오니, 푸노다. 오긴 왔다. 토미가 좋은 숙소로 갈 건지 좀 싼 곳을 원하는지 묻는다. 온 걸로 끝이 아니다. 밤을 지낼 곳을 알아보는 일이 남았다.

출발하기 전에 푸노에 오면 연락하라던 간호사 필라르한테 전화를 했는데 통화가 안 되어 그냥 숙소를 얻어야지 했다. 그런데 막상 혼자 숙소를 얻고 자려니 걱정이 된다. 토미한테 휴대전화를 빌려 필라르한테 전화했다. 밤 12시가 넘어 미안하기는 했지만 염치 불구하고 전화를 했다. 전화를 받는다. 나를 잊지 않았다.

"나 지금 푸노예요, 미안하지만 도와주세요. 당신 집에서 하루 잘 수 있을까요?"

토미가 주소를 보고 집을 찾아 나섰다. 그런데 쉽게 찾아지지 않는다. 길가에 차를 세워놓은 택시 운전기사들한테 길을 물어 동네를 빙빙 돌았다. 재미있는 게 택시 운전기사에게 길을 물을 때 토미는 "친구!"라고 상대를 부른다. 서울에서는 "저기요"라고 하거나 그냥 다짜고짜 필요한 말만 하는데 "친구!"라고 부르는 모습이 참 다정하다. 한 세상 사는 사람들, 모두 친구다.

한참을 돌아 필라르 집 앞에 도착했다. 다시 전화를 했다. 토미가 얼마나 고마운지. 차비는 벌써 국경에서 다 계산했지만 출발하기 전에 거스름돈으로 받은 20볼리비아노를 토미 손에 꼭 쥐어줬다. 가까운 곳에서 저녁을 먹고 간단다. 아침 일찍 훌리아카로 가야 하는데 차비 쓸 게 걱정이 되어 페루 돈, 솔로 바꿀 수 있냐고 물으니 바꾸어준다. 50볼리비아노와 20솔을 바꾸었다. 필라르 집에 불이 켜지고, 문 여는 소리가 난다. 언제 오면 묵어가라는 말에 염치없이 불쑥 찾아간 내게 문을 열어준 필라르. 얼마나 고맙고, 반갑고, 미안한지.

10월 6일 금요일

밤을 새고 아침이 오다

경찰인 남편이 밤 근무라 필라르는 내게 방을 내주고 딸들과 함께 잔다. 커다란 침대에 두터운 이불을 덮고 누웠는데 춥다. 이가 덜덜 떨린다. 왜 이렇게 추운 건가. 긴장이 확 풀리니까 몸이 추운가. 한껏 몸을 웅크린다. 이렇게 웅크리면 조금은 따뜻해진다. 이불 속에 있는 발이 얼음물에 담가놓은 것처럼 차다. 잠깐이라도 푹 잠들면 좋으련만 잠이 오지 않는다. 밖에서 소리가 나면 고양이와 개가 우짖는다. 여기까지 온 길이 꿈만 같다. 뜬눈으로 밤을 샌다.

새벽 5시 30분, 필라르와 나는 나갈 준비를 했다. 아침으로 차와 함께 채 썬 당근과 삶은 달걀 하나, 귤을 먹었다. 삶은 달걀이 어찌나 반갑던지 후다닥 까서 홀랑 먹었다. 그런데 필라르가 먹을 때 보니 채 썬 당근에 달걀을 으깨어 섞어 먹는다.

거실 벽에는 딸들이 받아온 학교 졸업장과 필라르와 남편이 받은 자격증을 넣은 액자가 걸려 있다. 가로로 긴 푸노 전경이 담긴 사진 액자, 기린 인형들……. 잊고 싶지 않은 순간들을 진열해놓았다.

필라르는 20년 전에 첫 남편을 잃고, 지금 남편하고 산 지 12년이 되었다. 쿠스코가 고향인 필라르는 나중에 쿠스코로 돌아가 살고 싶어 한다. 그리 먼 곳이 아니니, 언젠가 돌아갈 수도 있을 거다. 혹시라도 쿠스코에 가면 자기 마음을 담아가라고 한다.

둘째 딸 마리아가 와서는 자기 집을 찾아주어 고맙다고 한다. 내가 해

페루 리마에 가기 위해 밀입국한 푸노에서 필라르에게 연락해 염치없게도 하룻밤을 묵었다. 둘째 딸 마리아가 필라르와 나를 한 방 찍어주었다. 필라르가 손으로 V 자를 그리며 웃고 있다. 벽에는 딸들의 졸업장, 필라르와 남편의 자격증 및 사진 등이 걸려 있다.

야 할 말을 마리아가 먼저 한다. 언제 나는 낯선 사람에게 이런 대접을 한 적이 있었나. 기껏해야 길에서 힘들게 짐 들고 가는 사람 짐을 들어주거나, 모르는 길을 물으면 좀 더 자세히 대답해준 거밖에 없지 않나. 낯선 곳에서 근심 걱정 가득한 사람한테 따뜻이 마음을 나눠 주고, 잠자리를 내주고, 먹을 거를 주고 그런 적이 있었던가. 노래 음반과 내가 희곡을 쓴 연극 공연 디비디, 쓰려고 가져온 인삼 샴푸를 다 주어도 필라르에 대한 고마움을 갚을 수가 없었다.

출근 준비를 하고 나온 필라르는 멋졌다. 하늘빛 바지에 하늘빛 스웨터, 파란 가방, 머리를 뒤로 묶고 화장을 하고 귀걸이를 했다. 필라르는 경력 20년이 넘은 간호사로, 분만실과 신생아실에서 생명을 받아내고 지켜내는 일을 해왔다. 1997년부터 1999년까지 간호사 노동조합 수석 비서를 했는데 필라르는 "노동조합 경험이 참 소중하다"고 말한다. 그 일을 마치고 받은 공로패가 거실 한쪽에 있다.

집을 나서려는데 마리아가 내게 당부한다. "몸조심하세요!"라고. 겁 없이 온 내가 걱정되었나. 갑자기 그 말을 듣고 보니 겁이 난다. 나이는 중요한 게 아니다. 남미에서 나는 어린 친구들한테 많이 배운다. 20살 어린 친구에게 배우고, 도움을 얻고, 나보다 10살쯤 나이 많은 이들에게 친구처럼 다가갈 수 있다.

택시를 탔다. 버스 터미널이 두 개 있단다. 훌리아카 가는 버스 터미널에 가니 따로 건물이 없다. 어젯밤 그냥 버스 터미널에서 날 새지 뭐, 했던 생각이 떠오르자 큰일 날 뻔했구나 싶다. 승합차들이 가득하다. 이곳 저곳에서 행선지를 불러댄다. 필라르와 마지막 인사를 했다. 막 출발하려는 차가 '훌리아카'를 외쳐댄다. 그 차에 달려가 올랐다.

여행, 냄새를 맡는 일

아직 사람이 얼마 안 탄 차는 문을 열어두고 '훌리아카, 훌리아카'를 외쳐대며 서서히 움직인다. 운전석은 문이 닫혀 안 보이고, 검은 파카를 입고 군청색 모자를 쓴 차장이 문에 매달렸다. 쌩 달릴 생각을 안 하는 차. 이렇게 가서 언제 가나. 뒤돌아보니 사람들은 아무렇지도 않다. 여기 차들은 원래 그런 건가. 뒤에 자리가 많이 있지만 차장 가까이 있다가 내려달라고 해야지 마음이 놓일 것 같아 문 앞자리에 앉았다.

갑자기 몸이 덜덜 떨린다. 긴장이 풀리니 몸이 춥다. 서서히 달리는 버스에 사람이 점점 찬다. 의자가 다 차고, 서 있는 사람이 더 많아진다. 검고 커다란 일 가방을 든 남자들, 교복을 입은 10대 여학생들과 남학생들. 여학생들은 그 좁은 곳에 불편하게 서 있으면서도 뭐가 좋은지 웃으면서 얘기한다. 교복 스웨터 가슴께에 훌리아카라고 학교 이름이 새겨져 있다.

허름한 가방을 어깨에 멘 사람들이 차에 올랐다. 너무 비좁아 서 있는 몸이 중심을 못 잡고 앞으로 쏠린다. 가방을 어깨에 불안하게 멘 두 사람에게 가방을 달라고 했다. 순순히 맡긴다. 버스에서 다른 사람 가방을 들어주는 일이 얼마만인가. 서울에서 전철이나 버스를 탔을 때 가방을 든 사람이 힘들어 보이면 옛날 학교 다닐 때 그랬던 것처럼 가방 들어주겠다고 한다. 그런데 거의 다 그냥 괜찮다고 가방을 맡기지 않는다. 옛날에는 가방 들어주고 맡기는 일이 자연스러운 일이었는데. 몇 번 그러고 나서는 나도 더 이상 가방을 들어주겠다고 하지 않는다. 두 사람의 가방을 들어주면서 보니 참 선한 얼굴들이다. 원래 모든 사람의 얼굴은 저렇듯 선한 얼굴이 아니었을까.

사람이 많이 타서일까, 아니면 무릎에 올려둔 두 남자 가방에서 나는 것일까, 냄새가 난다. 그렇다고 지독하다거나, 참기 힘들다거나 그런 냄새는 아니다. 사람 사는 냄새다. 여행은 냄새를 맡는 것인가. 그이들도 낯선 내게서 어떤 냄새를 맡겠지. 사실 며칠 머리도 못 감고 옷도 못 갈아입어 묵은내가 날 거다. 잠바는 한 달째 한 번도 빨지 못하고 입고 있으니.

차 문이 닫히지 않을 정도로 사람을 가득 태운 뒤에야 버스는 더 이상 사람을 태우지 않았다. 그러다 다시 몇 사람 내리면 그 빈자리에 사람을 태운다. 특이한 건 아무도 그만 좀 태우라고, 불편해하고 짜증 내지 않는다는 것이다. 아침마다 이 사람들이 살아온 시간은 이런 모습이었나 보다.

푸노에서 훌리아카 가는 길, 차창 밖으로 보이는 페루는 부드럽다. 푸릇푸릇한 밭도 많다. 그 푸른 빛깔이 눈과 숨을 틔워준다.

사람이 꽉 차 정말 손 하나, 발 한쪽 들여놓기 힘든 곳을 차장이 요금을 받으러 다닌다. 아무래도 한꺼번에 쫙 내릴 때 돈 계산을 하려면 복잡할 테니 미리 걷는 게지. 요금이 얼마라고 일러주는데 잘 모르겠다. 잔돈도 없어 그냥 10솔 지폐를 냈다. 거스름돈이 모자라 기다리란다. 차장은 그 좁은 사람 틈을 다니며 요금을 걷는다. 문 앞으로 돌아와 내게 잔돈을 준다. 왠지 10솔이면 꽤 큰돈처럼 느껴져 지폐 몇 장과 동전을 받을 거라고 생각했는데 달랑 동전 몇 개다. 라파스 터미널에서도 5솔이나 3솔이라고 들은 것 같아 이 사람이 다른 나라 사람이라고 대충 떼어먹나 싶어 몇 번 더 동전을 세어보고 차장에게 이게 다냐고 물으니 그렇다고 한다. 하긴 10솔이라고 해 봐야 3,000원이 조금 넘는 돈인데 1시간 넘게 타면서 거슴름돈까지 받았으니 비싸다고 말하면 안 되겠지.

버스는 공항까지 가지는 않는단다. 종점에서 택시를 타란다. 종점에서 차 안에 있던 사람들이 모두 내린다. 운전석 옆으로 어쩜 그리 넓은 자리들이 있었던 걸까. 닫혀 있던 운전석 문을 열자 거기에서 곱게 차려입고 멋을 부린 젊은 아가씨가 서너 명 쏟아져 나온다.

아침 8시, 훌리아카 거리는 분주하다. 다른 나라에서는 못 본 자전거 차가 다닌다. 뒤에서 운전사가 자전거 페달을 밟고 앞에 두 사람이 앉을 수 있는 의자가 있다.

불안한 밀입국자

훌리아카 공항에는 백인 여행객들과 일본인 여행객들이 많다. 아무래도 이곳에서 쿠스코를 가기 때문인가 보다. 그런데 나는 그이들이 불편하다. 살림을 하러 왔을까 싶게 커다란 가방이 여러 개다. 무언가 물건들을 잔뜩 사가는 것일까.

보딩 패스를 끊는데 여권을 보고 별말이 없다. 입국 도장을 받아야 하나 싶은데 따로 사람도 안 보인다. 그냥 리마 가서 하자 싶었다. 그래도 불안하다. 비행기 탈 때 문제가 될 수도 있으니 제일 먼저 나가자 싶어 맨 앞에 섰다. 한 40분 전에 말이다. 다들 의자에 앉아 있는데.

9시 52분쯤 비행기가 오고, 제일 먼저 비행기에 올랐다. 그렇게 걱정했는데 아무 문제가 없네, 리마에서도 그냥 타도 되는 거 아닌가 하는 생각을 했다.

비행기를 타고 일단 리마로 가게는 되었지만 마음을 놓을 수가 없다. 볼리비아 출국 도장을 못 받고, 페루 입국 도장도 못 받은 게 혹시라도 문제를 일으키는 건 아닌지. 결국 밀입국자가 된 건가. 정말 일자리를 찾아 미국으로, 일본으로, 한국으로, 아르헨티나로, 브라질로, 멕시코로 다른 나라로 밀입국하는 사람들 마음은 어떨까. 비행기도 결국 여행을 위해서 만들어진 것이라기보다는 노동자를 이동시키기 위해서 만들어진 것이겠지. 배, 비행기, 버스, 자동차 모두.

더 먼 곳으로 이동해야 하는 사람들. 스스로 원해서 이동한다기보다는 이동을 강요당하는 사람들. 이동, 헤어짐, 분리. 금방 돌아가리라는 희망은 점점 멀어지고, 시간도 멀어지고, 공간도 멀어지고 꿈도 멀어지는 일들이 지금도 어디선가는 일어나겠지. 한곳에 뿌리박은 삶이 최선이거나 최상이라고는 생각하지 않는다. 하지만 강요당하는 이주와 이동이 과연 행복할까. 그건 폭력 아닐까.

어느새 리마다. 보딩 패스를 받기 위해 가니 새벽에 라파스를 출발한 일행 세 사람이 보인다. 세 사람을 보니 어제 저녁 라파스에서 헤어질 때부터 지금까지의 시간이 꿈만 같다.

이민국 창구에서 문제가 생겼다. 담당자가 내 여권을 뒤적이며 입국 도장을 찾는데 당연히 없으니. 담당자는 한 장 한 장 천천히 여권을 넘긴다. 앞에서부터 보기도 하고 뒤에서부터 보기도 하고. 어떻게 된 일이냐고 묻는다. 어쩌겠는가. 사실대로 말할 수도 없는 일이며 그 사실을 말할 수 있는 영어 실력도, 스페인어 실력도 없으니, 거짓말을 하는 수밖에. 나도 모른다고, 버스 기사가 한꺼번에 여권을 걷어 가서 처리하고 받았는데 보니까 없더라 하며 오히려 내가 난감한 표정을 지었다. 그랬더니 여권을 들고 다른 직원들에게 보여주며 뭔가를 묻는다. 다른 직원이 내 여권을 들고 다른 자리에 가서 확인을 한다. 컴퓨터에도 찍어보는데 아무것도 뜨지 않는다. 비행기 표를 보여 달라고 한다. 훌리아카-리마 비행기 표밖에 보여줄 게 없었다. 담당자가 원한 건 페루로 들어온 표이다. 버스 타고 왔다고 하니 버스표를 달란다. 없는 표를 어쩌겠는가. 모르고 버렸다고 둘러댔다. 벌금으로 10달러를 내라며 입국신청서를 하나 준다. 주머니에 든 잔돈을 다 꺼내니 8달러가 조금 넘는다. 현금인출기에서 뺀 돈으로 30달러가 넘는 공항 이용세와 쿠바 입국할 때 필요한 여행자카드를 사는 데 25달러를 내고 나니 남는 돈이 별로 없었다. 있는 것만 내란다. 출국 도장을 꽝 찍어준다. 이제야 리마에 왔고, 리마를 떠나게 되었다.

내 마음이야

쿠바 행 비행기에는 대부분 백인이 탔다. 그이들은 뭔가 가벼워 보였다. 볼리비아나 페루 사람들은 비록 허름하고 누추한 옷차림에 검게 그을리고 살갗이 터도 진중해 보였다. 내 편견일까. 경박하다, 진중하다라는 낱말을 떠올리다 저이들보다 내가 훨씬 더 많이 경박한, 가벼운 인간은 아닌지 걱정이 되었다.

비행기를 타니 그동안 버스에 함께 탔던 얼굴들이 떠오른다. 무엇보다 승무원들이 주는 마실 거리와 먹을거리를 받으면서는 더 많이 떠오른다.

파나마를 거쳐 가는 비행기. 비어 있던 내 옆 자리에 한 여자가 탄다. 서른셋, 로사리오는 콜롬비아 여자다. 로사리오는 헤밍웨이 소설을 좋아해 그 자취를 좇아 여자 친구와 함께 20여 일 여행할 계획이라고 한다.

처음엔 로사리오도, 나도 아무 말 없이 그냥 앉아 있었다. 밤 비행기는 그저 피곤할 뿐이었다. 그렇다고 잠이 오냐면 그것도 아니다. 책을 읽는데 전등불이 모두 꺼졌다. 책을 덮으려는데 로사리오가 부분조명을 켜준다. 우리가 이야기를 시작한 것은 그때부터이다. 로사리오가 두꺼운 공책을 꺼내어 보여준다. 빽빽이 들어찬 글자들이 숲을 이루었다. 로사리오는 글 쓰는 게 좋다고 한다. 자신이 태어나 지금도 사는 카르타헤나는 아름다운 곳이라고 자랑한다. 다른 나라 텔레비전 뉴스에서 총 쏘는 장면들을 보여주면서 콜롬비아가 아주 위험한 것처럼 말하지만 사실은 그렇지 않다며 못마땅하다는 표정을 짓는다. 가르시아 마르케스Gabriel Garcia Marquez를 아느냐고 묻는다. 『백년의 고독』을 읽으면서 내내 이야기 속으로 빨려 들어갔는데, 어찌 모르겠는가. 로사리오가 내 수첩에 스페인어로 '백년의 고독'을 쓴다. '시엔 아뇨스 데 솔레다드Cien Años de soledad'. 『백년의 고독』에서 잊히지 않는 부분이 '연대solidaridad'라는 말이 나올 때였다. '슬픔, 고독'이라는 낱말과 '연대'라는 낱말이 한 뿌리에서 나온 건 아닐까 상상해본다. 고독과 연대, 처음부터 인간이 갖고 있었고, 여전히 넘나드는 두 가지.

비행기 아래, 아바나다. 로사리오가 창문에 카메라를 바짝 대고 밤이 온 아바나를 찍는다. 불빛이 마구 흔들린 사진을 보여준다. "내 마음이야"라며. 누구든 흔들리지 않고 걸어온 길들이 있을까. "내 마음도 그래, 로사리오."

사람,
사람들:

쿠바, 아바나

10월 6일 금요일

호세 마르티 국제공항

호세 마르티 국제공항. 밤 11시 55분. 입국심사대에 앉은 여성에게 여권을 건넸다. 뒤로 좀 물러서서 눈을 크게 뜨라는 요구에 피곤한 눈을 최대한 크게 떠본다. 어디에서 머물 건지, 며칠이나 있을 건지, 왜 왔는지를 묻는다. 꼬치꼬치 캐물어도 그게 싫지 않았다. 여권을 돌려받고 심사대 밖으로 나와보니 당연히 찍혀 있을 줄 알았던 입국 도장이 없다. 깜빡 잊고 안 찍어준 건 아닐까. 나중에 출국할 때 도장이 없는 게 문제가 되는 건 아닌지 걱정스러웠는데 다른 사람들도 안 찍어주었다. 왜 안 찍어준 걸까.

밖으로 나오니 밤공기가 후끈하다. 잠바를 벗고, 껴입은 남방도 벗고, 윗옷 소매를 팔꿈치 위까지 걷어 올리고, 머리를 고무줄로 질끈 묶으니 가벼워진 몸 사이로 덥긴 해도 바람이 들어온다. 계속 쌀쌀한 날씨를 만나다 더운 기운을 만나니 좋다.

10월 7일 토요일

문화의 집

쿠바 전국에는 '문화의 집'이 있다. 주민들이 춤, 노래, 연극 공연이나 미술 전시를 보고 느끼고, 문학을 만나는 곳이다. 또한 보고 듣는 데만 머물지 않고 스스로 창조할 수 있도록 주민들을 교육하고 소질을 개발시켜 주는 곳이기도 하다. 문화 예술 교사들은 다양한 취미 그룹에서 활동하는 주민들이 지닌 장점이 무엇인지 주의 깊게 살펴보고, 그이들이 한 발 앞으로 나아갈 수 있도록 배려하고 지지해준다. 이런 과정을 겪으면서 사람들은 문학과 예술을 통해 자신을 표현하는 일을 더 이상 두려워하지 않게 된다. 사회 문화, 민중 문화가 살아나는 현장이다.

저녁 6시, 아바나 시내에 있는 한 오래된 건물에 자리 잡은 문화의 집에서 공연을 했다. 나이 든 여성들과 젊은 남성들이 와 의자에 앉았다. 그리 많은 수가 모인 건 아니지만 공연을 하고 관람하는 데에는 모자란 것도 넘치는 것도 없었다. 오히려 이런 작고 소박한 공연이 수시로 열린다는 게 부러웠다. 12살 여자 아이가 나와 그동안 갈고닦은 노래를 선보였다. 젊은 남자 둘이 나와 노래를 불렀다. 나무닭움직임연구소 부네굿이 펼쳐지는 동안 사람들은 모두 조용해졌다. 사는 땅이 다르고, 하는 말이 달라도 서로 통하는 정서가 있나 보다.

10월 8일 일요일

쿠바에서 보는 드라마

우리가 짐을 푼 곳은 각 지역에서 올라온 문화 예술 활동가들이 머무르는 숙소인 문화의 집이다. 아바나의 신시가지라고 하는 미라마르에 있다. 미라마르는 '바다를 바라보다'라는 뜻으로, 숙소 뒤로 5분쯤 걸어가면 물빛 아름다운 카리브 해를 실컷 볼 수 있다. 낚싯대를 드리우지도 않고, 물속에 몸을 담그지도 않고 가만히 돌 위에 앉아 물 저 끝인지 하늘 저 끝인지를 하염없이 바라보는 사람도 더러 있다. 하루를 그러고 있어도 좋은 바다, 하늘, 바람이다.

문화의 집에는 침대가 여러 개씩 있는 방이 3개 있고, 거실이 하나 있는데 거실에는 스위치가 망가진 텔레비전이 한 대 있다. 초저녁이면 텔레비전에서 노랫소리, 연속극 소리, 뉴스 소리가 나기 시작해 밤늦게까지 흘러나온다. 거실 불빛은 희미하고, 사람들은 낡은 소파에 파묻히거나 플라스틱 의자를 끌고 텔레비전 앞에 모인다. 일하고 돌아온 사람들, 하루 종일 이곳에 있던 사람들이 텔레비전에서 눈을 떼지 않는다. 꼼짝않고 말 한마디 없이 본다. 그러다 누군가 텔레비전 내용을 갖고 말을 꺼내면 논쟁하듯이 큰소리로 이야기한다. 갑자기 굵은 소나기가 쏟아지는 것 같던 이야기가 끝나면, 다시 조용해진다. 드라마를 보면서 '아!' 하고 신음을 토해내고 반전을 목격했는지 놀라 소리치기도 한다. 내일은 혁명가 체 게바라가 죽은 지 39년이 되는 날이다. 그래서 기념 주간인지 프로그램 중간 중간 체 게바라와 관련된 짧은 영상들을 계속 보여주거나, 홍보물을 틀어준다. 텔레비전 소리는 엄청 크다. 더워서 모든 문을 열어놓는데, 바깥 도로에서 쏟아져 들어오는 차 소리 때문에 크게 트는 것 같다. 그런데 그 소리가 엄청나다.

함께 온 세 사람은 일이 있어 외출하고 나 혼자 남았다. 방에서 갈레아노 책에 쿠바 이야기가 나와 읽다가 슬며시 잠이 들었다. 그러다 눈뜨면 다시 읽고, 다시 잠들고. 잠에서 깨어보니 목에 땀이 흥건하다. 덜덜덜 소리가 크게 나긴 하지만 제 구실은 너끈히 하는, 창문에 붙여놓은 냉방기가 있긴 한데 혼자 있으면서 틀기가 좀 미안해서 안 틀고 문은 꼭 닫아놓았더니 방이 한증막이 되었다.

밖으로 나오니 훌리오가 커피를 만들었다고 마시겠냐고 묻는다. 에스

프레소 주전자로 만든 커피를 한 잔 준다. 마침 훌리오도 두툼한 책을 읽고 있기에 방 안에 놔둔 책을 가지고 나왔다. 마주 앉아서 책을 읽었다, 읽다가 텔레비전도 보면서.

텔레비전 드라마는 가족 사이의 갈등을 다루었다. 책을 내려놓고 잠시 봤더니 드라마 제목이 '가족'이다. 아버지가 패륜아인 아들을 죽인 이야기이다. 잔뜩 술에 취한 아들이 팬티만 입고 나와 아버지한테 대들고 행패를 부린다. 주먹으로 아버지 얼굴을 때려 코피가 쏟아진다. 놀라 달려드는 어머니 얼굴을 한 손으로 움켜쥐는 아들. 어느 날 그 아들이 술에 취해 침대에 엎드려 잘 때다. 아버지는 발소리를 죽여 아들에게 다가가 머리에 하얀 수건을 덮은 뒤 야구 방망이로 단 한 번에 아들 목 뒷덜미를 내리친다. 곧이어 하얀 수건은 빨간 핏자국으로 물든다. 아버지가 정신과 의사에게 아들을 죽인 이야기를 토로하는 형식으로 이야기가 진행된다.

어제 본 드라마도 가족 이야기였다. 부자인 젊은 아빠가 10대 아들을 혼내고 화내고 때리려고 하고 아들은 대들고. 자본주의사회나 사회주의사회나 사람살이에 왜 갈등이 없겠는가. 그래도 너무 똑같다. '가족', 참 어려운 것, 서로 다른 사람들이 모인 공동체이면서 공동체답지 않은 것. 먼 거리도, 거리 없음도 모두 위험한 사이.

10월 9일 월요일

깜빡 잠

그냥 겉모습으로 봐서는 이곳 사람들을 잘 모르겠다. 도대체 왜 이곳에 수많은 사람이 모여 있는지, 각자는 도대체 무슨 일을 어떻게 하는 사람인지. 하긴 나도 마찬가지다. 멀리 한국에서 온 나라는 사람, 비싼 돈 주고 비행기 타고 와서 별로 하는 일 없이 숙소에 죽치고 앉아 있고, 시내 구경도 안 나가고, 뭐 교류할 내용을 가진 것도 없고, 고작 빨래를 하거나 부엌을 어슬렁거리거나 그러고 있지 않은가. 그러니 굳이 궁금해할 필요도 없다. 잠시 함께 머물며 얼굴 보고 그러는 거다.

점심을 먹은 뒤, 문화의 집에서 일하는 마리 아주머니가 피곤했는지 검은 소파에 앉아 한 손으로 턱을 괴고 잠이 든다. 그런데 푹 잠들지 못하고 금방 깨어난다. 그리고 잠시 어디를 다녀오더니 다시 소파에 앉았는데 이번에는 누워서 잔다. 달게 한잠 자면 좋으련만 금방 '나 안 잤어' 하는 것처럼 눈을 번쩍 뜨고는 누운 채 얼굴만 들어 텔레비전을 본다.

마리 아주머니의 그 모습을 보니 어머니가 떠오른다. 아홉 식구 살림에 장사까지 하셨던 어머니는 늘 잠이 부족했다. 편안히 누워 주무시지 못하고 앉아 일하다 깜박 잠드는 때가 많았다. 누워 주무시라고 하면 늘 "나 안 졸았어, 잠 안 와" 그러셨다. 지금도 그냥 편안히 주무셔도 되는데 옛날처럼 깜박 졸다가 눈 뜨시고, 눈 뜨시고 그런다.

아침 일찍 밖에 나갔더니 마리 아주머니가 가판 상점 아멜리아 앞에서 청소를 했다. 토요일 밤 11시 가까이에도 그곳에서 청소를 했는데. 그러니까 아침 일찍이랑 늦은 밤에는 상점 청소를 하고 그 사이에는 문화의 집 일을 하나 보다. 그러니 낮에 잠이 몰려오는 것도 당연하다. 내가 지도를 들어 여기가 어디쯤이냐고 물으니 눈이 잘 안 보인다고 한참 지도를 붙들고 있다. 아주머니는 끝내 이곳이 어디쯤인지 찾지 못했다.

10월 10일 화요일

밥

아침 10시 넘어 비스킷과 삶은 달걀을 먹었다. 그러고 나서 사람들은 곧바로 점심을 준비하기 시작한다. 돼지고기를 다져서 튀기려나 보다. 훌리오 형 알렉시스가 야채 써는 기구를 가져와 양배추를 채 썰고, 오이를 얄팍하게 썬다. 믹서기에 아침마다 먹는 비스킷을 넣고 간다. 고기에 입힐 옷이라고 한다. 훌리오는 껍질콩을 다듬는다. 훌리오와 알렉시스는 형제이지만 피부색이 다르다. 훌리오는 흑인이고, 알렉시스는 백인이다. 믿기지 않지만 둘은 형제이다.

내가 도울 일이 있을까 하는데 그냥 놔두란다. 하긴 나는 워낙 손재주가 없어서 뭐 하나 만들려면 한참 걸린다. 손 매운 사람들은 한 번에 여러 가지 일을 하지만 나는 한 번에 한 가지밖에 못한다. 나는 아무렇지도 않은데 다른 사람이 보면 답답한가 보다. 그런데 내가 이들을 보고 있자니 답답하다. 다섯 사람이 몇 시간씩 준비를 한다. 하지만 왜 내가 답답해하는가. 그리고 후다닥 해야 할 이유가 뭐 있는가. 점심시간까지는 여유가 있고, 다듬고, 씻고, 썰면서 이런 얘기 저런 얘기도 하고, 커피도 한 잔 마시고 노래도 불러가면서 느긋하게 준비하는 게 무슨 문제인가. 좀 더 느려져야 한다. 내 눈에 익숙한 빠르기를 기준으로 삼아서는 안 된다.

마리 아주머니가 고맙다. 누군가를 위해 먹을 걸 마련하는 일은 쉬운 일이 아니다. 그것도 끼니마다 말이다. 더군다나 가난한 살림에 누군가를 먹이는 일은 더욱더 쉽지 않다. 아침은 오렌지 가루를 물에 탄 주스와 달걀부침 2개, 비스킷, 비스킷에 발라 먹는 마가린인지 버터인지 모르겠지만 그 비슷한 것. 점심엔 밥(김치볶음밥처럼 빨갛게 볶거나, 껍질콩을 넣어 볶은 밥), 저녁은 맨밥에 가늘게 채 썬 양배추와 오이 샐러드, 삶은 감자, 껍질 콩이다. 이것을 나흘째 똑같이 먹지만 질리지 않는다. 마리 아주머니가 삶아주는 감자는 푸석푸석하지 않고 고구마 같은 단맛이 난다. 다른 사람이 삶으면 똑같은 감자여도 그 맛이 안 난다.

마리 아주머니는 늘 접시 한가득 담아준다. 어제는 마리 아주머니가 푸기 전에 내가 밥을 펐다. 조금 푸니까 마리 아주머니가 놀란 눈을 하면서 "왜 그렇게 적게 먹느냐?"고 한다. 정작 아주머니는 우리한테 퍼준 것보다 훨씬 적게 먹으면서. 정말 목구멍 끝까지 찰 정도로 먹어 배가 아플 지경이지만 난 남기지 않는다. 아마 쿠바를 떠나는 날까지 그렇게 먹는다 해도 물리지 않을 것이다. 누군가 차려주는 밥만으로도 맛있고 고맙다.

헌 종이에 그린 음악

공휴일이라 별 일정이 없었다. 일행들과 함께 바닷물에 몸이나 담그자고 길을 나섰다가 다리만 아프게 걷고 허탕치고 말았다. 그래도 아쉬운 다른 사람들은 문화의 집 뒤쪽 바닷가로 가고 나는 먼저 문화의 집으로 돌아왔다. 그런데 늘 활짝 열려 있던 현관문이 닫혀 있다. 닫힌 문을 살짝 여니 텅 빈 듯 조용한 거실, 발코니 가까이에 탁자를 옮겨놓고 한 남자는 앉아서 무엇인가를 종이에 쓰고, 다른 한 남자는 곁에 서서 바라보고 있다. 숨소리도 나지 않는 그 자리에 햇빛이 들어찼다.

앉은 이는 어제 처음 봤던 레게머리를 한 남자고, 서 있는 이는 라몬이다. 라몬은 볼 때마다 다른 모습이다. 일요일에는 정말이지 하루 종일 텔레비전 앞에 앉아 있었다. 낡은 반바지와 색바랜 티셔츠 차림으로 맨발에 슬리퍼를 신고 하얀색 플라스틱 의자에서 일어날 줄을 몰랐다. 나는 속으로 허리 안 아플까 했다. 그러던 사람이 어제는 청바지에 색이 덜 바랜 티셔츠를 입고 구두를 신고 일하러 간다는데 영 딴 사람이었다. 그러더니 오늘은 뭔가 범접할 수 없는 그런 분위기를 풍긴다.

뭘 하는 걸까. 호치키스로 여러 장을 묶은 종이에 오선지가 그려졌고, 그 위에 음표들이 자리를 잡았다. 작곡 공부 시간이다. 남자가 쓰는 종이는 이면지다. 잠깐 봐도 되냐고 하니 보여준다. 빈틈없이 빽빽하게 글씨와 음표가 채워졌다. 허투루 대강 쓰고 그린 것이 없다.

이 숙소에 머무는 사람들 중에서 가장 나이가 많은 라몬은 음악가이다. 색소폰과 플루트, 기타 연주자이기도 하지만 학생들을 가르치는 선생님이기도 하다. 쉬는 날, 두 사람은 선생과 제자로, 음악을 하는 동료로 낮

시간을 종이 위 오선지에서 보낸다. 두 사람 모습이 내게 묵직하게 다가온다. 라몬이 우리가 떠나기 전에 기타 연주를 들려주겠노라 한다. 나는 얻을 수 없는 비싼 공연표를 얻은 양 기뻤다.

마리 아주머니

방으로 가려고 부엌을 지나는데 마리 아주머니가 전화기를 붙들고 있다. 젖은 샌들을 대강 물에 헹구고 나오니 통화가 끝났다. 부엌에 들어가 물을 마시면서 보니까 전화기 옆에 펼쳐진 공책이 있다. 전화번호부인가 했는데 가까이 다가가서 보니 반듯한 글씨로 뭔가가 빽빽하게 적혀 있다.

"아주머니, 이게 뭐예요?"

"일하는 거야."

"일이요?"

"내가 하루에 한 일을 다 적는 거야. 음식 만드는 거, 청소하는 거 모두."

그러니까 일지, 보고서인 셈이다. 아주머니가 하는 일도 많지만 세세하게 다 적어야 하기 때문에 시간이 꽤 걸린단다.

"그럼 그걸 날마다 적어요?"

"응. 날마다."

"나중에 다른 사람한테 보여주는 건가요?"

"그렇지."

사진을 찍어도 되냐고 물었더니 공책은 안 되지만 자신은 찍어도 되는데 꾸미지 않아 사진 찍기 그렇다고 주저한다. 그러다 막상 사진을 찍자 무척 좋아하며 바로 자세를 잡는데 멋지다. 부탁하지 않았는데도 공책에 글을 쓰는 자세를 취한다.

마리 아주머니가 자기 집으로 가자고 한다. 아주머니가 부엌 바깥에 있는 철망 문을 열고 내려간다. 폭 좁은 철 계단이 있다. 아주머니가 그리로 가신다. 나는 내내 궁금했더랬다. 분명 거실 있는 쪽 문으로 들어오는 걸 못 보았는데 불쑥 어디선가 사람들이 나타나면 대체 어디서 오는 걸까 했는데 아래층에서 그 계단으로 올라왔던 거다.

좁은 나선형 철 계단을 내려갔다. 내가 계속 내려가니까 마리 아주머니가 아니라며 나를 불러 세운다. 내려오는 동안 어디에도 문처럼 보이는 곳이 없었는데 거슬러 올라가니 문이 있다. 벽인 줄만 알았는데 그 벽에 문이 있다. 벽 안에 집이 있다.

문을 열고 들어가니 오른쪽에는 아주머니 방이 있고, 왼쪽에는 부엌이 있다. 방은 침대 하나가 다 차지할 정도로 좁다. 부엌에는 침대 하나, 둥근 탁자가 하나 있다. 오른쪽 방과 왼쪽 부엌을 작은 통로가 이었다. 창문은 나무틀에 함석을 대었다. 열린 문으로 햇살이 쏟아져 들어온다.

아주머니 방에는 젊었을 때 찍은 사진들이 있다. 스무 살 아가씨 사진과 스물다섯 살에 찍은 결혼사진도 보인다. 남편과는 헤어졌다고 한다. 아마 돌아가신 것 같기도 하고, 아니면 이혼을 했는지도 모르겠다. 더 자세히 묻지는 않았다. 어쨌든 지금은 혼자인 마리 아주머니. 슬픈 표정으로 두 새끼손가락을 꼭 걸더니 뚝 떨어뜨린다. 아바나에 온 첫날 밤 우리를 맞아들여준 마흔 살 로헤리오가 마리 아주머니 아들이다.

사진들을 보다가 돌아보니 어느새 마리 아주머니는 눈 위와 아래를 검은색 아이라인으로 진하게 칠하고 눈썹을 그렸다. 그리고 똬리처럼 틀어 핀으로 고정시켰던 머리를 풀고 나타났다. 영 딴 사람이다. 십 년 아니 한 이십 년은 젊어졌다. 달라진 모습에 나는 입을 다물지 못했다. 마리 아주머니는 카메라 앞에서 모델이 되었다. 정말 다양하게 자세를 잡는다.

마리 아주머니가 스무 살적 사진을 한 손에 들고 사진을 찍으려는데 3층 부엌에서 전화벨이 울린다. 마리 아주머니가 달려가 받아야 하는 전화일지도 모른다. 마리 아주머니를 찾는 전화가 아니더라도 마리 아주머니가 여기에서 일하는 사람이니. 다행히 위에서 음악 선생 라몬이 받았는지 벨소리가 멈춘다. 그런데 음악 선생이 "마리, 마리" 하며 찾는다. 아마 철문 앞에서 계단 쪽으로 몸을 굽히고 부를 것이다. 나는 마리 아주머니가 사진을 내려놓고 바로 달려갈 줄 알았다. 그런데 마리 아주머니는 꼼짝도 않는다. 지금을 놓치고 싶지 않은 듯 자세를 풀지 않고 그대로 멈춰 젊은 시절 사진을 바라보면서 음악 선생한테 큰 소리로 뭐라고 얘기한다. 그 상태로 보이지 않는 음악 선생과 이야기를 한다. 마리 아주머니는 왼손을 뻗어 젊은 시절 사진을 들고 시선을 사진에 고정시킨 채 자세를 잡고, 나는 그런 마리 아주머니를 찍는다. 음악 선생은 이런 마리 아주머니를 상상이나 할까. 마리 아주머니가 왜 못 올라가는지, 아니 안 올라가는지 음악 선생은 알까.

위에 있는 음악 선생과 아래 있는 마리 아주머니 사이에서, 카메라를 든 나는 사진을 제대로 찍을 줄 모르는 게 한이 되었다. 카메라에는 계속 손 떨림 경고 표시가 나오고, 찍고 나면 사진이 흔들렸습니다, 저장할까요 말까요라고 묻고, 되돌려 확인해보면 초점이 안 맞고……. 가장 아름다운 모습으로 가장 멋진 모습으로 찍어주고 싶은데 마음처럼 안 되고 자꾸 흔들리고, 빛이 들어온다. 빛을 막으려고 함석 창문을 닫는데 창문이 제대로 닫히지 않고 자꾸 열린다.

한 장 찍고 나면 마리 아주머니와 나는 얼굴을 맞대고 사진을 본다. 마리 아주머니는 눈이 안 좋다. 알이 두툼한 돋보기를 쓰고서야 마리 아주머니는 자기를 볼 수 있다. 나도 "보니타[예쁘다]!", 마리 아주머니도 "보니타!"를 외치며 사진을 본다. 마음에 쏙 드는 사진이 나오면 마리 아주머니는 "보니타!"라고 외치고 좀 별로면 "미라[이것 봐]!"라고 외친다.

좁은 통로에 냉장고가 있다. 하늘색 페인트로 칠을 해 말리는 중이다.

어디서 쓰던 걸 가져와 깨끗이 닦아 칠했나 보다. 냉장고 문이 제대로 닫히지 않고 열린다. 그 냉장고 있는 쪽 좁은 벽에 딱 그 벽 크기만 한 천에 체 게바라 얼굴이 있다. 그것을 보라고 마리 아주머니가 내게 손으로 가리킨다. "체!"라며. 마리 아주머니가 그 앞에 가서 선다. 자기랑 함께 찍으라고. 체를 좋아하냐고 물으니 그렇단다. 체 아래에 선 아주머니를 사진에 담는데 자꾸 사진이 흔들린다. 아주머니는 벌 받는 학생처럼 한참을 서 있어야 했다. 한 손을 체 얼굴 쪽으로 멋지게 뻗는다. 찍고 나서 마리 아주머니와 나는 다시 "보니타!"와 "미라!"를 외치며 찍은 사진을 보면서 웃는다. 다른 쪽 벽에는 카스트로와 베네수엘라 대통령 차베스 사진과 포스터가 있다.

마리 아주머니가 커피를 마시겠냐고 묻더니 잠시 뒤 아주 조그마한 커피 잔에 커피를 준다. 달달하다. 작은 선반에 유리잔과 커피 잔을 놓았는데 그걸 자랑한다. 마리 아주머니한테 있는 살림 중에 가장 고급스러워 보인다. 그 옆에서도 사진을 찍겠다며 앉는다. 몇 장 찍는 동안 어디서 나온 건지 비닐에 싸인 장미꽃을 손에 들었다. 마리 아주머니는 마술사일까. 내 눈에는 통 보이지 않았는데 어디서 꽃 한 송이를 가져온 걸까. 마리 아주머니를 가장 마리답게 찍고 싶은데, 찍지 못하는 내가 원망스럽다. 찍으면서 나는 불안했다. 절정인 듯, 최고인 듯 이 순간을 무수히 찍는데, 나는 마리 아주머니에게 아름다운 사진 한 장을 전해줄 수 있을까?

마리 아주머니가 흰 종이를 가져와 집 주소를 적는다. 자기 집에는 전화가 없다며 친구 집 전화번호를 적는다. 내 이름과 주소도 적으란다. 여기는 전화 요금이 비싸서 전화를 못 한다고 기운 없는 목소리로 말한다. 내가 이쪽으로 하겠다고 하니 얼굴이 밝아진다. 괜히 공수표를 남발하는 건 아닌지 두렵다. 쉽게 주소와 전화번호를 적어주는 사람들. 나는 산티아고 가는 버스에서 만난 빅토르 아저씨한테 얼굴 못 보고 와서 미안하

비닐에 싸인 장미꽃을 손에 들고 고급스러워 보이는 유리잔 옆에서 자세를 취한 마리 아주머니.

다는 전화도 아직 못했고, 무사히 쿠바에 왔다고 필라르에게 고맙다는 전화도 못하지 않았는가. 과연 그날 밤 푸노를 갈 수 있을까 걱정했을 도리스에게도 잘 왔다고 전화하지 못했고. 그렇다. 아직은 이곳 사람들이 더 순진하다. 더 정이 많다.

마리 아주머니가 쿠바에 머무는 동안 자기 집에 와서 커피도 마시고 얘기도 하잔다. 쉰일곱 살 마리 아주머니, 나이보다는 젊어 보인다고 하니 좋아한다. 그런데 일할 때 마리 아주머니는 나이보다 훨씬 늙어 보인다. 왜일까. 지금도 하는 일이 많다고, 젊은 시절부터 지금까지 해본 일이 많다고 마리 아주머니는 슬픈 얼굴로 말한다. 그랬다. 힘든 표정이 아니라 슬픈 표정. "무초, 무초, 무초!"를 외쳐대는 마리 아주머니. 혁명이 성공했을 때 10살 정도였을 마리는 그 뒤 쿠바가 걸어온 힘든 길을 함께 걸으며 나이 들었고, 지금도 쉽지 않은 길을 가는 듯하다. 일지 적는 공책을 보면서 "일은 많은데 돈은 적다"며 한숨을 내쉰다. 잘사는 사람과 못사는 사람, 편한 일을 하는 사람과 힘든 일을 하는 사람, 창조하는 일을 하는 사람과 그렇지 않은 일을 하는 사람. 그 간극을 어떻게 메울 수 있을까. 저 뒤편 카리브 해, 연한 풀빛으로 빛나는 저 물은 모두 하나로 흐르는데, 사람 사는 세상도 저렇게 한 물로 흐를 수는 없는 걸까. 스무 해가 지나면 나는 마리 아주머니 나이랑 얼추 비슷하게 된다. 그때 나는 어떤 모습일까.

알헤마 아주머니

낮에 빨아 널어두었던 잠바를 걷으러 건물 뒤편으로 내려갔다. 한 달만에 빤 잠바다. 해가 다 저물고 어두워지도록 걷어 오지 않은 게 떠올라 아차 하고 내려갔다. 그런데 빨랫줄에 걸려 있어야 할 잠바가 보이지 않는다. 못 보았던 옷들이 잔뜩 널려 있어 다른 쪽에 옮겨놓았나 하며 이쪽 저쪽을 둘러보고 왔다 갔다 하는데 쉽게 눈에 띄지 않는다. 이 건물 맨 아랫집에서 "수성", "수선" 하며 누군가 나를 부른다. 미겔과 알헤마 아주머니다.

아주머니가 차곡차곡 내 옷들을 개어 의자 위에 얹어두셨다. 내가 왔다 갔다 하는 모습이 우스웠는지 미겔은 내 흉내를 내면서 웃는다. 미겔이 앉았다 가란다. 아주머니는 저녁으로 뭔가를 바른 빵과 미숫가루와 비슷해 보이는 걸 마셨다. 참 간단하고 소박한 저녁이다. 내게도 빵과 음료를 가져다준다. 막 밥을 먹은 터라 배가 불렀지만 쿠바 사람들이 먹는 게 궁금해 덥석 받았다. 미숫가루와 비슷한 맛을 기대하고 마신 음료는 시큼한 맛이 난다. 무어냐고 물으니 미겔이 빈 캔을 가져온다. '마르다'라는 음료인데 밀로 만들었다고 한다. 빵은 네모난 모양으로 바삭했다. 그 위에는 시큼한 맛이 나는 잼을 발랐다. 그걸 다 먹고 나니 배가 부르다.

알헤마 아주머니는 옷을 고치고 만드는 일을 한다. 집이 곧 작업장인 셈이다. 재봉틀 위에 얹어놓은 옷들은 크기를 줄여야 하는지 접어서 핀을 꽂아놓았다. 옷이 여러 벌이다. 알헤마 아주머니가 만든 하얀 치마는 소박하니 예쁘다. 미겔 말로는 많은 사람이 아주머니를 좋아한다고, 사랑한다고 한다. 처음에 나는 미겔이 알헤마 아주머니 아들인 줄 알았는데 두 사람은 "친한 친구"라고 한다. 어르신도 아니고, 선생님도 아니고, 친구.

아주머니 집에도 체 게바라 사진이 있다. 유리 액자에 담긴 사진은 들어오는 문 벽에 걸려 있다. 사진을 보는 내게 미겔이 묻는다.

"체 게바라를 아니?"

"응. 체 게바라가 쓴 일기와 체 게바라 평전을 읽었어."

책을 읽었다고 체 게바라를 안다고 할 수 있을까.

"미겔, 쿠바 사람들은 집집마다 이렇게 체 게바라 사진을 걸어놓아?"

"꼭 그렇지는 않아."

"미겔도 체 게바라를 좋아해?"

"그럼. 좋아하지."

'왜 좋아하느냐'고 물으려다 말았다. 왜 좋아하느냐고 왜 물으려 하는가. 내가 좋아하는 것에 누군가 왜냐고 묻는다면? 좋아하는 것에 특별한 이유가 꼭 있어야 하는가? 좋아하는 것에 대해 말로, 논리로 꼭 설명할 수 있어야 하는가? 나는 미겔이, 마리 아주머니가, 알헤마 아주머니가 좋아하는 것을 그대로 받아들이고 싶다. 아니, 나는 그것을 받아들이고 말고 할 처지가 아니다. 체 게바라를 좋아하는 한국인들이, 세계 여러 나라 사람이 있지 않은가? 꼭 여기 쿠바 사람들에게 '왜'냐고 물을 이유는 없다.

값싼 의문을 접는다. 호기심과 궁금증, 끊임없는 질문이 중요하다고들 하지만 사실 나는 그런 것에 익숙하지 않다. 그보다는 받아들이는 걸 더 좋아하는지도 모른다. 아니, 내게도 끊임없는 호기심과 궁금증, 질문이 있다. 하지만 내 것은 느리고, 느리고, 한없이 느리다. 작고, 적고, 미약하기만 하다. '왜'냐는 질문에 금방 반응하지 못하고, '왜'냐고 상대에게 강력하게 따져 묻지 못하고, 그렇다, 나는.

미겔이 쿠바가 좋으냐고 물어, 좋다고 했다. 뭐가 좋은 것인가, 나는? 며칠 머무르면서 고작 여기 숙소에만 죽치고 있으면서 내가 사회주의사회에 대해서 제대로 알고 느끼는 건 별로 없다. 일주일 머물면서 그런 욕심도 내지 않는다. 다만 소박하고 묵묵한 사람들이 한없이 가깝게 느껴진다.

10월 11일 수요일

아바나를 걷다

마리 아주머니가 접시 한가득 담아준 밥을 한 톨도 안 남기고 다 먹고, 바나나도 하나 챙겨 혼자 길을 나선다. 낮 1시 30분. 미라마르 길에는 대사관들이 많다. 내가 아는 나라들과 모르는 나라들 대사관들이 한 길에 죽 늘어서 있다.

걷다 보니 농장이 나온다. 도심에 농장이라니. 도시에 파릇파릇한 푸성귀라니. 지나는 사람에게 물으니 이곳에 심어놓은 것은 상추, 근대, 마늘, 양파라고 한다. 시멘트로 길게 화단을 만들어 종류별로 나누어 심어놓았는데 이제 막 싹을 틔운 것들도 있다. 쿠바는 유기 농법으로 식량자급률을 높이고, 도시에서도 농사를 지어 언제나 싱싱한 채소를 먹을 수 있게 했다는 얘기를 들었는데 이게 바로 그런 농장인가 보다.

마리 아주머니가 끼니마다 양배추와 오이, 껍질콩에 라임 몇 알을 꾹 눌러 즙을 짜서 버무려주곤 했는데 그 채소들은 멀리 시골서 온 게 아니라 도시에서 키운 것들일지도 모르겠다. 찻길 한 옆에 펼쳐진 푸른 밭을 보니까 기분이 다 좋다.

차 타고 지나가면서 익혀두었던 길을 떠올리며 걷는다. 어쨌든 앞으로 죽 가면 카리브 해를 따라 둑을 쌓아놓은 곳이 나온다. 둑 위에 눕거나 앉아 바람을 쐬고 하늘을 보고 저녁이 오는 모습을 쳐다보는 사람들이 있는 곳. 말레콘. 그곳까지 나가서 다시 길을 찾아야지.

저녁 6시에 아바나대학 앞에서 사람들과 만나기로 했는데 걸어서 가도 그때까지는 시간이 넉넉할 거다. 택시를 세워 아바나대학까지 데려다주세요, 하거나 버스를 타고 가까운 곳까지 갈 수도 있겠지만 그렇게 하면 가는 동안 눈에 띄는 것이 있어도 멈추어 서거나 둘러보지 못한다. 어디쯤일까 머뭇거리거나 망설이지도 못한다. 하지만 걸어서 가면 오래된 성당이 나오면 잠시 들어가 바깥 더운 공기와 다르게 서늘한 공기를 만나고, 한낮 땡볕 아래서 낡은 버스를 기다리는 사람들을 보고, 빈터에서 야구를 하는 아이들을 보면서 잠시 멈추어 서기도 하고, 저쪽으로 가도 길이 나올까 하고 갔다가 길을 잃고 다시 처음 자리로 되돌아오기도 하고, 갑자기 쏟아지다 멈추는 비를 맞아볼 수도 있다.

호기심에 오네리오 호르헤 카르도소 문학교육센터 건물에 들어섰다. 대충 1층과 2층을 다니면서 벽에 걸린 그림 정도만 보다가 나오려는데 이곳에서 일하는 미첼이라는 사람이 다가와 자기가 안내를 해주겠다고 한다. 이곳에서는 문학 관련 강좌도 하고, 쿠바나 다른 나라 작가들이 와서 교류도 하고, 대학생들이 와서 자료를 찾거나 인터넷을 이용하기도 한단다. 미첼은 내게 문화 센터에서 만든 잡지를 3권 챙겨주었다.

걷는 일은 미리 생각하지 않았던 장소와 사물, 사람, 생각을 만나게 해준다. 길을 걸으면서는 누구를 만나게 될지, 무슨 일을 맞닥뜨리게 될지 알 수가 없다. 길에는 많은 게 숨어 있다.

혁명광장 표지판을 보고 길을 들어서서 한참을 걸었다. 허물어져가는 건물들이 이어진다. 낡은 아파트에 빨래를 너는 여자가 있다. 더위에 지쳐 아이스크림을 먹는 아저씨. 빈터가 있고, 큰 쓰레기통이 있다. 바랜 옷빛깔처럼 나이 든 사람들을 본다. 반바지 주머니에 카메라를 넣어 왔지만 나는 사진을 찍지 않는다. 어쩐지 그래야 할 것만 같아서. 그게 이 길에 대한 예의일 것 같아서.

네거리 갈림길이 나와 사람들에게 물으니 아바나대학 가는 길과 광장 가는 길이 직각으로 갈린단다. 아무래도 광장에서 대학 가는 길은 꽤 될 것 같아 광장 가는 걸 접고 아바나대학 가는 길을 택했다.

뙤약볕에 걷다 보니 목이 마르다. 어쩌다 보니 내게 남은 현금이 0.9세우세다. 물가를 모르고 서울로 전화를 몇 통 하니 바꾼 돈이 싹 나가고 말았다. 돈을 찾아야 하는데 은행은 어디에도 보이지 않는다. 나는 돈 한 푼 없이도 며칠을 지내본 적이 많아 막막하지는 않았다. 15살 때, 어느 일요일, 아버지께서 내게 줄 수 있는 돈이 딱 100원, 그것도 10원짜리로 10개였다. 돈을 달라고 했던 것도 아닌데, 쓸 일도 없었는데 왜 그러셨는지 100원을 주셨다. 공중전화 쓰는 데 20원을 쓰고 80원이나 남았다. 뭐라고 썼는지는 생각나지 않지만 그때 일기장에 그날 일을 적어둔 건 떠오른다. 0.9세우세면 그때 백 원보다는 10배나 많다. 뭐라도 하나 사서 마실 수 있는 돈이기는 하지만 좀 더 참는다.

버스 정거장에 의자가 있어서 거기 앉아 챙겨온 바나나를 까먹었다. 갈증은 사라지지 않았지만 바나나 하나 먹고 나니 힘이 난다. 이 더운 뙤약볕에 걸으려고 나선 내가 좀 어리석은 건가. 점심에 마리 아주머니가 퍼준 그 많은 밥을 다 먹었으니 망정이지 한 톨이라도 남겼더라면 아마 저 어디쯤에서 푹 쓰러졌을지도 모른다. 아주머니가 준 밥 힘이 지금 나를 견디게 한다. 정말 너무 많아 목까지 꽉 차서 한 숟가락도 더는 안 들어갈 것 같았는데, 배가 빵빵해져 아플 정도였는데도 먹었다. 둥근 탁자에 둘러앉은 사람들은 아무도 말이 없었고 분위기가 너무도 무거웠다. 나는 그 무거움을 먹는 걸로 이겨내고 싶었는지도 모른다. 그리고 한 톨도 버리고 싶지 않았다. 쿠바가 준 밥을, 마리 아주머니가 만들어준 밥을.

아바나대학 가는 길을 묻자 한 10대 여자가 놀란다. 한 시간은 더 걸어야 한다며. 그쯤이야 뭐. 걷기를 잘했다. 그나마 걸으니 아바나가 보이고, 사람을 만난다. 마주 오는 사람한테 내가 먼저 "올라[안녕]!" 하면 상대도 반갑게 "올라!" 해준다. 저만치서 걸어오면서, 이만치서 걸어가면서 눈이 마주치는데 그냥 무표정하게, 쌀쌀맞게 지나치기가 왜 그리 어색한지. "올라"라는 한마디에 나와 저이 사이를 채우던 낯섦과 긴장이 잠시 풀린다.

헌책방이 나온다. 베다도의 어느 한길, 좁은 골목에 가판으로 만들어놓은 헌책방이다. 호세 마르티 사진집과 체 게바라 일기가 햇볕에 말라간다. 5세우세 하는 호세 마르티 사진집은 넘볼 수 없고, 0.9세우세로 체 게바라가 볼리비아에서 쓴 일기를 샀다. 번역되어 나온 체 게바라 평전에 볼리비아 일기가 실려 읽어보기는 했지만, 언제 이걸 읽게 될지 그건 잘 모르지만 그래도 산다. 그나마 그 돈에 책을 건네준 주인 페르난도가 고맙다.

1972년 판으로 카스트로가 서문을 10장이나 쓴 책이다. 1966년 11월 7일에 시작한 일기는 11달 동안 이어져 1967년 10월 7일을 마지막으로 끝을 맺는다. 그 사이에 열닷새만 일기를 쓰지 않았다. 꼼꼼한 기록이다. 1967년 5월 15일 일기는 너무 짧다. 한 줄도 다 차지 않는다. 딱 세 낱말로 된 한 문장이다. "새로움[변함]이 없는 날이다Día sin novedad." 막막했을까. 쓸쓸했을까. 마지막 일기를 쓴 다음날 체 게바라는 잡히고, 잡힌 다음날 더 이상 숨을 쉴 수 없게 되었다. 그러나 모든 혁명이 죽은 건 아니다.

가지고 있던 돈 0.9세우세마저 사라지자 목이 더 마른다. 책방 주인에게 물 좀 마실 수 있냐고 하니 골목 안 2층에 있는 자기 집으로 데리고 간다. 냉장고에서 물병을 꺼내어 물을 따라 주는데 그렇게 시원할 수가 없다. 한 잔 더 달라고 해 숨도 쉬지 않고 마셨다. 살 것 같았다. 쿠바에 가면 물을 꼭 사 먹어야 된다는 사람들도 있지만 나는 한 번도 물을 사 먹어보지 않았다. 문화의 집에서도 수돗물을 병에 담아 냉장고에 넣어놓고 먹는다. 물맛이 이상하다거나 걱정되거나 하지 않는다. 책방 주인에게 길을 물어보니 이미 아바나대학으로 가는 갈림길을 지나쳐 왔다. 여기서 안 멈췄으면 한참 되돌아가야 했을 거다.

라 토레 오르막길을 오르는데 헌책방이 또 있다. 좀 전에 들렀던 헌책방보다 책이 많고 보관 상태가 낫다. 먼저 책방의 책들은 빛바래고 휘었는데 여기 책들은 깨끗해 보인다. 돈도 없으면서 왜 다시 그 앞에 멈추어 섰는지. 헌 것을 보면 왜 그리 반가운지. 책방 주인아저씨가 내게 '체' 책을 내민다. 웃음이 나온다. 다른 나라에서 온 사람들이 체를 많이 찾는가 보다. 내가 앞서 산 체 일기를 보이자 사진이 많이 실린 책이 있다고 뒤쪽으로 데리고 간다. 중요한 사진이었는지 중간 중간 조금씩 오려낸 자리가 있다. 아저씨는 처음에는 한 권에 10달러라고 하더니 나중에는 두 권에 10달러라고 한다. 돈이 없다고 하자 아저씨도 더 이상 권하지 않는다. 아저씨와 아저씨 책방이 맘에 들어 사진을 찍어도 괜찮냐고 하니 찍으라고 한다.

체 게바라가 잃어버린 동지, 카밀로 시엔푸에고스 이야기를 쓴 작은 책이 있기에 보았더니 아저씨가 비닐봉지를 하나 가져온다. 내가 돈이 없다고 하는데, 아저씨는 그 책과 내가 미라마르에서부터 들고 와 땀으로 다 젖어버린, 문학교육센터에서 받은 잡지 세 권과 저 아래에서 산 체 일기책을 담는다. 그냥 가져가라며. 순간 콧날이 시큰해진다. 아무 말도 못하고 있는데 아저씨가 먼저 손을 내밀어 내 손을 잡는다. 그리고 볼을 내밀면서 "그라시아스(고맙다)!"라고 한다. 내가 해야 할 말을 왜 아저씨가

라 토레 오르막길에 있는 헌책방. 나한테 돈이 없다는 걸 안 책방 주인 알카에토레 아저씨가 체 게바라가 잃어버린 동지, 카밀로 시엔푸에고스 이야기를 쓴 작은 책을 선물로 주었다.

하는지. 눈시울이 아려오는 걸 억지로 참았다. 알카에토레 아저씨. 이제 얼마 안 남은 아바나대학을 향해서 위로 걸어 올라가다 계속 뒤돌아보았다. 아저씨, 따뜻한 눈빛. 그래서는 안 되는데, 가난한 사람한테 이렇게 빚을 지면 안 되는데.

길을 걷기를 잘했다. 내가 할 수 있는 건 걷는 것. 혁명광장을 찾아 길을 걷다가 그 길을 포기했지만 혁명광장에 가야만 무언가를 느낄 수 있는 건 아니다. 사람이 있는 곳 그 어디든 느끼고 배울 것은 스며 있다. 3시간 40분을 걷는 동안 내 나름대로 쿠바를 만난다.

쿠바에서 나는 판단하지 않는다. 혁명도, 사회주의도, 삶도. 아니 애당초 내겐 판단할 잣대가 없다. 혁명 뒤에 무엇이 왔을까, 혁명한 쿠바에 와서 사람들은 무엇을 볼까, 무엇을 보고 싶어 할까. 벽에 숨겨진 것만 같은 방에 살면서 좋아하는 담배도 사 피울 수 없는 형편인 마리 아주머니. 기본적인 먹을거리들은 정부에서 준다지만 쿠바 사람들이 생필품을 사 쓰기에는 물건 값이 비싸고 일을 해서 받는 돈은 적다고 한다. 마리들은 가난하다. 그런데 마리들은 견딘다. 자본주의사회에서 살면서 다른 세상을 꿈꾸는 사람들은 이 가난한 사회주의사회 쿠바 사람들을 보면서 당혹스러워한다. 그 당혹스러움은 우리 자신에게서 비롯된 게 아닐까. 이미 자본주의가 낳은 자식이고, 자본주의에 물들었고, 자본주의에 스며든 사람들, 아무것도 바꾸지 않은 채 자본주의를 바꾸고자 하는 사람들, "자본주의여 가라!"고 입으로 외치면서 꽉 껴안고 놓아주지 않는 우리들 눈에는 이 가난한 사회주의사회가 당혹스러워 보일 것이다. 다시 한 번 쿠바에 올 수 있다면. 다시 와 마리 아주머니도, 알헤마 아주머니도, 헌책방 아저씨도 뜨겁게 안을 수 있다면…….

10월 12일 목요일

체 게바라의 흔적

아침 7시에 출발해 4시간 정도 차를 타고 가니 산타클라라다. 쿠바 중북부에 있는 주, 비야 클라라의 중심 도시인 이곳은 1958년 12월 마지막 날, 체 게바라가 바티스타 군과 싸워 이긴 곳이다. "에르네스토 체 게바라 사령관" 조각 기념 단지는 1997년 10월 17일, 살해된 지 30년 만에 쿠바로 돌아온 체 게바라가 볼리비아에서 마지막까지 함께 싸운 동지들과 잠들어 있는 곳이다. 체 광장에 있는 연단에 체 게바라 기념상이 높이 서 있고, 혁명을 함께했을 수많은 사람이 조각된 벽이 있다. 광장에는 단체로 이곳을 찾은 사람들이 타고 온 차들이 줄을 섰다. 초등학생들, 똑같이 빨간색 윗옷을 입은 젊은이들이 보인다.

산타클라라 문화의 집 활동가들과 함께 우리 일행은 기념관 담당자를

체 광장에는 체와 함께 혁명을 한 수많은 사람들이 조각된 벽이 있다. 그중 일부에 새겨진 어린이들 모습이다.

만났다. 박물관 응접실 탁자에 놓인 방명록에는 세계 곳곳에서 찾아온 사람들이 남긴 흔적이 있다. 대학에서 교육학을 가르치는 선생님이 통역을 해주기 위해 온 뒤, 박물관과 유해가 묻힌 기념관을 둘러보았다.

박물관에는 체 게바라가 살아온 흔적들이 있다. 사진과 손때가 묻은 물건들, 카메라, 수첩, 마테찻잔과 빨대, 물부리, 베레모, 하얀 가운, 총들. 그 사진들과 물건들이 특별히 내게 어떤 생각을 주지는 않는다. 아니, 나는 일부러 특별히 생각해보거나 느껴보려고 하지 않는다. '영웅'에 대한 쓸데없는 오기랄까. 그런데 딱 하나, 수첩이 눈에 들어온다. 쿠바에서 높은 위치에 있던 체 게바라가 모든 것을 놓아두고 다시 혁명을 꿈꾸며 아프리카 콩고로 가서 그곳 사람들과 함께 지내면서 무엇보다 그들이 쓰는 말을 배우려고 했다고 평전에서 읽었는데, 수첩에 스페인어로 쓴 낱말 옆에 아마도 스와힐리어일 낱말들이 짝을 맞춰 쓰여 있다. 마음이 조금 열린다.

기념관에 가보니 유해를 벽에 안장해놓았다. 담당자 얘기를 들으니, 처음 도착해서 보았던 광장과 기념물들과 박물관은 1988년에 만들어진 것이라고 한다. 그이는 체를 가리켜 '아름다운 지도자'라고 한다. 덧붙여 '리얼리스트'라며 그것이 중요한 이유를 말해주었는데 그 말이 가슴에 와 닿았는데도 말로는 쉽게 해석이 안 된다. 그이가 하는 쿠바 말도, 통역해준 선생님의 영어도 제대로 알아듣지는 못하지만 가끔 그렇게 가슴에 오는 말들이 있다.

아름다운 마을

산타클라라에 있는 비달 공원은 따뜻하고 아담하다. 공원 의자에는 사람들이 꽤 많이 나와 앉아 있다. 이야기를 나누거나 공원을 거니는 사람들은, 심심한 한낮을 어쩌지 못하는 모습이 아니라, 쬐고 싶은 만큼 햇볕을 쬐고, 느려지고 싶은 만큼 한껏 느려지고, 보고 싶은 만큼 푸른 나무들도 보며 여유롭게 시간을 누리는 모습이다.

공원을 중심으로 둘레에는 자비 극장, 마르티 도서관, 장식미술박물관, 문화의 집, 학교, 영화관, 서점, 강습 센터가 있다. 공원과 길에도 사람들이 많았지만 건물 안에서도 사람들이 부지런히 움직인다.

쿠바에서는 사는 곳을 마음대로 옮길 수 없다고 한다. 그래서 마을 사람들은 대부분 태어나서부터 지금까지 이곳에 살며 자라온 모습을 함께 봐온 사이다. 우리와 함께 도시를 둘러보는 문화의 집 활동가 두 사람은 아는 척하는 이웃들과 인사 나누기에 바쁘다. 분명 어제도 봤을 테고, 아침 무렵에도 봤겠지. 좀 있다 올 저녁에 다시 만나 인사하더라도 반가움은 줄어들지 않으리라.

마르티 도서관 게시판과 강습 센터 벽에는 남자 5명의 얼굴이 그려진 전단지와 현수막이 걸려 있다. 제라르도 에르난데스, 페르난도 곤살레스, 안토니오 게레로, 라몬 라바니노, 레네 곤살레스. 쿠바혁명 뒤, 미국 정부와 미국으로 망명한 쿠바 사람들은 쿠바를 가만두지 않았다. 이 다섯 사람은 테러 기운의 조짐들을 찾아내기 위해 미국으로 가서 반테러 활동을 하다가 붙잡혔다. 그리고 음모, 스파이 활동, 외국인 비밀정보부원, 정보 수집 등의 혐의로 유죄선고를 받아 15년에서 18년 이상을 감옥에 갇히게 되었다. 세계 여러 나라에서 이들의 석방을 위한 운동을 한다. 마르티 도서관 게시판에 붙은 전단지 위에는 "이념은 무기보다 더 강하다"라고 적혀 있다. 아바나에 도착한 다음날, 나무닭움직임연구소가 아바나 시내에 있는 문화의 집에서 부네굿을 공연할 때, 공연하는 마당에 분필로 쿠바 지도를 그려놓고 그 위에 이 다섯 사람 얼굴이 그려진 반팔 윗옷을 올려놓았다. 나무닭움직임연구소가 공연을 하기 전에 쿠바 문화부에서 일하는 기예르모에게 쿠바의 고통을 상징하는 옷이 있느냐고 물었더니 이 옷을 구해주었다. 나는 그이들이 오래전 사람들인 줄 알았는데 지금 갇혀 있는 사람들이었다.

10월 13일 금요일

꽃을 돌보는 노동자

아침, 해가 뜨기 전, 장소익 선배와 임은혜 씨, 오유섭 씨가 먼저 아바나를 떠났다. 늘 내가 하루나 이틀 앞서 움직였는데 오늘은 세 사람이 먼저 떠났다. 따로 표를 끊었던 나는 아바나에서 페루 리마로 가는 비행기 시간을 맞춰보려고 했는데 맞질 않았다. 혼자 움직여야 하는 건 마찬가지다. 나는 낮에 출발하는 비행기를 탄다.

아침 11시 30분, 흙먼지가 잔뜩 묻은 작업복을 입은 남자가 부엌으로 왔다. 문화의 집에 있으면 처음 보는 사람들이 어디선가 불쑥불쑥 나타난다. 원래는 그게 아니라 이곳에 늘 아무 때라도 들리는 사람들인데 고작 이레 머무르는 내 눈에는 불쑥불쑥 나타나는 것처럼 보인다. 부엌 밖에 있는 수도를 틀어 손을 씻는데 그 손이 딱 노동자 손이다. 노동자 손이 따로 있겠는가마는, 쉬지 않고 일한 손이라는 걸 알 수 있다. 너무 일을 많이 해서 모양이 바뀌어버린 손. 그 손의 주인은 길가 나무와 꽃들을 보살피고 키우는 일을 하는 노동자, 로베르토다. 금방 사라져버려 갔나 보다 했는데 한 손에 한 움큼 꽃을 들고 와서는 내게 내민다. 네 가지 꽃이다. 마리 아주머니가 그 꽃을 머리에 꽂아보고, 청소를 하러 온 미리아니와 훌리아 머리에도 꽂아주고 내게도 꽂아준다. 아무래도 꽃은 시들어버릴 테니, 가져간 책 『수탈된 대지』 사이사이에 넣어두었다. 아직은 통통한 꽃들을 책 사이에 넣고 누른다. 꽃들이 아프겠다.

마리 아주머니 마음을 가져가며

호세 마르티 공항은 한가하다. 오늘 밤에 리마에 도착해서 어떻게 할지 정해놓지 않고 떠난다. 알아보려고 했던 한인 민박집에도 따로 연락하지 않고 간다. 먼저 도착한 사람들이 머무는 곳이 어디쯤인지도 모른 채 간다. 서울을 떠나온 지 한 달이 넘었다. 서울에서 한 달은 그리도 빨리 갔는데 다른 땅에 오니 무척 길다.

마리 아주머니가 선물을 주었다. 야자열매 껍질로 만든 집이다. 오래된 장식품인지 먼지가 끼었지만 그런 건 아무 문제도 아니다. 나뭇잎들이 자칫 부러질까봐 그냥 흰 비닐봉지에 싸서 들고 간다. 어쩌면 이 비닐봉지를 들고 남은 두 달을 다니게 될지도 모르겠다. 마리 아주머니는 내게 자기 마음을 이것에 담아 보낸다고 말했다. "미 코라손 파라 티." 중남미 사람들이 코라손[마음]이라고 하면 묘하게 진한 울림이 있다. 아주머니가 택시 타는 데까지 따라온다는 걸 억지로 말리고 혼자 걸어 나왔다.

길가 나무와 꽃을 보살피고 키우는 일을 하는 노동자, 로베르토가 내게 꽃을 내민다.

택시를 타고 싶지 않았다. 힘들더라도 버스를 타고 싶었다. 마리 아주머니 앞에서 택시 타고 간다고 할 수가 없었다. 가기 전까지 내내 내 차편을 걱정하던 마리 아주머니였다. 아침에 출발한 일행은 문화부 사람이 태워다주었지만, 혼자 가는 나까지 챙겨주기를 바랄 수는 없는 일. 택시를 타야 하는 내게 돈이 있느냐고, 무척 비싼데 어쩌냐고 걱정하던 마리 아주머니. 자기가 돈이 있으면 줄 텐데 자기는 돈이 없다고 안타까워한다. 그런 마리 아주머니 앞에서 돈이 있다고 하기도 그렇고 없다고 하기도 그렇고, 마음이 참 복잡했다. 그런데 버스를 타면 2시간이 걸린다는 말에, 그리고 여기서는 버스도 없다는 말에 그냥 택시를 타기로 했다. 좀 싸게 해서 10세우세를 주기로 했다. 타고 와보니 택시를 타지 않았으면 오기 힘들었을 거리였다. 쿠바에 도착해서 올 때는 그리 멀게 느껴지지 않았는데 낮에 혼자 가려니 한참 멀게만 느껴진다.

어젯밤, 목걸이를 하고 머리를 풀어헤치고, 눈 밑에 검게 화장을 하고 나타난 마리 아주머니. 온몸이 땀에 흠뻑 젖어 춤을 추던 마리 아주머니와 알헤마 아주머니. 즐거웠다고 한다. 다른 사람은 못 챙기고 두 아주머니한테만 고작 담배 한 갑과 차 한 통씩 선물하고 왔다. 끝내 현금인출기에서 카드가 안 돼 장소익 선배한테 차비와 공항세로 낼 돈도 빌리는 바람에 더 많은 걸 사서 주지도 못하고 간다. 쿠바는 찬찬히 오래 보고 싶은 나라이다.

나는 지금 여기에 있지만 결국 거기(한국, 서울, 우리 집)에 있는 것이라는 생각이 든다. 나무처럼 사람들도 어딘가에 뿌리박거나 뿌리박힌 존재. '나'를 '나'라고 증명할 수 있는 건 '다른 존재'를 통해서겠지.

들어올 때처럼 나갈 때도 쿠바는 여권에 도장을 찍어주지 않는다. 창구 저 너머 젊은 남자에게 여권을 다시 내밀었다. 남자가 여권에 쾅 도장을 찍는다. 받아 든 여권에는 진달래 빛 도장이 찍혔다.

황량한 모래땅을 딛고 선 사람들:

페루, 비야 엘살바도르

10월 13일 금요일

밤비 내리는 리마

호르헤 차베스 국제공항. 사람들이 고개를 내밀고, 이름을 적은 종이를 두 손 높이 치켜들고, 눈을 크게 뜨고 누군가를 기다리고, 찾는다. 깊은 밤, 그 많은 이들 중에 나를 기다리는 사람은 없다는 걸 알면서도 휘휘 둘러본다. 아, 기다리는 사람이 있기는 있다. 공항 문밖으로 나오니 택시 기사들이 너나없이 달려든다. 아직 아무것도 정해놓은 게 없어서 그냥 피한다.

하는 일도 없이 내내 앉아서 왔는데도 몸이 고단하다. 밤이라서 더 그런가. 비행기를 타려고 기다리는 사람들도 있지만, 마중 나와 기다리는 사람들이 많다. 이 사람들 속에 파묻혀 공항에서 날을 새도 괜찮을 것 같다. 늦은 밤에 어디 갈 만한 곳을 알아보는 것도 쉬운 일이 아닐 테고.

파나마시티에서도 비가 오더니 리마에도 비가 온다. 시원하게 쏟아지지 않고, 조금은 처량하게 부슬부슬 내린다. 비 섞인 찬바람을 맞고 있자니 쉽게 내려놓지 못하는 가방이 어깨를 짓누른다. 공항 대합실에서 날을 새야지 했던 마음이 점점 졸아든다. 일행이 가 있는 비야 엘살바도르는 이 밤에 가기에는 너무 멀어 내일 가겠다고 비차마 극단의 마리에한테 전화해놓았다. 리마에 있는 한인 민박집 전화번호를 적어놓은 수첩을 꺼낸다. 12시가 훨씬 넘었는데 전화하는 게 미안하지만 서너 번 신호가 가도 안 받으면 바로 끊자 생각하면서 전화번호를 누른다. 다행히 받는다. 가도 괜찮겠냐고 하니 어서 오란다. 아무 데도 안 간다고 물리쳤던 택시 기사에게 다가가 산 이시도르 주소를 내민다. 갈 곳이 생기자 마음이 놓인다. 그것도 말이 통하는 곳으로 간다는 게.

택시 창밖으로 보이는 리마는 무척 크고, 깨끗하다. 얼핏 라파스와 닮지 않았을까 생각했는데 다르다. 그런데 당장 눈에 띄는 건 맥도날드, 던킨 도너츠, 켄터키프라이드치킨처럼 서울에서도 익숙한 간판들이다. 카지노며 밤거리 불빛이 번쩍인다. 금요일 밤은 피에스타(파티, 연회)의 밤이라고 택시 기사 호세가 말한다. 검은 뿔테 안경을 낀 호세는 서른네 살이다. 공항에서 차비를 흥정해 미리 내고 왔는데 민박집이 있는 아파트 철문 앞에서 비를 맞으며 호세가 말한다. "수정, 팁." 어찌해야 하나, 얼마를 줘야 하나. 덩치 큰 사람이 그렇게 말하니 참 안쓰럽다. 먹고살기 힘들다.

10월 14일 토요일

오스탈 칼리포니아

할머니도 계시고 아이들도 있는 민박집 빛나네에서 한껏 여유를 부리다가 느지막이 낮 3시가 넘어 출발했다. 한 달 넘도록 김치가 먹고 싶다거나, 집에서 먹던 음식이 떠오르거나 그러지 않았는데 이상하게 리마로 오는 비행기 안에서는 나물이 무척 먹고 싶었다. 머릿속으로 콩나물, 시금치나물, 무나물, 고사리나물, 고구마순나물, 취나물, 호박나물, 오이나물, 도라지나물, 돌나물, 토란대나물, 머우대나물, 죽순나물, 숙주나물,

가지나물, 먹어본 나물들은 죄다 떠올려보았다. 정작 내가 만들어 먹어본 건 몇 가지 안 되고, 다른 이들이 해준 나물들이었다. 민박집에서 그 나물 반찬과 김치찌개로 점심을 먹으면서 남은 두 달을 버틸 힘을 채웠다.

비야 엘살바도르는 리마 남쪽에 있다. 황량한 모래벌판에 만든 마을이다. 바람이 불면 모래 먼지가 날린다. 걸을 때마다 발이 푹푹 빠져 샌들 속으로 모래가 들어왔다 나간다. 모래흙이 날아와 쌓이는 집 앞을 한 여자가 자루 긴 빗자루를 들고 쓸어낸다.

함께 온 사람들이 먼저 짐을 푼 숙소는 비차마 극장 가까이에 있는 오스탈 칼리포니아다. 아담하고 깔끔한 숙소다. 계산대에 이곳에서 8년째 일하는 소이아가 있다. 서른 살이니 스무 살 시절을 고스란히 여기서 보냈다. 아들, 딸을 하나씩 두었다는데 24시간 맞교대로 일을 한다. 집에 가면 살림하랴 애들 보랴 별로 쉬지도 못하겠다고 하니 옆에 있던 도리스가 "여자들은 너무 힘들게 산다"고 그런다.

쉰 살인 도리스는 아침 일찍 출근해서 8시간을 일하는데 청소와 빨래를 맡아서 한다. 볼리비아에서 도리스를 만났는데 페루에서도 도리스를 만난다. 도리스는 딸 셋과 아들 하나를 두었다. 스물네 살인 큰딸은 집에서 살림을 맡고, 스무 살인 둘째 딸은 상점에서 일한다고 한다. 셋째인 열일곱 살 아들과 열여섯 살 막내딸은 학생인데, 막내는 비차마 회원이라고 한다. 도리스는 15년 전에 이혼했다는데, 따져보면 한 살, 두 살, 다섯 살, 아홉 살 꼬맹이를 데리고 혼자 일을 하며 살아온 거다. 용기가 대단한 사람이다. 처음 만나자마자 손짓해가며, 종이에 적어가며, 웃으며, 손뼉을 쳐가며 이야기를 나누는데 이 두 여자, 아무렇지도 않게 나를 받아준다. 마실 나온 옆집 여자 보듯.

방

오스탈 칼리포니아 205호에 짐을 내려놓는다. 짙은 자줏빛 커튼에 검은 장판을 깐 바닥이 조금 칙칙하지만 아흐레 동안 혼자 머무를 방이다. 멀리 와서 내 방을 얻는다. 위로 언니가 셋, 오빠가 셋인 나는 내 방을 처음으로 가졌던 게 스물다섯 살 때다. 허나 그마저도 채 일 년을 못 채웠다. 엄마뻘 되는 큰언니는 내가 태어나기도 전에 결혼해 나가고, 여섯 남매와 할머니, 어머니, 아버지 이렇게 아홉 식구가 방 3개인 집에 살았다. 아홉 사람은 그 누구도 자기 방을 가질 수 없었다. 나는 안방 다락에 쌓여 있는 책들과 낡은 살림들을 어떻게든 밀쳐두고 일 년에 한 번씩 내 방을 만들었다. 다락방에서 마당으로 난 창으로 비 오는 것도 보고, 낡은 책들도 들춰보고, 큰형부 말대로 난 주워온 아이가 아닌지 슬퍼도 해보고 그랬다. 하지만 그렇게 꾸며놓고 기분 좋아라 했다가 어느새 그 방을 잊었다. 그러다 무슨 바람만 불면 다시 방을 꾸미고.

열네 살 무렵에는 집안이 어려워져 서울에서는 단칸방을 얻을 수밖에 없었다. 부모님과 중고등학생인 나와 언니, 오빠는 서울에서 산 밑 단칸방에 살고 나머지 식구들은 시골에 있는 언니 직장 사택으로 들어갔다. 단칸방에도 다락은 있었지만 너무 작아 들어갈 방을 만들 생각은 할 수가 없었다.

그 뒤로도 꽤 오랫동안 아홉 식구는 몇 안 되는 방을 함께 썼다. 시간이 지나자 한 사람씩 결혼을 해 나가고, 할머니께서 돌아가시고, 식구 수가 줄어들면서 운 좋게 내게도 방이 생겼는데, 한 해가 안 되어 사라졌다. 나만 남게 되자 방을 줄여 이사 가고, 거기에 시골서 친척 동생이 올라와 함께 지내게 되어 그 뒤로 내 방을 가질 수 없었다.

오스탈 칼리포니아 205호 작고 네모난 탁자 위에 책과 사전, 수첩을 올려놓는다. 꺼내어 펼쳐놓을 짐도 딱히 없다. 길 맞은편 집 2층 창에서 어

비야 엘살바도르의 내 숙소인 오스탈 칼리포니아 주변의 집들. 짓다가 만 집, 철근이 나온 집, 허름한 집이 많다.

린 여자 아이가 얼굴을 내밀고 누군가를 열심히 부른다. 2층까지는 지었는데 3층을 짓다가 만 집이다. 그 집만 그런 건 아니다. 오면서 보니 철근이 나온 집, 붉은 벽돌을 쌓다 만 집들이 많다. 쌓다가 말고, 쌓다가 무너뜨리고, 쌓다가 더는 못 쌓고, 그러고 가기도 하지, 삶은, 사람은.

아, 혼자 지낼 수 있는 방이라고 생각했는데 아니다. 옆방에서 시간을 잊고, 세상을 잊은 사람들이 내는 옅고 앳된 소리가 들린다. 여기 내가 있다한들 저쪽 방 사람들이 신경 쓸 틈이 있겠냐마는, 아니 내가 있는지조차 알 리 없겠지만, 오르고 다다르는 순간은 고스란히 저이들 것, 밖으로 나가자.

우리를 나누고, 경계 짓고, 분열시키는 사회에서 해방되기 위해

서울은 가을이 마침 알맞게 무르익어가고 있을 거다. 길가 은행나무들은 노랗게 잎을 물들이고, 찬바람 불 때면 때를 놓칠세라 하나둘 그 잎을 떨어뜨려 추운 겨울을 살 준비를 할 테지. 여기는 이제 봄이라는데 전혀 봄기운을 느낄 수 없다.

비야 엘살바도르에 있는 여러 사회 문화 단체가 10월 15일부터 21일까지 이레 동안 문화 포럼을 연다. 2004년에 처음 시작했으니, 세 번째다. 이레 동안 교회, 학교, 방송국, 극장, 거리, 광장 등 32개 장소에서 열리는 포럼은 크게 세 가지(강연, 제작·실습·강습, 전시·발표)로 나누어 진행된다. 사람들은 아침 9시부터 밤늦게까지 서로 다른 곳에서 열리는 행사 중에서 자신이 원하는 것을 골라 찾아가면 된다.

시작을 하루 앞두고, 비차마 극장은 바쁘다. 젊은이들이 잔뜩 모여 행사 내용을 적은 안내장을 접고, 극장 대기실 벽에 사진과 그림을 건다. 전시하는 사진은 마을 사람들이 사는 집과 공부하는 모습이다. 아기에게 젖을 물리면서, 아이를 등에 업고서, 아이에게 젖병을 물려놓고 여성들이 읽고, 쓰기를 배운다. 쉽게 스쳐 지나기 어려운 사진들이다.

비차마는 23년째 이 마을에서 활동하는 극단이고, 극장이다. 1층에 있는 극장과 분장실을 보고 2층에 올라가니 한 방에서 아이들이 하얀 티셔츠에 그림을 그린다. 낯선 사람이 들어서자 호기심 가득한 눈으로 쳐다본다. 아이들은 티셔츠에 연대, 문화, 자유라는 낱말을 썼다. 종이에 미리 그린 걸 보면서 옷에 옮겨 그린다. 물감과 펜을 나누어 쓰는데, 펜을 건네줄 때 받는 친구들은 빠뜨리지 않고 "고마워"라는 인사를 한다. 함께 쓰는 물건을 건네받으면서 당연하게 받지 않고 고마워한다. 해가 나지 않아 우중충한 날씨지만, 아이들 얼굴은 해맑다.

연대, 문화, 자유가 무슨 뜻인지 아이들은 알까. 쓰고 그리는 걸 보면 아이들한테 이 낱말들은 전혀 낯선 말 같지 않다. 아이들이 사는 마을은 연대와 문화, 자유, 평등을 꿈꾸며 만들어온 삶터이다. 차가 다니는 길을 빼고, 집 앞을 빼고는 모든 길이 푸석푸석한 모래흙 길이고, 그래서 먼지 풀풀 날리는 길이지만 이 마을 사람들 마음은 결코 푸석푸석하지 않다. 여자 아이 하나가 다가와 먼저 가야 한다면서 내 볼에 자기 볼을 맞대고 "안녕" 한다. 잠깐 만났지만 헤어지는 일도 소중하다고 아이는 내게 가르친다.

행사가 하도 많아 프로그램이 적힌 종이는 무척 컸다. 행사 이름은 '2006 문화연대 포럼'이다. 여는 글에 이들이 왜, 어떻게 이런 행사를 하게 되었는지가 나와 있다.

"문화연대 포럼은 어떻게 하면 지역 주민들에게 보다 더 많은 민주주의가 보다 더 빨리 올 수 있는가 하는 문제를 놓고 문화와 예술 교류를 통해 다양한 생각을 말하고 더 깊이 생각하는 공간이다. 한 주 동안 열리는 제3회 문화연대 포럼은 리마와 각 지역의 단체 그리고 외국 단체가 참여해 자신들이 생각하는 주요한 주제와 다양한 활동을 알리고, 고민하며, 불평등에 반대하여 싸우고 민주주의와 대안적인 삶은 어떻게 가능한지 고민하는 자리이다. 이 행사는 다양한 조직과 단체가 공동으로 노력하고 함께 헌신해 이루어지게 되었다. 이번 포럼은 어느 한 단체가 준비한 것이 아니다. 우리를 나누고, 경계 짓고, 분열시키는 사회에서 해방되기 위해 우리는 대화하고, 일을 분담하면서 준비했다. 지역에서 활동하지만 세계를 생각하며 세계 연대를 이루어내자고 약속했다. 우리는 포럼을 준비하면서 각 단체들의 경험—교육과 창조—을 나누며 '연대'라는 그물망을 만드는 데에 집중했다. 모든 사람이 이 과정에 참여할 수 있다. 모든 사람이 어느 부분에서든 활발하게 참여하여 이 공간을 만들 수 있다."

10월 15일 일요일

행진

포럼 첫날 이른 아침, 더 많은 주민에게 행사를 알리려고 거리 행진을 한다. 극장 앞에 사람들이 모였다. 비차마 단원들이 북을 챙기고, 차에 포스터를 붙이고, 차 뒤에 생수를 잔뜩 싣는다. 17살 학생이 운전한다고 차에 올랐다. 그 옆자리에 2지구에 사신다는, 차주인 할아버지가 타셨다.

극장 1층 맨 안쪽 분장실에서 배우들이 분장을 한다. 얼굴에 하얗게 검게 분칠을 한다. 서로 마주보고 갖가지 빛깔로 얼굴에 그림을 그려준다. 마리에는 종이 자루로 옷과 모자를 만들어 입었다. 나비 날개를 등에 달고 나비 탈을 얼굴에 쓴 배우도 있다. 캐나다에서 온 친구는 자기 딸이라며 헝겊 인형을 들고 있다.

버스를 타고 행진 첫걸음을 뗄 '5월 1일 거리' 광장으로 갔다. 광장에 노동자 6명이 어우러진 동상이 있다. 동상 아랫부분에는 "페루와 세계 노동자들의 역사에 있어 중요한 날인 5월 1일"이라고 적혀 있다. 5월 1일은 노동자의 날이다.

사람들이 현수막을 광장 바닥에 펼쳐놓는다. 북을 치기도 하고, 전단을 한 덩이씩 나누기도 한다. 행진에는 비차마뿐만이 아니라 함께 준비해온 다른 단체들도 참여한다.

아침 11시. 사람들이 얼추 다 모였나 보다. 흩어져 기다리던 사람들이 한데 모여 현수막을 들고 나란히 서서 걷는다. 맨 앞에는 탈을 쓰고 죽마를 탄 배우가 나섰다. 그 배우 둘레에 다른 배우들이 섰다. 탈을 쓰고 거인이 된 배우는 멀리 있는 사람들에게 말을 건다.

차가 다니던 길이 금세 사람들이 걷는 길이 되었다. 아무도 행진을 막지 않는다. 경찰은 어디에도 보이지 않는다. 사람들에게 길을 내준 차들은 자연스레 모래 흙길로 다닌다. 오토바이를 고쳐서 만든 모터 택시가

오토바이를 개조해서 만든 모터 택시

대부분이다. 아예 차를 멈추는 건 힘든 일이다. 왜냐하면 일을 해야 하는 사람들이니까. 차 옆으로 달려가 잠시만 멈춰 달라고 부탁하는 배우를 아랑곳하지 않고 달리는 차들도 아주 없지는 않다.

똑같은 옷을 입고 똑같은 모자를 쓴 어린이들이 큰북과 작은북을 어깨에 메고 힘차게 북을 치며 걷는다. 북채를 내리치는 손놀림이 어설프지 않다. 옷에 '놀이와 삶'이라고 적혀 있어 물어보니 어린이 극단이란다. 어린이들이 극단 배우들이다. 비야 엘살바도르에만도 어린이 극단이 여러 개 있다고 한다. 13살 리오나르도, 11살 알데르와 호르헤는 부지런히 걸으면서 잠시도 북치는 손을 멈추지 않는다. 아이들에게는 좀 크고 무거워 보이는 북, 친구들과 어른들과 함께 걷는 오늘이 나중에 이들에게 어떤 기억으로 남을까. 먼 훗날 북치며 걸었던 이날 일이 지친 삶에 힘을 북돋아주는 추억이 될까.

다섯 살 남자 아이도 손에 한 움큼 쥔 전단을 사람들에게 나누어 준다. 빈집에는 문틈으로 밀어 넣는다. 전단은 손바닥만 한 것부터 큰 것까지 가지가지이다. 행사 하나하나마다 따로 만들었기 때문이다. 집 앞, 가게 앞에 나온 사람들은 모두 손을 내밀어 전단을 받는다. 무표정하게 지나치지 않는다. 먼저 다가와 달라고 하는 사람도 많다. 사람들은 이렇게 신나는 일을 기다렸을까. 맘껏 외치고, 외치고, 외치는 일을.

한 시간쯤 걸었을 때, 아침에 차에 실었던 생수를 꺼내 행진하는 사람들에게 나누어 준다. 그 많은 사람이 골고루 물을 나누어 먹는다.

"행동하라! 행동하라! 행동하라! 학대를 없애자!" 찬체리아 시장에서 깃발을 들고 구호를 외치는 비차마 어린이들.

찬체리아라는 아주 복잡한 시장에 들어서니 비차마 어린이들이 어제 만든 하얀 옷을 입고 깃발을 들고 구호를 외친다.

"행동하라! 행동하라! 행동하라! 학대를 없애자!"

비차마 단원 알베르토한테 물어보니, 부모나 학교 선생님들이 어린이들을 때리는 일이 있다고 한다. 때리는 일만 학대이겠는가. 말로, 마음으로, 눈치 채지 못하는 행동으로, 학대인지도 모른 채 하는 학대가 더 많겠지. 학대하는 사람은 몰라도 어린이 가슴은 시퍼렇게 멍드는. 가슴이 뜨끔해진다.

1시간 30분쯤 걸으니, 비차마 극장 앞이다. 극장 앞을 지나서 마리아테기 거리 네거리에 멈추었다. 이곳은 마리아 엘레나 모야노를 기념하는 장소이다. 마리아 엘레나 모야노는 비야 엘살바도르에 살면서 1983년 마을 여성들과 함께 비야 엘살바도르 여성민중연합을 만들어 지역 여성이 좀 더 나은 삶을 살아갈 수 있도록 활발하게 활동했던 사람이다. 그런데 1992년 2월 15일, 정부군과 혁명을 주장하는 세력 사이에서 이어지는 폭력에 반대하다 마리아 엘레나 모야노는 살해되었다. 더 이상 폭력으로 이룰 것은 없다며 평화 행진을 조직하기도 했던 마리아 엘레나 모야노를 센데로 루미노소(빛나는 길)라는 반정부 그룹 사람이 총을 쏴 죽이고 폭탄을 터뜨려 유해마저 산산조각 내버렸다.

센데로 루미노소는 민중을 해방시키겠다고 일어선 조직이었다. 하지만 센데로 루미노소가 지주나 사회 유명 인사를 죽이면 곧 군부대가 나서서 아무 죄 없는 주민들을 죽였다. 1980년부터 2000년까지 페루 전역에서 학살이 거듭되었다. 뜻하지 않게 비야 엘살바도르에서 죽은 이를 만난다. 아픔은 어디도 비껴가지 않았다.

사람들이 둘러앉은 곳, 누군가 길에 페루 지도를 그렸다. 지도 위에 페루 사람들이 입었던 판초 한 벌을 놓았다. 낮 1시가 되자, 저만치서 부네 탈을 얼굴에 쓰고 물이 담긴 항아리와 씨앗이 든 봉지를 안은 배우가 맨발로 걸어온다. 허투루 걷지 않고, 길에서 쓰러져간 사람들을 느끼며 한 걸음, 한 걸음 사람들 곁으로 다가온다. 사람들이 숨죽이고 배우를 바라본다.

모래 위에 지은 마을

버스가 다니지 않는 길인데 비차마 극장 앞으로 버스가 한 대 왔다. 비야 엘살바도르 1구역부터 12구역까지 버스를 타고 돌면서 마을이 지나온 역사를 보고 듣는 행사였다. 버스는 방금까지 사람들을 태우고 마을을 돌았을 일반 버스다.

리마 동남쪽에 비야 엘살바도르가 있다. 파차카막Pachacamac 신전 가기 전에 있는 마을이 비야 엘살바도르다. 찻길을 빼고는 다 모래흙 길이다.

그러니까 여기는 지금도 그렇지만 처음부터 모래밭이었다.

가난하고 힘없는 사람은 늘 쫓겨 가야 했다. 여기로 오기 전에 집 없는 사람들이 처음 점거해 산 곳이 있었다는데, 정부는 폭력으로 사람들을 쫓아내려 했다. 그러다 희생자가 생기자 그때서야 폭력을 멈추고, 아무것도 없는 오직 모래뿐인 모래 산과 모래벌판을 내주었다고 한다.

1971년 5월 11일은 여자들과 남자들이 어린 자식들을 데리고 처음 이곳에 발을 디딘 날이다. 그로부터 35년이 지났다. 아무것도 없던 모래땅에 사람들은 집을 지었다. 나뭇잎으로 만든 바자 집들이었다. 버스에서 보니 아직도 바자 집들이 있다. 낡은 것도 있고 새로 엮었는지 깨끗해 보이는 집들도 있다. 높은 산으로 오를수록 그런 집들이 더 많았고 더 낡았다. 벽돌, 시멘트, 나무를 살 돈이 없는 사람들이 아직도 많다.

일요일인 오늘, 사람들이 공터에서 축구를 한다. 여러 곳에서 같은 풍경을 만난다. 공을 차는 사람도 많지만 구경을 하는 사람이 더 많다. 그러고 보면 이곳 사람들은 유난히 축구와 배구를 좋아한다. 비차마 극장 앞에 있는 경기장에서 배구 시합을 하면 경기장 안에서 내지르는 함성 소리에 깜짝깜짝 놀란다. 잘 다져진 땅도 아니고, 잔디가 깔린 운동장도 아닌 모래땅에서 모래와 함께 뻥뻥 공을 차는 힘으로 사람들은 삶을 꾸렸을지도 모르겠다. 교회도 세우고, 초등학교와 중등학교도 만들어 아이들을 가르치기 시작했다.

1973년, 주민들은 비야 엘살바도르 도시 자주 관리 공동체(CUAVES)를 만들어 마을 문제를 함께 풀어가기 시작했다. 교육 문제 해결을 요구하면서 교사, 학생, 학부모가 정부 청사까지 행진을 했다. 몇 해 동안 전기도 물도 없이 살아야 했던 마을에 9년 만에 수도와 배수 시설이 들어왔고, 12년 만에 아스팔트 포장이 되었다. 하지만 사람들은 지금도 모래흙을 밟으면서, 모래흙 먼지를 마셔가면서 걸어 다닌다.

버스가 모래 산 꼭대기에 올라가 멈추었다. 모두 내렸다. 황량하게 바람이 분다. 공동묘지다. 담처럼 만들어놓은 묘지와 그냥 모래에 십자가를 꽂아놓은 묘지들이 있다. 그리고 거기에서 한 여자가 웃는다. 마리아 엘레나 모야노가 찾아온 우리들을 보고 웃는다. 마리아 엘레나 모야노는 말없이 산꼭대기에서부터 시작해 산 아래로 펼쳐진 비야 엘살바도르를 바라본다. 함께 웃고 울고 투쟁하던 사람들이 사는 비야 엘살바도르를.

정부는 사람이 살 수 없는 버려진 모래땅을 주었지만 사람들은 살아났다. 스스로 주민 공동체를 만들어 교육과 문화를 만들어나갔다. 잘살지는 않지만, 아니 여전히 가난하지만 내 눈에 이 마을은 고민하고, 만들고, 모이고, 행동하는 마을로 보인다. 고작 1시간 30분 동안 버스 안에서 바라본 걸로 어찌 조금이라도 안다고 말할 수 있을까마는.

비차마 극장으로 돌아와 비야 엘살바도르가 지나온 35년을 담은 다큐멘터리를 보았다. 나무를 구해와 집을 짓고, 물차가 오면 물을 받으러 줄을 서고, 교육을 위해 사람들이 움직이고, 가난한 여성들이 모이고. 그러니까 이 다큐멘터리는 땅과 집, 물과 불, 먹을거리와 잠잘 곳, 가르침과 배움, 조직과 행동 같은, 인간이 살아가는 데 필요한 가장 단순한 것들을 보여주고 있었다.

상영이 끝나고 이 다큐멘터리를 만든 감독이 나와 잠시 이야기를 했다. 감독과 비야 엘살바도르 사람들은 한 마을이 살아온 역사를 기억하려고 했고, 알려고 했고, 알리려고 했고, 기록했다. 이런 다큐멘터리가 만들어질 수 있었던 건 대부분이 노동자인 지역 주민들이 자신들이 처한 어려움을 스스로 해결해나가려 하고, 다양한 지역·사회·문화 모임을 만들고, 그런 단체들과 만나 연대해왔기 때문이 아닐까. 아무래도 배울 것이 많은 마을이다.

사람들이 모이고 이야기할 수 있는 극장이 있다는 것만으로도 비야 엘살바도르는 멋지고 훌륭하다. 이 가난한 마을 사람들은 극장을 만들었는데 우리나라는 몇 억씩 한다는 아파트가 모여 있는 곳에 어디 작은 극장이라도 있는가. 주민들을 관객으로만 머물게 하는 구청 강당 공연장 말고, 주민들이 우리 극장이다라고 찾아들 수 있는 극장이 어디 있던가. 아파트 값어치 떨어지지 않게 전세 놓을 때도 얼마 이하로는 내놓지 말라는 논의는 해도 민주와 평등과 자유와 연대를 이야기하는 극장을 만드는 건 상상도 못할 일이다.

무진장 고생을 해 손이 기름기 하나 없이 말랐지만, 연극을 좋아하고 비차마 극단을 사랑한다는, 2지구에 사는 일흔넷 할머니는 누군가와 만날 때 극장 앞에서 보자고 이야기한다. 그림과 노래, 연극과 춤이 있고, 어린아이들과 젊은이들이 바글대는 극장 앞에서 할머니는 한 부인을 기다린다.

페루에서 페루 사람들을 보니 다르다. 바람 불던 부에노스아이레스 길에서 바람처럼 지나치며 바라본 페루 사람들은 왠지 어깨가 잔뜩 움츠러진 것처럼 보였는데 페루 비야 엘살바도르에서 만나는 사람들은 모두 어깨를 당당하게 폈다. 자기 땅에 있을 때는 충만하고 활발하게 보이는 사람들이 다른 땅에 있을 때는 왜 그렇게 보이지 않는 것일까. 사람도 나무와 같은 것일까.

10월 16일 월요일

연극 〈사라진 사람들에 대한 기억〉

공연은 아침 11시에 시작한다고 했지만 제시간에 시작하지 않았다. 프란시아 공립학교 학생들이 비차마 극장 로비 벽에 걸린 사진들을 보며 공연을 기다렸다. 열여섯 살 학생들은 선생님과 함께 공연을 보러 왔다. 비차마 극단에서 어린이들을 지도하는 선생님이 나를 보고는 다가와 안으며 "페케냐[작다]"라고 한다. 자신과 키가 비슷하게 작은 내가 동지 같은가 보다. 나를 안아준 그이 손을 잡으니 무척 차다. 손이 차다고 했더니 "내 손은 차지만 내 마음은 뜨겁다"고 말한다.

잠깐 배우들이 연습하는 걸 보았다. 새처럼 가볍게 움직이는 배우들, 힘을 뿜어낼 때와 움츠러들 때를 아는 몸. 맑고 진한 음악. 문득 경제로 평가하는 세계, 국민소득 같은 걸로 서열을 매기는 세계는 거짓이라는 생각이 스쳐 지나갔다. 사람이 가진 진지함은 아무래도 값을 매길 수 없는 거 아닐까.

"조용히 해주세요"라는 말조차 소리 없이 조용히 하는 극단 대표 세사르는 초창기부터 활동한 연출가이다. 점점 더 궁금해진다, 이 극단이. 마을을 떠나지 않고 23년 동안 연극을 하는 것은 어떤 이유일까.

11시 30분에 시작한 연극은 낮 1시가 다 되어 끝났다. 배우들이 한마디 말도 안 하지만, 페루 사람들이 살아온 이야기를 나는 잘 모르지만, 배우들이 움직이는 것만으로도 무엇을 이야기하려는지 알 수 있다. 눈빛 하나, 내뻗는 손길 하나 모두 진지하다. 무엇보다 학살과 실종을 연극으로 만들어냈다는 것 자체가 참 진지하다. 그동안 나는 진지함에 목말랐던 걸까.

아직도 사라진 사람들이 어디에 있는지 아무도 모른다. 사라진 사람들은 더러 아무 연고도 없는 곳의 묘지에서 시체로 발견되기도 했다. 특히나 아야쿠초, 아반카이 시골 원주민들이 당한 고통은 더했다.

"사라진 사람들을 기억하는 것은 과거와 현재를, 삶과 죽음을 포개는 것이다. 그리고 이 범죄에 책임이 있는 자들과 맞서는 것이다."

연극을 설명한 글처럼 비차마 극단은 사람과 삶을 깊이 파고든다. 연극은 페루 이야기를 하지만 다른 나라를 떠올리게 하고, 세계의 모든 학살당한 사람을 생각하게 한다. 검은 비닐 자루에서 진흙투성이가 된 사람들이 빠져나오는 장면은 독재 정권들이 산 채 매장한 사람들을 떠오르게 했다. 나는 울었다.

그런데 나는 줄줄 눈물을 흘리면서 봤는데 똑같은 장면에서 학생들은 웃었다. 내가 감정 과잉일까, 학생들이 마음을 닫고 있는 걸까. 어느 한쪽이 맞고 틀리다는 식으로 따질 수는 없을 거다. 두 반응이 다 지금의 현실이리라. 이 현실에서 비차마 연극은 출발해야 한다. 희미해져서는 안 되는, 고통으로 가득한 역사를 이야기하자고 내놓는 비차마 극단의 젊은 배우들이 아름답다.

존중하며 행동하고, 항상 진실을 말하라

낮 3시에 시작한다는 토론회 행사장에 나 혼자다. 비야 엘살바도르 어머니클럽과 여성민중연합이 주최하는 〈여성에 대한 폭력 없는 다른 문화는 가능한가?〉라는 토론회다. 20분이 지나서야 사람들이 와서 준비를 한다. 1시간이 지나도 여전히 준비 중이다. 준비하는 사람들과 발표자들까지 다 합쳐 10명 정도가 왔다. 낮이면 마을 여성들이 참여하기 힘들 텐데 왜 밤으로 시간을 잡지 않았을까. 그래도 어린 딸들을 데리고 온 여성 두 명이 보인다.

아무래도 시작하려면 한참을 기다려야 할 것 같아 나왔다. 세제 냄새가 물씬 나는 화장실 문 앞에 한 여자가 조그마한 일인용 책상을 놓고 앉아 있다. 뜨개질 감을 안은 여자가 어린 남자 아이한테 달력에서 찢어낸 종이에 그림을 그려준다. 책상 위에는 접어놓은 휴지들이 있다. 여자는 화장실 앞에서 요금을 받는 일을 한다. 여자가 아이에게 그려준 동물은 페루에 많이 사는 야마다. 여자가 짜는 스웨터도 야마 털이다. 스물하나, 열아홉, 열일곱, 일곱 살 먹은 아이들 넷을 키우며 산다는 여자는 2년만 있으면 나이가 쉰이라며 세월이 무상한 듯 말한다.

여성민중연합 사무실이 있는 건물에서 청소를 하며 화장실 요금 받는 일을 하는 크리아나가 막내 에두아르도에게 야마를 그려주고 있다.

막내 에두아르도가 엄마 크리아나 옆으로 책상을 끌고 와서 공책에 글씨를 쓴다. 너무 작아 보이지도 않는 몽당연필을 꼭 쥐고. 크리아나는 여성민중연합 사무실이 있는 이 건물 청소 일도 한다.

토론회에 엄마를 따라온 여자 아이들이 화장실 쪽으로 오자 에두아르도는 여자 아이 둘에게 능숙하게 얼마를 내야 한다고 말한다. 여자 아이들은 쑥스러워하며 돌아간다. 요금을 틀리게 말한 에두아르도에게 엄마는 제대로 된 요금을 알려준다. 에두아르도는 몇 번이고 그 요금을 반복해 외운다.

에두아르도는 모르는 게 있으면 뒤돌아 엄마에게 묻고 나이 든 엄마는 따뜻하고 또렷한 목소리로 아이에게 알려준다. 에두아르도가 공책에 쓰는 글은 크리아나가 생각해 써준 글이다. "존중하며 행동하고, 항상 진실을 말하라." 나는 내 아이에게 저런 말을 일러준 적이 없다.

결국 토론회는 짧게 휙 둘러보고, 어느 그림이 이보다 아름다울까 싶은 크리아나, 에두아르도 두 사람을 한참 바라보았다.

아무도 돈을 내지 않는 공연

저녁 7시, '미레야 카르보네와 짧은 여행'이라는 현대무용단이 하는 공연을 기다리는데 학생들이 많이 왔다. 이 무용단은 이름이 꽤 알려졌다고 한다. 한 마을에서 하는 행사이지만 이 공연만 아니라 다른 공연들 모두 프로들이 최상의 공연을 선보인다.

비야 엘살바도르에서는 공연을 볼 때 돈이 필요하지 않다. 입장권을 만들지 않는다. 대신 사람들은 스파게티 면, 우유, 설탕, 쌀과 같은 먹을 것이나 생활에 필요한 물건들을 가져와 공연장 들어오는 곳에 있는 종이 상자나 비닐봉투에 넣는다. 상자에 담긴 물건들을 모아 마을에 사는 어려운 노인들에게 나누어 준다고 한다. 뭔가를 가져올 형편이 안 된다면 그냥 와도 된다. 그런데 모두 크건 작건 하나씩을 손에 들고 온다. 검은 비닐봉지에 쌀을 담아온 사람도 있다. 나는 1.5솔 하는 우유깡통 2개를 사왔다. 3솔, 1,000원도 안 되는 돈이다. 이들의 공연은 돈으로 바꾸지 않는 공연이다. 상품으로 팔리는 공연이 아니다. 자기들에게 무언가 남기지 않는 사람들과 공연. 포럼 마지막 날까지 날마다 선물을 하나씩 마련해야겠다. 마음을 담아서.

어젯밤에 이 무대에서 공연을 했던 시학(CIJAC, 문화예술 아동·청년의 집) 극단 배우들이 오늘 춤 공연을 보러 와 긴 줄에 선다. 그이들은 추리닝 잠바를 걸치고 아이 손을 잡고 나온 평범한 아줌마, 아가씨가 되어 나타났다. 배우라고 멋지게 차려입지도 않았는데 그래도 멋진 건 그이들이 정말 배우라서 그럴까.

10월 17일 화요일

빵과 밥

며칠째 새벽 5시쯤이면 이상한 경적 소리가 나 도대체 무슨 소리인가 궁금했다. 밖에 나가 소리가 나는 곳을 찾아보니, 큰 바구니에 빵을 담아 파는 소년이 내는 소리다. 아침거리로 빵을 사려는 사람들이 부르면 소년은 집 앞으로 가 빵을 건네준다. 손에는 고무를 누르면 소리가 나는 나발이 들려 있다. 딸랑딸랑 방울 소리 내며 두부를 팔러 다니던 사람들이 떠오른다. 소년한테서 빵을 사서 문 앞에 나온 소이아와 나누어 먹었다. 소년이 사라지자 빵을 담은 자루를 멘 남자 어른이 다시 나발을 울리면서 우리 앞을 지나간다.

행사에 참여한 사람들은 누구나 값싸고 맛난 점심을 먹을 수 있다. 여성민중연합 사무실 하나가 행사 기간 동안 식당이 되었다. 미리 산 식권을 가지고 가면 첫 번째 음식인 국물 음식을 주고, 그걸 다 먹고 나면 두 번째 음식인 밥이나 면 요리를 준다. 배가 불러도 꼭 첫 번째에서 못 멈추고 두 번째 음식까지 다 먹게 된다.

이 음식들은 대체 어디서 누가 만드는 것일까. 어디서 오는 것일까. 음식을 나누어 주는 아주머니께 여쭤보니 점심을 준비하는 데가 따로 있단다. 더 이상 먹으러 오는 사람들이 없을 때쯤 아주머니께 한번 가봐도 되냐고 물으니 그러라고 하신다. 주소를 적어 달라고 했는데 아주머니는 글씨를 쓸 줄 모르셨다. 크리아나가 와서 아주머니가 불러주는 주소를 적어주었다. 글씨가 좋다. 주소를 보니 식당인데 1구역에 있다. 비차마 극장이 있는 곳이 3구역. 아주머니는 대표 이름도 알려주었다. 리카르디나.

연극 〈살갗이 말을 할 때〉

인간은 상징을 좋아한다. 세상은 상징이다. 상징을 하나씩 풀어가는 게 삶일까. 예술은, 연극은 상징이다. 비차마 연극에는 억지로 꿰어 만들지 않은 상징이 풍부하다. 나무, 항아리, 물, 옷, 신발, 소품 하나하나가 내게는 상징이며 수수께끼로 다가온다.

연극에서 원주민 여성이 입고 있던 전통 옷과 신발을 벗는다. 대신 가죽 코트와 긴 가죽 부츠를 신고 검은 선글라스를 끼고 자본이 밝힌 불빛이 넘실대는 거리에 선다. 스스로 옷을 갈아입었다기보다는 자기 옷을 강제로 빼앗겼다. 여자가 입고 있던 옷을 벗고 다른 옷을 입는 그 사이에는 참 많은 이야기가 있다. 침략과 인종차별, 사람들 사이의 단절과 고립, 파멸. 여자는 더 이상 자신이 누구인지 알 수 없게 되었다. 나로, 자기로 살아갈 수 없는 세상. 되돌아갈 수는 없지 않은가. 되돌아가기에는 이미 먼 길을 떠나왔지 않은가. 가슴 아픈 역사는 대체 어떻게 해야 하는가. 쉽게 풀리지 않는 물음만 잔뜩 안고 간다.

10월 18일 수요일

이야기하는 남자

무대에는 1인극을 하는 남자 배우와 옆에서 기타를 치는 여성 연주자가 있다. 연극 제목은 〈거미들, 쥐들 그리고 그 밖의 것들〉이다. 아침부터 남자는 하고 싶은 이야기가 많다. 다른 사람과 나누고 싶은 이야기가, 쉬지 않고 할 이야기가 있다는 것은 얼마나 즐거운 일인가. 장르도 '연극'이라고 안 하고 '이야기'라고 하던데 남자가 이야기하는 모습을 보면서 이런 생각을 했다. 심각한 것을 심각하지 않게 표현하기, 어렵지 않고 쉽게 만들기, 좀 가볍게 살기, 가벼움을 두려워하지 않기, 건너뛰며 살기. 배우인 남자야 오랜 시간 고민하고 연습했을 테지만 보는 우리한테 '연극 별거 아니야, 살아가는 이야기야, 날마다 네 옆에서 벌어지는 일들을 이야기할 뿐이야, 예술! 그거 대단하거나 고상한 거 아니야, 너도 한번 해봐' 라고 이야기하는 것 같다.

이 공연도 제시간에 시작하지 않았다. 아침 11시에 한다는 이 공연을 기다리는데 20분이 지나도 극장 문을 열지 않았다. 그런데 참 재미난 게, 기다리는 사람 중 아무도 왜 시작하지 않느냐고 묻지 않는다는 거다. '페루 시간' 이라고 한단다. 그러고 보니 첫날부터 프로그램에 적힌 시간대로 딱 정각에 시작한 공연이 하나도 없었다. 짧게는 30분, 길게는 1시간을

연극 〈거미들, 쥐들 그리고 그 밖의 것들〉을 보러 온 학생들이 비차마 극장 앞에서 극장 문이 열리기를 기다리고 있다. 극장 벽에 포럼을 알리는 벽화를 그려놓았다.

기다려야 시작했다. 볼 사람들이 다 모였다 싶으면 시작한다. 기다리는 동안 어느 누구도 얼굴을 찡그리지 않고 지치지 않고 기다린다. 이해하나 보다. 더 올 사람들이 저마다 늦는 사정을. 기다렸다 극장에 들어가면 의자는 남는 자리 없이 다 꽉 찬다. 늦게 시작한다고 해서 행사를 빼먹거나 하지도 않는다. 이 사람들은 자기들 빠르기에 맞추어 움직인다. 느리고, 미루고. 하지만 늦는 게 게으른 것과 이어지지 않는다. 어제 여성 토론회 행사장에서는 그 늦음이 익숙하지 않았는데 이제 나도 익숙해진다. 편안한 빠르기이다.

추리닝을 입은 발레리노

비차마 극단 친구들과 모터 택시를 타고 오스카 로메로 교구 교회로 갔다. 둘둘 만 멍석을 모터 택시 뒤에 싣고. 긴 빗자루로 교회 강당 바닥을 쓰는데 모래흙이 잔뜩 나온다. 쓸고 나서는 물걸레질도 했다. 별로 지저분해 보이지 않는데도 흙먼지들을 다 쓸고 닦는다. 단 한 번인 순간, 공연을 보러 오는 사람들한테 좋은 대접을 해주고 싶은 마음인가. 그러고 보면 살면서 허투루 만날 사람도, 허투루 보낼 시간도 없는 건데, 왜 늘 깨달음은 순간이고 뒤돌아서면 잊을까.

교복을 입은 학생들이 빽빽하게 들어찼다. 객석 맨 앞에는 멍석을 깔아 놓았다. 어린 소녀 둘이 "저것 봐!" 하고 소리치면서 멍석에 와 앉는다. 큰 언니, 오빠들 틈에 앉아 공연을 기다린다. 두 아이 중 뒤에 앉은 아이는 무릎을 꿇고 앉았다. 아프지 않을까.

1시간 뒤에 시작한 공연은 처음부터 웃음을 터뜨리게 했다. 푸노에서 처음으로 발레를 공부하고 발레단을 만들었다는 춤꾼, 헤수스 알레그리아는 파란색 추리닝을 입고 나와 춤을 추었다. 말은 안 했지만 이제부터 모두 '풍자가 살아나는 세계'로 함께 들어가자고 몸으로 말했다. 학생들은 손뼉을 쳐가며 웃었다. 추리닝을 벗을 때는 무대 뒤가 따로 없어서 무대 왼쪽에 세워놓은 탁자 뒤로 가서 벗고 나왔다. 보자기 하나를 가지고 나와 허리에 둘러 치마를 만들어 입더니, 금세 모자를 만들어 머리에 쓴다. 끈과 보자기, 낡은 의자로 춤꾼은 이야기를 만들어나갔다. 의자에 앉아 괴로워도 하고, 의자 위에 올라 세상을 향해 눈을 부릅뜨기도 하고. 그러는 동안 학생들은 더 이상 웃지 않고 춤꾼이 몸으로 하는 이야기를 들으려고 했다. 남자가 추는 춤에서 원주민이 겪은 일들을 희미하게 읽어나갈 수 있었다.

공연이 끝나고 학생들이 모두 돌아간 후 무대 의자에 춤꾼이 가져온 가방이 놓여 있다. 시장에서 2,000원 주면 살 수 있는 비닐 가방. 시장 볼 때 들고 다니면 좋을 가방이 춤 전문가가, 한 예술 하는 사람이 들고 다니는 가방이다. 그 한 예술 하는 춤꾼은 옷 갈아입을 곳도 마땅치 않은 교회 강당에서, 수업을 마치고 온 학생들 앞에서 자기 춤을 보여주었다. 춤을 추기 위해 필요한 것은 그리 많지 않다는 듯이. 나눌 수 있는 너와 내가 있으면 그만이라는 듯이.

밖으로 나오니 공연 중간에 나갔던 어린 여자 아이 둘이 큰 탁자 밑에 들어가 놀고 있다. 6살 레이디와 레니콜은 탁자 밑에 들어가 이야기 세계를 만들었다. 시간이 있고, 공간이 있고, 인물이 있으니 이야기는 벌써 다 만들어진 셈이다.

배불리 먹은 둘세

교회에서 숙소까지 걸었다. 생각보다 먼 길이 아니다. 캐나다 퀘벡에서 온 친구들이 벽에 그림을 그린다. 다들 거저 오지 않고 무어라도 하나씩 자기가 가진 걸 나누려고 오는데 나는 아무것도 가져오지 않고 달랑 몸만 왔다. 돌아가 이들이 사는 이야기를 다른 사람들한테 나누어 주는 수

밖에.

점심을 안 먹었더니 속이 출출하다. 빵이라도 하나 사 먹으려는데 마땅한 곳이 없다. 걷다 보니 어느새 숙소 앞이다. 가까이에 포장을 쳐놓고 먹을거리를 파는 가게가 있기에 가서 빵과 바나나를 먹었더니 살겠다. 바나나가 다디달다. 하나 더 먹을까 하는데 오스탈에 있는 소이아와 도리스가 떠올랐다. 몇 개 더 달라고 해서 숙소로 가니 두 사람이 다 있다. 함께 먹자고 내놓고 먹는데 그냥 지나가는 말로 배가 고팠다고 했더니 소이아가 밖으로 나간다. 도리스가 나보고 방으로 가지 말고 기다리란다.

곧 소이아가 큰 머그컵에 무얼 담아 왔다. 내게 먹으라고 주는데 컵 한가득 호박죽처럼 생긴 음식이 담겨 있다. 어찌나 고맙고도 미안한지. 걸쭉하고 단맛 나는 그 음식은 무엇보다 향이 좋았다. 달다는 뜻으로 '둘세' 뭐라고 하는데 뒤의 이름은 까먹었다. 채소인데 하얀 속은 발라내고 요리한다고 한다. 먹는 데 한참 걸렸다. 다 먹고 나니 배가 부르다. 싸디싼 바나나, 내가 사 온 건 그렇게 싸게 값을 매길 수 있지만, 소이아와 도리스는 내게 값을 매길 수 없는 걸 주었다.

내가 바짓단을 올려 벌레 물린 다리를 보여주자 도리스가 풀가한테 물린 거라고 한다. 벼룩이다. 모래에 있는 게 몸으로 들어온다고 한다. 그나저나 더 심해지지만 않았으면 좋겠는데 걱정이다. 처음 며칠은 괜찮더니 한 나흘째 되니 간지럽다. 다행히 긁지 않고 참을 만은 하다. 함께 온 사람들이 긁어서 더 심해지는 걸 봐서 어떻게든 손을 안 대고 참는다. 비루먹은 개들이 흙바닥에 앉아 박박 긁는 이유가 다 벼룩 때문인가 보다.

어제, 오늘 계속 해가 안 보인다. 구름에 가려 해가 보이지 않는 게 아니라 아예 해가 저 멀리 어디론가 가고 없는 것 같다.

10월 19일 목요일

아이들과 함께 만드는 연극

아침 9시 20분에 시작한 연극 〈종이왕〉의 관객들은 모두 초등학생들이다. 아푸 극단의 배우 엔리케 에레라는 벌써 어두운 무대에 나와 어린 친구들을 기다린다. 무대에 어두운 불이 켜진다. 작고 네모난 구멍 뚫린 나무 상자들 위에 각각 다른 탈 세 개가 놓여 있다. 배우는 뭔가를 발견했는지 깜짝 놀란다. 배우가 발견한 게 뭔지 어린 관객들은 궁금해한다. 탈을 하나 쓴 배우는 그 탈이 되어간다. 탈을 쓰기 전에 걷고 움직이던 것과 달리 탈 얼굴에 걸맞게 걷고 움직였다.

배우는 아이들을 무대로 이끈다. 배우 혼자 하는 1인극이 아니라, 아이들이 참여하는 연극이다. 처음에는 수줍어하고 몸이 딱 굳어 전혀 안 움직이던 아이들이 시간이 갈수록 술렁술렁대며 반응하고 연극에 빠져든다. 말 한마디 안 해도 아이들은 금방 연극이 어떻게 이어져야 하는지 생각하고 스스로 만든다. 무대에 나가 배우와 함께 연극을 만들던 아이가 자기 자리로 돌아갈 때마다 아이들은 친구에게 힘껏 손뼉을 쳐준다.

아이들은 연극이 하는 말을 쉽게 알아듣는다. 연극 안으로 들어가는, 상상으로 펼치는 세계로 들어가는 약속을 쉽게 배운다. 그래서 처음에는 조금 뒤로 빼다가도 바로 앞서나가고 함께 이야기를 만든다. 아이들은 어느새 배우가 부르지 않아도 스스로 나가 극을 잇는다. 이제는 거꾸로 아이가 만든 상황에 배우가 들어간다. 아푸 극단은 '어린이 움직임을 위한 연극'을 한다는데 어린이들한테 이렇게 움직여야 한다고 알려주거나 길을 일러주는 게 아니라, 어린이들이 스스로 움직이게 옆에 가만히 서 있어만 준다. 이야기가 어떻게 틀어질지, 끊어질지 걱정하지 않고 아이들을 믿고 옆에만 서 있어도 아이들은 자기 안에 든 능력들을 꺼낸다. 무대에 나와 나무 상자에 앉아 있는 저 아이는 지금 어떤 기분일까. 배우가 준비해놓은 나무 상자와 탈 세 개는 한 세상을 만들기에 부족하지 않다.

영상으로 만난 리고베르타 멘추

차스키 그룹은 영화와 다큐멘터리를 만든다. '차스키'는 케추아Quechua 말인데 그 뜻은 사자使者다. 잉카제국의 언어였다는 케추아어는 안데스 산맥 고지대에 사는 케추아 원주민이 쓰는 말로, 스페인 식민 시대를 거치면서도 죽지 않았다. 볼리비아와 페루에서는 다른 나라에 비해 원주민 비율이 높아 스페인어, 아이마라어와 더불어 공식 언어로 쓴다고 한다. 에콰도르에서도 케추아어를 쓴다. 원주민은 더 다양한 언어를 가졌을 것이다. 정복과 억압, 말살이 이어지면서 그동안 사라진 말들은 얼마나 많을까. 지금 이 순간에도 없어지는 말이 있을지 모른다. 우리말에도 쓰지 않아 죽거나 죽어가는 말이 얼마나 많은가. 우리말을 더 가르치려는 노력, 우리말을 더 배우려는 노력이 별로 없잖은가. 빈약한 어휘로 세상을 살아가는 건 불행하다. 브라질에서 과라니를, 칠레에서 마푸체를, 페루에 와서 케추아를 알게 된다.

차스키 그룹은 페루 사회가 안고 있는 문제들을 좀 더 가까이 다가가 들여다보는 다큐멘터리를 제작해왔다. 일주일 동안 여성민중연합 사무실에서 이 그룹과 다른 그룹들이 만든 영화를 아침부터 저녁까지 하루 종일 보여준다.

리고베르타 멘추를 인터뷰한 다큐멘터리를 상영한다고 해 찾아갔다. 펠리스 수리타 감독이 만든 〈리고베르타 멘추, 침묵을 부수다〉이다. 처음으로 정각에 시작했다. 아니 11시가 몇 분 안 되었을 때 작품을 틀어주었다. 그도 그럴 것이 관객이 나 혼자였다. 기획자인 마리아와 히메나, 그리고 나. 세 여자가 작은 방에서 불을 끄고 나무 의자에 앉아 리고베르타 멘추를 만났다.

어디든 저항하는 몸짓은 아름답다. 거리 행진을 하는 과테말라 마야 원주민들. 국가 폭력에 가장 참담한 고통을 당했던 마야 원주민들, 그이들이 손으로 짠 옷은 꽃들이 시샘하리만치 빛깔이 곱다. 저런 고운 빛깔이 나는 옷을 만들어 입을 줄 아는 여자들은 보통 사람이 아니리라. 땅과 하늘과 물과 바람과 나무와 그 모든 살아 있는 것과 이야기 나누는 사람들이고, 그 모든 목숨 붙은 것을 조심스레 껴안는 사람들일 것이다. 그이들은 삶에 가깝지 죽음에 가깝지 않다. 그러고 보니 나는 곱고 화사한 빛깔이 나는 옷을 입어본 일이 거의 없다. 내 옷은 늘 어두운 빛깔이었다. 내내 입고 다니는 잠바도 화사한 보랏빛이 아니라 거무스레한 보랏빛이다. 무엇이 내게 이런 어두운 빛을 가까이하게 했을까. 화사하게 피어나는 삶을 나는 모르는 걸까.

남미에 오기 전에는 가능하다면 과테말라에도 가보고 싶었다. 리고베르타 멘추라는 이름만으로. 과테말라까지 가기가 여의치 않아 마음을 접고, 리고베르타 멘추의 증언을 담은 책 『나의 이름은 멘추』를 읽고 싶었다. 하지만 찾아간 서점에는 책이 없었다. 그저 이름만 들었던 여자, 리고베르타 멘추는 군부독재에 저항한 부모와 남동생을 잃고, 무수한 마야 원주민 자매와 형제들이 살갗이 벗겨지고 가슴이 도려내지며 죽는 모습을 보아야 했다고 한다. 친구들의 도움으로 멕시코로 피했다가 과테말라 민중들 앞에 서서 투쟁한 리고베르타 멘추의 얼굴은 부드럽고, 고요하고, 따뜻하다. 고통을 이겨낸 얼굴은 저토록 아름다운 얼굴이란 말인가. 나는 화면 속 리고베르타 멘추의 얼굴에 놀라고 말았다. 그 부드럽고, 고요하고, 따뜻한 얼굴은 세상 어떤 것이 달려들어도 거뜬히 이겨낼 듯하다.

과테말라를 못 가나 보다 했는데, 남미를 다니면서 멘추의 책을 읽고 싶었지만 그것도 안 됐는데, 비야 엘살바도르에 와서 영상으로 멘추를 만나다니. 아무래도 이 여행은 내가 모르는 어떤 인연들이 이끄나 보다.

나도 모르는 내 가슴속 씨앗들과 남미 땅에 부는 바람이 만나 툭툭 터지는 것일까. 검붉은 핏빛에 얼굴을 돌려야 했던 마야 원주민 여성들이 그 죽음을 딛고 여전히 아름다운 빛깔을 찾는 것은 삶을 사랑하기 때문이리라. 그 사랑이 무언지 알고 싶다.

가난한 사람들이 마시는 술

영화 상영 프로그램은 매 시간 정해져 있는데 오는 사람이 없다. 내킨 김에 마리아가 더 보고 싶은 게 있느냐며 페루 아야쿠초 우안카피 지역 주민들이 겪는 알코올중독 문제를 다룬 〈묘지기〉라는 다큐멘터리를 한 편 더 틀어주었다. 후안 인판테와 로미나 크루스가 만든 〈묘지기〉는 지나친 알코올 소비가 어떻게 가정을 부수고 마을 공동체를 위협하는지를 보여준다.

가난한 사람들이 술을 마신다. 가난한 사람을 더 가난으로 몰아넣는 술. 술을 사러 가는데 꼭 난로에 넣을 석유를 사러 가는 것 같다. 네모난 플라스틱 통이나 소주 댓병 크기의 빈 병을 들고 간다. 그마저도 없거나, 그만큼 많이 살 돈이 없는 사람은 비닐봉지에 술을 담아간다. 굳이 술 가게로 사러 가지 않아도 술을 실은 차가 골목골목으로 술을 팔러 다닌다. 기름을 실은 주유소 차처럼 술을 공급하러 나선다. 술을 파는 사람은 자신은 결코 술을 마시지 않는다고 한다.

아침 일찍 술을 사 들고 사람들이 높은 산으로 올라간다. 놀러 가는 게 아니다. 일을 하러 간다. 쉴 참에 모여 술을 마신다. 자기 입으로 붓기 전에 땅에 먼저 술을 뿌린다. 고수레처럼. 높은 산에서 온 가족이 옥수수를 거두어들인다. 일은 끝이 없어 보인다. 힘겨움을 견디게 하는 건 술 힘이다. 쉴 때마다 술은 계속 돌아간다. 일, 노동, 거칠고 힘들며 지루한, 희망 없는 노동이 술을 마시게 한다. 알코올중독은 혼자 되풀이해서 술을 마시는 일로 그치지 않고 폭력으로 이어졌다. 자신을 파괴하고, 가장 가까이 있는 가족들을 공포에 떨게 했다. 자신이 가졌던 희망뿐만 아니라 다른 이가 키우던 희망마저 사라지게 했다. 절망 속에 빠져들고, 모든 관계가 사라져버렸다.

오래전 이들 조상은 일을 하면서 이렇게 술을 마시지 않았을 것이다. 직접 술병을 들어 입에 털어 넣은 건 이 사람들이지만 이 사람들을 이 지경으로 만든 건 결코 이들 자신이 아니다. "엄마, 아빠 술 마시지 마세요"라고 쓴 종이를 들고 아이들이 거리를 걷는다.

마리아 엘레나 모야노

영화를 본 사무실 옆방이 여성민중연합 사무실이다. 방에 들어가보니 벽에 마리아 엘레나 모야노 사진이 걸려 있다. 현재 여성민중연합 대표인 키스페가 마리아 엘레나 모야노 사진이 담긴 엽서와 책갈피, 여성민중연합을 알리는 전단을 챙겨주었다.

여성민중연합은 20년 넘도록 '삶과 평화, 여성 평등'을 위해 줄기차게 움직여왔다. 함께한 가난한 여성들 중 누구 하나 소중하지 않은 이 없겠지만 마리아 엘레나 모야노는 이들 앞에 서서 페루 사회에서 여성들이 겪는 폭력을 없애려 힘쓰고 희망을 만들어갔던 이다.

포럼 첫날부터 이름으로 사진으로 계속 마주치는 마리아 엘레나 모야노. 그이가 센데로 루미노소 그룹에 보낸 편지가 있다. 진실·화해위원회(CVR) 보고서에 그 편지가 실렸다. 모래땅에서 가난한 이들과 어깨 걸고 살면서 마리아 엘레나가 생각한 혁명은 이런 것이다.

"혁명은 삶을, 개인과 집단이 가진 존엄을 긍정하는 것이다. 혁명은 새로운 윤리학이다. 혁명은 죽음도, 강요도, 종속도, 열광도 아니다. 혁명은 새로운 삶이다. 혁명은 깨닫게 하는 것이다. 사회정의와 존엄을 위해서,

옆에 있는 조직들과 연대해 새로운 나라를 만들기 위해서 투쟁하는 것이다. 우리들 안에서 민주주의를 존중하고, 새로운 페루를 만들 수 있는 새로운 싹을 준비하는 것이다."

아무것도 없는 모래벌판과 모래 산에 첫걸음을 내딛은 날부터 비야 엘살바도르 사람들은 혁명을 시작했고, 그것은 지금도 이어진다.

교단 위의 연극

낮 4시, 초등학교에서 예술문화센터가 〈맨발이 된 고양이 판초〉라는 연극을 한다고 해서 모터 택시를 타고 찾아갔다. 운동장의 교단이 무대다. 아이들은 교실에서 의자를 갖고 나와 앉았다. 공연이 시작되자 아이들은 바로 연극에 빠져들어 소리 지르고, 맘껏 웃고, 손뼉 친다.

위험에 처한 고양이 판초 때문에 좌불안석인 아이들. 판초에게 위험을 알리기 위해 무대에 오르려는 아이를 세 번이나 떼어놓아야 했다.

위험에 처한 고양이 판초 때문에 아이들은 가만히 앉아 있질 못한다. 판초한테 속지 말라고 일어나 소리친다. 한 여자 아이는 안 되겠는지 앞에 나와 그 교단을 오르려 애쓴다. 아무래도 판초가 자기들 말을 못 알아들어 애가 탔나 보다. 올라가서라도 알려줘야겠는지 교단에 매달려 오르려 한다. 세 번이나 진행자가 아이를 교단에서 떼어놓았다.

가능하지 않은 건 없다. 더 많은 아이들에게 돈 없이도 연극을 볼 수 있는 기회를 만들어줄 수 있다. 어디든 무대를 만들 수 있다. 극장이 아니면 어떤가, 조명도 없고, 조명이 별 효과가 없는 대낮이면 어떤가, 무선마이크가 없어 커다란 줄 마이크를 들고 대사를 하면 어떤가. 배경 같은 거 다 빼고 꼭 필요한 소품 몇 개만 놔두면 어떤가. 조금만 달리 생각하고, 가능한 방법을 찾으면 돈이 없어도 더 많은 아이들에게 문화와 예술을 누리게 할 수 있다.

들을 때와 끼어들 때를 아는 아이들. 나는 연극을 보러 온 게 아니라 저런 아이들 모습을 보러 왔나 보다. 이런 연극을 하는 사람들과 맘껏 연극에 빠져드는 아이들을 보러 왔나 보다. 조명 없이도, 멋진 무대 없이도 연극은 가능하다. 말하는 이가 있고 보는 이가 있다면. 300명이나 되는 어린이가 연극을 본다. 해도 없고, 찬바람만 부는 쌀쌀한 학교 시멘트 운동장에서 몸은 추워 움츠러들지만 마음은 따뜻하다.

10월 20일 금요일

가난한 이들을 위한 식당

수첩에 적어둔 주소를 들고 점심을 만드는 식당을 찾아가려고 비차마 극장 앞에서 모터 택시를 기다린다. 그런데 멈춰 선 모터 택시 기사들마다 주소를 보고는 안 간다고 다 그냥 가버린다. 왜 그럴까. 그렇게 먼가. 극장 앞에 나와 있는 비차마 친구들한테 물으니 다들 살래살래 고개를 젓는다. 혼자서는 찾기 힘들다고. 지금은 함께 가줄 수 있는 사람이 아무도 없다고. 아, 나는 어느 누구에게도 나를 데려다 달라고 하지 않았는데, 마음 한구석 조금이라도 바라지 않았는데. 그리고 벌써 혼자 버스 타고 여러 나라를 넘었는데 동네에서 찾아가는 것 정도 혼자 못할까.

비차마 극장 앞에 있던 학교 선생님인 크리스티나가 함께 가자고 한다. 혼자 가보겠다고 해도 찾기 힘들 테니 같이 가잔다. 모터 택시 기사들이 고개를 흔들고 그냥 가기를 몇 차례, 간신히 차를 잡았다. 한참 가긴 한참 간다.

차에서 내리니 동네가 참 한가하다. 다들 일 나가고 없는 걸까. 주소를 대가며 몇 골목 지나니 식당이 나온다. 벨을 누르자 분홍색 윗옷을 입은 그곳 대표 리카르디나가 문을 열어주는데 크리스티나 친구다. 두 사람은 오랜만인지 꼭 껴안는다. 크리스티나는 물 한 잔 마실 새도 없이 돌아간다고 문을 나선다.

집 뒤쪽 작은 마당이 부엌이다. 여성민중연합에서 점심 먹을 때 음식을 나누어 주었던 여성 두 분을 그곳에서 만나니 더 반갑다. 음식은 벌써 다 만들어놓았다. 일찍 서둘러 왔으면 함께 만들었을 텐데.

이곳은 식당이다. 그런데 일반 식당과 다르다. 공동 부엌이라는 이름이 떠오른다. 비야 엘살바도르 지역 공동체에 있는 여성 조직인 어머니클럽에서 1983년에 이 식당을 만들었다. 식당은 월요일부터 금요일까지 연다. 아침나절에 음식을 만들어놓으면 낮 12시에서 1시 30분 사이에 사람들이 와서 음식을 사 간다. 집에 가도 혼자인 사람은 그냥 이곳에서 먹고 가기도 한다.

문 두드리는 소리가 나자 리카르디나가 나가 통을 받아 온다. 그리고 그 통에 바로 만들어진 점심을 담는다. 음식은 한 사람 먹을 양이 아니다. 한집 식구들 모두가 먹을 만큼이다. 일을 하다가 점심시간이 되면 여성 노동자들이 집에 있는 식구들, 늙으신 부모님이나 어린아이들과 함께 먹을 점심을 이 식당에서 사 간다고 한다.

"지금은 스물다섯 집이 식당을 이용한다. 우리 같은 식당이 비야 엘살바도르에 4개가 더 있다. 이 지역 여성 노동자들은 일이 무척 많다."

리카르디나가 이야기를 하는데 다시 누군가 문을 두드린다. 얼핏 보니 젊은 여자 두 사람이다. 자매일까, 동료일까, 친구일까. 아주 어린아이도 함께 왔다. 리카르디나가 통에 음식을 듬뿍 담는다. 사람들을 위해 만든 음식, 아끼고 이윤을 남기고 할 게 없다. 그저 따뜻한 음식 먹고 힘내기를 바랄 뿐. 리카르디나는 아무 말도 않지만 국자 쥔 손이 내게 말해준다.

리카르디나가 음식을 다 담고서는 가방에 넣더니 내게 그 두 여자한테 갖다 주라고 한다. 동전 지갑에서 잔돈을 꺼내어 거스름돈이니 건네주라면서. 한 끼 1솔 20센티모스에서 2솔 하는 밥. 쉽게 3솔을 1,000원이라고 생각하면 600원 안짝이 되는 것이다. 거스름돈과 묵직한 통 두 개를 들고 나갔다. 여자 둘이 씩 웃는다. 처음 보는 우리는 인사를 나눈다. 두 여자는 통 두 개를 담은 헝겊 가방을 서로 나눠 쥐고 아이와 함께 저 위로 걸어간다.

비야 엘살바도르에 오랜만에 햇빛이 났다. 처음 만나는 해다. 이런 날은 빨래를 해서 짱짱하게 말려야 한다고 하자, 아주머니들이 맞다고 한다. 아주머니들도 해가 나서 좋다고 한다.

해 이야기를 하다가 어제 새벽에 일어난 지진 이야기를 했다. 어제 새벽에 자는데 갑자기 침대가 덜덜 흔들려 번쩍 눈을 떴다. 눈은 번쩍 떴는데 정신은 번쩍 나지 않았다. 누군가 오스탈 철문을 쥐고 흔드는 줄 알았다. 철문을 쥐고 흔들면 건물까지 흔들리나 의아했다. 그런데 흔들림이 멈추지 않는 거다. 조금씩 정신이 들면서 아, 이게 말로만 듣던 지진이구나 했다. 침대에서 내려와야겠지, 어디론가 피해야겠지 하면서 문을 여니 그쯤에서 흔들림이 멈추었다.

태어나 처음으로 지진을 겪었다고 하니 아주머니들이 웃는다. 유치원에서 아들을 데려와 이곳에 들른 히오바나는 자기 친구 이야기를 한다. 화장실 변기에 앉았다가 지진을 만났다고.

해마다 겨울에서 봄으로 넘어가는 이때쯤 지진이 있다고 한다. 계절은 쉽게 오고 가는 게 아닌가 보다.

여성민중연합 건물에서 먹던 점심을 오늘은 식당에서 먹는다. 일회용 그릇이 아니라, 금이 갔지만 넓은 사기그릇에 먹는다. 첫 번째 음식은 닭죽과 비슷한 아구아디토 데 포요, 두 번째 음식은 국수와 비슷한 타야리네스다. 둘 다 그릇 한가득 수북이 담아 내준다. 쿠바의 마리 아주머니처럼.

학교 점심시간, 엄마가 집에 없는 여자 아이가 이곳에 와서 점심을 먹는다. 하얀 머리띠를 하고 체육복을 입고 온 아이는 재잘재잘 이야기도 어쩜 그리 잘하는지. 아이와 어른들은 친구 같다. 어른들은 아이의 엄마 같고, 이모 같고, 할머니 같다. 할머니도 한 분 오셨다. 유치원 꼬마 남자아이 빼고 모두 여자다. 음식을 해서 먹이는 여자들, 그 음식을 맛나게 먹는 여자들.

설거지를 하겠다고 하니 펠리시타 아주머니가 말린다. 나는 팔을 걷고 수세미를 들었다. 날마다 손에 물을 묻힐 이 여성들, 쉰일곱 펠리시타는 어쩌면 50년 동안 설거지를 단 하루도 멈추지 않았을지도 모르는데 한 번쯤은 안 하는 날도 있어야 하지 않겠는가. 설거지를 하고 나니, 그새 리카르디나가 라임을 짜서 주스를 만들어 한 컵 건네준다.

포럼에 온 사람들에게 점심을 먹여야 할 시간이다. 히오바나와 펠리시타와 함께 음식이 담긴 큰 솥 두 개를 들고 나갔다. 식당엔 차가 없어서 지나가는 모터 택시를 잡는다. 날마다 이렇게 모터 택시에 싣고 왔단 말인가. 솥 하나는 모터 택시 바깥 선반에 싣고, 뜨뜻한 솥 하나는 세 사람이 안고 모터 택시 뒷자리에 앉았다.

사진으로 아야쿠초를 만나다

차를 타고 가야 하는 행사장은 맘처럼 쉽게 가지지 않았다. 워낙 행사장이 많다 보니 가까이 있더라도 모르고 지나치기도 한다. 비차마 극장 건너편에서 좀 올라가다 보니 체육관 앞에 팔레스타인 평화를 주제로 강연을 한다는 포스터가 붙어 있다. 들어가보니 앞에서 사람들이 행사를 준비한다.

생각지 못한 사진전도 한다. 벽면 두 군데에 걸린 사진들을 보니 죄다 묶이고, 피 흘리고, 무너지고, 죽고, 슬퍼하고, 괴로워하는 모습이다. 연극에서 조금, 거리에서 조금 얻어들은, 20년 동안 이어졌다는 폭력과 학살을 두 눈으로 확인한다. 페루 사람들한텐 이런 아픔이 있었구나.

사진 아래 설명글이 붙어 있었다. 그 자리에서 바로 이해하기가 힘들어 수첩을 꺼내들고 볼펜을 쥐고 그저 옮겨 적는다. 팔이 아프도록 베낀다. 아무리 적어도 끝이 보이지 않는 사진들. 괜히 적기 시작했나. 아무래도 나는 조금 덜떨어진 서른여덟이 아닌가. 하지만 어쩌겠는가, 사진들이 말을 하는 것을. 무슨 대단한 진실을 엿보기나 한 것처럼 그렇게 옮겨 적는다. 여기에 수수께끼가 숨어 있을 것 같아서 하나도 빼지 않고 적다보니 되풀이되는 말들이 있다. 센데로 루미노소, 테러리스트, 군부대, 경찰, 습격, 농민, 유해, 대량 학살, 아야쿠초.

사전으로 아야쿠초를 만나다

어쩔 수 없다. 내겐 다른 길이 없다. 가져온 사전을 열 번이고 백 번이고 뒤적이는 수밖에. 같은 낱말을 서너 번씩 뒤적여도 얼마 안 있어 다시 똑같은 낱말을 찾는다. 이 짧은 기억력에 한숨이 나오지만 어쩌겠는가.

한 구절씩 수수께끼 풀듯이 푼다. 답답한 방법이지만 그래도 답답한 시간이 쌓이니 사진이 무엇을 이야기하는지 조금은 알겠다.

사진전의 사진들은 1980년부터 1990년이 넘어서까지 벌어진 일들을 담은 것이다. 센데로 루미노소와 투팍아마루혁명운동은 사회를 바꿀 목적으로 무장투쟁을 벌였다. 센데로 루미노소가 처음 활동한 지역은 아야쿠초에 있는 시골 마을들이다. 센데로 루미노소가 농민들을 착취한 지주를 죽이거나 시의회와 경찰서를 폭격하고 나면 그다음에는 군부대와 경찰이 센데로 루미노소 조직원들을 잡아들이기 시작했다. 센데로 루미노소와 조금이라도 연결된 사람들은 죽음을 피할 수 없었다. 죽은 이들은 대부분 아야쿠초 농민들과 원주민들이었고 사회 변화를 열망하던 젊은 이들이었다. 밥을 주거나 잠을 재워주었던 사람, 옷가지를 주거나 도피처를 내준 사람, 연락을 해준 사람, 모두가 목숨을 잃었다.

우아망가에 있는 교도소가 습격당하자, 군부는 반체제 활동을 한 것으로 추정되는 사람들을 프론톤이라는 섬으로 끌고 가 그곳 교도소에 가두었다. 센데로 루미노소와 관련이 없다 해도 아야쿠초의 모든 사람은 센데로 루미노소와 한통속으로 다루어졌다. 남자와 여자, 어린이들 모두가 감시와 처벌의 대상이 되었다. 차를 타고 가다가도 군인들을 만나면 차에서 내려 두 팔을 들어야 했다.

사람들은 얼마 전까지 옆에서 따뜻한 숨결을 내뿜던 이들이 더는 숨 쉬지 않고, 눈 뜨지 않고, 손길 오가지 않는 걸 겪어야 했다. 푸카야쿠 만타로 강에서 여자 1명과 남자 49명의 유해가 발견되기도 했다. 모두 잡혀 고문당했던 사람들이다.

아야쿠초 우안토 우추라카이는 폭력과 죽음이 끊이지 않은 현장이었다. 센데로 루미노소가 정부 측을 습격하자, 경찰이 폭력으로 그 마을을 진압해 농민 135명이 반란 혐의로 암살되었다. 도망쳐 살아남은 사람들도 얼마 못 가 잡혔는데, 순찰하던 경찰들이 우추라카이 사투리를 그냥 넘겨듣지 않았던 것이다.

아야쿠초. 어디론가 강제로 사라진 사람들, 잡혀간 사람들, 살해당한 사람들이 있는 곳. 행방불명된 가족을 찾는 여자가 손에 증명사진을 들고 있다. 두 손으로 사진이 아니라, 사진 속 얼굴을 따뜻하게 감쌀 수 있다면.

아야쿠초에 가보고 싶다. 아야쿠초에 가면 무엇이 있을까. 모르겠다. 무엇이 있는지, 무엇을 만날지. 아무것도 모르지만 가야 할 것 같다. 사진들을 보면서 나는 센데로 루미노소도 아니고, 군부도 아니고, 아야쿠초를 만났다.

10월 21일 토요일

사진첩에 담긴 비차마

낮에 한가한 틈을 타 비차마 사무실에 앉았다. 책꽂이에서 빼낸 사진첩에는 비차마 극단이 살아온 모습이 고스란히 담겨 있다. 지금은 없는 배우들도 있고, 지금 활동하는 배우들은 어리고 풋된 모습으로 사진에 박혀 있다. 세사르의 아들이자 배우인 세사르가 지나가다 보고는 옆에 앉아 사진에 담긴 이야기를 들려주었다.

25살인 세사르는 아주 어렸을 때부터 연극을 했다. 사진 속에서 어린 세사르가 웃는다. 비차마 극단에서는 어린이 연극 교실을 계속해왔는데 많을 때는 어린이들이 200명 넘게 참여했단다. 그런데 지금은 30명 정도라고 한다. 발이 쑥쑥 들어가는 모래흙 땅을 밟고, 먼지 이는 길을 걷지만 이곳에도 그 빠른 인터넷이 들어와 있고, 인터넷 방이 더러 눈에 띈다. 이곳 아이들도 어느새 인터넷게임에 빠졌다고 한다. 세사르는 어린이들이 문화와 멀어지는 것을 안타까워한다.

이 자리에 극장을 만들기 전에는 라디오방송국 근처에 연습실이 있었다고 한다. 아버지 세사르가 젊었을 때, 1980년에 비야 엘살바도르에 만든 첫 번째 연극 그룹이 민중통신센터 연극 제작소다. 아버지 세사르가 청년이었을 때 연극 동지들과 함께 찍은 사진들을 본다. 사진 속 여자, 남자들은 무언가를 토론하고, 연습도 했다. 가난한 마을과 사람들 속에서 함께 연극을 만들어오던 이들 중 중간에 다른 길을 찾아 나간 사람들도 있지만 세사르는 여전히 이곳에서 연극을 한다. 연극이 있어야 할 자리, 연극을 해야 할 자리를 알았던 것일까. 아버지 세사르 나이쯤 되는 이가 한 명이라도 더 있었다면, 혹은 아버지 세사르와 아들 세사르 그 사이 나이쯤 되는 이들이 있었으면 하는 아쉬움이 남기는 한다. 그러면 아버지 세사르가 쓸쓸하지 않을 것 같은데. 세사르가 쓸쓸한지 쓸쓸하지 않은지 나는 모른다. 들어보지도 못했고, 물을 일도 아니다. 내가 쓸쓸해서일까, 세사르가 쓸쓸해 보인다. 사람들은 죄다 어디로 갔을까. 어디론가 가서는, 행복할까. 부디 행복하기를. 모래바람 흩날리는 마을에서 처음 품은 그 마음을 쉬이 버리지 말기를.

아래층 어디선가 아들 세사르를 찾는 소리가 들린다. 아들 세사르가 가고 나는 혼자 앉아 사진을 마저 본다. 자꾸 지금은 없는 오래전 배우들 사진에 눈이 간다. 고민하고 이야기하고 만들던 이들. 나도 어디선가, 사라져버린 옛날 어떤 사람으로 사진 속에 남아 있는 건 아닌지.

하루를 불태우며 노래 부르는 사람들

얼마나 잤을까. 잠이 와서 잤던 것일까. 자려고 애썼던 것일까. 점심때도 놓치고 비차마 사진을 보고는 20년이 넘는 비차마 역사가 무거웠던 것인지 숙소로 돌아와 한참을 잤다. 포럼 마지막 행사는 낮 4시부터 밤까지 한다는 음악회다. 밖은 어둡다. 혼자서 음악회 하는 곳으로 갔다. 소이아나 도리스도 함께 가보면 좋으련만 두 사람은 나처럼 놀러 다닐 틈이 없다. 세탁기가 없어 늘 손으로 빠는 침대 시트와 이불도 다려야 하고, 드나드는 손님들도 맞아야 한다.

며칠 전 빵과 바나나를 샀던 가게 플라스틱 의자에 앉았다. 아침에는 아들이, 낮에는 아저씨가 있더니 저녁에는 아주머니가 의자에 앉아 있다. 한번은 아들이 있을 때 들렀는데 내게 뭔가를 이야기하는데 말이 너무 빨라 도저히 알아들을 수가 없었다. 얼마나 나를 답답해하던지. 그러면서도 말을 계속해서 속으로 한참 웃었다.

등받이 없는 플라스틱 의자에 앉으니 저만치 길 위, 노래하는 사람들과 서서 춤추는 사람들이 보인다. 소리는 그보다 더 크게 들린다. 아주머니는 저기 안 가도 이곳에서 다 본다고 한다. 세나이다는 비야 엘살바도르에서 25년을 살았다. 비차마도 알고, 포럼도 안다.

점포가 휑하니 뚫려 춥다. 저녁내 이러고 있을 세나이다는 안 추울까. 춥지 않느냐고 하니 바짓단을 들추어 보여준다. 그 안에 두터운 속바지를 입었다. 속바지를 안 입은 나를 보고 놀란다. 그래, 추우면 속에 무언가 챙겨 입으면 되는데, 두텁게 더 껴입으면 되는데, 그러지 않고 춥다, 춥다 한다. 속바지 하나쯤 챙겨오는 건데, 아니 이곳에 있는 동안 하나 사서 입는 건데, 늘 단순한 걸 생각 못하고, 챙기지 못하고 산다.

음악회장은 그냥 빈 터 맨땅이다. 그곳에 커다랗게 무대를 만들어놓았다. 땅이 넓긴 넓은가 보다. 전단에 적힌 장소 이름은 '마리아테기와 혁명 길모퉁이'이다. 브라질 플로리아노폴리스에서 만난 에스피랄 친구 중에 베레모를 잘 쓰고 다니던 사회학을 공부하는 학생이 7가지 사회 이론을 제시한 페루 사상가라며 마리아테기 이름을 적어주었더랬다. 그 마리아테기의 이름을 페루에 와 길에서 만난다. 내게 마리아테기를 알려준 그 친구는 마리아테기한테서 무엇을 읽었을까. 볼리비아의 탈 만드는 가게 이름이었던 잉카 현자 아마우타는 마리아테기가 만든 잡지 이름이기도 하다. 아무래도 남미에 숨겨진 수수께끼가 더 많을 것 같다. 하나씩 찾아 풀어나가야 할 수수께끼.

무대에서는 락 그룹들이 힘차게 연주하고 노래한다. 관객들은 춤추고 환호하며 따라 부르기도 한다. 모터 택시들이 다 멈추어 섰다. 사람들이 모두 여기 모여 있으니 모터 택시도 한가해진다. 사람들은 병맥주를 사다가 친구들과 한 잔씩 나누기도 한다. 어린 친구들은 벌써 술에 취해 비틀거리고 흔들거린다.

참 재미없게 산 나는 이런 자리가 영 쑥스럽다. 머리로는 벌써 수백 번 온몸을 흔들어 재끼고 춤에 흠뻑 젖었건만 실재 나는 그저 멀뚱하니 서 있을 뿐이다. 아니, 발은 떼지 않았지만 그래도 몸을 조금 흔들어보기는 했다. 특별히 아는 사람도 없지만 그렇다고 모르는 얼굴들도 아니다. 포럼 기간 동안 오가면서 마주쳐 얼굴 익은 사람들이다. 눈인사하며 다가가 함께 놀면 누가 싫다고 하겠는가. 그런데도 나는 선뜻 나 끼워줘, 하지를 못한다. 하지만 이런 자리는 혼자여도 좋다. 혼자인 다른 이들도 얼마든지 많다. 혼자여도 좋고 여럿이어도 좋고.

인간은 로봇이 아니다

내 옆에 한 여자가 나처럼 혼자 있다. 여자가 앞에 선 가수를 보면서 내게 뭔가를 물어본다. 아무래도 나를 이웃 사람으로 봤나 보다. 그렇게 우리는 이야기를 시작했다. 벨린다는 25살 아가씨다. 춤과 노래를 좋아해서 왔다고 한다. 벨린다는 아는 노래가 나오면 따라 불렀다. 궁금했다. 벨린다 또래 여자들은 어떤 일을 하면서 사는지. 그래서 벨린다에게 물어보니 비서, 기술자, 건축사, 판매, 재봉 같은 일을 한다고 말해준다. 페루 여자들이 받는 한 달 월급은 보통 550솔에서 3,000솔까지 다양하다고 한다. 상담 안내 일을 한다는 벨린다는 하루 딱 8시간을 일한다고 한다. 월급은 1,200솔인데 자기 사는 데 충분하고 저금도 한다고 말한다. 1,200솔이면 약 40만 원쯤 된다. 550솔에서 3,000솔, 아무래도 힘든 여자들이 많을 것 같다. 벨린다 위로보다는 아래로가 더 많지 않겠는가.

잠시 저 앞이 소란스럽다. 무대 아래 관객들이 무대 위로 신발을 던진다. 어떤 이는 무대 위로 오르려 애쓴다. 진행자들이 잽싸게 달려가 무대에서 떼어놓는다. 그래도 다시 매달린다. 특별히 시비를 거는 건 아니다. 그저 술에 취했거나 노래에 취했거나 사람에 취했거나 바람에 취했거나 밤에 취했을 뿐이다.

비차마 극단 아들 세사르가 사회를 본다. 참 다른 모습이다. 극장 바닥이나 극장 앞길을 빗질하던 세사르, 관객들을 극장에 들여보내며 자리 정돈을 하던 세사르, 무대에 배우로 섰던 세사르, 라디오 방송 진행을 하던 세사르, 지금 음악회 사회를 보는 세사르. 그 모습이 다 다르다. 그런데 어느 것도 꾸민 모습은 없다. 수줍은 얼굴일까 했는데 무대에서는 락밴드 가수 못지않게 강렬하다. 세사르 안에 무수한 세사르가 들었다. 자기 안에 든 무수한 자기를 내보일 수 있다니, 세사르, 너 참 멋지다.

벨린다한테 사회 보는 이가 비차마 극단 배우라고 얘기해주면서 좋은 공연이 많았다고 하니, 다른 행사에는 참여하지 못한 벨린다가 아쉬워한다. 8시간 일한다고는 하지만 이런 행사를 챙길 정도로 여유가 있는 건 아니었나 보다. 페루 젊은이들이 바라는 건 무엇일까. 벨린다가 원하는 건 무엇일까. 사실 나는 누군가 내게 이런 걸 물으면 머리가 새하얘질 때가 많은데 벨린다는 거침없이 말한다.

"행복하게 살고 싶고, 전문 직업인이 되고 싶다. 좋은 정서 상태를 유지하면서 공동체에서 살아가고 싶다. 페루 젊은이들은 아부하는 걸 경시하고, 정치가 부패하는 걸 반대한다. 폭력을 반대한다. 그리고 인간은 로봇이 아니라는 걸 사회가 잊지 말았으면 한다."

돈을 많이 벌고 싶다는 말은 없다. 억지로 물어보았다. 왜 돈 많이 벌고 싶은 생각들 하지 않느냐고. 그러자 벨린다는 전문 직업을 갖는다면 그런 건 어느 정도 해결될 테지만 굳이 돈은 중요하지 않다고 한다. 젊은 벨린다, 스물다섯 벨린다의 생각이 참 야무지다.

벨린다가 말한다. 인간은 로봇이 아니라고. 벨린다, 30년도 훨씬 앞서서 한국에서 너보다 조금 어렸던 한 젊은이가 "우리는 기계가 아니다"라고 외치며 자기를 불사른 일이 있었어. 그런데 아직도 "우리는 기계가 아니다"라고 외쳐야 할 일들이 파다해. 최첨단을 향해 질주하는 세계인데 사람들은 더욱더 비참한 삶을 살게 되었어. 그래, 우린 로봇이 아닌데, 기계가 아닌데.

사람들 속으로 들어가 춤 한번 추고 오겠다고 벨린다가 간다. 함께 이야기하다 보니 한 시간이 훌쩍 지났다. 아까부터 아이를 업고 자잘한 군것질거리들을 작은 상자에 담아 팔러 다니는 여인이 다시 내 앞을 지난다. 가난한 여인에게서 과자를 산다. 아까 뭘 사려고 해도 5솔을 바꾸어 줄 잔돈이 없다고 팔지 못하고 그냥 갔더랬다. 이때쯤이면 잔돈이 손에 들어왔겠지 싶어 몇 가지 골랐는데 여전히 잔돈이 모자란다. 한 개 더 집으니 간신히 거슬러줄 돈이 된다. 그렇게 샀는데도 2솔 조금 넘을 뿐이다. 등에 업힌 아이는 네 아이 중 막내란다. 애가 안 춥겠냐고 하니 포대기를 들추어 아이 발을 보여준다. 그 작은, 양말 신은 발을 만져보았다. 다행이다. 양말 신고 엄마 등에 업혀 포대기에 싸인 아기 발은 따뜻하다. 참 다행이다. 작고, 마르고, 가냘픈 여인. 이제 한 살이라는 아이를 업고 노래를 듣기 위해서가 아니라 살기 위해서 이 자리에 나온 여인. 하긴 여기 모인 젊은이들도 별다르지 않을 것이다. 살기 위해서 음악을 들으러, 춤을 추러 여기 나왔을 것이다. 때때로 답답하고 앞이 보이지 않고 다 때려 부수고 싶고 그럴 때가 있지 않겠는가. 확 풀어버리고 싶어 오지 않았겠는가. 아니 이건 이곳 젊은이들 얘기가 아니고 내 얘기인가. 목에 멘 상자에 고작 10, 20, 30센티모스 하는 과자며, 담배, 사탕을 가지고 나온 여자. 몇 시간째 젊은이들 속을 파고들며, 아니 어쩌면 그 속으로는 들어가지 못하고 둘레를 맴돌며, 큰 소리로 "사세요" 하지도 못한 채 그저 그림자처럼 소리 없이 움직이는 사람. 그 여자에게 1,000원어치도 못 팔아주고 고작 700원어치만 사주어 못내 미안하기만 하다. 저 여자가 나이기도 하고, 오스탈 칼리포니아에서 지금 침대 시트를 다리는 소니아가 나이기도 하다. 나는 무수히 많은 나를 만난다. 가난하고, 수줍고, 말 없고, 소리 없는 여자들을, 사람들을.

무대 위에 올라가 노래를 부르는 이들은 다 남자다. 여자 가수가 하나도 없다. 비차마의 루이스가 지나가기에 왜 여자 가수는 하나도 없느냐고, 나중에라도 안 나오느냐고 하니 그렇단다. 자기도 문제인 것 같다고 그런다. 위에서 화려한 조명을 받으며 노래하는 이들은 다 남자고, 이 아래에서 물건을 팔러 다니는 이들은 죄다 여자다. 작은 여자들. 내 앞으로 한쪽 어깨에는 배낭을 메고 한 손에는 담뱃갑을 들고 팔러 다니는 다른 여자가 지나간다.

밤 12시의 초대

밤 10시 20분. 노래는 여전히 신나고 모두들 흥겹다. 나는 왜 저 안으로 들어가지 않을까. 하지만 나는 있는 그대로의 나를 받아들이고 싶다. 이렇게 한참 뒤떨어진 곳에 나처럼 어정쩡하게 선 이들을 보면서 동지라도 된 듯 혼자 씨익 웃으며. 저 깊숙이 들어가지도 않고 그렇다고 이 자리를 떠나지도 않는 이들. 고개를 살짝 돌려보니 뒤에 엄마와 딸 사이로 보이는 여자들이 있다. 눈이 마주쳐 넉살 좋게 인사를 건넸다. 길게 이어지는 대화를 나누지는 않았지만, 중간 중간 침묵하고 음악을 듣는 시간이 더 많았지만, 함께 있었다.

아야쿠초에서 온 무용단이 춤을 추자, 엄마인 아멜리아가 아야쿠초의 전통 춤이라고 말해준다. 사진전에서 본 아야쿠초 이야기를 했더니 아멜리아도 잘 안다. 아멜리아가 살았던 밀림 지역도 마찬가지였다고 한다. 눈앞에서 벌어지는 학살을 보기도 했단다.

폭력과 학살은 먼 이야기도, 남 이야기도 아니다. 따지고 보면 광주에서 사람들이 학살당한 것도 스물 몇 해 전의 일일 뿐인데 벌써 옛날이야기가 되어간다. 그 광주를 겪고 본 사람들이 창창하게 살아 있는데 모든 게 다 해결된 듯 지나간 이야기가 되어버리고 있다. 사라져 돌아오지 않는 사람들, 생사가 밝혀지지 않은 이들이 무수한데…….

아멜리아가 어디서 묵느냐고 물어 오스탈 칼리포니아라고 하니 자기 집이 거기서 가깝다고 그런다. 집에 가서 커피 한 잔 마시겠냐고 하기에 염치 같은 거 버리고 덥석 그러마고 했다.

밤 12시가 얼마 안 남은 시간, 세 여자는 음악회장을 등지고 걸었다. 깊어가는 밤, 긴 자루를 들고 빈 맥주병을 주우러 다니는 어린 소년들이 보인다. 아까 아기를 업고 과자를 팔러 다니던 여자의 아들들이다.

혼자 돌아갔을 길을 두 여자와 함께 나란히 걷는다. 밤 12시에 처음 본 여자를 초대하는 여자들이나 처음 본 여자들을 따라가는 여자나. 그러니까 아무래도 이 세 여자는 만날 운명인 거다. 오스탈 칼리포니아를 지나쳐 오른쪽 골목으로 들어가니 바로 아멜리아네 집이다. 집 앞에서 딸 디안드라는 뭘 사 온다고 앞 골목으로 사라진다.

아멜리아가 철 문을 열고, 나무 합판 문을 연다. 합판 문은 퍽이나 얇고 허술하다. 집 안의 벽은 벽돌이 그대로 드러난 채다. 벽돌만 쌓아놓고 시멘트는 바르지 않은 거다. 이 마을 사람들이 사는 집 안이 내내 궁금했었다. 짓다 만 집들, 어찌 저리 엉성하게 쌓았을까 싶은 붉은 벽돌들이.

문을 열고 들어선 곳은 그대로 거실이면서 침실이다. 문 앞에 탁자를 놓았고, 탁자 왼쪽과 앞쪽으로 침대를 하나씩 두었다. 침대는 나무로 직접 짠 듯하다. 침대 한가운데가 푹 꺼졌다. 아멜리아가 집이 좁다고 한다. 그게 무슨 상관인가.

디안드라가 봉지 커피 한 개를 사와 탁자 위에 놓는다. 아, 커피가 집에 없었구나. 나 준다고 밤길을 걸어 커피를 사 오다니 갑자기 미안해진다. 마을 가게들에서는 뭐든 낱개로 포장된 물건을 판다. 그러니까 디안드라가 사 온 커피는 네모난 커피 믹스 하나 크기라고 보면 된다. 아멜리아가 접시에 롤빵 한 쪽을 담아주고 상자 속에 담겨 있던 잔을 꺼내 커피를 타 준다. 속이 출출하다는 걸 도대체 어찌 안 걸까. 사진 보다가 점심 거르고, 잠자다가 저녁 거르고 바나나랑 빵 한 쪽만 먹어 배가 고프던 참이었다. 달콤하다. 내 먹는 모습을 보고 모녀는 눈치 챘을 거다. 내가 허기졌다는 것을.

이집 사람들은 다 미남, 미녀다. 아멜리아가 그렇고 디안드라가 그렇다. 음악회장에서 돌아온 둘째 아들도 잘생겼고, 집에 혼자 있던 막내는 듬직하다. 큰아들은 콘서트장에서 춤출 거라고 한다.

둘째 아들이 자기가 키우는 새, 아길라를 데려왔다. 내 눈에는 딱 독수리다. 내 팔에 아길라를 얹어주는데, 내가 속으로 덜덜 떨고 있다는 게 팔에 그대로 드러난다.

디안드라가 가족사진을 가져와 보여준다. 한 집안의 오래 묵은 사진을 들춰본다. 낯선 내게 사진을 보라고 건네는 딸이 고맙다. 사진 속에서 디안드라는 멋진 전통 옷을 입고 춤을 춘다. 학교에서 춤 경연 대회를 자주 한단다. 그리고 아이들은 모두 학교에서 전통 춤을 배운다고 한다. 춤 이름을 물으니 파파타르푸이라고 한다. 이 춤은 아야쿠초와 쿠스코 사이에 있는 아푸리막 지역에서 내려오는 춤이다. 디안드라가 춤추는 사진을 내게 준다.

숲이 참 좋은 곳에서 찍은 사진이 있어 물어보니 아멜리아 자매들이 사는 페루 북쪽 침보테란다. 저 숲길을 걸으면 저절로 모든 걱정이 사라지리라. 침보테에 가본 지 오래됐다는 아멜리아와 디안드라와 함께 가보면 좋겠다는 상상을 짧은 틈에 해본다.

시계를 보니 밤 1시 30분이다. 서로 하는 말들을 다 알아듣지는 못했지만 그래도 통할 건 통한다. 아멜리아가 "집은 좁지만 자신들 마음만은 크다"고 한다. 안다. 만났을 때부터 지금까지 그 큰마음을 내게 보여주지 않았는가.

벼룩한테 물린 다리에 약도 얻어 바르고, 디안드라가 춤추는 사진도 한 장 받고, 내일 점심 초대까지 받았다. 엄마와 딸, 막내아들이 오스탈 앞까지 바래다주었다. 어떻게 갚으려고 나는 이 큰 선물을 다 받았을까?

세 사람의 모습이 이제 보이지 않는다. 나도 내 방으로 돌아가야 하는데 쉽사리 계단을 오르지 못하고 오스탈 철 문 안쪽에 있는 공중전화기에 2솔을 넣는다. 서울로 연결되는 번호를 누른다. 남편이 아이 머리 깎으러 미용실에 왔단다. 머리 깎는 아이 귀에 전화기를 대준다. 끊기지 말라고 2솔을 더 넣는다. 서울은 낮 4시란다. 두 사람이 지내는 일요일 모습은 어떨까. 2솔을 더 넣었는데 금방 끊긴다. 이제 잔돈이 없다. 잔돈을 바꾸지 않는다. 60솔을 넣어도, 100솔을 넣어도 아쉬움은, 그리움은 잠재울 수 없으니, 나를 재우는 수밖에 없다.

10월 22일 일요일

나를 울린 여자들

모든 행사가 다 끝나고 하루쯤 늦잠 푹 자고 쉴 법도 한데 포럼을 준비한 사람들이 비차마 극장 앞에 모여 회의를 한다. 그 모습에 깜짝 놀랐다. 무서운 사람들이다. 아주 갈무리를 제대로 한다.

3층 부엌에서는 이제 곧 헤어지는 우리를 위해 페루에서 유명한 요리인 세비체를 만들어준다고 마을 아주머니들이 바쁘게 움직인다. 어떻게 만드는지 궁금해 물어보니 세비체는 생선살을 잘라서 그 위에 라임 즙을 뿌려 숙성시켜 만든단다. 삶아놓은 감자를 함께 까는데 아멜리아네 집에서 점심 먹기로 한 약속 시간이 다가온다. 아무래도 함께 먹기는 어렵겠다고 하고 가려고 하니, 남겨놓을 테니 늦게라도 꼭 먹으라고 한다.

오스탈 칼리포니아 여자들이 기어코 나를 울린다. 고마운 마음에 뭔가를 선물하고 싶은데 한국에서 가져온 건 다 주고 없고, 내가 쓰려고 가져온 것 중에도 마땅한 게 없고, 시장에 갈 시간도 모자라 동네 가게에서 산 게 고작 커피랑 아이들 타 먹는 음료 분말이었다.

소이아랑 24시간 맞교대로 일하는 아게다와, 일요일에도 쉬지 않는지, 아니면 잠시 들렀는지 도리스가 있었다. 처음 아게다를 봤을 때 소이아랑 너무 닮아 헷갈렸다. 아게다는 시누이, 즉 소이아 남편의 누나다. 소이아 남편은 찻길 앞, 포럼에 참여한 사람들이 저녁을 먹는 식당에서 일한다. 어느 아침 소이아와 남편이 함께 출근하면서 손을 꼭 잡고 걸어오는 모습을 봤는데 어찌나 부럽던지. 그 남편이 일하는 식당에서 아침마다 식당을 열고 모랫길에 물을 뿌리며 청소하는 남자가 형이다. 그 길을 지나면서 물 뿌리는 남자한테 인사를 건네면 소리 없이 눈과 입으로 따뜻하게 웃어주었다. 아게다 세 남매, 소이아, 도리스 모두 더없이 착하게 생긴 사람들이다.

비차마에 가기 전, 아게다와 도리스한테 커피를 주고, 다음날 소이아 오면 주라고 선물을 건넸다. 2층 내 방으로 올라가려는데 아게다와 도리스가 나를 불러 세우더니 커다란 복숭아 깡통을 내미는 거다. 나는 조그마한 거 하나씩 돌렸을 뿐인데 이들은 그 큰 깡통을 내게 내민다. 콧날이 시큰해졌다. 마음만 받겠다고 나누어 먹으라고 하고 올라왔다.

그때부터 눈물이 쏟아졌다. 화장실에 가서 울었다. 나도 내가 왜 우는지 모르겠다. 어쩌자고 이 사람들은 한없이 마음이 아름답단 말인가. 어쩌자고 나는 이들한테 이토록 많은 것을 받아가는가.

그렇게 우는데 방문을 두들기는 소리가 나 급히 눈물을 닦고 문을 열었더니 친구가 밑에 와 있단다. 도리스가 내게 친구가 기다린다고 한다. 아, 내 친구. 아멜리아 선물로 커피와 우유 깡통을 샀던 나는 포럼 기념 티셔츠와 어머니께서 여행길 부적처럼 건네주신 네잎 클로버 코팅한 것도 챙겼다. 손에 차고 있던, 부에노스아이레스에서 선물로 받은 묵주도 빼주리라 마음먹고. 더 줄 수 있는 걸 생각해서 다행이다. 아게다와 도리스가 아니었다면 내가 가진 것을 떠올리지 못했을 거다.

햇볕 따뜻한 날

햇빛 내리쬐는 길을 아멜리아랑 걷는데 말을 할 수가 없다. 입을 벌리면 눈물이 날 것 같아서. 고작 날씨가 좋다는 얘기 한마디만 간신히 했다. 아무래도 아멜리아가 보기에 내가 이상했을 거다.

아멜리아네 집에 도착해보니 집을 싹 청소해놓았다. 아멜리아가 딸기 주스와 음식을 내왔다. 감자를 삶아 노란색 소스를 뿌린 파파 우안카이나와 닭다리를 얹은 밥 아로스 콘 포요다. 나만 따로 접시 두 개에 담아주고 다른 식구들은 그냥 접시 하나에 두 가지를 놓았다. 다시 목이 메어오는데, 열심히 맛있게 먹었다.

말리는 걸 내가 설거지하겠다고 나섰다. 빈 그릇을 들고 나가니 뒷마당이다. 음식 만드는 곳을 마당 한쪽에 작게 만들어놓았다. 문은 없다. 바람 불면 먼지 날리는 그곳에서 아멜리아는 그리 맛있고 고급스런 음식을 만

헤어지기 전에 나를 집으로 다시 초대한 아멜리아가 딸 디안드라와 함께 음식을 준비하고 있다.

들었다. 씽크대도 없고 수도도 없다. 냉장고도 없다. 디안드라가 마당 저쪽에서 물을 떠와 대야에 부어주었다. 그릇을 하나씩 담가 수세미로 닦았다. 조그마한 대야에 물을 더 받아 와 닦은 그릇을 헹구려고 담았다. 설거지하는 나 때문에 서 있는 아멜리아와 디안드라한테 의자에 앉아 있으라고 했다. 설거지를 하면서 의자에 앉은 두 사람과 이야기를 한다. 나는 어린아이처럼 이 사람들 말을 배운다. 세상을 배운다.

오랜만에 쪼그려 앉아 설거지를 한다. 어릴 때 우물에서 물을 받아 쪼그리고 앉아 그릇을 닦던 일이 떠오른다. 어른이 된 뒤로는 그런 일이 없었다. 물도 아까운 줄 모르고 펑펑 썼다. 그릇을 씻는 데 많은 물이 필요한 건 아니다. 햇볕을 쬐며 마당 한가득 빨래를 널어놓은 그곳에서 설거지를 한다. 그릇을 다 헹구고, 물은 그냥 마당에 뿌리면 된다기에 모래흙에 버리려고 마당에 서니 나무판자로 덮어놓은 곳이 있다. 이 집에서 쓰는 지하수가 있는 우물이다. 비차마 극장에는 수도 시설이 되어 있어서 다른 집들도 그런 줄 알았는데 아니었다. 35년 된 마을이지만 아직 수도가 없는 집이 있다.

물질이 마음을 가난하게 만들지는 못한다. 벽돌이 그대로 드러난 집, 나무로 짜 맞춘 침대, 널빤지 벽, 널빤지 문, 그런 것들이 아름다운 사람들을 헤치지 못한다. 언제 나는 한 번이라도 낯선 사람을, 먼 곳에서 집을 떠나온 다른 나라 사람들을 내 집에 초대해 따뜻한 밥 한 그릇 대접해본 적이 있던가.

의자를 더 내와 햇볕을 쬐며 세 여자가 이야기를 나눈다. 디안드라가 한글을 알려 달라고 해 한 시간이 넘도록 공책에 써가며 이 얘기 저 얘기를 나누었다. 쉽게 한글을 배우는 디안드라를 아멜리아는 무척 흐뭇하게 바라본다. 학교 공부도 저 알아서 척척 해낸다며.

아멜리아가 다음에 다시 꼭 오란다. 아이와 남편도 데리고 오라고. 소이아도 그랬다. 우연히 비둘기를 손으로 잡고서는 날려주라는 도리스 말에 아깝다며 한참 잡고 있더니, 내게 요리하면 맛나다고, 식당에서 먹으려면 비싼 요리라며 해줄 테니 먹을 거냐고 한다. 그래서 아니라고 했더니 휙 하늘로 날려주면서, 다음에 아이와 남편도 데리고 오면 맛있는 걸 만들어주겠다고 그랬다.

이사 오기 전에 살던 곳에서 학살을 목격한 아멜리아는 사람들이 모두 평등하고 평화롭게 사는 세상을 원한다. 1980년 5월 광주를 이야기하자 똑같다고 한다. 남미 다른 나라들도 마찬가지라고. 사람들은 모두 평등하고 평화로운 세상을 원하는데 그게 왜 그렇게 어려울까. 왜 어려워야 하는 것일까. 비야 엘살바도르에서 나는 우리가 지나온 가난한 과거가 아니라, 우리가 앞으로 만들어가야 할 진보를 본다.

10월 23일 월요일

혼자가 되다

버스를 두 번 갈아타고 리마 시내로 나왔다. 오늘부터는 아주 혼자다. 그동안 여섯 나라를 함께 움직였던 세 사람은 비차마 극단 알베르토와 함께 마추픽추로 갔다가 리마로 돌아와 서울로 간다. 나는 아야쿠초로 간다. 그곳에서 며칠 있다가 다시 리마로 돌아와 페루 위쪽으로 올라간다.

마추픽추로 가는 사람들이 표를 끊은 크루스 델 수르 버스 회사로 가서 아야쿠초 가는 버스를 알아보았다. 오늘 안으로 떠나는 버스가 있기를 바랐는데 내일 밤 9시 30분에 떠나는 차밖에 없다. 표를 끊었다.

네 사람과 함께 점심을 먹고 커피를 마셨다. 마추픽추 가는 버스는 2시 출발. 30분 남았다. 사람들은 버스 터미널을 향해 길을 건너야 한다. 내게 남은 기간 동안 별 탈 없이 건강하게 잘 다니라고 기원해주었다. 남미 친구들과 헤어질 때면 '차오' 하고 인사를 했는데 뜨거운 차오도 없이 그냥 "잘 가요"밖에 하지 못한 게 못내 아쉽다. 사람들이 발걸음을 떼자마자 눈물이 툭 떨어진다. 눈물 같은 거 안 날 줄 알았는데. 한번 눈물이 나기 시작하자 쉽게 멈추지 않는다. 건너간 사람들이 나를 볼 수 없는 곳으로 몸을 숨긴다. 혼자 다독이는 수밖에. 한참을 내가 나를 위로한다.

차가 내일 떠나니 하루 묵을 곳을 찾아야 한다. 되도록 버스 터미널 가까이 있는 숙소를 알아보려고 둘러보면서 걷는데 숙소가 보이지 않는다. 어떻게 할지 결정을 내리기 전까지는 버스도 택시도 탈 수가 없다. 그냥 멈추어 있을 수도 없다. 빙 돌더라도 길을 잃지 않게 건물들을 눈여겨본다. 아무리 걸어도 숙소가 쉽게 보이지 않는다. 지난번 리마에 도착해 묵었던 빛나네 집으로 다시 가야겠다. 전화를 하니 아래층에 사는 아주머니가 받는다. 막막할 때마다 도움을 받는다. 길을 몰라 택시를 탔더니 채 5분도 안 걸린다.

도시, 허구에 세워진 세상

가방을 내려놓고 동네를 둘러보러 나왔다. 박물관이며 미술관이며 어떤 이름난 곳을 찾아다닐 마음이 없는 걸 보면 아무래도 나는 게으른 여행자다. 앞으로 앞으로만 걷는다. 그러면 걸음을 멈춘 곳에서 뒤돌아 다시 앞으로 앞으로만 가면 되니 길을 잃지 않겠지.

높은 건물들, 바쁘게 다니는 차, 쇼핑센터, 은행들, 여행사. 계속 앞으로만 가자니 돌아올 길이 멀어질 것 같아 한 번 방향을 튼다. 왔던 길을 되돌아가지 않아도 된다. 한 바퀴 돈 셈이다.

비야 엘살바도르를 떠나왔나 보다. 모래흙이 없다. 모래흙을 밟다가 딱딱한 시멘트 바닥을 밟으니 기분이 묘하다. 아까 터미널 근처를 돌아다닐 때 작은 아이들이 똑같은 옷을 입고 젊은 엄마나 아빠 품에 안기거나 손을 잡고 서 있는 모습을 보았다. 반짝반짝 빛나는 승용차 안으로 들어가는 아이들도 있었다. 사립 유치원 앞이었다. 집 앞 모래흙 길에 주저앉아 아무것도 없이 소꿉놀이를 하던 비야 엘살바도르 아이들이 떠올랐다. 시내와 변두리가 이토록 차이가 나는 것일까. 사람들이 입은 옷도 다르다. 모터 택시는 더 이상 볼 수 없다. 비야 엘살바도르에는 하나도 없던 신호등이 이곳에는 있다.

좁은 건널목 앞 길바닥에 나이 든 원주민 여자가 아들과 앉아 있다. 싸온 밥을 아이에게 떠먹인다. 그이 앞에는 원주민들이 쓰는 모직 모자가 뒤집어져 있다. 동전을 넣자, 여자가 고맙다고 한다. 찬바람 불고, 차 냄새 지독한 도시 한가운데에 앉아 여자가 하루를 산다. 아이들과 살려고 애쓰는 사람들, 구걸을 하면서까지 아이를 먹이고 키우는 저 여자에겐 어린 목숨이 가장 중요하다. 모욕도 절망도 배신도 여자를 범하지 못하리라.

그이 앉은 곳을 지나오자 길을 사이에 두고 고급 쇼핑센터들이 마주 섰다. 유리문에 붙은 광고 포스터에서 금발 머리 여자 아이가 얼굴이 터질 듯 웃는다. 아이 머리 위로 '세계 어린이들'이라고 적혀 있다. '세계 어린이들'이라니. 아이들도 이미 계급이 나누어지고 부와 가난이 나누어진 세상에서 저 포스터 사진은 거짓이다. 비야 엘살바도르에 있다 나오니, 도시는 허구에 세워진 세상이다. 나는 어디로 가는가. 어떤 세상을 만나고 싶은 건가.

깨끗하고 멋진 건물들, 고급스러워 보이는 식당 유리창 저 안에 앉아 있는 젊은이들을 보면서 생각한다. 만약 저 젊은이들이 자기 땅에서 가난한 사람들이 어떻게 사는지 생각하지 않는다면, 그 삶을 외면한다면 언젠가는 큰일이 일어날 것이다.

학살은 다른 모습으로 여전히 벌어진다. 가난을 강요하는 것, 많은 사람을 가난으로 내모는 것, 그것이 학살이다. 인간을 상품으로 만들고, 질 낮은 상업 문화를 강요하는 것, 그것도 학살이다. 생각해야 할 게, 움직여야 할 게 많은 세상이다. 허공에 메아리로 남지 않을 움직임이어야 한다.

살아 있는가, 죽었는가:

페루, 아야쿠초

10월 25일 수요일

다른 아침

버스가 온밤을 달렸다. 내내 자면서 왔다. 산 높은 곳에서 아침을 맞는다. 저기 저 아래에 마을이 있다. 이 높은 곳에도 띄엄띄엄 집들이 있고, 듬성듬성 아침을 걷는 사람들이 보인다. 모두 잠에서 깨어난다. 무얼까. 이 느낌은. 차창으로 아야쿠초가 일어나는 아침을 보는데, 말로 표현할 수 없는 그 무언가가 가슴을 파고든다. 강렬하게가 아니라 스며들듯이 부드럽게. 무수한 아침이 신선하고 맑겠지만 이 아침은 그 깊이가 더하다. 마치 산과 집과 사람들이 고요히 눈을 감고 생각에 빠져든 듯하다. 아름다운 마을. 경치가 아니라 사람이 아름다운 것 같은 마을. 속수무책으로 이 마을을 좋아하게 될 것만 같다.

산 아래로 내려온 버스는 좁은 길에 있는 작은 터미널에 몸을 부렸다. 밤새 함께 차에서 잔 사람들이 내렸다. 이곳이 집인 사람들은 마중 나온 사람들과 사라졌다. 아야쿠초에 있는 고아원에 자원 봉사를 하러 온 한국 대학생 두 명과 함께 버스에서 내렸다. 두 사람은 세계 일주 여행을 하는 중이다. 학교 봉사 동아리에서 활동할 때 다른 나라 학생들이 한국으로 자원 봉사 오는 걸 보면서 언제 꼭 그런 일을 해보겠다고 결심했다고 한다. 선후배 사이인 이 친구들은 한 사람에 30만 원이 넘는 돈을 내고서 자원 봉사를 하러 이곳을 찾았다. 다른 나라에서 일을 해 모은 돈으로 이 먼 시골에 봉사하러 온 그이들이 예쁘다.

그 친구들에게 아까 산에서 만난 아야쿠초의 아침이 떠올라, "참 좋죠?" 그러니 "예, 정말 좋네요" 그런다. 무엇이 좋은지 우리는 말하지 않았다. 아니, 어떤 말로 표현해야 할지 사실 모른다. 하지만 무언가가 가슴을 파고든 건 분명하다.

터미널 옆에 있는 식당에서 아침을 먹었다. 국밥 같은 걸 시켰는데 양이 푸짐하다. 주스도 한 잔씩 마셨다. 일행들과 헤어져 처음으로 혼자 여행하는 곳이 아야쿠초인데 이곳에 같이 오게 된 한국 친구들이라니. 식당을 나서면 바로 헤어질 테지만, 참 인연도.

두 친구는 택시를 잡아타고 3주 동안 자원 봉사할 고아원을 찾아 떠났다. 아침 일찍 도착하니 시간을 덤으로 얻은 것만 같아 기분이 좋다. 식당 바로 옆에 숙소가 있기에 가방을 놓고 움직일까 싶어 들어갔더니 하루 40솔이란다. 생각보다 비싸 그냥 나왔다. 다시 리마로 돌아가야 하기에 배낭은 민박집에 맡겨놓고 작은 가방 하나만 가져온 터라 들고 다니다 마땅한 숙소를 찾아보기로 하고 걸었다.

버스를 타고 산을 내려오면서 보니 작은 박물관이 보였다. 학살로 많은 사람이 죽어간 곳 아야쿠초를 찾아왔지만 사실 아야쿠초에 무엇이 있는지, 어디를 가야 하는지, 누구를 만날 수 있는지 아무것도 모른 채 길을 나섰다. 비차마 사람들한테 아야쿠초에 가서 어디를 가보면 좋으냐고 물었는데, 내 말이 서툴렀는지 아무도 대답을 해주지 않았다. 나도 더 묻지 않았다. 혼자 찾아보리라고. 그런데 그 작은 박물관 겉벽에 그림이 그려져 있다. 잘린 발목, 잘린 손목. 저곳이겠구나, 저렇게 있구나, 내가 찾아

가야 할 곳이. 나는 그 박물관을 향해 다시 오르막길을 오른다.

머리를 깎다

리마는 쌀쌀했는데 아야쿠초는 따뜻하다. 네모반듯하게 길이 나 있다. 작은 가게들이 문을 열고 하루를 준비한다. 미용실 앞에 여자가 나와 물청소를 한다. 아침부터 늦은 밤까지 사람들 머리카락을 자르고 다듬고 꾸며주며 돈을 벌어 시골 부모에게 논도 사주고, 동생들 공부도 시키고, 시동생들 결혼할 때 보태도 주었다는 동네 미용실 아주머니가 떠오른다. 한 5년은 그 미용실에서 4,000원에 늘 똑같이 단발머리로 잘랐다. 돈 만 원 하는 파마를 한 번도 안 해준 게 미안하기만 했다.

길을 건너 미용실로 들어가니 물청소하는 이는 미용사의 동생이고, 미용사는 한 남자가 머리에 뒤집어썼던 시간들을 싹둑싹둑 잘라낸다. 군살 하나 없이, 꾸민 것 하나 없이 소박하기만 한 이 여자도 생활을 꾸리고 살림을 일으키고 그러겠구나. 한눈에 큰언니라는 걸 알겠다. 어린 남자 아이가 소파에 앉아 손님 머리를 깎아주는 엄마를 쳐다본다.

시원하게 머리를 다듬은 남자가 가고, 내가 의자에 앉는다. 머리 깎는 데 3솔이란다. 단돈 1,000원. 여태 머리 깎은 값 가운데 가장 싸다. 자라는 동안 어머니께서 깎아준 것 빼고는. 머리가 길어 잘라야 하는 일요일이면 마당에 의자를 내놓고 큰 보자기를 목에 둘러쓰고 앉았다. 어머니는 아버지와 함께 천과 솜을 사다가 이불을 만들어 파셨다. 그 이불을 만들 때 썼던, 철컥철컥 소리 나는 크고 무거운 검은 가위를 들고 내 머리카락을 잘라주셨다. 스무 살이 넘도록 그랬다. 양쪽 머리 길이가 다르고, 늘 바가지 머리였지만 어머니가 잘라준 머리 모양이 가장 마음에 들었다.

여자가 어떻게 자르겠냐고 묻는다. 마음대로 알아서 잘라주세요, 여자에게 나를 맡긴다. 푸석해진 머리카락을 빗질해 손가락 사이에 끼고 가위를 댄다. 내가 궁금하지 않을까. 어디서 온 여자일까, 왜 왔을까, 무슨 일을 할까 궁금할 만도 하건만 여자는 내게 한마디도 묻지 않는다. 여자는 가위로 말을 한다. 가위로 나를 알아낼 것이다. 그래, 언젠가 내 머리카락을 자르는 여자가 가위로 끊임없이 말을 걸어오는 걸 들었다. 워낙 머리숱이 없어서 자르는 데 채 10분도 안 걸릴 머리이건만 30분은 족히 자르고, 감겨주고, 말려주고, 매만져주던 여자. 마치, 이제 괜찮아요, 웃어봐요 하듯, 머리를 다듬어준 게 아니라 마음을 쓰다듬어주던 여자.

남미에 와서, 페루 아야쿠초에 와서 머리 자를 생각을 다 하다니. 미용실 의자에 이러고 앉아 있으니 아주 여기 사람이 된 것 같다. 잘라놓은 머리는 마음에 든다. 화장실에 가서 얼굴도 씻고 이도 닦는다. 이제야 좀 돌아다닐 만하다.

기억 박물관

기억 박물관Museo de la Memoría은 작다. 겉벽에 그려진 그림은 아무것도 숨기지 않았다. 밝고 화사한 페인트는 도저히 쓸 수 없는, 그래서 쓰지 않은 그림이다. 벽에 "정의를 찾을 때까지 결코 잊어서는 안 된다"고 쓰여 있다. 여기에 왜 기억 박물관이 있는지를 말해준다. 그 옆, 창문 건너편에는 이런 물음이 적혀 있다.

> 22년 동안
> 행방불명된 그렇게 많은 사람들은 어디에 있는가?
> 살아 있는가, 죽었는가?
> 그이들 유해는 어디에 있는가?
> —안젤리카 멘도사

건물 오른쪽으로 돌아가니 작은 대문이 열려 있다. 대문 안, 담벼락에 “죽이지 말라”고 쓴 나무 십자가가 달려 있다. 작은 마당에 여자 둘이 앉아 햇볕을 쬐면서 이야기를 나눈다. 내가 박물관을 보러 왔다고 하니 2층으로 가면 사람들이 있을 거라고 알려준다.

2층 사무실에서 사람들이 탁자에 둘러앉아 회의를 한다. 끝나가는 참이었는지 자리에서 곧 일어들 난다. 마리벨이라는 여자가 3층으로 나를 데려가 잠긴 문을 열고 꺼진 불을 켠다.

들어서서 맨 먼저 본 건 ‘정치 폭력 지도’다. 1980년부터 2000년까지 아야쿠초 지역에서 폭력이 벌어진 현장을 지도에 표시해놓았다. 아, 아르헨티나 부에노스아이레스에서도 학살 지도를 보았는데, 여기도 있다.

우안타, 라 마르, 우아망가, 캉가요, 빌카스 우아만, 빅토르 파하르도,

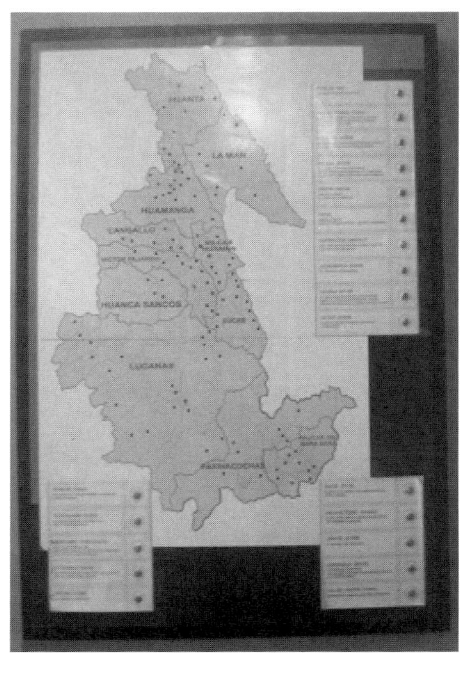

아야쿠초 지역의 정치 폭력 지도.

우안카산코스, 수크레, 루카나스, 파리나코차스, 파우카르 델 사라 사라. 아야쿠초 지역 북쪽 우안타 주부터 남쪽 파리나코차스 주까지. 우아망가에 점이 무수히 많이 찍혀 있다. 나는 지금 우아망가 주 중심 도시인 아야쿠초에 있다.

마리벨이 전시물 앞에 서서 이야기해준다. 20년 동안 아야쿠초에서 어떤 일이 일어났는지. 사진 중에는 비야 엘살바도르에서 본 사진도 있다. 마리벨이 하는 말을 다 알아듣는 건 아닌데, 마리벨이 하나씩 설명할 때마다 이상하게 마음에 무거운 게 하나씩 들어찬다.

산 사람들 앞에 죽은 채 누워 있는 사람들. 군인이 민간인 얼굴에 총을 겨누고 발로 등을 차는 모습을 나타낸 세라믹 인형. 누군가를 옥죄고 얽매었을 동아줄. 절망과 공포가 스며들었을, 주인을 잃은 옷들. 전시물은 적지만, 무겁다.

반체제 그룹 센데로 루미노소와 군대 사이에 벌어진 무장 대립으로 무려 7만여 명의 희생자가 생겼다고 한다. 실제 희생은 반체제 그룹인 센데로 루미노소나 투팍아마루혁명운동에 의해서라기보다는 정부군에 의해 발생했다고 한다. 온갖 인권침해가 그야말로 엄청난 규모로 벌어졌다는데 희생자들은 시골에 사는 가난한 농민들과 원주민들이었다. 그들은 강제로 살던 곳을 떠나야 했고, 성폭력과 고문을 당했다. 벽에 걸어놓은 커다란 그림에 주민들이 당한 일이 그려져 있다. 와리 사라테라는 작가가 그린 그림의 제목은 〈의식의 대립〉이다. 왼쪽에는 센데로 루미노소가 저질렀던 일들이, 오른쪽에는 군대가 저질렀던 일들이 그려져 있다. 그림 속, 치마가 들추어진 여자는 군복 바지 밖으로 아랫도리를 내놓은 군인 앞에서 지금도 죽어간다.

전시된 사진들을 보니, 구속과 고문, 실종과 죽음, 대량 학살 범벅이었다. 조금이라도 센데로 루미노소와 관계가 있다는 혐의를 받은 사람들은 누구든 끌려갔다. 외부와 차단당한 채 비밀 장소에서 고문당했고, 지독한 고문은 사람들로 하여금 자신이 테러리스트라고 거짓 자백을 하게 만들었다.

무척 많은 아이가 아버지를 잃었다. 아이들은 아버지가 군인에게 끌려가거나 그 자리에서 죽어가는 모습을 봤다. 아버지 얼굴 관자놀이에 시퍼렇게 핏줄이 돋고, 그 위에 총구가 겨누어지고, 그 총구에서 불이 뿜어지고……. 아이들이 당한 충격은 가늠하기가 어렵다. 마음과 머리에, 지워지지 않는 문신처럼 상처가 남았을 게다.

마리벨이 고운 목소리로 들려주는 참혹한 이야기를 듣는다. 마리벨이 한 이야기들을 나중에 종이에 써보라면 거의 옮겨 적을 수 없을 거다. 그런데 이상하다. 지금 이 순간, 나는 마리벨이 하는 이야기를 다 알아듣는다. 심장 어디께로 이야기 하나가 와서 박히고, 명치 어디께쯤 다른 이야기가 와 박힌다.

마리벨이 어느 사진 앞에서 내게 말한다. 센데로 루미노소 조직원들을 잡겠다고 나선 군인들이 농민 집에 들이닥쳐 '아이들이 보는 앞에서' 그 아이들이 늘 보던 '아버지 목을' 칼로 베었단다. 마리벨이 오른손을 쫙 펴 손날을 세워 '목을 베는 모습'을 해 보이는데……, 왈칵 눈물이 쏟아진다. 훔쳐내도 소용이 없다. 마리벨이 이야기를 멈추고 조용히 나를 본다. 이제까지 마리벨이 한 이야기를 알아들었다고 느낀 건 머리가 아니라 마음이었나 보다. 마음에 무겁게 하나씩 들어찼던 건 눈물이었나 보다. 나는 그만 꺽꺽 운다. 아무도 나를 혼내지 않았는데, 무척 서럽고 억울한 아이처럼 소리 내어 울어댄다. 단 일 초도 안 되는 찰나에 1980년 광주가 머리를 치고 들어오고, 『눈까마스』에서 읽은, 날마다 비행기에서 바다로 내팽개쳐진 사람들이 떠오르고, 비야 엘살바도르에서 에드문도와 크리스티나, 프레디가 보여준 연극 한 장면이 되살아났다. 검은 비닐

자루 속에 꽁꽁 갇혀 오랜 시간 죽어 있던 사람들이 비닐을 뚫고 나오던 장면.

마리벨이 마른 손으로 내 등을 토닥여주고 안아준다. 그동안 나는 이렇게 펑펑 울고 싶었던 걸까. 꺼이꺼이 울 자리를 찾아 여기까지 왔던 걸까. 처음 본 마리벨 앞에서 눈물, 콧물 흘리며 꺽꺽 우는 모습을 다 보이고 만다. 사진만 보고 무작정 찾아온 아야쿠초. 오길 잘했다.

복도 벽에는 이 학살을, 진실을 밝혀내기 위해 투쟁해온 여성들을 찍은 사진이 있다. "무엇이라도 실제로 해야 한다"고 생각한 여성들은 '진실을 위해 투쟁하는 어머니그룹'을 만들었다. 마리벨이 준 자료에 어머니그룹이 어떤 활동을 하는지 짧게 나와 있다.

"행방불명된 사람들의 흔적을 찾아 조사하고, 정의를 집요하게 외쳐왔다. 이 여성들은 '페루 납치·체포·실종자 가족 국가협의회(ANFASEP)'에 소속되어 있고, 자녀들과 배우자 유해가 어디에 있는지 아는 사람을 찾기 위해 투쟁해왔다. 이 여성들은 그동안 정부 당국이 자녀들과 배우자를 테러리스트로 여겨 되풀이해 명예를 훼손하고, 오랫동안 이 일을 완전히 모른 체하며 무시하는 것을 보면서 원통해했다."

1983년 9월에 만들어진 페루 납치·체포·실종자 가족 국가협의회는 마리벨이 활동하는 단체이고, 2005년 10월 16일에 이 박물관을 열었다. 국가 폭력에 희생된 사람들을 기리고, 행방불명된 사랑하는 사람들을 찾기 위해서다. 이들이 사라진 사람들을 찾아 나서고 진실을 찾아 나서서, 2003년에 진실·화해위원회가 인권침해에 대한 광범한 고증을 통해 작성한 최종 보고서와 정부 권고안을 제출했다. 진실·화해위원회는 "원주민과 가난한 농민들에 대한 사회적인 배제와 폭력의 양상 사이에 긴밀한 관계가 있음"을 확인하고, "희생자들에게 배상하고 범인들을 법적으로 추적하며, 사회·제도들을 개혁할 것"을 정부에 권고했다. 2005년 8월에는 정부가 "전면적인 배상 계획" 법에 동의했다.

실종과 고문, 학살 지도를 그려야 하는 세계. 한국에도 만만치 않은 학살 지도가 있다. 학생들이 공부하는 사회과 부도에는 보통 지도 말고도 역사 지도니, 경제 지도니, 행정지도니 하는 것들이 포함되어 있다. 거기에 하나 더, 학살 지도도 넣어야 하지 않겠는가. 누구나 제대로 진실을 알아야 하지 않겠는가.

10월 26일 목요일

버스와 소년

아침 10시, 무작정 버스를 탔다. 물안개 피어오르던 마을, 아침과 함께 열리던 마을, 그 마을을 걸어보고 싶었다. 그런데 버스가 영 이상하게 간다. 높은 산마을은 맞는데 방향이 다르다. 그렇다고 중간에 내렸다가는 길을 헤맬까 싶어 그냥 버스 타고 한 바퀴를 돈다.

꾸불꾸불 산길을 달리는 버스. 한 사람이라도 내려야 하는 곳이면 모두 가는 버스. 잘 닦인 길은 없다. 바쁠 일도 없고, 생각과 다르다고 마음 조릴 필요도 없고, 그저 차 가는 대로 따라간다.

버스 종점은 산꼭대기다. 바로 나간다는 차로 바꿔 탔다. 승무원은 어린 소년이다. 통이 넓은 청바지를 단을 접어 입었다. 빨간 운동화를 신고, 빨간 남방을 걸쳤다. 빨간 남방은 이 버스 회사 승무원들이 똑같이 입는 옷인가 보다. 아까 탔던 차에서 본 젊은 남자도 같은 옷을 입고 있었다. 빨간 남방은 소년에게 한참 크다. 아직 소년은 덜 자랐고, 더 말랐다. 하지만 현실은 소년에게 어른 몫을 요구한다. 손님이 별로 타지 않는 구간에서는 차 문을 열어 고정시켜놓고 소년은 뒷자리에 가 눕기도 하고, 앉기도 한다. 얼마큼 지나 사람들이 많이 타자 소년은 차 문 안쪽에 서서 '오라, 오라'를 외치기도 하고, 밖으로 얼굴을 내밀고 차가 가는 방향을 큰 소리로 줄줄이 외친다. 운전기사가 소년에게 노란색 점검 카드를 건네주면 소년은 달려가 카드를 쇠로 만든 통에 넣고 손잡이를 내려찍는다. 차가 달리는 길에 점검기가 꽤 여러 대다. 소년은 미리 내려 달리고, 버스도 달리고, 소년은 다시 달려서 버스에 올라탄다. 어느 곳에선가 차가 천천히 출발할 때 소년이 밖을 한참 바라보기에 뭘 저리 보나 하고 창밖을 보니 또래로 보이는 교복 입은 학생들이 무리지어 걷는다. 무슨 생각을 했을까, 소년은.

이곳 차들은 꽤 재미있다. 아니, 운전사와 승무원이 여유가 있다. 길에 서서 지나가는 차를 보면 모터 택시, 그냥 택시, 버스가 서로 뒤섞여 길을 누빈다. 시끄럽고, 바쁘고, 빠르고 아주 정신이 없다. 거기다가 안내원들이 다들 문에 매달려 빠르게 외치는 소리가 사방에서 귀를 때려댄다. 그런데 차 안에서 그이들은 다르다. 한번은 어떤 여자가 차를 세웠다. 차가 멈추자 "젊은이" 하며 소년을 부르더니 1솔을 잔돈 50센티모스로 바꿔 달라고 한다. 차를 세워 돈을 바꿔 달라고도 하는구나 싶어 속으로 웃었다. 운전사와 승무원이 어떻게 나올까 궁금했다. 소년은 1솔을 운전기사에게 주고 운전기사는 바지 주머니에서 동전을 꺼내 소년에게 준다. 두 사람 모두 얼굴 한번 안 찡그린다. 게다가 서두르지도 않는다. 동전 2개를 소년이 여자에게 주자, 여자는 하나는 차비라며 소년에게 도로 주고 남은 동전을 자기 집 열린 문 안으로 던지며 뭐라고 외친다. 그러고는 차에 탄다. 50센티모스는 아무래도 안 보이는 아이가 쓸 용돈인가 보다. 서울이라면 이런 일은 어림도 없겠지.

소년은 차가 설 무렵이면 잽싸게 내려 짐 든 사람이 있으면 그 짐을 차에 싣고, 어린아이와 함께 있는 사람이 있으면 어린아이 손을 잡아주거나 번쩍 안아 차에 태운다. 다시 그이들이 내릴 때면 짐을 내려주고 아이를 내려준다. 귀찮아 하지 않고, 재촉하지 않고, 당연한 일을 한다는 얼굴로 소년은 꽤 민첩하게 움직인다.

차가 가는 길이 아침에 온 길과 다르다. 잘못 탔나. 어쩔 수 없지. 다시 차에, 운전사에게 나를 맡기는 수밖에. 버스는 우아망가 산크리스토발국립대학을 지나 높은 지역으로 올라 한참을 돈다. 운전기사 운전 실력이 보통이 아니다.

아침부터 낮까지 버스에 앉아 바깥 구경, 사람 구경 다 잘했는데, 이제 어디쯤에서 내려야 할 텐데 소년에게 버스 터미널에 가냐고 물으니 안 간다고 한다. 시내 어디쯤 적당히 내려 달라고 부탁해놓고 밖을 보는데 버스 터미널 앞을 지나간다. 처음 내가 차를 탔던 곳으로 차가 돌아왔다. 내리면서 소년에게 나이를 묻자 그냥 웃는다.

인간이 가진 권리

버스로 높이 있는 산마을은 죄다 다녔지만 어제 아침에 만난 그 마을은 안 나와서 걸어서 찾자고 다시 길을 나선다. 어제 이 길을 네 번이나 다녔더니 동네 길처럼 여겨진다. 박물관을 지나 큰길로 나오니 버스로 다녔던 길이다. 길거리는 조용하고 걷는 이도 없다. 대낮, 햇볕은 따갑다.

지나다니는 사람도 없건만 과일을 파는 아주머니가 있다. 과일 몇 가지를 조금씩 늘어놓고 판다. 처음 보는 과일이 있어 물어보니 피피누pipinu(안데스 지역 멜론. 케추아어)라고 한다. 아주머니가 물에 씻어서 껍질을 깎아 잘라준다. 아주머니가 아는 여자가 와서 아주머니랑 이야기를 나눈다. 아주머니와 여자, 내가 함께 피피누를 먹는다. 케추아 사람이라는 아주머니는 여기서 35년을 살았다고 한다.

다시 걷는다. 이제 알겠다. 아까 버스가 대학을 지나 올라갔다가 내려왔던 길이다. 얼추 머릿속으로 지도가 그려진다. 큰길 건너편에 있는 건물에 '여성'을 뜻하는 기호가 눈에 띄었다. 무슨 사회단체인가 궁금해서 가보니 자원 봉사하는 할머니 한 분이 내게 말을 걸어준다. 그리고 기꺼이 안내를 해주신다.

건물 안쪽 식당 문 앞에 책가방을 맨 아이들이 줄을 서 있다. 너른 식당에서 어린아이들부터 덩치 큰 십대 학생들까지 함께 밥을 먹는다. 밥을 먹고 학교로 가는 아이들도 있고, 학교에서 돌아와 밥을 먹으려는 아이들도 있다. 어디든 자라는 아이들을 먹이는 일을 소중하게 여기는구나. 굶거나 제대로 먹지 못하는 아이들을 옆에 두고 밥을 먹을 수는 없는 일이다.

밥을 다 먹은 아이들은 화장실에 가서 이를 닦고 학교에 가거나 요일을 달리해 배우는 운동, 연극, 그림, 수공예 활동을 할 준비를 한다. 7살 아벨과 가비, 11살 마리엘레나와 로마리오가 카메라 앞에 붙어서 떨어질 줄을 모른다. 큰 학생들까지 모두 카메라 앞에 달려와 서는데 어찌하다 보니 맨 똑같은 자리에 똑같은 모습으로 섰다. 사진 찍은 자기들 모습을 보면서 손가락으로 가리키며 웃고 좋아한다.

페루 여성사회개발부 지역 기관인 이곳은 여성과 아동, 노인들에게 여러 가지 교육과 지원을 한다. 기타 소리가 나는 방에 들어가니 할머니, 할아버지들이 기타를 맨 젊은 강사와 함께 노래를 배우고 춤을 춘다.

기획자로 일하는 낸시가 포스터며 발간한 자료를 챙겨준다. 여성들에게 권리를 일깨워주는 자료, 가정 폭력과 성폭력 문제를 다룬 작은 자료집이다. 몇 장 되지 않지만 그림과 만화를 그려 넣어서 사람들이 쉽게 이해할 수 있게 만들었다.

"모든 사람에게는 인권이 있다. 사는 곳, 성, 나이, 종교, 언어, 민족, 문화, 피부색, 정치적인 견해, 사회적 지위, 경제 수준, 태어난 곳은 중요하지 않다. …… 서로 다 다른 이 모든 사람에게 인권은 있다."

이 작은 책에 익히 들어서 아는 권리들이 적혀 있다. 표현할 권리, 법과

국적 앞에서 평등할 권리, 안전할 권리, 사생활을 보장받을 권리, 일할 권리, 교육받을 권리, 건강할 권리, 동일한 노동에 동일한 임금을 받을 권리……. 그런데 잘 안 읽힌다. 서로 다른 어느 무엇도, 누구도 인권을 침해할 수 없다는데 현실은 그렇지 않잖은가. 현실을 바꾸어내는 게 사는 일인지도 모르겠다. 학교에서 복종과 경쟁 대신에 인권을 가르친다면, 인권이 지켜지지 않을 때 어떻게 행동해야 하는지를 배운다면……. 아무래도 인간이 가진 권리를 딸딸 외워야겠다. 알게 모르게 나도 인권을 잊어버리는 일이 많다. 알면서도 사회와 싸우지 않고 슬쩍 넘어가는 일은 더 많다.

아침에 만났던 그 산마을은 아무래도 신기루였나. 아무리 오르막길을 걸어 올라도 닮은 곳이 없다. 다시 버스를 타고 리마로 돌아가면서나 만나야겠다. 산마을 아침이 아니라 산마을 밤을 보겠지만. 그 아침은 그때뿐이었는지도 모른다. 다시 가도 그때의 그 아침은 아닐 것이다. 그 아침만 가슴에 담아 가라고 길이 쉽게 찾아지지 않았을지도.

초등학교에 들어가기 전, 동네 언니 오빠들과 문을 닫은 공장에 인형이 잔뜩 버려져 있다고 가지러 가자고 길을 나선 적이 있다. 어느 누구도 직접 눈으로 본 건 아니었다. 그냥 뜬소문이었을 뿐. 어느 아이도 돈을 가지고 있지 않아 버스를 탈 수도 없었다. 어둠침침하고 눅눅한 굴을 지나고 벌판을 지나고 여우가 있다는 여우 굴을 지나, 경기도에 살던 내가 서울 첫 동네인 수색까지 걸어갔다. 가보니, 공장도 없었고, 인형도 없었다. 해지는 저녁 하늘만 보았을 뿐 아무것도 얻지 못했는데 서운하지 않았다. 그 저녁노을을 보러 그리 멀리 걸은 것이었을까. 그 단순하고 무모하던 어린애는 여전히 단순하고 무모한 어른이 되었다.

그릇 파는 여자

아야쿠초 우아망가 길에는 공원과 오래된 성당이 많다. 산토 도밍고 성당 앞에 작은 공원이 있는데 어린 소년이 한 할아버지가 신은 구두를 닦는다. 할아버지가 발을 올려놓은 나무통, 참 오랜만에 본다. 아니, 구두를 닦는 소년을 정말 오랜만에 본다. 그 아이가 내 걸음을 멈추게 한다. 좀 떨어져 있는 나무 의자에 앉는다.

나무 의자 바로 앞에는 칼갈이와 냄비, 버너를 늘어놓은 좌판이 있다. 물건을 파는 여자가 꽃처럼 환하게 웃으면서 내 옆으로 다가와 말을 건다. 뚜렷한 이목구비에 목소리며 말하는 투가, 한 번도 본 적은 없지만 공주나 귀족 부인 같은 그런 여자다. 여자는 내게 칼갈이를 팔 생각도, 냄비를 하나 들여놓으라고 할 생각도 처음부터 없었다. 소년한테서 구두를 닦는 할아버지는 여자의 아버지다. 청바지에 남방과 스웨터를 입은 할아버지도 멋지다. 그러니까 이 여자 비센타와 아버지 필로메노는 원래 공주와 왕인데 평민 옷을 입고 장사를 하며 사람들이 어떻게 사는지 둘러보러 온 것이라고 착각하게 만든다.

비센타는 리마에 살면서 몇 달씩 온 나라를 떠돌며 물건을 판다. 아버지와 함께. 아버지는 장사하는 딸 옆에서 해바라기를 하며 쉰다. 아야쿠초에서는 숙소를 얻어 넉 달째 머물고 있다고 한다. 물건은 얼마나 팔리는 걸까. 비센타가 어디는 어떻고, 어디에는 꼭 가보라고 말해준다. 비센타는 얼마나 많은 것을 알까. 얼마나 많은 길, 산, 물, 마을, 사람을 알까. 머물지 않고 훌훌 떠도는 비센타도 버리지 못하는 것들이 있을까.

비센타와 필로메노와 내가 번갈아 가며 사진을 찍었다. 그런데 떠돌아다니는 영혼인 비센타에게 사진을 건네줄 방법이 없다. 비센타는 이메일 같은 건 취급을 안 한다. 비센타는 숙소에서 카메라를 가져올 테니 다시 만나자고 한다. 1시간 뒤인 4시에 내가 다시 이 자리로 오기로 했다. 비센타는 아버지한테 카메라가 방 안 어디쯤 있는지 자세히 설명을 한다.

우연한 만남

아야쿠초 전통 옷을 입은 아이들이 엄마들과 함께 어디론가 바삐 간다. 내일 전통 춤 경연 대회가 있는데 사람들에게 보러 오라고 알리기 위해 모여서 행진을 한단다. 아이들이 어느 공원에서 모이기로 했다고 해서 나도 따라나섰다. 그이들을 따라가니 자그마한 공원이 나온다. 그 앞에도 오래된 성당인 산 프란시스코 데 파울라 성당이 있다. 비슷한 옷을 입은 아이들이 하나둘 모여든다.

아이들 엄마와 이야기를 하는데 어떤 여자가 내게 다가와 어디서 왔냐고 묻는다. 그렇게 이야기가 시작되었다. 여자는 리마에서 사는데 아야쿠초에 사는 남자 친구 집에 놀러왔다고 한다. 공원 의자에 남자 친구라는 이가 앉아 있다. 내가 아야쿠초를 어떻게 알고 오게 되었는지 이야기하자, 가볼 만한 곳 몇 군데를 얘기해주며 가까운 곳을 함께 가보자고 한다. 나는 4시에 비센타와 약속이 있고 그이들도 한 가지 해야 할 일이 있다고 해서 4시 30분에 다시 공원에서 만나기로 했다. 사실 속으로 모르는 사람을 따라가도 될까 조금 걱정이 되기는 했다.

두 사람과 헤어져 비센타가 있는 산토 도밍고 성당을 찾아가다 갑자기 길을 잃어버렸다. 아까 아이들과 엄마들을 그냥 따라가서일까. 분명히 따라가면서 머릿속으로 길을 기억해두었는데 못 찾겠다. 얼마 먼 거리도 아닌데. 이리저리 헤매다 다른 길로 접어드니 저만치 아까 그 공원이 보인다. 비센타 아버지가 카메라를 손에 들고 힘겹게 걸어오신다. 시간을 맞추어 나타나는 아버지를 보면서 이 작은 약속을 두 사람이 참 소중히 여기는구나 싶어 가슴이 뭉클해졌다. 다시 만날 리 없는 그 짧은 인연을 사진에 담아두려고 하는 비센타. 떠돌아다니며 무수히 많은 이들을 만났

리마에 사는 비센타는 아버지 필로메노와 함께 몇 달씩 온 나라를 떠돌며 물건을 판다.

을 텐데, 그냥 지나치는 한 사람인 내게, 그리고 우리 만남에 최선을 다하는 그이를 본다.

그렇게 우리는 사진을 찍었다. 비센타 카메라는 캐논 필름 자동 카메라다. 몸체에 예쁜 꽃 스티커를 붙였다. 오래 지닌 물건처럼 보인다. 비센타가 잔디밭의 꽃을 가리키며 예쁜 곳에서 찍자고 한다. 아버지와 나, 비센타와 나 이렇게 사진을 찍었다.

비센타가 전화번호를 적어 달라고 한다. 비센타 수첩에 내 번호를 적고, 내 수첩에 비센타 번호를 적는다. 우리는 이렇게 언젠가 전화하리라 생각하며 번호를 적는데 그 전화번호를 누르는 날이 있을까. 다시 만나지 못해도, 전화 통화를 하는 일이 없다고 해도 서로 번호를 지닌 것만으로도 언제든 통할 수 있다는 가능성을 안고 싶은 걸까.

우리가 사진을 찍는 동안 구두닦이 소년이 옆에서 유심히 보기에 "사진 찍어줄까?" 했더니 단번에 고개를 끄덕인다. 아이가 울타리 안, 꽃밭으로 들어간다. 부러웠나 보다. 사진을 찍어주니 좋아한다. 옆에 좀 더 큰 아이가 와서 보기에 찍어줄까 했더니 싫단다. 그러더니 금방 찍겠다고 한다. 안 찍는다던 녀석이 멋지게 자세를 잡는다. 작은 아이는 8살 프랑클린, 큰 아이는 9살 호엘이다.

사진을 다 찍었는데 아이들이 계속 내 옆에서 가지 않고 뭔가 말하고 싶은 게 있는 눈빛으로 서성인다. 프랑클린이 내게 "세뇨라[아주머니]" 하면서 작은 목소리로 말한다. 내가 못 알아듣자 옆에 있던 아주머니가 전대 주머니에서 동전을 꺼내 아이에게 주는 시늉을 한다. 아이는 내게 "아주머니 돈을 줄 수 있나요?" 했던 게다. 동전 지갑에서 2솔짜리 2개를 꺼내 두 아이에게 하나씩 주니, 아이들이 신났다. 프랑클린은 저쪽 의자에 있는 엄마한테 달려간다. 아주머니에게 물어보니 프랑클린은 엄마랑 함께 구두를 닦는다고 한다. 엄마는 아이 셋을 혼자 키우며 아이들과 날마

구두를 닦는 9살 호엘(왼쪽)과 8살 프랑클린.

다 이곳에 나와 저녁 7시까지 구두를 닦는다고 한다. 안 보아도 고단한 삶이다.

마음을 열고

약속. 약속을 한 사이는 벌써 아는 사이. 비센타와 인사를 하고 다시 약속 장소인 산 프란시스코 데 파울라 성당을 향해 걸었다. 갑자기 하늘이 시커메지더니 금방 바람이 휘몰아친다. 흙먼지가 확 일어나 눈도 제대로 못 뜨고, 앞으로 더 걸어 나가지도 못했다. 바람이 흙을 싹 쓸어가 청소한 것처럼 거리가 깨끗해질 정도다. 문을 열어놓은 가게 안으로 들어갔다.

어떤 아주머니도 여자 아이와 함께 바람을 피해 들어온다. 서로 놀란 표정으로 눈을 못 뜨면서 웃었다. 돌풍이다.

바람이 멈추어 밖으로 나오니 이제 빗방울이 떨어진다. 약속한 성당 앞 공원에 다다를 무렵 바람이 다시 거세게 분다. 공원 뒤쪽에 있는 식당의 문 앞에 세워둔 간판이 쓰러진다. 바람 소리도 만만치 않다. 공원에도 길에도 사람이 보이지 않는다. 바람이 무섭게 분다.

잠바 모자를 뒤집어쓰고 기다리는데, 약속한 4시 30분 정각. 두 사람은 아직 오지 않는다. 페루 시간이 떠오른다. 얼마쯤은 기다려야지. 10분쯤 지나자 바람이 더 거세지고 하늘은 금방이라도 비를 쏟아낼 듯 검고 잔뜩 찌푸린다. 어디 처마 밑이라도 찾아야겠다 싶어 일어섰다. 조금 내려가니 두 사람이 올라온다.

아무래도 버스를 타고 어딜 가는 건 무리였다. 커피 한 잔 마시자고 했다. 머리가 알 수 없는 날씨처럼 조금 복잡하기는 했다. 가보자는 곳이 어딘지도 모르고 따라가는 게 마음에 걸리기도 하고, 두 사람이 어떤 사람일까도 의문이고, 아침부터 계속 돌아다녀 피곤하기도 했다. 그러면서도 마음을 열고 사람을 만나자고 용기를 냈다.

가까이 있는 가게에 들어가서 커피를 시켰다. 아야쿠초에서는 커피를 타 마시는 방법이 좀 독특하다. 어느 가게든 똑같은데, 작은 유리병이나 유리그릇에 미리 진하게 내린 커피를 담아놓았다가 커피 잔에 뜨거운 물만 담아서 내준다. 마시고 싶은 만큼 물에 커피를 부어 마신다. 그러니까 커피를 연하게도 진하게도 마실 수가 있다. 주인이 섣불리 내 입맛을 재단하지도, 강요하지도 않는다. 커피에 곁들이는 건 설탕뿐이다. 분위기 있는 조명도 없고, 푹신하거나 때깔 좋은 탁자나 의자, 값비싼 커피 잔도 없다. 커피를 마시고 이야기를 나누며 서로를 아는 데에는 장식이 별로 필요하지 않다.

커피 한 잔 마시면서야 서로 이름을 물었다. 카린은 28살로, 특수 장애를 가진 어린이들을 돌보는 일을 해왔다. 남자는 하비에르, 노래하는 가수로 36살이다. 하비에르의 나이를 따져보니 아야쿠초에서 태어난 하비에르는 열 살 무렵부터 국가 폭력을 눈으로 봐온 사람이다.

어제 서점에서 20년 동안 진행된 폭력을 다룬 책을 샀다고 하자, 하비에르가 자기 집에 좋은 자료가 있다고 한다. 제목을 알려주면 내가 구하겠다고 하니 단체에서 낸 자료집이라 서점에는 없다고 한다. 원하면 자기 집에 가서 가져다 복사를 하자고 한다. 언제 하비에르 집까지 가나, 게다가 모르는 사람 집에 어떻게 가나 잠시 고민했다. 집은 그리 멀지 않다고 모터 택시 한 번 타면 된다고 한다. 그래서 가자, 했다.

카사블랑카

하비에르네 집은 흰 페인트칠을 했다. 하비에르가 자기 집을 가리키며 "카사블랑카[하얀 집]"라고 한다. 이층집인데 1층에는 하비에르가 음악 일을 하는 작업실이 있다. 컴퓨터로도 일을 한단다. 장비나 악기가 많지는 않다. 컴퓨터 한 대와 기타, 마이크, 오디오가 전부다. 작업실로 꾸민지 얼마 안 되었는지 페인트 냄새가 난다.

하비에르가 어지러운 작업장 한구석에서 자료를 찾아서 건네준다. 그런데 그 자료는 비야 엘살바도르 포럼 행사장에서 받은 자료다. 이렇게 인연이 이어지나. 내가 자료 제목을 외우지 않아 하비에르가 제목을 수첩에 써주었을 때 몰라보았다. 아야쿠초가 두 사람을 만나게 해주더니, 이 자료가 인연을 더 이어준다.

복사하러 나갈 일이 없어진 우리는 아야쿠초 전통 노래와 춤 경연 대회 디비디를 컴퓨터로 보았다. 흥겹게 춤추고, 노래하는 줄 알았는데, 하비에르가 말하는 걸 들어보니 속은 그렇지 않았다. 죽은 자를 땅에 묻고 위로하는 노래와 춤이라고 한다. 그것을 내게 선물이라며 준다. 자기가 만든 노래를 시디에 녹음해 정성스럽게 제목을 써서 준다. 오자마자 선물을 받는다.

어두워지는 저녁, 불 켤 생각도 않고 우리는 이야기를 나누었다. 나도 다른 때보다 말이 많아졌다. 툭툭 끊어지고 간신히 낱말만 늘어놓아도 카린은 잘 알아듣는다. 이상하리만치 카린과는 잘 통한다. 카린은 미국에서 특수 장애를 가진 아이 집에 들어가 아이를 돌보는 일을 했다. 그 집 부부한테서 영어를 배웠다는 카린은 내 마음을 잘 알겠는지 더 쉽고 간단한 표현들을 쓰려고 애를 쓴다.

하비에르는 어서 결혼해서 카린과 살면서 아이도 낳고 싶은데 카린은 아직 결혼이나 아이 생각이 없단다. 카린 어머니는 여러 번 결혼을 해서 자식을 11명 낳았는데, 그 남편들은 모두 무책임하게 떠나버렸고 카린은 그걸 못마땅하게 생각한다. 페루에는 이런 남자들이 많다고 한다.

얘기하는 동안 하비에르의 엄마 아드리아나가 일을 마치고 왔다. 아드리아나는 마우세알 칼레레 학교 선생님이다. 아드리아나가 자기 집에 온 걸 환영한다며 나를 꼭 안는다. 하비에르가 우리가 나누던 이야기를 하자 아드리아나가 가보면 좋은 곳을 얘기해준다. 아드리아나가 안경을 꺼내 쓰고 우리가 보던 자료를 본다. 한 장 한 장 넘기며 사진을 설명해준다. 하비에르도 삼촌과 외숙모를 국가 폭력으로 잃었다. 어쩌면 이곳 사람들은 당장 자기 집 일은 아니더라도 한 다리 건너 희생자와 모두 이어질지도 모르겠다. 아니 아마 그럴 거다.

밖으로 나와 2층으로 올라갔다. 아야쿠초의 전통 빵이라는 와와wawa와 차플라chapla, 두부처럼 생긴 치즈를 저녁으로 먹었다. 와와는 케추아어로 '아기'라는 뜻이다. 어제 시장을 지날 때 이 빵을 보았다. 할머니들이 커다란 대야에 한가득 담아 비닐을 씌워놓고 팔았다. 그런데 비닐 안에 시커먼 게 날아다녀 파리인가 했는데 벌이었다. 한두 마리가 아니라 여러 마리가 잔뜩 달라붙어 있다. 벌이 있어서 달콤할까 했는데 달지는 않다. 차플라는 통통하게 부풀어올라 있는데 속은 텅 비어 있다. 담백한 맛이다. 하비에르가 차플라를 하나 손바닥에 올려놓고는 "겉은 풍만하고 예쁜데" 하더니 빵을 열어 보이며 "속은 텅 비어 있다"고 하니, 아드리아나가 와와를 들어서는 볼록 나온 부분을 가리키며 "남자는" 하면서 농담을 한다. 아야쿠초에서 차플라는 여자 가슴에, 와와는 남자 성기에 비유하나 보다.

와와와 차플라는 생긴 것도 꾸밈이 없고 맛은 담백하다. 더 부드럽게도 만들지 않고, 더 많은 재료를 넣지도 않고 딱 허기를 순하게 다스릴 정도로만 맛을 냈다. 하얗고 두툼한 치즈도 그렇고.

맨 왼쪽이 하비에르, 그 옆이 아드리아나, 맨 오른쪽이 카린이다.

아드리아나가 내가 쓰는 말이 궁금했나 보다. 몇 가지 써주고 말해주니 좋아한다. '아모르'를 '사랑'이라고 한다고 했더니 아드리아나가 갑자기 큰소리로 막 웃는다. 그러면서 하비에르한테 부엌 서랍을 가리키며 뭘 가져오라고 한다. 하비에르가 서랍에서 작고 통통한 옥수수 하나를 꺼내 온다. 그게 케추아어로 사랑이라는 거다. 케추아어로 옥수수는 '살라 sala'. 사랑을 살라로 들을 만하다. 세상 어딘가에는 옥수수를 함께 먹으면서 사랑을 싹틔우거나 꽃피운 그 누군가도 있겠지.

꽤 시간이 지나 일어나려니 아드리아나가 자고 가란다. 며칠이고 묵어도 좋다면서. 내가 숙소를 잡아 미리 돈을 낸 터라 내일 오겠다고 했다. 나오니 비가 온다. 맞아도 좋을 만치 내리는 비다. 혼자 가려는데 하비에르와 카린이 따라나선다. 미안해서 그냥 들어가라고 했더니 두 사람, 데이트하려고 그런다고 둘러댄다.

10월 27일 금요일

키누아 가는 길

이틀 묵었던 숙소에서 가방을 챙겨 하비에르 집으로 왔다. 어디 먼 곳으로 나서기에는 조금 늦은 때, 우아망가 키누아를 찾아 카린, 하비에르와 함께 길을 나섰다. 키누아는 우아망가 주 북쪽에 있다. 학살 지도에서 가장 점이 많이 찍혀 있던 우아망가 지역을 버스로 달린다.

승합차 버스에 사람들이 다 탈 때까지 우리는 뒷자리에 앉아 기다렸다. 밖에서 튀긴 콩을 들고 다니며 파는 사람이 있어 창문을 열어 한 봉지 샀다. 꽤 짭짤하다. 가운데 앉은 카린이 들고 셋이서 나누어 먹었다. 모자를 쓴 여자가 두 명, 아이, 다른 여자 둘, 우리 자리 앞에 앉은 젊은 남자 둘. 아주 조그마한 원숭이를 데리고 탄 젊은 여자, 운전석 옆에 앉은 남자들, 우리 옆에 앉은 아이와 아빠, 이렇게 얼추 다 타고 4시에 차가 출발했다.

이런 버스를 타면 기분이 좋다. 나만 그럴까, 승합차에 탄 이들과 어디로 나들이 가는 마음이다. 저절로 웃음이 나온다. 우연히 만난 친구들과 나들이라니. 우리 쪽을 보고 앉은 여자들이 흘끔흘끔 나를 보고 나도 흘끔흘끔 여자들을 보고 서로 웃으면서, 우리는 열어놓은 창문으로 불어오는 바람과 햇살에 얼굴을 내밀고 달린다. 먼 곳에 집이 있는 사람들, 무언가를 팔러 나왔거나 사러 나왔거나, 일을 마치고 돌아가는 길이거나. 가는 길은 시골 길. 덩치 큰 암벽들로 이루어진 산이 많다. 그냥 크다는 소리밖에 나오지 않는다. 내가 살던 땅과 다른 자연을 만난다. 커다란 선인장이 무더기로 자라는 곳도 있다.

발전탑이 나오자 하비에르가 예전에 센데로 루미노소가 파괴했던 거라고 알려준다. 무유리나를 지나고 파출소가 하나 나오자 저곳도 센데로 루미노소한테 습격당한 곳이라고 한다. 차코를 지나고, 콤파냐라는 곳을 지나고 파카이카사, 와리를 지나자 마지막 도착지인 키누아다.

이 마을 집들은 지붕 위에 세라믹으로 만든 장식품을 얹어놓았다. 교회나 사람, 집 모양으로 만든 것인데 나쁜 악령이 들어오지 못하게, 마을에 평화와 안녕이 있기를 바라는 뜻에서 만들어놓은 거라고 한다.

마을의 높은 언덕 위로 오르자 그 위는 쫙 펼쳐진 너른 벌판이다. 키누아 대초원, 그 한가운데에 방첨탑이 있다. 아니 이 높은 곳에 왜 저런 걸 세웠을까 의아했는데 하비에르가 설명해주었다. 키누아는 남미에서 스페인을 완전히 물리친 마지막 격전지다. 이 들판에서 스페인 군대와 맞선 아야쿠초 전쟁이 벌어졌는데, 1824년 12월 9일에 스페인 군대를 완전히 물리쳐 비로소 남미가 스페인한테서 독립하고 자유를 얻게 되었다고 한다. 그러니 이곳은 남미 사람들에게 뜻 깊은 곳이다. 저 방첨탑은 승전기념탑이다.

방첨탑 가까이 걸어가는데 갑자기 어린아이들이 무리 지어 우리 쪽으로 달려온다. 도대체 어디서 나타난 아이들일까. 아까는 분명 보이지 않았는데. 아이들은 쏜살같이 달려와 눈 깜짝할 사이에 우리를 빙 둘러싸고 노래를 부른다. 빈 페트병을 손바닥에 쳐 반주를 해가면서. 가사는 알 수 없지만 노래는 좋다. 아이들이 내는 목소리는 곱고 진하다. 케추아어란다. 이 아이들은 자기들 말을, 어머니 말을, 조상들 말을 쓰는 아이들이다. 노래를 다 부르고 나서는 우리를 쳐다본다. 아이들은 결코 손을 내밀지 않았다. 눈으로 말할 뿐. 모두 6명, 2솔씩 주려면 12솔. 잔돈이 10솔과 2솔짜리가 있는데 통째로 주고 똑같이 나눠 가지라고 하면 아무래도 주네 마네, 투닥투닥할 게 뻔하다. 그렇잖아도 남자 아이 하나를 두고 노래를 부르지 않았다며 돈을 주면 안 된다고 계속 저희들 줄에서 밀쳐낸다. 아니, 달려오면서부터, 노래를 시작할 때부터 그 아이를 자꾸 떼어내려고 아이들이 안간힘을 썼다. 알고 보니 5명은 남매이고 한 아이는 다른 집 아이다.

가만 보니 제일 큰 여자 아이가 한 손을 움켜쥐었는데 아무래도 저 손에 동전이 들었겠다 싶었다. 그래서 여자 아이한테 10솔을 잔돈으로 바꾸어 달라고 했다. 처음에는 자기들끼리 나눠 가질 테니 그냥 달라고 하더니 잔돈을 바꾸어준다. 손에 잔돈이 꽤 많다. 아이들한테 2솔씩 나누어주니 입이 함박만 해진다. 이제들 여유가 생겼나, 막 떼어놓으려던 아이한테도 좀 부드러워졌다.

언덕 위는 바람이 거세다. 그런데 아이들 몇은 맨발에 낡은 샌들을 신었다. 윗옷이 바지 밖으로 나와 벌어진 틈으로 바람이 다 들어가도 바지를 추켜 입지 않는다. 밖으로 나온 윗옷을 바지 속으로 넣어주고 추켜주었다. 오늘 하루 아이들 벌이는 어떠했는지. 오늘은 어제보다 나았는지. 어머니, 아버지가 아무리 정직하게 일해도 그것만으로는 살기 힘들었던 게지. 그나마 이곳에 승전 기념탑이 있으니, 이곳이 역사에 남는 장소니

오는 사람이 간간이 있을 거다. 다행이다. 남미에 독립은 오고, 자유는 왔지만 여전히 가난한 이들은 생존으로부터 독립하지도 못했고, 자유롭지도 않다. 아이들은 다시 바람처럼 들판을 달려 어디론가 간다.

입장료를 내고 방첨탑 안으로 들어가보았다. 1층에는 몇 가지 전시물이 있는데 하도 어두워 자세히 보기가 힘들다. 방첨탑 꼭대기까지 올라갈 수 있게 계단을 만들어놓았다. 전망대인 셈이다. 꼭대기로 올라가는데 폭이 좁고 얇은 철 계단이 몹시 가팔라서 다리가 조금 후들거렸다. 카린은 아예 울었다. 하비에르가 카린을 진정시키면서 붙잡아주고 안아줘서 간신히 올라갔다. 나는 씩씩하게 혼자 올랐다. 속으로는 덜덜 떨면서.

방첨탑 꼭대기에서 보니 세상이 넓고, 크고, 깊다. 이 높은 곳에서 둘러보는 저 산 어디쯤, 다른 저쪽 산 어디쯤도 모두 20년 동안 아파왔던 땅들이다. 키누아까지 오는 길이 다 아팠던 길이고 마을이듯이, 다시 키누아에서 북쪽 우안타로 가는 길과 마을도 다 아픈 곳이다.

나는 단지 그 길을 달려와, 키누아 벌판에 부는 바람을 맞을 뿐. 그저 이렇게 서서 볼 뿐이다. 누가 왜 이곳에 왔느냐고 물으면 대답할 말도 없다. 학살이나 국가 폭력을 고민해보려고 남미를 찾은 것도 아니니 고민을 얘기할 것도 없다. 몰랐던 건 아니지만 여전히 해결되지 않은 채 현재로 남아 있는 폭력이라는 문제가 내 귀에 많이 들려왔고 눈에 띄었을 뿐이다.

원주민과 가난한 농민과 노동자들을 사회가 소외시키고 배제하면서 시작된 문제, 과연 지금은 얼마만큼이나 해결되었을까. 정복자 스페인을 여기 키누아에서 마지막으로 몰아내면서, 남미 해방을 매듭지으면서, 방첨탑에서 저 멀리 세상을 바라보는 여섯 장군, 코르도바, 라 마르, 수크레, 가마라, 라라, 미에르와 남미를 해방시킨 아버지라고 하는 시몬 볼리바르는 무엇을 생각했을까. 그이들은 가진 자들이 누릴 해방만을 바랐을까, 모든 이들이 누릴 해방을 간절히 바랐을까. 여기 남미에 세우고 싶었던 나라는 어떤 나라였을까. 가난한 자와 부자가 나뉘고, 착취당하고 착취하는 자가 나뉘는 것을, 억압받는 자와 억압하는 자가 나뉘는 세상을 꿈꾸었을까. 해방은 무엇일까.

돌아가는 길

남쪽 하늘에 구름이 모여들고 어두워진다. 번개가 번쩍인다. 구름에서 비가 쏟아지는 모습을 멀리서 바라본다. 우리 머리 위로 어두운 구름이 모여든다. 서둘러 언덕을 내려간다. 어두워지기로 마음먹자 세상은 금세 어두워진다.

키누아는 전통 세라믹 공예가 유명하다. 집집마다 세라믹으로 장식품을 만들고 판다. 어느 한 집에 들어가니 아이들이 소리를 듣고 달려 나온다. 엄마 아빠는 안쪽 탁자 위에서 만들어놓은 인형에 색칠을 하고 있다. 뭐가 더 좋다고 권하지도 않고, 뭐가 필요하냐고 묻지도 않고 그저 하던 일을 묵묵히 이어 한다. 카린이 서울 가면 열쇠를 달아서 쓰라고 새가 달린 열쇠고리를 골라 행운을 빌어준다. 나는 아드리아나에게 줄 촛대를 사고, 카린에게 무언가를 하나 고르라고 했더니 손바닥보다 작은 성상을 고른다. 1솔이거나 아무리 비싸도 3솔이 안 넘는 물건들이 많다. 키누아 높은 언덕에서 사람들은 무엇을 바라며 이 인형들을 만들고, 돌을 깎아 낼까.

버스 막차를 기다린다. 비는 더 거세어지고 바람은 차고 배는 고픈데 차는 좀체 오지 않는다. 여기서 하루 묵어야 하는 일이 생기는 건 아닌지. 저녁 8시밖에 안 되었는데 마을은 한밤중이다. 차를 기다리는 사람도 우리밖에 없다.

다행히 승합차가 온다. 우리를 못 보고 지나치려는 차를 소리치며 달려가 잡았다. 카린과 내가 맨 뒤로 가서 앉고 하비에르가 문 옆에 비어 있는 자리에 앉았다. 차 안은 어둡다. 멀리 일을 갔다 오는 사람들인지 승객들 모두 말이 없다.

이 길, 대낮에 달릴 때도 쉬운 길이 아니던데, 여기저기 절벽이고, 난간도 만들어놓지 않았던데, 어두운 빗길을 달린다는 게 겁이 난다. 더군다나 빙빙 도는 내리막길이다. 어쩌겠는가, 그저 잘 가겠거니 하고 가야지, 무슨 일이 나도 운명이려니 해야지. 몸을 맡긴 승합차 안에서 나는 운명에 따르는 착한 사람이 되기로 한다.

버스가 과속방지턱에 턱턱 걸려 모두 깜짝 놀랐다. 그런데 한 번이 아니라 계속 그런다. 사람들이 운전기사한테 잘 보고 조심해서 달리라고 하자, 차 전조등이 망가져 잘 안 보여서 그렇단다. 아, 높고 가파르고 꾸불꾸불한 길에, 비는 쏟아지고, 전조등도 없는데, 이 난관을 운전기사는 운전대를 꼭 잡고 헤쳐 가는구나. 운전기사를 이해한 사람들이 이제 조용하다.

파출소를 지나는데 경찰 두 명이 나와 차를 세운다. 운전기사는 창문을 열어 고개를 내밀고 경찰들과 이야기를 한다. 운전기사가 문을 열고 내린다. 경찰이 운전기사를 차 뒤로 데리고 간다. 아무도 세 사람이 차 뒤에서 뭘 하는지 볼 수가 없다. 한참 있다 운전기사가 차에 탄다. 카린한테 물어보니 돈을 달라고 하는 것이란다. 당연히 그래서는 안 되는 일이고, 이렇게 차를 세울 수도 없는 거라며 카린이 흥분한다. 가난한 승객을 태우고 가는 이 버스에 도대체 무엇을 요구한단 말인가. 이 파출소가 습격받을 당시에는 이보다 더한 일이 많았겠지. 하지만 우리들 중 어느 누구도 차 문을 열고 나가 경찰에게 "거 뭐하는 거요?"라고 하지 않았다. 그저 운전기사한테 모든 걸 맡기고 조용히 어두운 차 안에서 숨듯이 기다렸다. 비오는 밤길, 파출소 앞에서 그 경찰은 가장 힘이 센 사람이다. 국가 폭력이 멈춘 건 불과 몇 년 되지 않았다.

10월 28일 토요일

느린 아침

하얀 커튼이 쳐진 창, 햇빛이 환하다. 이틀을 잤던 숙소에는 바깥으로 난 창문이 없었다. 복도로 난 창에 검은색 두터운 커튼이 쳐진 숙소에서 자다가 햇살이 쏟아져 들어오는 방에서 자고 일어나니 좋다. 비야 엘살바도르에서 머문 방에도 밖이 보이는 창이 있었지만 햇살은 한 번도 쏟아져 들어오지 않았다. 커튼이 짙은 자줏빛이어서 일어나도 한밤중이었다. 왜 그렇게 꼭꼭 창문을 가리고, 커튼을 여며두고 잤을까. 아드리아나네 집은 햇빛이 들어와서도 좋지만 혼자 자다 가족이 사는 집에서 자니까 더 좋았나 보다. 푹 자다가도 새벽이면 꼭 한 번씩 깨곤 했는데 카린과 잔 간밤에는 그러지 않았다. 우리가 잔 방은 하비에르 여동생 둘이 자는 방이다. 작은 방이지만 침대가 2개 있다. 여동생들은 어제 엄마 방에서 늦게 텔레비전을 보다 잠들었다.

카린이 많이 고단했나 보다. 어제 하루 내내 쉬지 않고 움직였으니. 깡마른 카린. 내가 좀 주물러주겠다고 내 앞으로 앉으라고 했다. 뒷목부터 차근차근 주물렀다. 카린은 결혼이 고민되나 보다. 카린은 아직 해보고 싶은 것이 많은데 아드리아나도 카린이 하비에르와 결혼해서 아야쿠초에 살면서 일하기를 원한다. 영어를 할 줄 아는 사람은 일자리도 쉽게 구할 수 있다고 한다.

살이 없어 작고 딱딱한 어깨와 등을 주무르고 톡톡톡톡 두드린다. 카린한테 네가 진정 원하는 것을 하라고 했다. 이 말처럼 쉽고 어려운 말이 어디 있을까. 진정 원하는 것을 하라고 이토록 쉽게 말하는 나는 진정 내가 원하는 것을 하면서 사는지. 그렇게 사는 건 둘째 치고 내 자신이 원하는 게 뭔지를 알기나 하는지.

이제 카린과 마주 앉아 카린의 손을 주무른다. 손가락도 하나씩 주물러 주고. 엊저녁 카린이 손바닥만 한 사진첩을 꺼내 사진을 보여주었다. 사진을 보니 카린은 미국에 사는 언니가 있어서 거기서 공부를 하고 일을 했다. 사진 속 카린은 앳되었다. 아버지는 다르지만 11남매는 사이좋아 보였다. 카린은 지금은 리마에서 어머니랑 단둘이 산다. 카린이 적어준 주소를 보니 비야 엘살바도르랑 가까운 산 후안 데 미라플로레스이다.

카린 손이 차다. 손발이 차면 몸이 안 좋다고 얻어들은 깜냥으로 나는 카린에게 어디 아픈 곳이 없느냐고 물었다. 카린은, 아주 건강 체질은 아니지만 괜찮다고 한다.

그렇게 카린을 주물러주는데 문이 확 열린다. 이 집 막내딸이다. 한 사람은 몸을 주물러주고, 한 사람은 짧은 시간 몸을 풀 뿐인데 마치 두 사람이 사랑을 하다가 들킨 것만 같다. 환한 햇살이 방 안 한가득 들어오는 늦은 아침, 사랑하고, 결혼하고, 아이를 낳고, 지지고 볶고 싸우며 사는 한 여자는, 이제 사랑하는 사람과 결혼하는 일을 앞에 두고, 자기 삶을 두고 고민하는 한 여자에게 사랑은 무엇이라고, 결혼은 무엇이라고, 삶은 무엇이라고 제대로 한마디 해주지도 못하고, 그저 자신도 알지 못하는 어떤 말을 손아귀에 실어 꾹꾹 몸을 주물러줄 뿐이다. 자신도 알지 못하는 그 말을 상대의 살과 뼈마디가 알아듣기를 바라며.

동네 나들이

아드리아나, 카린, 하브리에와 함께 동네 나들이를 나섰다. 사과도 챙기고, 바나나도 비닐봉지에 넣어서. 집에서 나와 좀 걷다 보니 산크리스토발국립대학이다. 아드리아나가 "이 대학에는 좋은 생각, 새 생각을 갖고 있는 선생들이 많았다"고 한다. 센데로 루미노소, 빛나는 길도 이 대학에서 만들어졌다. 센데로 루미노소 지도자인 아비마엘 구스만은 이 학교 교수였다. 센데로 루미노소 지도자들은 1992년 구스만이 체포된 이후 차례대로 체포되었다고 한다. 1990년대 알베르토 후지모리 정권 때, 센데로 루미노소 조직원들을 강력하게 잡아들이고 재판을 했다는데 그 재판 과정이 헌법에 위배되어 재심을 하기도 했다고 한다. 가난한 사람들에게 평등과 자유, 평화가 오지 않는다면, 그 방법은 다르겠지만 사람들은 여전히 길을 찾아 나설 것이다.

대학을 통과해 정문으로 걸어 나와 옆에 있는 임업연구소에 들어가 다양한 선인장들을 보았다. 멕시코에서는 선인장으로 요리를 해 먹기도 하는데 페루에서는 먹지는 않고 천연 화장품 재료로 만들어 쓴다고 한다. 아드리아나가 선인장에 하얗게 붙어 있는 걸 떼어내어 손바닥 위에 올려놓고 보여준다. 그게 살아 있는 벌레라고 한다. 전혀 움직임도 없는데 말이다. 아드리아나가 그걸 손가락으로 눌러서 문지르니 빨간색이 나온다. 빛깔이 퍽 곱다. 그걸로 입술연지를 만들거나, 색조 화장품을 만든다.

박물관에 갔다. 박물관은 작지만 알차다. 잉카 문명과 그보다 앞선 와리·찬카 문명을 알 수 있는 유물을 전시해놓았다. 도기에 유난히 사람 얼굴이 많이 그려져 있다. 아드리아나가 사람 얼굴 모양을 한 도기 옆에 서자 하브리에와 카린이 웃는다. 엄마랑 똑같다고. 나도 웃음이 삐져나온다. 맘 놓고 웃는다. 도기에 그려진 얼굴은 고집 세어 보이지 않고 날카롭지 않다.

찬카 시대에 매장한 미라들도 있다. 어떤 미라는 무언가를 깊이 생각하는 듯하고, 어떤 것은 죽음을 도저히 받아들일 수 없는지 괴로워하고 항거하는 듯하다. 어린 미라는 죽는 순간 어머니 뱃속에 있을 때처럼 몸을 한껏 웅크렸다. 죽음은 태어나면서 처음 떠나왔던 그곳으로 돌아가는 것일까.

태양을 향해 제사를 지내던 빌카슈아만 사원. 스페인 정복자들이 덧지어놓은 서양식 교회가 사원을 짓밟고 서 있다.

빌카슈아만 사원은 태양을 향해 제사를 지내던 사원으로, 아야쿠초 잉카 문명에서 가장 중요한 사원이라고 한다. 그런데 사진을 보니 사원 위에 서양식 건물이 있다. 스페인이 침략한 뒤 빌카슈아만 사원에 자신들 교회를 덧지어놓은 것이다. 어떻게든 정복한 흔적을 남기려고 한 것일 테지만, 유치하고 비굴하게 느껴진다. 사원을 짓밟고 올라선 교회. 원주민이 가슴에 모신 신들을 빼앗기 위해 스페인 정복자들이 휘둘렀을 폭력을 어찌 쉽게 상상하겠는가. 성당에서 무릎 꿇고 기도하는 원주민 모습이 내게는 어색했지만, 카린은 "폭력 앞에서 우리 조상들은 어쩔 수 없었다"고 말한다.

사원 사진 위에 걸린 사진이 참 특이했다. 네모지고 평평한 돌 끝에 둥글게 홈이 파져 있고 그곳에서 한 줄로 선이 파져 있는데 나중에는 두 길로 나뉜다. 하비에르한테 물어보니, 사랑하는 사람들이 결혼을 하기 전에 이 네모난 돌의 홈에 오줌을 누어 두 사람이 눈 오줌이 한 줄로 흐르면 결혼을 하고, 두 줄로 흐르면 결혼을 못했다고 한다.

그건 가져가지 마

비야 엘살바도르에서 알게 된 마리아 엘레나 모야노에 관한 책을 구하고 싶었다. 그래서 인터넷으로 검색해보니 단행본으로 나온 평전이 있다. 그런데 그 책을 구하기가 쉽지 않다. 여성민중연합에서 따로 갖고 있는 책도 없었고, 비차마 극단에 있으면 복사라도 하려고 했는데 거기도 없었다. 서점이 모여 있다는 미라플로레스로 가 몇 군데를 뒤져보았지만 거기에도 없다. 중심가에서는 마리아 엘레나 모야노를 찾지 않는가, 잊혀진 인물인가. 그 얘기를 하니 아드리아나가 산크리스토발국립대학 서점에는 분명 있을 거라고 해서 가보았는데 토요일이라 문을 닫았다. 하비에르가 우아망가에 있는 서점들을 다 찾아보자고 한다.

하비에르와 카린과 함께 시내로 갔다. 아야쿠초에 온 첫날 서점을 찾으러 한참 돌아다녔는데 결국 서점은 못 찾고 길거리 가판대에서 책을 샀다. 그래서 책을 파는 곳이 그 가판대뿐인 줄 알았더니 다른 골목이 서점 골목이다. 그런데 내가 찾는 책은 가는 곳마다 없다. 구경하다가 '케추아-스페인어' 사전이 있어 한 권 샀다. 스페인어도 모르면서 케추아어까지 넘보는 내 욕심은 도대체 뭔지. 아드리아나는 케추아어를 완벽하게 안다고 한다. 하비에르도 아드리아나한테서 배워 케추아어를 어느 정도는 한다. 카린이 그런다. 아이가 생기면 그 아이도 케추아어를 할 수 있을 거라고. 가르치겠다는 거다.

그 많은 서점을 뒤져도 마리아 엘레나 모야노 평전은 없다. 다른 골목으로 가서 헌책방에서 길에 늘어놓고 파는 책들까지 다 뒤져도 마찬가지다. 구할 수 있으면 좋지만 없으면 그냥 마음을 접어야지 어쩌겠는가. 그런데 하비에르가 끝까지 우아망가에 있는 모든 서점을 뒤진다. 다리도 이만저만 아픈 게 아니고 두 사람이 이렇게까지 애쓰는 게 미안해 그만 가자고 해도 하비에르는 더 찾아보자며 정말 하나도 남김없이 우아망가 서점을 다 뒤진 후에야 포기한다.

모터 택시를 타려고 길을 가는데 하비에르가 이번에는 길거리 비디오 노점상 있는 곳에서 뭘 한참 고른다. 진실·화해위원회에서 만든 다큐멘터리 보고서였다. 아주 중요한 자료라며 하나 챙겼다. 3솔에 진실을 산다.

집으로 돌아오자마자 하비에르 작업실에서 컴퓨터로 그 다큐멘터리를 보았다. 아드리아나도 내려왔다. 하비에르는 이걸 본 적이 있나 본데 아드리아나와 카린은 처음이라고 한다. 아드리아나가 중간 중간 조용히 이야기를 한다. 카린은 어느 장면에서부턴가 울음을 터뜨리더니 멈추지 않는다. 아드리아나가 "군부에 미국과 연계된 비밀 그룹이 있었다"고 말한다. 남미 어디든 미국이 지원하지 않은 독재 정권이 있겠는가. 사회주의와 혁명, 자유와 평등을 외치는 낌새가 보이는 어느 곳이든 미국이 학살, 그 뒤에 서 있지 않았는가.

아드리아나가 "테러리스트들은 나쁜 지주나 사회 인사들을 죽였다. 가난한 사람 중에서도 군대에 정보를 주거나 가난한 사람 편에 서지 않고 착취자 편에 선 사람을 죽였다. 하지만 센데로 루미노소나 투팍아마루혁명운동, 두 정치 그룹들한테 정의는 없었다. 두 그룹은 반짝이는 '아이디어'만 가지고 있었고 '얘기'만 할 뿐이었다. 정치에서 첫 그룹이었던 센데로 루미노소는 사람들에게 이상을 얘기했다. 투팍아마루혁명운동도 마찬가지였다. 그렇지만 이상은 실현되지 않았다. 우리는 사람들을 죽이고 공격했을 뿐인 그들에게 동의하지 않는다. 그들은 대학생 그룹일 뿐이었다"고 말한다.

아드리아나가 우아망가에 있는 한 병원에서 있었던 일을 이야기한다. 센데로 루미노소 조직원이 탈옥해 환자를 가장해 그 병원에 숨어들자 군부대가 병원을 쑥대밭으로 만들어놓았다는 거다. 아드리아나도 그 현장을 눈으로 보았다고 한다.

이상은 아름다웠고, 말은 거침없이 단호했을 것이다. 아드리아나가 두 반체제 정치 그룹에 '정의가 없었다'고 한 것은 무엇보다 학살당한 원주민과 농민들, 생명에 대한 안타까움 때문이지 않을까. 두 그룹이 살리려고 한 사람들이 도리어 다 죽어갔으니.

하비에르가 다큐멘터리 디비디를 비닐에 담아주었다. 그런데 여러 혁명가의 얼굴이 담긴 겉표지를 벗겨내고 준다. 내가 그 겉표지를 가져가겠다니까 그냥 두고 가란다. 가져가다가 "검문에 잘못 걸리면 테러리스트로 몰린다"는 거다. 반체제 그룹을 옹호하는 내용도 아니고 진실·화해위원회가 만든 보고서인데도 하비에르가 이런 걱정을 해야 하다니. 어처구니가 없지만, 하비에르 말을 따르기로 한다. 하비에르를 걱정시키면서까지 그 표지를 가져갈 필요는 없다. 책꽂이에 꽂힌 책 한 권으로도 공산주의자가 되고 친북주의자가 되고, 반체제 단체로 엮이는 코미디 같은 일은 이미 많이 봐왔다. 저 종이 쪼가리가 내게 그런 일을 가져올 리는 없겠지만, 저걸 가져가도 겁은 안 나지만, 아야쿠초 우아망가에 사는 하비에르한테 평화가 온 건 이제 몇 년 되지 않았다는 걸 나는 안다. 사진은 찍어도 된다기에 겉표지를 사진으로 남겨둔다.

갈 시간은 다가오고

카린과 하비에르와 아드리아나와 함께한 사흘이 다 가고 다시 리마로 돌아가야 할 시간이 왔다. 하비에르는 갑작스럽게 찾아온, 지금은 함께 살지 않는 아버지와 만나느라 집에 있고, 카린과 아드리아나가 터미널까지 함께 와주었다.

함께 본 다큐멘터리가 아드리아나를 그 떠올리기 싫은 과거로 데려갔는지 옛날이야기를 꺼낸다.

"아야쿠초는 잉카 문명도 남아 있고 전통이 살아 있는 도시인데, 테러리스트들이 왜 이곳을 공격했을까."

진실·화해위원회가 보고서를 만들었다지만 그 보고서에 들어가지 않은 이야기도 많을 것이고, 아직 사람들 가슴속에만 묻혀 있는 이야기는 더 많을 것이다. 오랜 시간 이곳 사람들은 그 일을 잊으려 했고, 기억에서 지우려 했고, 말하지 않으려 했을지도 모른다. 진실을 묻어두지 않고 말하게 하는 것, 말하는 것, 찾아내는 것은 어떤 걸까. 이제 이야기를 시작하는 아드리아나를 두고 나는 간다.

많은 사랑을 받고 아야쿠초를 떠난다. 더 있으면 이 정에 푹 빠질까 봐 어젯밤에 서둘러 리마로 가는 버스표를 끊었다. 아침에 카린이 리마에 있는 어머니와 전화통화를 했는데 금요일 리마에서 지진이 일어났다고 했다. 아드리아나는 내게 며칠 더 있다 가라고, 리마에 다시 지진이 날지도 모른다고 겁을 주면서 표를 물리라고 그런다. 아드리아나는 그 큰 몸으로 숨이 막힐 정도로 나를 꽉 안아주었다. 한국 친구가 아야쿠초에 오면 집에 연락하라는 아드리아나.

아드리아나와 카린은 돌아가지 않고 찻길 건너편에 서서 차가 나오기를 기다린다. 가족들에게 손을 흔들어주려 기다리는 다른 사람들과 함께. 아, 두 여자가 나를 향해 힘껏 손을 흔든다. 다시 꼭 오고 싶은 곳. 막상 떠나려니 아쉽다.

밤 9시 30분. 내가 그토록 다시 보고 싶었던 높은 산마을을 차가 오른다. 나흘을 살았던 아야쿠초, 집집마다 불을 켜 밤을 밝힌다. 불빛 하나 없는 높은 산길을 혼자 걷는 사람이 있다.

내 눈에 담는 별

어디쯤일까. 차가 심하게 덜컹거리며 흔들려 잠이 깼다. 금방이라도 차가 고꾸라질 것 같다. 그래도 운전기사는 속력을 줄이지 않는다. 이렇게 달리다가 어딘가에 꽝 부딪히는 건 아닐까. 커튼을 연다. 밖을 본다고 여기가 어디쯤인지 알랴마는 어떤 길이기에 이리 심하게 흔들리나 궁금하다.

깜깜하다. 하늘을 보니, 별이 가득하다. 주먹만 한 별들이다. 얼마나 높은 곳이기에 바로 눈 위에 별들이 보일까. 잠바 주머니에 넣어두었던 안경을 꺼냈다. 별들이 더 밝고 더 크다. 저런 별은 정말 처음이다. 까만 밤하늘 온 가득 별천지이고, 손을 내뻗으면 바로 잡힐 듯 가까이 있는 별들. 쏟아질 것 같은 별이란 이런 걸 두고 하는 말이리라. 젖혀진 의자에 몸을 기대고 이리 저리 차 가는 대로 이 별 저 별을 본다. 그런 박물관은 없겠지만, 마치 별 박물관에 와서 구경하는 것 같다.

세상 어느 한곳 아름답지 않은 곳은 없다. 삭막하면 삭막한 대로, 황량하면 황량한 대로 아름답다. 삭막함도 아름답고, 황량함도 아름답다. 저렇게 아름다운 별들이 20년 동안 페루에 이어진 폭력과 학살을 어찌할 수 없이 보았겠구나. 어쩌면 죽은 자들이 저 별이 되어 자기 살던 땅을 내려다보는 건지도. 사진을 찍어서 돌아가면 사람들한테 보여주고 싶은데 아무리 찍어도 찍히지 않는다. 찍고 나면 검은 하늘뿐. 저 별을 카메라에 담으려는 무모한 짓을 그만둔다. 내 눈과 마음에 잘 담아둔다. 오래도록 간직하고 싶다.

우리는 모두 한패다:

페루에서 콜롬비아까지 4박 5일 버스 이동

10월 30일 월요일

오르메뇨 버스 터미널에서

잠시 후 1시면 콜롬비아로 떠난다. 오르메뇨 버스 터미널 대합실은 버스를 기다리는 사람으로 꽉 찼다. 이 거리에는 여러 버스 회사들이 있는데 그중에 국제 버스가 있는 곳은 오르메뇨 회사뿐이다. 더 고르고 말고 할 것도 없이 이 회사 버스를 타야 한다.

사흘, 72시간이 걸린다고 한다. 생각보다 이동 시간이 길다. 페루 리마를 출발해 에콰도르를 거쳐 콜롬비아 보고타까지 간다. 나는 보고타에서 내리지만 버스는 콜롬비아 메데진을 거쳐 베네수엘라 카라카스까지 간다. 모두 4개 나라를 가는 버스다. 버스 요금이 만만치 않다. 13만 원이다. 워낙 멀리 가니 그럴 거다. 비행기 요금을 모르니 싼 건지 비싼 건지 비교할 수가 없다.

이 버스는 월요일과 목요일 두 번만 다닌다. 아야쿠초에서 리마로 온 지 다시 하루 만에 출발하는 거라 조금 부담이 되지만, 목요일은 너무 멀다. 자리가 얼마 안 남아 있어 겨우 하나 남은 창가 자리를 잡았다. 실컷 창밖 풍경이나 보자 싶어서. 20시간대, 40시간대를 타다가 이제 70시간

대다. 언제 다시 이런 일을 겪어보겠는가.

이제까지 탔던 버스들은 차에 오르면서 가방을 실었는데 이 버스는 비행기 탈 때처럼 미리 가방을 접수한다. 접수대에 선 사람들을 보니 한 사람 가방이 서너 개씩은 된다. 그것도 내 배낭보다 서너 곱절씩은 더 큰 가방들이다. 버스는 저 가방들에 밴 땀 냄새, 살 냄새를 싣고 갈 테지. 가방에 담긴 물건만큼 많은, 사람들이 살아온 이야기들을 싣고 가겠지.

아야쿠초에서 돌아오니 브라질 마노한테서 이메일이 와 있다. 플로리아노폴리스를 떠나기 전 내가 혼자 더 여행한다고 하니 자기 친구들을 만나보면 좋을 거라고 그러더니, 마노가 나를 잊지 않고 먼저 편지를 보내주었다. 내가 콜롬비아, 베네수엘라, 브라질 북부를 더 다녀보려고 한다니까 그곳에 있는 친구들한테 연락해놓는다고 한다. 콜롬비아 보고타에 문화 쪽 일을 하는 친구가 있고, 베네수엘라에서는 농민운동을 하는 활동가 친구를 만나면 좋을 거라고 하고, 브라질 벨렝에도 교육 문화 운동을 하는 좋은 친구가 있다고 한다. 내가 브라질의 땅 없는 농업 노동자 운동 정착 마을을 방문하고 싶다고 하니 그쪽도 가능할 거라며 연락해본다고 한다. 그냥 혼자 바람 따라 구름 따라 흘러 흘러 가보려 했는데 찾아갈 곳이 생기고, 만날 사람이 생겼다. 마노가 고맙다.

남미를 위로, 위로 올라갔다가 다시 브라질 북부로 내려와 한국으로 돌아가는 비행기를 타는 상파울루까지 내려와야 한다. 이런 내 계획이 가능한 것인지, 시간은 얼마나 걸리는지도 잘 모르면서 혼자 계획을 잡았다. 무엇보다 브라질 북부가 문제다. 지도를 보면 아마조나스 주 마나우스에서 파라 주 벨렝까지 길이 없고, 아마존 강이 그 사이에 있다. 마나우스에서 가능한 길을 아무리 찾아도 없다. 억지로 내 나름대로 길이 아닐까 싶은 곳을 찾아내기는 했지만 빙 돌아가야 하고 너무 멀다. 자칫 잘못하면 일이 다 꼬이는 수도 있다. 이제 남은 시간은 한 달 이레. 이 시간들이 부지런히 흘러 서울로 돌아갔으면 좋겠다. 돌아가면 다시 이 시간을 그리워할 테지만.

아침에 은행에서 돈을 찾는데 집에 남아 있는 두 사람한테 영 미안했다. 생활은 어떻게들 하는지, 쓸 돈은 있는 건지. 있으면 쓰고 없으면 안 쓰고, 한 번도 돈을 모아놓고 살아보지 않아 이런 목돈 드는 여행이 사실 가능하지가 않은 건데……. 다 잊고 신나게 다녀보자 해도 그게 잘 안 된다. 생각해봤자, 안타까워해봤자 이 먼 곳에서 아무 소용도 없는데 말이다. 어젯밤에 민박집 인터넷 전화로 서울에 전화하니 아이가 울먹이며 "엄마, 이제 그만 오면 안 돼?" 한다. 터미널 대합실에 앉아 있으니 다시 터미널 증후군이 나타난다. 비행기 타고 서울 갈 때까지, 떠나는 일을 할 때마다 이러려나. 이 긴 여행에서 나는 어떤 말들을 얻어 갈 것인가?

페루 여자

1시에 출발한다던 차는 2시에 온단다. 몇 분도 아니고 1시간이나 미뤄지다니. 뭐, 그럴 수도 있지. 어느 날 몇 시에 보고타에서 약속이 잡힌 것도 아니고, 몇 시간쯤 늦게 출발한다고 큰일이 생길 것도 없고, 아등바등할 일이 지금은 없다.

옆에 앉은 아주머니는 카라카스에 사는 언니를 만나러 간다고 한다. 예순 살 페루 여자 헤수오. 베네수엘라에 가기 위해서는 초청장이 필요하다며 언니가 보내준 초청장을 꺼내 보여 준다. 헤수오가 쉬지 않고 얘기를 한다. 절반 아니 그 이상을 못 알아듣는데도.

헤수오는 사람들 생김새로 그 사람이 어느 나라 사람인지 알아맞힌다. 눈 생김새로 한국 사람, 중국 사람, 일본 사람을 알아맞히고, 머리 색깔과 코 생김새로 콜롬비아, 베네수엘라, 페루 사람을 골라낸다. 지나가는 사람들을 보면서 "저이는 베네수엘라 남자야, 저 사람은 페루 여자야" 한다.

한 남자가 나랑 비슷하게 생긴 얼굴이라고, 한국 사람 아니냐며 가서 아는 척해보라고 한다. 사실 나도 처음 그 남자가 터미널 대합실에 들어섰을 때부터 한국 사람이라고 생각했다. 남미에서 돌아다니다 보면 다들 내게 "치나(중국 여자)"라고 그런다. 워낙 중국 사람들이 남미에 많이 와 있어서 아시아 사람이면 그냥 죄다 "치나", "치노(중국 남자)"라고 부르는 탓도 있다. 하지만 같은 아시아 사람이라고 해도 다 자기 나라 사람은 알아본다. 그런데 인사를 건네기가 어색하다. 그 남자도 특별히 내게 한국 사람이세요, 하고 물어오지 않아 그냥 말았다. 헤수오가 가서 아는 척하라는데 그냥 웃고만 말았다.

차에 타면 혼자 뭘 먹기도 그렇지만 그렇다고 남들 다 뭐 하나씩 꺼내 먹는데 가만히 있기도 그래서 과자 두 봉지를 샀는데 헤수오랑 다 까먹었다. 먹는 건 누구랑 함께 먹어야 맛있다.

한국 사람이라고 생각한 그 남자가 헤수오와 내가 앉은 의자 쪽으로 오더니 내 옆 빈자리에 앉는다. 나한테 아는 척을 하려고 오나 했는데 아무 말이 없다. 헤수오가 자꾸 물어보라고 한다. 내가 "한국 분이세요?" 하고 물으니 남자가 깜짝 놀란다. 내게 한국 사람이냐고 묻는다. 내가 한참이나 헤수오와 웃으면서 이야기를 하고, 과자도 함께 나누어 먹고, 게다가 얼굴도 그을어 페루 여잔 줄 알았다는 거다. 그 사람이 타야 하는 페루 남쪽으로 가는 버스가 와서 가고 나니, 헤수오가 "내 말이 맞았지?" 한다. 그동안 가끔 한국 사람일 거라 생각되는 사람들을 두어 번 보았는데 말을 걸지 못했다. 이렇게 말을 걸고 나니 반가운 것을. 낯선 땅에서 더 낯설어지고 싶었던 걸까. 오롯이 혼자이고 싶었던 걸까.

우는 여자

버스는 2시에 왔지만 짐을 싣느라 아직 출발하지 않았다. 어떻게든 모든 짐을 넣어야 하니, 짐 싣는 노동자가 고되고 바쁘다. 미리 받아놓은 짐을 몇 차례나 밀차에 실어 나르고 버스 아래 짐칸에 크기를 맞춰 넣었다 뺐다 하느라 정신이 없다. 전에 탄 버스들은 승객이 보는 데서 짐을 실었는데 한꺼번에 짐을 챙기니 내 가방이 잘 실리나 조금 불안했다. 노트북을 넣어 다니는 가방은 차에 들고 타고, 가방 두 개를 싣는다.

처음에는 노트북을 넣어 다니는 가방과 작은 배낭 하나뿐이었는데, 그새 짐이 늘어 가방이 하나 더 있다. 비차마 극단 알베르토네서 점심을 먹던 날, 그 집 할머니께서 야마 털로 뜬 숄과, 도기와 목공예 장인이셨다는 돌아가신 할아버지께서 만든 도기 냄비를 선물로 받았다. 잘못하다가는

노동자가 버스에 짐을 싣고 있다.

깨질 수도 있고, 아직 여행길이 많이 남아 저걸 어떻게 가져가지 하면서도 욕심이 나 덥석 받고 말았다. 분명 욕심이었다. 거기다가 아야쿠초에서 학살 20년을 다룬 책 두 권을 산 게 꽤 큰 짐이 되어버렸다. 한 권이 엄청 두꺼운데 그걸 가져가 도대체 뭘 하겠다는 건지, 어느 세월에 사전 찾아가며 읽어보겠다는 건지. 그러저러한 건 따져보지도 않고 그냥 챙겼다. 가방을 하나 더 사야 했다. 가방 값도 만만찮을 것 같아 걱정했는데, 아야쿠초 고아원에 봉사 활동 왔던 한국 학생들이 민박집에 놓고 간 가방이 있었다. 참기름이며 쌀이며 싸들고 왔다가 참기름 병이 안에서 깨지는 바람에 놓고 간 가방을 민박집 아주머니가 깨끗이 빨아놓았다가 주었다.

배낭과 그 가방이 잘 들어가나 서서 보는데 갑자기 부끄러워졌다. 내가 이렇게 의심 많은 사람이었나 싶어 얼굴이 화끈해졌다. 내가 지금 무얼 하고 있나, 정신을 차렸다. 내 짐을 실으려면 아직 멀었지만 후다닥 차 안으로 그냥 들어왔다. 저렇게 땀 뻘뻘 흘리며 애쓰는 노동자를 믿지 않으면 누구를 믿을 것인가. 밖에는 아직도 자기 짐이 제대로 들어가나 보는 사람들이 있다. 그 무리에 더 이상 끼지 않으려고 들어왔다. 그이들은 대부분 유럽에서 온 사람들이다.

차에 올라와 내 자리를 찾았는데 내 자리에 젊은 여자가 앉아 울어서 빨갛게 된 눈을 두루마리 휴지를 뜯어 닦는다. 이게 무슨 일인가, 어렵게 구한 내 자리에 누가 앉아 있다니. 여자한테 내 자리라고 하니 자기가 몸이 좀 힘들다고 한다. 내가 보기에는 몸보다는 마음이 더 힘들어 보인다. 여자는 칼리까지 간다고 한다. 보고타보다는 아래이지만 같은 날에 떨어지기 십상이니 사흘을 창밖을 보며 가려던 계획을 포기해야 한다. 애써서 창가 자리를 찾았지만 어쩌겠는가, 내게 좀 더 버틸 힘이 있는 것을. 울지 마요, 당신. 나도 울고 싶어져요.

짐칸에 못 넣은 짐들이 차 안으로 들어온다. 사람보다 많은 짐. 어떻게든 다 가져가야 하는 저 짐들. 짐을 들고 왔다 다시 짐을 들러 가는 되풀이되는 노동. 저 노동이 없다면 떠나지 못하는 차와 사람들.

버스로 가는 이 길이 끝나면 사람들에겐 다시 생활이 이어지겠지. 우리나라에서는 보기 힘든 이동. 국경을 넘는 사람들. 가족들이 많이 탔다. 아주 어려 품에 안고 다녀야 하는 아기부터 초등학생들, 어른들, 많게는 예닐곱 되는 가족들이 타기도 했다.

차비가 13만 원이나 하는 차가 썩 좋지는 않다. 다리 받침도 없고, 밥도 안 준단다. 울던 여자가 창밖을 향해 손을 흔든다. 저만치 터미널 철문 밖에서 사람들이 손을 흔든다. 여자가 누구를 보며 손을 흔드는지는 모르겠지만 이렇게 헤어져야 해서 울었나. 손을 흔들던 여자가 배가 아픈지 다른 손으로 배를 만지며 '아' 한다. 낮 2시 50분, 리마를 떠난다.

시간을 찍는다

아르헨티나에서 시작해서 알래스카까지 이어지는 판아메리카나 고속도로 페루 구간을 달린다. 총 길이가 48,000km로, 차가 다닐 수 있는 가장 긴 도로라고 한다. 5시간을 달리니 우아르메이다. 어느 식당이 있는 곳에서 차가 멈추었다.

내 옆에 앉은 여자는 배 속에 새 생명을 품고 있다. 스물두 살, 젊은 엄마가 될 이 여자의 이름은 클라우디아다. 리마에서 버스가 출발하자 클라우디아는 조금씩 울음을 멈추었고, 한참 푹 자고 일어나더니 씩씩해졌다. 클라우디아는 콜롬비아 사람이다. 페루 남자와 결혼을 해 리마에서 산다. 남편은 아직 학생이고 클라우디아는 미용 일을 한다. 한 서너 달 부모님이 계신 칼리에 가서 지내다 오려는데, 갈 때는 버스를 타고 가지만 올 때는 비행기를 탈 거란다. 궁금하던 차에 비행기 삯을 물어보니 리마에서 칼리까지 3시간 걸리는데 50만 원쯤 든다고 한다. 그러니 사람들이 시간이 그리 오래 걸려도 버스를 탈 만하다. 혼자라면 모를까 가족들까지 함께 움직이는 사람들은 도저히 비행기로 움직일 엄두를 못 내리라.

식당에 가서 클라우디아와 함께 식탁에 앉았다. 클라우디아가 산코차도를 시킨다기에 나도 같은 걸 시켰다. 돼지고기와 감자, 유카, 옥수수, 당근, 양파, 쌀을 넣어 만든 국물이 있는 음식이다. 버스 손님만 있는 식당, 모두 급할 것 없이 저녁을 먹는다. 밥을 다 먹고 나서 클라우디아한테 먹고 싶은 것을 고르라고 했더니 병에 담긴 과일 주스와 귤, 과자를 고른다.

다른 차는 없고 우리가 타고 온 차만 있어서 차를 헷갈릴 염려도 없고, 다시 달리기 시작하면 언제 멈출지 모르니 저녁 바람을 쐬며 한껏 여유를 부려본다. 겨우 다섯 시간 함께 타고 왔는데 한참 오래전부터 알던 이들 같다.

세 시간을 달린 차가 멈춘다. 사람들이 새로 탄다. 비었던 자리들이 점차 줄어든다. 침보테란다. 가보고 싶었던 곳. 비야 엘살바도르에서 나를 자기 집에 들이고 맛난 점심을 만들어준 아멜리아의 자매들이 산다는 침보테다. 사진에서 본 침보테 숲이 그리도 예뻤는데. 침보테를 찍고 싶어 창에 카메라를 들이대보지만 너무 어두워 찍히지 않는다. 얼른 클라우디아와 얼굴을 맞대고 사진을 찍었다. 침보테를 찍을 수 없는 대신 침보테를 지나는 시간이라도 찍어둔다.

사람들이 움직이고 말하는 소리에 잠이 깼다. 시간은 자정이 넘었다. 다시 짐을 든 사람들이 타고 빈자리가 다 채워졌다. 짐 얹을 선반도 남아나지 않아 그냥 차 복도에 짐을 둔다. 트루히요다.

케추아어 사전을 보니 '날'이 '푼pun'이다. 얼마나 더 많은 날이 있을까. 오로지 데이day만 있는 게 아니라 디아dia도 있고 푼도 있다. 세상에는 내가 알지 못하는 무수한 다른 날들이 있겠지. 사라진 말들, 억지로 사라져야 한 말들에도 그 날이 있었겠지. 이 밤, 버스에 함께 탄 우리들은 어느 날에서 어느 날로 가는 걸까.

10월 31일 화요일

차에서 꾸는 꿈

시월 마지막 날이다. 새벽 6시, 유라라는 곳을 지난다. 비가 오는 길을 버스는 밤새 달려왔다. 어떻게 자도 버스에서 자면 불편하다. 그나마 춥지 않아 다행이다.

버스는 계속 바닷가를 달린다. 왼쪽이 계속 바다다. 바닷가에 작디작은 집들이 띄엄띄엄 있다. 아무도 알아주지 않는 삶을 살 자신이 있는가.

깜빡 졸았다. 꿈에 돌아가신 할머니가 나타나셨다. 1992년, 아흔둘에 돌아가신 할머니. 꿈속에서 할머니께서 내게 "잘해주고 싶었는데" 그러신다. 할머니가 내게 서운하게 한 게 뭐 있다고 잘해주고 싶었는데 하실까. 밥과 반찬 한두 가지에 반주로 소주 한 잔이면 충분했던 할머니셨다. 물론 작은 소주잔이 아니라 유리컵으로 하나 가득. 밥을 뜨시기 전에 컵을 입에 딱 대시면 꿀꺽꿀꺽 한 방울도 남기지 않고 한입에 탁 털어 넣으셨다. 뼈만 남은 가느다란 할머니 목으로 소주 넘어가는 소리를 듣고 있자면 내가 다 맛나기도 하고, 절로 쓰디쓰기도 했다. 어쩌다 저녁 반주에 마음이 일렁이면 할머니는 노래를 부르셨다. 방송을 타고 나오는 트로트도 아니고, 전해 내려오는 민요도 아니고, 오로지 할머니 혼자 만들어 부르던 노래였다.

구슬프게 흘러나오는 할머니 노래는 돌아가신 할아버지 이야기였다. 나보다 21살 위인 우리 큰언니 얼굴만 보고 돌아가신 할아버지. 아무도 이야기해주지 않았지만 할머니 노래에서 나는 이야기 조각조각을 이어 붙일 수 있었다. 철도 노동자였던 아버지는 좀 더 평등한 세상을 원했고,

평등한 세상을 원했다는 그 이유만으로 산으로 들어가야 했다. 아버지가 세 해를 산에서 견디는 동안 할아버지는 아들 행방 때문에 고초를 당해야 했고, 목숨마저 잃어야 했다. 무수한 고문에 돌아가시면서 물을 찾으셨다는데 물을 마시면 더 안 좋다고 해서 그 물을 못 주었다는 할머니는 그게 끝내 한이 되었다.

할아버지 제삿날 설핏 잠이 들었다가 할머니와 어머니, 아버지, 고모가 나누는 이야기 소리에 잠이 깨어 눈을 감은 채 들었다. 할머니, 어머니, 고모가 각각 따로 불려가 아버지가 집에 들르지 않았는지 추궁당했다는 이야기. 울퉁불퉁한 어머니 손과 달리 아버지 손이 곱디고운 건 옥살이하면서 왼쪽 팔을 고문당해 힘을 줄 수가 없어 그 팔을 못 쓰기 때문이었다. 아버지는 유독 왼쪽 팔만 가늘디가늘었다. 그리고 그 팔은 한 번도 굽혀지지 않았다.

전세 기간이 끝나 다른 집으로 옮기고 나면 낯선 사람이 찾아왔는데, 그 사람이 아버지 담당 형사라는 걸 알게 된 건 한참 큰 뒤였다. 일흔 노인네가 될 때까지도 그렇게 형사가 따라다녔고, 돌아가신 뒤에야 더 이상 따라오지 않았다. 아버지가 산에서 지낼 때 이야기를 당신 입으로 해준 건 내가 스무 살이 되었을 때였다. 혼자 꿰어 맞추던 이야기 조각들을 아버지한테서 직접 들었지만 그것도 마찬가지로 조각이었다. 언젠가 통째로 이야기를 들어야지 했지만 연애를 하고 결혼을 하는 동안 그 시간은 늘 뒤로 미뤄졌고, 병과 싸우던 아버지는 어느 날 내 앞에서 한마디 말씀도 남기지 못하고 저세상으로 가셨다. 복잡다단한 우리 현대사를 지나오면서 어느 집이고 이야기 하나씩은 있지 않겠는가. 할머니 산소에 안 간 지가 너무 오래되었다. 나쁘다, 아버지 산소도 일 년에 한 번을 못 가고. 돌아가면 바로 할머니, 아버지 산소에 다녀와야겠다.

우리는 모두 한패다

차가 여전히 툼베스 출입국사무소 앞에 서 있다. 출입국사무소에서 클라우디아한테 출국 도장을 찍어주지 않았다. 무슨 이유인지 모르겠지만 45달러를 내야 찍어준다고 그랬단다. 클라우디아가 병원에서 끊어 온 임신 확인 서류도 소용이 없다고 한다. 클라우디아는 울고, 운전기사는 짐칸에서 클라우디아 가방을 꺼냈다. 그러면 안 된다고 우리가 클라우디아 가방을 다시 차에 싣고 클라우디아를 들어오게 했다. 클라우디아는 리마에 있는 남편에게 전화를 하고, 아무 문제 없이 국경을 넘을 수 있다는 걸 확인받기 위해 이곳저곳에 전화를 한다.

출입국사무소에 도착했을 때 나나 독일에서 온 여행자들, 스페인에서 온 사람은 그냥 여권만 보이고 출국 도장을 받았는데 페루, 콜롬비아, 베네수엘라 사람들은 간단하게 여권 하나가 아니라 무슨 서류 같은 것을 잔뜩 들고 출입국사무소에를 갔다. 쉽게 오고 가는 게 아닌가 보다.

그래도 이 차에 탄 다른 콜롬비아 사람들은 그냥 통과되었는데 왜 클라우디아만 통과되지 못했는지 모르겠다. 씩씩하게 생긴 베네수엘라 여자가 차 안에 탄 사람들에게 "여기 콜롬비아 사람 누구예요?"라고 물으니 뒤편에 앉은 사람들이 다 손을 들고 한마디씩 한다. 차에 탄 사람들은 모두 클라우디아가 출국 도장 없이 국경을 넘어 콜롬비아까지 가는 일에 공모자가 되기로 한다. 페루 출국 도장을 못 받았으니 에콰도르 입국 도장을 받는 데에도 문제가 생길 터, 에콰도르 쪽에 가서는 클라우디아가 다른 사람들 입국 수속 밟는 동안 화장실에 숨어 있기로 한다. 우리는 모두 한패다.

버스는 다시 오르메뇨 회사로 돌아간다. 차에 문제가 있다고 한다. 출입국사무소에 들르기 전에 근처 오르메뇨 버스 회사에서 새로 갈아타고 온 차가 고장이라니.

1시간 반이 지났는데 아직도 차를 고친다. 그러고 보니 아침도 점심도 먹지 못했다. 배는 고픈데 마땅히 음식을 먹을 만한 곳이 보이지 않는다. 기껏 과자부스러기로 배를 채워야 한다. 배 속에 아이가 있는 클라우디아는 무어라도 먹어야 해서 마을을 돌아다녀 간신히 쭈글쭈글해진 사과 두 개와 요구르트를 샀다. 클라우디아가 요구르트를 마시면서 "아기가 계속 배고프다고 해" 그런다. 임신 두 달째. 아직 입덧은 그리 심하지 않은가 보다.

나는 아기를 가졌을 때 입덧은 거의 하지 않았는데 어느 달이었던가, 한 달 동안 밥 뜸들 때 나는 냄새가 맡기 힘들었다. 그 한 달 동안 고추장에다만 밥을 비벼 먹었다. 다른 건 안 넣고 고추장에 참기름만 몇 방울 넣어서 대접 한가득 비벼 먹으면 밥 냄새로 어지러웠던 속이 다스려졌다. 클라우디아는 입덧을 하게 되면 어떤 음식을 찾을까.

11월 1일 수요일

멈춰버린 버스

어젯밤 차가 멈추더니 아직 그대로다. 운전기사와 승무원이 연장을 들고 고치러 오가는 걸 보면서 잠들었는데 쉽게 손봐지지 않는 큰 고장인가 보다. 자다 보면 가겠지, 멈추어 있을 때 조금이라도 편하게 자자고 했던 게 일어나 보니 새벽 5시. 꼼짝도 않고 같은 자리다.

차에서 자는 사람도 있고, 잠들지 못한 채 앉아 있는 사람도 있고, 밖에서 서성이는 사람도 있고 몇몇은 모여서 이야기를 나눈다. 젊은 독일인 남녀가 돈을 되돌려 받고 여기서 따로 가기로 했다고 한다. 혼자 다니는 다른 독일 남자한테 그 이야기를 하니 그 남자도 좋은 생각이라며 자기도 같이 움직이자고 나선다. 세 사람은 짐칸에서 배낭을 꺼내 메고 사라졌다.

어젯밤에 에콰도르 과야킬은 지났으니, 아무래도 키토로 가는 길 앞머리에서 멈추었나 보다. 그래도 다행인 게 버스 지부 사무실이 있는 곳이다. 서서히 밝아오는 아침에 드러난 에콰도르, 넓은 도로에 다니는 버스들은 크고 깨끗하다. 에콰도르는 그냥 눈으로만 보고 지나칠 줄 알았는데 잠시라도 이렇게 머물게 된다. 아무래도 보고타에는 밤늦게나 도착하겠지. 아, 차 안에서만 오늘이 사흘째고 내일은 나흘째다.

순하게 기다리던 사람들이 더 이상 참을 수 없어 버스 회사에 항의를 했다. 직원 안내로 호텔이라는 곳으로 가서 몸을 씻게 되었다. 다들 차에서 큰 가방 하나씩 꺼내어 끌고 한참을 걸었다. 씻으러 들어간 방에서 클라우디아가 사람들을 웃긴다. 한마디 할 때마다 함께 방에 들어간 여자들이 배꼽을 잡고 웃는다. 콜롬비아 여자 두 명은 선생님이란다. 말을 걸지 않았을 때는 그이들 얼굴이 희미했는데 서로 이름을 알고 이야기를 하니 얼굴이 또렷이 들어온다. 콜롬비아 여자 둘이 먼저 씻고 클라우디아가 씻고 내가 씻은 뒤 페루 사람인 카르멘이 씻었다. 카르멘은 챙겨 온 샴푸와 린스, 비누, 치약을 아낌없이 내놓았다.

씻고 나온 여자들은 몸에 바르는 것도 많았다. 얼굴에 바르는 화장품은 기본이고, 겨드랑이에도 바르고 뿌리고 팔에도, 머리에도 바르고, 바쁠 게 하나도 없는 사람들이다. 옷도 싹 갈아입었다. 이틀 동안 차를 타고 왔으니 옷을 갈아입으면 개운할 터이다. 나는 차에서 가방 꺼내 오는 게 귀찮아 그냥 몸만 씻고 옷은 그대로 입었는데, 이 여자들이 부지런하고 내가 게으른 게다. 똑같은 시간이라도 그이들은 할 거 다한다. 그이들 씻는 시간 절반도 안 걸려 내가 씻고 나오니 콜롬비아 여자가 나보고 "라피도"라고 한다. 빠르다고. '빨리빨리' 사회에서 살다 온 나는 저절로 빨리빨리 움직인다.

단체로 주스와 치즈를 넣은 빵, 삶은 달걀 2개를 아침으로 먹고 왔다.

밤새 차가 멈추어 서고, 버스 회사 쪽에서는 확실한 답을 주지 않고 무조건 기다리라고 하고, 사람들이 편안히 쉬면서 기다릴 수 있도록 아무런 배려도 안 해줘 사람들이 따지자 간신히 이 정도를 해준 거다. 나는 말이 통하지 않는다고 그냥 잤는데 그래서는 안 되는 거였다. 차를 고치는 대로 출발한다고 해서 우리는 다시 버스 터미널에 있는 오르메뇨의 작은 사무실에 앉아 기다린다.

무척 덥다. 햇볕이 뜨거워 긴팔을 입고 있는 게 낫겠다 싶어 남방을 입고 있다가 안 되겠기에 벗어버렸다. 벗으니 참 시원하다. 함께 가는 여자들은 대부분 끈 달린 민소매에 딱 달라붙는 바지를 입었다. 마른 사람들도 있지만 대부분 몸집이 좋다. 그 딱 달라붙는 옷은 마른 사람보다는 살집이 많은 사람들에게 훨씬 더 잘 어울린다. 살찐 사람들이 어떻게든 살을 가리게 하는 한국과 다르다.

버스 터미널에 있는 오르메뇨의 작은 사무실에 앉아 버스 수리가 끝나기를 기다리고 있다.

함께 차를 탄 사람들 중 네 명이 빠졌다. 일행인 독일 남녀와, 다른 독일 사람 한 명과, 어느 나라 사람인지 모르는 남자 한 명. 시간 낭비하느니 따로 환불 받고 가는 게 더 현명한 일일는지는 모르지만 그래도 함께 오다가 당한 일인데 빠지니 좀 그렇다. 페루 사람, 콜롬비아 사람, 칠레 사람, 베네수엘라 사람들과 스페인 여자, 그리고 내가 남았다.

버스, 다시 달리다

고친 차가 아무래도 불안했는데 다행히 별 탈 없이 12시간을 달려왔다. 밤 11시쯤 휴게소에서 내려 쉬었다가 다시 차에 올랐는데 카르멘과 베네수엘라 사람인 엘레나, 베네수엘라에 사는 남자 친구를 만나러 가는 젊은 페루 여자가 같이 춤추러 가잔다. 어차피 오늘 밤에는 에콰도르 국경이 닫히고, 새벽에 문 열릴 때 출국 수속을 하니까 여기서 몇 시간 있다 출발해도 된다는 것이다.

엘레나하고는 엘레나가 낮에 내 옆 자리에 와 앉아서 이야기를 하게 되었는데, 내가 서른여덟 살이라고 했더니 자기도 서른여덟이라고 한다. 그런데 이곳에서는 나이를 만으로 헤아리니 나보다 한 살이 많은 셈이다. 엘레나는 9살짜리 아들 아리에와 친구라는 할머니 한 분, 그 할머니 손자 이렇게 넷이서 이 차를 탔다. 페루에 사는 어머니를 만나고 돌아가는 길이다. 남편과 헤어지고 카라카스에서 아들과 둘이 사는데, 아리에 이름에는 그전에는 붙었던 아빠 이름이 빠지고 '엘레나 로지'라는 엄마 이름만 붙는다. 엘레나는 옷을 만드는 노동자다. 공장에 나가서 일하는 게 아니라 집에서 혼자 일한다고 한다. 엘레나는 발음이 중요하다며 정확치 않은 내 발음을 교정해주기도 했다. 좋은 선생님이다.

그 엘레나와 다른 여자들이 날더러 춤추러 가잔다. 다른 사람은 몰라도 나는 꼭 춰야 한단다. 내가 춤을 잘 못 춘다고 하니 가르쳐준단다. 이런 기회가 어디 다시 생기겠는가. 같이 차에서 내렸는데 기사 아저씨가 시간 계산을 잘못했던 건지 차가 출발다고 해서 다시 차에 탔다. 카르멘은 신었던 운동화를 벗고 가방에서 굽 높은 샌들을 꺼내 갈아 신고 빨간색 주름 쫄티를 입고 묶었던 긴 파마머리도 풀고 나섰는데. 네 여자가 아쉬워했다. 내가 한국에서는 차 안에서 노래를 틀고 춤춘다고 하니 클라우디아가 뒤돌아 사람들에게 특종을 전하듯 이야기한다.

승무원이 영화를 틀어준다. 미국 영화다. 늘 똑같은 구성이다. 선과 악이 대립하는. 당연히 선은 미국이고, 미국 군대다. 아시아나 중동 지역 얼굴은 악이다. 차에 탄 남미 사람들은 누구를 지지할까. 그것은 거부할 수 없이 영화 속 미국인이다. 미국인이 좋아서가 아니라 영화 문법과 구조가 그렇게 만들어졌기 때문에 영화에 눈을 박고 귀를 기울이는 동안은 어쩔 수 없다. 같은 미군과 연합한 것으로 그려지는 아시아 어느 나라 군인은 그 안에서도 덜떨어진 사람으로 만들어진다. 교묘하고 교활하다. 저런 영화로, 싸구려 저질 문화로 사람들과 세계를 오염시키고 자신들을 정당화시킨다. 내내 이런 영화들을 보면서 남미를 이동한다.

새벽 1시. 카르멘이 깨워 눈을 떠보니 경찰이 차 안으로 들어와 앞자리에서부터 여권을 검사한다. 클라우디아는 보이지 않는다. 어느새 재빨리 화장실로 들어갔나 보다. 경찰이 몇 사람한테 여권을 돌려주지 않는다. 여권을 돌려받지 못한 5명을 차 밖으로 부른다. 한 여자는 벌금 5달러를 내고 다른 사람들은 어떻게 잘 말해서 그냥 여권을 되돌려 받았다. 왜 그러냐고 물으니 별 이유 없단다. 아주머니 한 분은 에콰도르에 들어올 때 입국 신고서에 적지 않은 게 있다고 벌금을 내라고 그랬단다. 그건 그냥 도장을 찍어준 제 나라 직원 잘못인데도 트집을 잡는다. 그냥 그렇게 겁을 준다. 한밤중에 별 수 없이 돈을 뜯긴다.

11월 2일 목요일

드디어 콜롬비아

"가자!" 누군가 외치는 소리에 눈을 뜨니 새벽 5시 10분이다. 콜롬비아와 맞닿아 있는 에콰도르의 국경 지역 툴칸이다. 차에서 내려 출입국사무소 앞에 가니 벌써 줄 선 사람들이 몇 있다. 문은 아직 열리지 않았다. 보온병에 커피를 담아 파는 아주머니도 부지런히 오간다. 내 앞에 선 칠레 남자 파트릭이 내게 커피 마시겠냐며 자기가 한 잔 산단다. 우유를 탄 커피와 타지 않은 커피를 파는데 우유를 탄 커피를 골랐다. 기술자인 파트릭은 베네수엘라 카라카스로 일하러 가는 길이라고 한다. 거기서 일이 끝나도 칠레로 바로 돌아가는 게 아니라 스페인으로 해서 여러 나라를 옮겨 다니며 일해야 한다고 한다.

에콰도르에서 콜롬비아 가는 길에 있는 집들. 나무로 기둥을 세우고 그 위에 집을 지어놓았다. 나중에 콜롬비아의 다를링이 이런 집을 '바리오 포플라르'라고 한다고 설명해주었다.

어둠 속에서 뭔가 무거운 짐을 잔뜩 진 사람들이 사무소 앞에 짐을 풀어놓는다. 두꺼운 잠바와 담요를 파는 사람들이다. 사람들이 모이는 곳에는 무어라도 파는 사람들이 모여든다.

에콰도르와 콜롬비아를 잇는 루미차카 국제 다리를 건너면 콜롬비아다. 콜롬비아에서는 입국 신고서를 따로 받지 않고 창구에서 나라, 직업, 가는 곳, 며칠 머무르는지, 그 이후 어느 나라로 가는지만 물어서 컴퓨터에 바로 입력한다. 남미에서 지금까지 유일하게 입국 신고서를 적지 않은 나라다. 똑같은 신고서여도 매번 적을 때마다 무엇을 적어야 하는지 왜 그렇게 헷갈리는지. 꼭 사전을 가방에 넣고 차에 탔다.

클라우디아는 이제 화장실 신세를 안 져도 된다. 기념으로 사진을 찍어주었다. 클라우디아는 얼마나 활발한지 모른다. 말도 정말 빠르다. 처음 리마에서 보았을 때 울던 얼굴도 클라우디아 얼굴이지만 클라우디아는 귀엽게 웃으면서 빠르게 이야기하는 모습이 더 어울린다. 클라우디아가 이야기를 할 때마다 차 안에 탄 사람들이 배꼽을 잡고 웃는다. 나이가 많든 적든 여자든 남자든 클라우디아한테는 다 친구다. 도움 받을 일이 있으면 누구한테든 당당하게 부탁하고.

클라우디아가 도와줘서 국경에서 달러를 콜롬비아 페소로 바꾸었다. 1,000원 조금 안 되는 돈이 2,200페소다. 페루에서 1솔, 2솔 이렇게 세다가 1,000단위로 세게 되니 머리가 복잡해진다.

멈춰버린 스페인 여자

다들 차에 타고 이제 출발하나 했는데 군인 두 명이 차에 오르더니 모두 제자리에 있으라면서 여권을 검사한다. 한 사람은 뒤에서부터 한 사람은 중간부터 검사를 한다. 클라우디아는 신분증을 보여주는 걸로 쉽게 넘어갔는데, 이번에는 맨 앞에 앉은 스페인 여자가 걸렸다. 아무래도 그이가 에콰도르에서도 콜롬비아에서도 도장을 받지 않는 것 같더니, 끝내 두 쪽에서 다 도장을 안 받았다. 여러 사람이 차에서 내려 가능하면 별 문제 없이 차에 타고 갈 수 있게 도와주려고 했는데 소용이 없다. 버스 기사가 짐칸에서 그이 가방을 꺼냈다. 이번에는 클라우디아 사정이랑 달랐다. 그이는 차에 타지 못하고 차는 출발했다.

엘레나가 내 옆에 앉기에 그이가 왜 도장을 안 찍었을까 하고 물으니 좀 이상한 사람이라고 말한다. 그러면서 그이가 내내 마리화나를 피우면서 왔다고 한다. 버스 화장실에서도 계속 피웠을 거란다. 담배를 많이 피운다 싶기는 했다. 화장실에도 여러 번 가고, 항상 가방을 들고 가는 게 조금 이상하기도 했다. 밖으로 나가는 것도 아닌데 작지도 않은 가방을 왜 꼭 들고 갈까, 의심이 많은가 보다 했다. 하지만 마리화나를 피웠다고 해서 그 여자가 다른 사람한테 피해를 준 일도 없고, 지금까지 잘 왔다. 어젯밤에 영화를 볼 때 화장실에 가려고 나왔다가 잠시 내 옆 빈자리에 앉아 뭐라고 얘기하는데 작고 빠른 소리가 영화 소리에 묻혀 무슨 말인지 알아들을 수가 없었다. 여자 얼굴에는 길게 상처 자국이 나 있다. 표정도 녹록치 않았다. 밥을 먹을 때나 뭘 할 때 늘 혼자였다. 아니 혼자이려고 하는 것 같아서 계속 신경이 쓰였다. 그래도 차가 고장 나 긴 시간을 기다릴 때 함께 기다린 여자가 달리 느껴졌는데 여자는 왜 도장만 찍으면 되는 것을 찍지 않았을까. 자기 나라 조상들이 지배하던 남미 땅이 조금은 쉬워 보였을까. 기다림이 지겹고 답답하고 부당하다고 생각했을까. 그녀는 어디로 가는 중이었을까? 칼리? 보고타? 메데진? 카라카스? 아니면 그 어느 곳도 아닌 그 어느 곳? 어디를 가든 그 길 다시 멈추지 말고 몸 성히 잘 가기를. 중간에 독일 사람들이 내리고, 이제 스페인 사람이 내리고, 남미 사람들과 내가 다시 출발한다. 콜롬비아 이피알레스다.

판타스틱, 판타스틱

차가 출발하고 얼마 뒤 딸과 조카와 함께 차에 탄 콜롬비아 여자가 차를 세우더니 화장실에 휴대전화를 놔두고 왔다고 달려간다. 차로는 얼마 안 왔지만 달려가기에는 그리 짧지 않은 거리인데 차를 돌리기가 마땅치 않았는지 기사가 그냥 가게 둔다.

내 뒤에 앉은, 리마대학이라는 글씨가 등에 새겨진 추리닝을 입은 키 큰 남자가 "판타스틱"을 연발한다. 비행기나 하루 이틀 타는 버스 여행에서는 드문 일들을 겪는다. 버스 탄 지 나흘째, 원래는 오늘 낮쯤이면 도착해야 하는 건데 이제 콜롬비아에 들어섰으니 아무리 빨라도 내일이나 도착하겠다. 월요일에 출발해서 지금은 목요일, 거의 일주일을 버스에서 산다. 콜롬비아 보고타 가기가 이리도 힘들고, 시간이 걸리고, 즐거울 줄이야. 질질 짜며 다니던 버스 여행, 이 버스에서는 울 짬도 없다.

콜롬비아로 들어오니 푸르다. 나무가 빽빽이 들어찬 산은 아니어도, 페루에서 나무 한 그루 없는 산만 보다가 나무가 있는 산을 보니 그냥 즐겁다. 산이 굉장히 높다. 그 높은 산에 밭을 만들어놓았다. 작지만 곳곳에 만들어진 밭에 오밀조밀하게 먹을 것들이 자라나는 모습을 보니 참 예쁘다.

집집마다 화단에 꽃을 심고, 꽃을 심은 화분을 처마에 가지런히 걸어놓았다. 꽃을 심고 그것을 살리고 키우는 사람들. 들여놓는 족족 얼마 가지 않아 죽었던 내가 키우던 식물들이 떠오른다. 옥상에 있는 화분들은 지금쯤 어떤 모습일까. 해마다 봄이 오면 옥상에 화분을 놓고 방울토마토, 상추, 고추, 부추, 토란을 심었다. 내가 아니라 다리 아픈 어머니가 막내딸네 집 그 높은 계단을 올라오셔서 심었다. 물 주기 귀찮아 그만둘까 싶어도 어머니의 봄맞이를 막을 수 없다. 아주 오래전 논과 밭을 떠나왔지만 어머니에게 봄은 늘 씨앗을 뿌리는 시간이다. 어느 해는 봉숭아, 해바라기를 함께 심기도 했다. 올해는 씨를 뿌린 기억이 없는데 채송화가 여러 화분에 피어났다. 해가 지면 함께 지고, 해가 뜨면 함께 얼굴 내밀던 채송화. 이젠 다들 져버렸을 테지.

콜롬비아에 오니 다시 지대가 높다. 클라우디아가 칼리는 낮고 보고타는 더 높다고 한다. 라파스와 보고타. 수도가 높은 곳에 있는 특별한 이유라도 있는 걸까.

긴 버스 여행의 대가가 있는 거구나. 콜롬비아의 자연을 볼 수 있다는 것. 파란 하늘과 구름을 볼 수 있다는 것, 따뜻한 햇볕을 쬘 수 있다는 것, 사람들을 만날 수 있다는 것.

탕구아를 지난다. 기와집이 많다. 슬레이트 지붕도 가끔 보인다. 풀어놓고 키우는 돼지와 닭들이 오간다. 이 햇볕을 쬐며 느리게 걷고 싶다. 아무것도 계획하지 않고, 의식하지 않고, 걱정하지 않고, 그다음에는 어디로 가야지, 뭘 해야지 생각하지 않고. 창밖으로 보이는 저 마을이 무척 마음에 든다. 몇 날 며칠을 이 마을길만 걸어도 좋겠다. 당장이라도 내리고 싶지만 그럴 용기가 없다.

가파른 길

이제껏 모두 함께 타고 온 차는 더 이상 가지 않고 행선지에 따라 각각 다른 차로 나누어 간단다. 칼리를 들렀다가 보고타에 갔다가 메데진, 카라카스로 가기에는 시간이 너무 많이 걸리고 차 상태도 썩 좋지 않아서다. 칼리로 가는 세 사람은 택시를 타고 가고, 메데진 가는 사람도 택시로 가고, 보고타와 베네수엘라 가는 사람들이 새로 부른 버스로 가기로 했다.

집이 얼마 안 남은 클라우디아는 금세 화장을 하고 옷을 갈아입었다. 눈에 푸른색으로 화장도 하고 입술도 칠하니 다른 여자가 되었다. 서로 아쉬워하며 먼저 세 사람을 보냈다. 버스 운전기사가 택시 기사에게 지폐를 세어 건넨다.

사람이 줄어도 짐이 워낙 많아 새로 온 버스에 옮겨 싣는 데 시간이 꽤 걸린다. 갈아타는 버스는 지금껏 타고 온 버스보다 크기가 작아 더 많은 짐을 차 안에 실어야 한다. 앞 차에서 짐을 빼서 새로 온 차에 옮기는 동안 짐을 도둑맞을 수도 있다고, 그래서 잘 감시해야 한다고 한 여자가 말한다. 이제껏 그런 일을 겪어보지도 않았고 생각도 못해봤는데 콜롬비아 사람이 자기 나라에 와서 그런 얘기를 하니까 허탈하다.

새로 탄 버스가 달리는 길은 내내 가파르고 깎아지른 절벽 길이다. 그런 길이 산을 따라 빙빙 돌아 나 있다. 그 길을 따라가면서 보는 바깥 경치는 한마디로 끝내주지만 다시 되돌아 이 길로 가야 한다면 두 번은 못 갈 것처럼 겁나는 길이다. 운전기사가 잠깐이라도 손을 잘못 움직이거나 딴생각만 해도 그냥 어디론가 떨어질 그런 길이다. 나는 다시 이 길을 내려오지는 않을 테지만 카르멘은 페루로 돌아갈 때 다시 이 길을 지날 테고, 다른 이들도 언젠가 다시 이 길을 지날 텐데 두렵지 않을까. 어디든 비껴가기 힘든 길이 있을 테지. 지나고 나면 아무것도 아닌 것처럼 여겨지고, 다시 눈앞에 닥쳐오기까지는 두려움 따위는 까맣게 잊는.

10월 30일 월요일 오후 2시에 시작한 버스 여행은 11월 3일 금요일 아침 9시에 끝났다. 보고타다. 버스 터미널 택시 승강장에서는 가는 곳을 대면 요금과 타야 할 택시 번호가 적힌 종이를 끊어준다. 택시를 타고 보고타 남쪽에 있는 보사 지역, 그곳에서도 남쪽 보사로 간다.

저쪽 너머:

콜롬비아, 보고타

11월 3일 금요일

보고타 옛 거리를 거닐다

콜롬비아 보고타에서는 마노 친구 디아나 집에 머물기로 했다. 디아나는 직장에 근무 중이고, 남편이 아파트 앞에서 나를 기다리고 있었다. 방 두 개와 거실, 부엌과 욕실이 있는 디아나네 집에는 디아나와 남편 엔리케 두 사람만 산다. 엔리케가 넓은 침대가 있는 방에 내 가방을 내려놓으며 내 방이라고 말해준다. 거실 한편에 만들어놓은 서재에 디아나 사진이 걸려 있다. 한눈에 끌리는 얼굴이다. 강한 듯 부드러운 미소. 저녁에나 만나게 될 디아나.

문화단체인 디시 아르테D.C. ARTE에서 일하는 다를링과 보고타 시내로 나왔다. 다를링은 엔리케와 함께 일한다. 디아나와 엔리케가 다를링에게 나를 부탁했나 보다. 괜히 그러지 않아도 되는데. 황금박물관, 대성당, 독립박물관, 시몬 볼리바르 광장, 보테로 미술관, 스페인이 이곳을 정복한 뒤 처음 만든 광장을 다녔다. 보테로는 사람과 사물을 뚱뚱하게 그리는 화가로 유명하다. 뚱뚱한 모나리자 그림은 많은 사람들이 보아서 알 거다.

치차. 맛이나 빛깔이 막걸리와 닮았다.

보고타의 옛 거리인 칸델라리아에는 몇 백 년 된 집들과 나무 문과 돌길들이 있다. 그 오래된 길과 집들보다 더 오래된 사람들이 눈에 띈다. 원주민 할머니가 길모퉁이를 돌아 나오고, 언덕길을 힘겹게 오른다.

오래된 광장 안쪽으로 좁은 골목이 있는데 골목 안에는 작은 술집들이 많다. 다를링이 옥수수로 만든 자연 음료라며 치차를 시켰다. 바가지에 두 사람이 마실 양을 담아 빨대를 꽂아준다. 시큼털털한 맛이나 빛깔이 막걸리랑 닮았다. 많이 먹으면 취한다고 하는데 딱 알맞은 양이었다.

다를링한테 카메라에 담긴 사진을 보여주었다. 에콰도르에서 찻길 옆에 있는 가난한 집들이 퍽 인상 깊어 사진을 찍었는데 바리오 포플라르 barrio popular라고 한다고 알려준다. 민중들이 사는 구역, 값싼 집들이 있는 구역, 빈민가를 말한다. 전등 위에 있는 새들은 출로스로 콘도르과의 한 종류라고 한다. 나무가 없는 산들은 에로시온(사막이 된 산)이라고 알려준다. 다를링 말로는 처음에는 그 산들에 나무가 있었는데 다 베어서 나무가 없는 산이 되었다고 한다. 아야쿠초에 있는 박물관에서 찍은 사진을 보고는 참빗처럼 생긴 것은 페이니야이고, 미라는 모미아, 두개골은 칼라베라, 선인장은 캅투스라고 알려준다. 카린과 하비에르한테 미처 묻지 못한 것을 콜롬비아에 와서 다를링한테 듣는다.

다를링이 일하는 디시 아르테는 보고타 남부 보사 지역에 사는 주민들과 아이들이 참여하는 사회·문화 사업을 기획하고 진행하는 문화단체다. 다를링한테 앞뒤 없이 궁금한 걸 물어보았다.

"콜롬비아에는 게릴라 조직들이 있잖아. 이야기 좀 해줘."

"하나는 콜롬비아무장혁명군(FARC)이고 하나는 민족해방군대(ELN)야. 이들은 주로 농촌과 몇 개 도시에서 활동해. 이들이 활동을 시작한 건 1960년대로 역사가 40년 안팎이지."

"그 조직들이 원하는 건 뭐지?"

"정권 교체를 원하고, 사회 불평등을 없애서 모두 평등하게 사는 세상을 원하지. 하지만 정부가 보면 이들은 테러리스트가 되는 거야."

"그렇다면 도시와 농촌에서 보는 건 어떻게 달라?"

"농촌에서는 콜롬비아무장혁명군을 게릴라라고 해. 도시에서는 테러리스트라고 보는 사람도 있고 정부에 저항하는 게릴라라고 보는 사람도 있어. 정부는 무조건 테러리스트라고 하지만."

"콜롬비아 노동자들 중에도 다른 나라로 가서 일하는 사람이 많아?"

"그렇지. 주로 미국이나 스페인으로 많이 가. 다른 유럽에는 조금 가고. 페소보다는 달러나 유로가 돈이 되기 때문에 나가는 거지. 일해서 돈 벌면 여기로 보내고."

"주로 어떤 일들을 해?"

"미국 가서 청소나 서빙 같은 일을 많이 해. 다른 일은 하기가 어렵지. 미국 비자가 6년이라서 그 기간이 다 되면 돌아와야 해."

"버스 타고 다닐 때 영화를 틀어주는데 다 미국 영화더라. 게다가 코카콜라 없는 곳이 없고. 텔레비전 광고를 보더라도 남미 사람들 얼굴이 아니라 미국 사람 얼굴을 닮아가고. 문제가 아닌가 싶어."

"나도 문제가 많다고 생각해. 미국이 중심이라고 하지만 내게는 아니야."

미국은 자기가 세계의 중심인 줄 알지만, 더 심하게는 다른 나라들한테 자신이 중심이라는 것을 인정하라고 강요하지만, 세계의 중심은 미국이 아닐뿐더러 중심은 하나가 아니다.

다를링과 이야기를 하는 동안 디아나를 만날 시간이 다 되었다. 디아나를 만나기로 한 곳으로 가려는데 비가 온다. 아까 한차례 세찬 비가 쏟아졌는데 그래도 지금은 맞고 갈 만한 비다. 조금씩 흩뿌리는 빗속에 한 할아버지가 손자쯤 되어 보이는 아이를 앞세우고 어느 카페로 들어간다. 그런데 별 소득이 없는지 들어가자마자 바로 나온다. 가늘고 흰 지팡이를 짚은 걸 보니 앞이 안 보이는가 보다. 한 손을 아이 어깨에 올리고 걷는데 자꾸 어깨에 얹은 손이 흘러내린다. 아이는 뒤도 돌아보지 않고 할아버지 손을 제 어깨에 얹어놓는다. 채 다섯 발자국도 못 가 손은 다시 흘러내린다. 아이 얼굴이 불행하고 슬퍼 보이지는 않는다. 얼굴도 깨끗하고 옷차림도 말쑥하다. 어느 길에서고 가난과 마주친다.

11월 4일 토요일

어디든 똑같은 자본주의

토요일, 디아나와 엔리케가 쉬는 날이다. 디아나는 콜롬비아 문화부에서 일을 한다. 콜롬비아에는 전국의 작은 마을 단위까지 문화의 집이 있다고 한다. 디아나가 문화부에서 중요하게 맡은 일이 바로 이 문화의 집일이다. 이 이름이 낯설지 않다. 쿠바에서도 문화의 집을 만났으니.

엔리케는 토요일마다 벌을 치러 산에 간다. 엔리케가 방에 두었던 벌통을 꺼내 왔다. 그냥 빈 통인 줄 알았는데 뚜껑을 여니 그 안에 벌들이 있다.

사람들이 어떤 집에서 사는지 보고 싶다고 하니 디아나가 보고타에 있는 산마을을 보여주겠다고 한다. 아침 10시 40분, 집을 나서는데 디아나가 내 신발을 보더니 놀란다. 샌들 신고 안 춥냐고 한다. 두 달 조금 안 되는 시간 동안 간혹 가다 샌들이 좀 안 어울리게 쌀쌀한 날씨일 때도 있긴 했지만 춥다거나 불편하지는 않았다. 그런데 생각보다 보고타가 좀 춥긴 하다. 디아나는 목도리까지 하고 다닐 정도이니. 남미를 떠올리면서 왜 더울 거라고만 여겼을까. 그 이야기를 했더니 디아나가 웃는다. 그러고 보니 라파스도 그렇고, 보고타도 그렇고 수도가 높은 지역에 있는 건 더위를 피하기 위해서라고 한다.

보고타에는 전철은 없지만 그 역할을 하는 버스가 있다. 그리고 버스만 다니는 길이 따로 있다. 그 길 이름이 '천 년 너머'라는 뜻의 트란스 밀레니오인데, 거의 고속도로나 다름없다. 도로 한가운데에 전철 승강장처럼 생긴 정거장이 있다. 그 버스를 타고 보고타 북부 지역으로 갔다. 미리 약속이 되었는지 대형 할인 매장 까르푸에서 디아나 어머니와 여동생, 6살 조카를 만났다. 오늘 저녁 축제에 가려고 쉰두 살 어머니는 머리를 단장하셨다. 디아나 어머니는 남편에게 줄 하늘색 와이셔츠와 아들에게 입힐 체크무늬 남방을 고르셨다.

식구들이 필요한 물건을 더 고르는 동안 밖에서 기다렸다. 대형 할인 매장은 서울이나 보고타나 별다르지 않았다. 생김새도 똑같고 물건 진열 방식도 마찬가지다. 대강 둘러보니 물건 값이 그리 싸지는 않다. 옷이나 신발 같은 공산품은 서울에서 파는 가격과 비슷하다. 여기 물가로 따져보면 오히려 비싼 셈이다. 진열되어 있는 옷들에는 더 이상 콜롬비아만이 풍기는 어떤 멋도 없다. 그건 비단 여기만의 사정은 아닐 것이다. 내 옷차림도 진열된 옷들과 별로 다를 게 없다. 전통은 아니어도 좋은데 고유한 자신을 나타낼 수 있는 방법이 줄어들고 사라지는 게 안타깝다.

매장에서 일하는 노동자가 물건을 담는 수레를 정리하는데 서울에서 보는 모습과 똑같다. 아마 이 노동자는 다른 나라에 있는 대형 할인 매장에서 일해도 전혀 당황하지 않고 일할 수 있을 것이다. 마찬가지로 서울에서 일하는 노동자가 당장 보고타에 와서 일해도 설명 하나 듣지 않고도 척척 일할 것이다. 전 세계 맥도날드 햄버거 매장이 똑같은 재료를 쓰고, 똑같은 조리법을 쓰고, 똑같은 손님 관리법을 쓰고, 똑같은 인사를 하고, 똑같은 말을 쓰며 그이들이 만든 '매뉴얼'을 따라 노동을 하듯 대형 할인 매장도 그렇게 일을 하기 때문이다. 더 이상 노동자 개인이 창조하고 상상하는 그런 노동은 불가능해졌다.

점점 많은 것이 똑같아진다. 먹는 것, 입는 것, 쓰는 것 모두 딱 하나로 똑같아진다. 한국 슈퍼마켓에 있는 다국적기업 물건들은 산티아고에도 있고, 부에노스아이레스에도 있고, 아바나에도 있고 어디든 있다. 이미 내 곁에 세계 다국적기업이 진을 친 지 오래인데 남미에서 그런 것들을 만났다고 뭔 호들갑인가. 모든 게 똑같아지는 세상은 가난하다. 삶이라는 창고에 뭐든 딱 하나만 있는 셈이다. 넉넉하던 세상 창고가 텅 비어간다. 똑같이 생긴 수레, 똑같은 공산품들, 똑같은 할인 카드와 적립 카드, 똑같은 진열과 판매 방식, 세계는 행복할까.

운사 마을

택시를 타고 디아나 어머니 집에 갔다. 디아나가 보여주겠다는 산마을은 바로 디아나가 살았고 지금도 디아나 가족들이 살고 있는 마을이다. 보고타 북쪽 수바 지역, 운사 시. 집은 산 높은 곳에 있다. 1층은 디아나 어머니께서 하는 작은 가게이다. 어린아이들이 쓰는 문구, 머리핀이나 고무줄도 팔고, 과자며 음료수도 판다. 오늘은 축제에 가느라 장사를 안 한다.

좁은 시멘트 계단을 올라 2층 집으로 올라갔다. 옥상에 올라가니 빽빽하게 자리 잡은 집들이 한눈에 보인다. 집집마다 옥상에 빨래를 널었다. 우리 집 옥상이 떠오른다. 햇볕 짱짱한 날 빨래를 널면 그 햇볕에 행복을 느끼고는 행복, 별로 비싼 게 아니구나 했다. 두고 온 옥상, 낡은 빨래줄, 빨래 널던 내가 그리웠을까. 보고타 산동네에서 빨랫줄에 널린 빨래들 사진만 찍어댔다. 비야 엘살바도르에서도, 에콰도르에서도 유독 줄에 잔뜩 널린 빨래들에 눈길이 간 건 왜일까. 일하고 돌아온 사람들, 놀다 돌아온 아이들, 땀이 배고, 흙이 묻은 그 옷들을 빨아 탁탁 털어 널고, 햇볕에 말려 거두고, 늘 똑같이 되풀이하는 그 일 없이는 삶이 이어지지 않기 때문일까. 서울은 이제 옥상에 빨래를 널어도 소용없는 겨울이 되었다고 한다.

디아나와 함께 마을을 한 바퀴 돌았다. 이곳에 사람들이 살기 시작한 건 25년 전이다. 디아나네는 디아나가 6살 때 이곳으로 이사 와 22년을 살았다. 처음에는 시멘트 길이 아니었고, 물이나 전기도 없었지만 지금은 모든 게 좋아졌다고 한다. 시간이 흘러 절로 좋아진 건 아니다. 지역 공동체를 만들어 활동한 사람들이 있었기 때문이다. 지금은 마을에 문화의 집과 여성 조직이 있는데 모두 정부에서 운영한다. 여성 조직은 노동자 가족을 위해 어린아이들을 돌봐주는 일을 한다. 어린이집인 셈이다.

문화의 집에 들렀더니 저녁에 열 축제 준비를 한다. 풍선을 매달고, 의자를 놓고, 먹을 것과 컵을 마련해놓았다. 2층은 도서관이고, 3층은 춤 연습실이다. 이 공간은 누구나 이용할 수 있다. 주말이면 동호회든 전문가들이든 초청해 춤과 연극, 음악 공연을 한다.

수바 문화의 집 발표회

낮 3시가 넘어 운사에서 내려와 수바 시내로 갔다. 버스에서 내려 걷는 길에 모자와 목도리, 장갑, 가방을 파는 노점이 죽 늘어서 있다. 물건을 파는 사람들은 에콰도르 사람들이다. 나는 한눈에 콜롬비아 사람과 에콰도르 사람을 구분하지는 못하는데, 가만히 보면 생김새와 옷차림이 조금 다르다. 디아나가 집에서 입던 아주 편안한 바지가 있는데, 그 바지가 에콰도르 사람들이 파는 바지다. 통이 넓어 아주 편안해 보이는 그 바지는 비차마 단원들도 즐겨 입은 옷으로, 거의 한 벌씩은 가지고 있다. 콜롬비아 사람들은 다른 나라로 가서 일을 하고 에콰도르 사람들도 자기 나라를 떠나와 일을 한다.

디아나와 함께 간 곳은 수바에 있는 문화의 집에서 그동안 강습에 참여한 회원들이 배운 것을 발표하는 행사장이다. 어린이들이 직접 만든 인형으로 인형극을 선보였고, 기타 연주와 전통악기 연주, 춤 공연을 했다. 한쪽 방에는 어린이들과 어른들이 그린 그림과 인형, 수공예품을 전시해 놓았다. 한 아주머니가 자신들이 만든 작품을 소개해주었는데 비닐봉지를 재활용해 뜨개질을 한 가방도 있다. 아이들이 만든 인형 중에는 오렌지 껍질을 말려 만든 인형도 있다.

아주 어린아이들부터 젊은이들, 나이 든 사람들까지 함께 공연과 전시를 준비하고 함께 보며 손뼉을 친다. 소박하다. 문화와 예술은 어쩌면 빼어난 그 무엇이라기보다 소박한 것일지도 모르겠다. 누구나 창조하고, 누구나 누리는 게 문화와 예술일지도.

한 여자가 검은 주머니를 들고 한 사람, 한 사람 앞을 차례로 지나가기에 모금을 하나 싶었다. 지갑에서 1,000페소 지폐를 꺼내어 들고 기다렸다. 내 앞에 그 검은 주머니가 왔을 때 돈을 쥔 손을 주머니에 넣는데 이상하다. 주머니는 빈 게 아니라 초콜릿으로 가득 차 있다. 여자는 돈 내는 거 아니라며, 내게 초콜릿을 하나 집어준다. 모두에게 딱 하나씩 나누어 주는 초콜릿. 작은 것 하나가 사람을 달콤하게 하고 따뜻하게 만든다.

공연이 다 끝나고 전시회장에 한 번 더 들렀다. 디아나 친구들이자 동료들이 와 있다. 그이들도 모두 문화의 집에서 일한다. 수바 지역 아이들에게 그림을 가르치는 페르난도, 아이들과 연극을 하는 호르헤, 비디오 촬영과 사진 촬영, 라디오방송 일을 하는 남자. 이들 말고도 다른 지역 기획자들이 행사를 보러 왔다. 그런데 그이들은 문화의 집에서 일하는 직원이라기보다는 문화 활동가, 예술가였다.

갑자기 한 소년이 내게 다가와 뜨개질한 모자를 보여주며 사진을 찍어 달라고 한다. 전시물들을 소개해준 아주머니가 아까 10살 먹은 소년이 뜬 거라고 얘기해주었는데 아주머니가 그 소년에게 말을 했던가 보다. 크리스티안이 방석도 자기가 떴다며 가져온다. 사진을 찍고 나자 함께 뜨개질 강습에 참여한 엄마도 사진을 찍어야 한다며 엄마를 모셔온다. 모자 들고 한 장, 방석 들고 한 장, 엄마와 함께 한 장. 그냥 가만히 있어도 웃는 눈을 한 크리스티안. 그 눈빛은 스스로를 자랑스럽고 대견하게 여겼다. 그런 얼굴을 참 오랜만에 본다. 다른 사람한테 자신을 말하고 싶어 하고, 자기가 느끼는 기쁨을 어떻게든 나타내고 싶어 하고, 함께 나누고 싶어 하는 얼굴. 크리스티안의 엄마는 평범한 내 이웃의 얼굴이다. 멀리서 있다가 한 발 가까이 다가가 바라보면 사람들이 가진 순진한 얼굴을 만난다. 잘난 사람은 가지지 못하는 얼굴이다.

직접 뜬 방석을 들고, 10살 크리스티안이 보는 사람까지 흐뭇하게 만드는 미소를 지어 보인다.

부러운 공간

공연이 끝나고 수바 문화의 집으로 갔다. 가는 도중에 광장이 나왔다. 광장이 가운데 있고 빙 둘러 교회와 어린이집, 학교와 카페가 있다. 남미 어디를 가도 같은 모습이다. 스페인이 남긴 흔적이다.

행사 준비 때문에 밥 때를 놓쳤는지 페르난도와 호르헤가 속이 썰썰하다고 해 가게에 들어갔다. 두 사람은 빵을 한 쪽씩 먹고 디아나와 나는 틴토를 마셨다. 이곳에서는 틴토라는 커피를 즐겨 마신다. 어느 가게든 틴토를 시키면 미리 끓여 걸러놓은 커피를 작고 얇은 플라스틱 컵에 따라 준다. 쓰면서 달달한 맛이다. 폼 잡고 마시는 커피라기보다는 소주처럼 한입에 털어 넣는 그런 커피다. 다른 나라에서는 못 들어본 말을 콜롬비아에 와서 처음 들어본다. 그러고 보니 콜롬비아에 와서 처음 들어본 말이 더 있다. 아마도 콜롬비아로 오는 버스에서부터였을 것이다. 사람들이 감탄사처럼 '클라로'라는 말을 사용하는 거다. 특히 디아나와 친구들이 그 말을 잘 쓴다. "아무렴!", "물론이지!", "그렇고말고!", "정말?" 이런 뜻이다. 그러니까 뭐라고 할까, 상대가 하는 말에 확실하게 반응을 하고 추임새를 넣는다고나 할까. 그 "클라로"를 말할 때 높였다, 내렸다, 늘렸다, 끊었다 하는 억양은 참 흉내 내기 어렵다.

수바 문화의 집 건물은 예쁘다. 안으로 들어가니 더 예쁘다. 건물이 겉에서는 작아 보이는데 그 안에는 극장도 있고, 춤 연습실도 있고, 연극 연습실도 있다. 음악·비디오 감상실도 있고, 영상 자료실, 녹음실, 사무실도 여러 개다. 연습실은 노동자와 학생 연극 모임에서 많이 쓰는데 낮에는 일하거나 공부하기 때문에 저녁에 많이 쓴다.

가장 인상 깊었던 건 건물 벽에 그린 그림과 부조들이다. 계단도 작품으로 만들어놓았다. 벽에 그린 그림은 수바 지역 원주민 이야기라고 호르헤가 말해주었다. 스페인이 침략해 학살한 원주민들, 학살당함과 동시에 원주민들이 쌓아온 문명은 부서지고 망가지고 사라졌다고 한다.

사무실로 가니 그 사이 못 본 얼굴들이 더 왔다. 사람들이 박박 깎은 페르난도 머리를 가리키며 한국말로는 뭐라고 하냐고 묻는다. 보고타에 온 첫날에도 다를링과 디아나가 머리숱이 별로 없는 엔리케를 가리키며 똑같이 물었는데. 보통은 "대머리"라고 하지만, 페르난도는 자신이 원해서 깎았으니 대머리가 아니라 삭발이라고 말해주었다. 맞는 말인가? 다들 페르난도 머리를 한 번씩 쓰다듬으며 웃는다. 콜롬비아에서도 머리를 확 밀어버리는 게 눈에 띄는 일인가 보다.

밖이 금세 어두워졌다. 디아나가 택시를 잡기에 버스 정거장까지 꽤 걸어가야 하기 때문에 택시를 잡나 보다 했는데 버스 정거장을 지나쳐 그대로 한참 간다. 창밖으로 하늘을 보니 보름달이 떴다. 보름이구나. 함께 사는 남자가 보름에 태어났다. 서울은 아침일 테니 딱 오늘이다. 보름달을 사진 찍어 선물로 보내야지, 생각해둔다.

택시가 오르막길을 오르는데 낮에 디아나 어머니 집 가던 길과 같다. 호르헤 집이 디아나 어머니 집 바로 옆집이다. 낮에 왔을 때 옆집 창문 아래 걸린 화분이 하도 예뻐서 사진을 찍으려다 깜빡 못 찍고 그냥 왔는데 그 집이 호르헤 집이라니. 두 사람은 문화 일을 함께하는 동료이자 동지이면서 한 동네에서 자라난 친구이기도 했다.

호르헤는 집 안을 연둣빛으로 페인트칠해놓았다. 그 한쪽 벽에 하나 있는 딸아이 사진을 나이별로 액자에 넣어 잔뜩 걸어놓았다. 집은 좁지만 그림도 여러 장 붙여놓았다. 열 살이라는 딸아이는 방에서 텔레비전을 보느라 바쁘다. 집 안은 꼭 우리 집처럼, 아니 좀 더 심하게 잔뜩 어질러져 있다. 화장실에도 빨랫감이 잔뜩 쌓였고, 비누며 샴푸며 제 맘대로 흐트러져 있다. 그런데 그 어질러진 게 편하다. 내 집처럼 말이다.

호르헤가 노래를 튼다. 그동안 여러 나라를 다니면서 많이는 아니라도 그 나라에서 즐겨 듣는 노래를 오가며 계속 들었다. 그런데 희한하게도 콜롬비아에 오니 노래가 귀에 딱 들어온다. 콜롬비아 노래가 내게 맞는 건지 아니면 이제까지 조금이라도 듣는 연습이 되어서 귀가 좀 트인 건지, 다른 나라 노래보다 한결 가깝게 느껴진다. 나는 노래를 저렇게 크게 틀어놓고 들어본 적이 없다. 옆집이고 앞집이고 뒷집이고 다닥다닥 붙어 있어 늘 눈치를 본다. 여기도 나 사는 마을이나 마찬가지로 옆집 앞집 뒷집이 좁은 골목 하나 두고 딱 달라붙었는데 저렇게 크게 틀고 들을 수 있다니. 하긴 여기는 거리마다 음악을 크게 틀어놓고 사는 곳이다. 낮은 물론이고 저녁엔 더더욱 소리를 줄여야만 하는 우리 집. 나는 지나치게 남을 생각하고 살아왔나. 배려라고 생각했던 게 눈치 보고 산 건 아닌가.

이 집 의자에 앉으니 이런 생각이 든다. 음악과 그림과 사진과 공연과 행복하게 살기, 재미나게 살기. 어렵지 않은 건데, 꼭 돈이 드는 일도 아닌데, 안 보는 책에서 그림 한 장 오려서 붙여도 되는 일인데. 나와 호르헤는 어디에서 달라지는 걸까. 호르헤한테 "당신 집은 예술가 집"이라고 얘기해주었다.

호르헤가 우유를 잔뜩 넣어 커피를 타 온다. 디아나네 집에도 있던 비스킷과 치즈도 내오고. 아야쿠초에서 먹은 치즈와 다르다. 아야쿠초 치즈는 좀 더 하얀빛이었는데 여기 치즈는 약간 누렇고 더 단단하다. 두툼한 치즈를 한참 먹었다.

호르헤 아내가 왔다. 초등학교 선생님이다. 아, 무척 멋지다. 아주 짧고 몸에 착 달라붙는 청치마를 입고 검은색 자수 스타킹을 신고 검은색 부츠를 신었다. 위에는 분홍빛 스웨터를 입었는데 이것도 몸에 착 달라붙는다. 윗옷 색깔과 똑같은 귀걸이와 목걸이를 했다. 새까만 생머리를 가운데 앞가르마를 해서 아주 짧게 자른 단발머리를 하고. 마른 얼굴, 뾰족한 코, 분홍색과 하늘색 아이섀도로 눈 화장한 얼굴. 이 여자, 예쁘게도 산다. 여자가 자기한테 주어진 짧은 시간을 청소하고 정리 정돈하는 데에 쓰지 않고 자신한테 쓴다는 게 아주 마음에 든다.

호르헤는 문화의 집에서 관광객들을 위해 만든 거라며 짧은 동화를 묶은 책 두 권과 문화의 집을 알리는 영상 자료를 선물로 주었다.

낮에 돌아다닐 때도 그랬는데 저녁에도 내려오는 길에 마주친 동네 사람들이 다들 디아나와 아는 척을 한다. 가게 앞에 앉아 안주 없이 맥주를 마시는 젊은 남자 두 명도 모두 디아나 친구다. 한 사람은 문화의 집에서 춤을 가르치고, 한 사람은 노동자라고 한다. 디아나는 자기가 살아온 곳을 바탕으로 삼아 나라가 마땅히 펼쳐야 할 문화를 고민하고 만든다. 디아나가 여섯 살 때 이사 와 22년을 산 운사 산동네 사람들이 누려야 할 문화를, 만들어가야 할 문화를 말이다. 산동네에 사는 이들은 모두 노동자들이다. 퇴근길 어둑해진 산길을 걸어 올라오는 사람들, 그이들이 "먹고살기도 힘든데 문화는 무슨, 예술은 무슨 빌어먹을 예술"이라고 외면하는 문화와 예술이 아니라, "노동자들이 무슨 문화와 예술이야, 너희들은 죽도록 일이나 하라"며 노동자를 소외시키는 문화와 예술이 아니라, 삶에서 나와 삶으로 다시 파고드는 문화와 예술을.

낮에 본 수바 문화의 집 행사장에 운사 시 문화의 집 휘장이 걸려 있었는데 그 그림에는 다닥다닥 집들이 붙어 있고 달과 별들이 떴다. 달과 별 가까이 있는 산동네 집들이 외롭지 않게 더불어 살면서 꿈을 꾸는 문화를 만들어가겠다는 것이리라. 디아나와 걸어 내려오는 어두운 언덕 길, 음악을 크게 틀어놓고 어른들은 집 밖에 나와 술을 마시고, 아이들은 공놀이를 한다. 토요일, 한 주의 노동이 끝났다.

다르게 생긴 사람

승합차 버스를 탄다. 의자에 손잡이가 없어 짧은 팔로 천장에 매달린 손잡이를 잡는다. 토요일 밤 버스는 사람들로 꽉 찼다. 운전기사는 불안하게 선 사람들은 생각지도 않고 빠르게 차를 몰아댄다. 버스가 잠시 멈추었는데 옆 차와 얼굴 붉힐 일이 생겼는지 운전기사가 운전대에 성을 낸다. 빠르게 달리던 차가 이젠 무척 거칠어졌다. 하마터면 넘어져 다칠 뻔했다.

자리가 났다. 쉬는 토요일을 고스란히 내게 내준 디아나를 앉힌다. 디아나 뒤에 앉은 소년이 자꾸 나를 쳐다본다. 낯선 얼굴이 궁금하고 신기했나 보다. 내가 다른 나라 사람을 눈앞에서 본 건 초등학교 저학년 때였다. 시골에 계신 둘째 고모가 다니는 성당 수녀님이 서울 올라오는 길에 우리 집에 들르셨다. 한국말을 잘하시던 이탈리아 수녀님. 꽤 먼 거리에 사는 막내 고모를 모시러 냅다 달려가 그 수녀님의 파란 눈과 높은 코를 한껏 생생하게 말해주려고 애쓰던 일이 떠오른다. 어린 마음에 이탈리아 수녀님을 집에서, 눈앞에서 만난 일은 한동안 친구들에게 자랑할 거리였다.

너무 궁금해 이젠 답답하기까지 하다고 소년의 얼굴에 쓰였다. 내게서 눈을 뗄 줄 모른다. 아무래도 소년의 궁금증을 풀어줘야 되겠다. 더 이상 '저이가 어디서 온 사람일까?' 답답해하지 않게. 나는 웃으면서 "한국 사람이야"라고 말해주었다. 소년은 들리지 않는 숨을 작게 내쉰다. 옆에 앉은 아빠와 건너편에 앉은 엄마가 아들을 보며 웃는다. 소년이 내가 사는 나라를 아는지는 모르겠지만, 모른다면 찾아볼 거리가 하나 생긴 것이리라. 나와 다르게 생긴 사람들, 나와 다르게 사는 사람들은 우물 안 개구리인 내 세계를 조금이라도 더 넓혀주는 사람들이다. 그 사람들이 없다면 나는 한 뼘도 자라지 못할 테니.

고마워

내가 선 자리에서 조금 떨어진 곳에 빈자리가 생겼다. 한 아주머니가 빈자리를 가리키며 앉으라고 챙겨준다. 배낭을 멘 남학생이 내 앞에 섰다. 흔들리는 차. 배낭을 들어주겠다고 하니 "그라시아스"라고 하며 배낭을 맡긴다.

'그라시아스', 남미에서 많이 듣는 말이다. 남미 사람들은 아주 작은 거 하나에도 고맙다는 말을 잊지 않는다. 그냥 지나치듯 하는 인사도 아니고, 겉치레로 하는 인사도 아니다. 아무리 많이 해도 지나치지 않는 작은 인사다. 가게에서도 파는 사람이 돈을 받으면서 고맙다고 하지만 더 많이 고맙다고 말하는 사람은 물건을 사는 사람이다. 따지고 보면 그렇다. 나를 위해 물건을 내주고, 계산을 해주고, 나를 위해 운전을 해주고, 나를 위해 음식을 만들어주고, 나를 위해, 나를 위해……. 그 누군가 수많은 다른 이들이 나를 위해 움직이고 땀 흘리기에 오늘 하루 내가 움직이고 산다. 당장 눈앞에서 나를 위해 움직이는 사람도 있지만, 눈에 보이지 않는 사람은 얼마나 더 많겠는가. 남미 친구들을 따라 나도 작은 것 하나에도 "그라시아스"를 입에 올린다. 내게 당신 가방을 맡겨줘서 고마워요.

이야기

집에는 엔리케가 먼저 와 있다. 주중에는 일하고 쉬는 날에는 자기가 하고 싶은 일을 하는 사람들. 똑같은 시간이 주어지는데도 내겐 왜 그렇게 시간이 없는지. 이들이라고 나름대로 힘들고, 고통스럽고, 무겁고, 아픈 일들이 왜 없겠는가. 하지만 지금 내 앞에 있는 두 사람은 시간에 쫓기지 않고 한결 느리게, 여유 있게 사는 것처럼 보인다. 왜 나는 그러지 못하고 살았는가 싶다. 노래를 틀어놓고, 그림을 붙이고, 사진을 걸고. 시간과 돈이 문제가 아니라, 스스로를 황폐하게 만드는 게 문제이다.

디아나와 엔리케가 쉬게끔 씻고, 거실 구석에 있는 컴퓨터 앞에 앉았다. 디아나는 방에서 텔레비전을 보고, 엔리케는 책을 읽는다. 이메일을 열어보니 먼저 서울로 돌아간 장소익 선배가 편지를 보냈다. 11월 1일 무사히 귀국했다며 내 안부를 묻는다. 고맙다. 함께 여섯 나라를 다니는 동안 공연하랴, 워크숍 하랴, 별 도움 안 되는 답답한 후배와 다니느라 힘들었을 텐데.

엔리케한테 내가 희곡을 써서 공연한 연극 사진을 보겠냐고 물으니 컴퓨터 앞으로 온다. 공연한 극단의 누리집을 열어 사진을 보여주니 엔리케가 "미라, 보니타" 하면서 디아나를 부른다. 그렇게 세 사람이 연극을 이야기했다. 밤 12시가 넘도록 내가 참여해 만든 연극 사진과 엔리케가 극단 디시 아르테에서 만든 연극 사진을 보았다.

연극 얘기를 오랜만에 한다. 밤늦은 시간에 연극 이야기를 나누는 일, 얼마만인가. 영어를 쓰지 않는 두 사람에게 내가 아는 스페인어를 다 끌어내고 얼굴 표정과 손짓, 몸짓을 동원해 작품 내용을 설명해주었다. 두 사람은 금방 알아듣는다. 서로 못 알아듣는 낱말이 나오거나, 더 이상 설명을 할 수 없으면 사전을 가져와 찾아가면서 이야기를 나누었다. 나는 한국어-스페인어 사전을, 엔리케는 스페인어-영어 사전을 가져와서. 그래도 이해가 안 되는 게 있으면 말하려고 하는 낱말이 나오는 책을 가져와 낱말을 확인시켜준다. 콜롬비아에서는 알파벳 'll〔에예〕'를 'ㅈ'으로 발음한다. 엔리케 극단에서는 거리 연극을 많이 하는데, 그 이야기를 하면서 "카제Calle〔거리〕"라고 말하는 걸, 내가 아는 거리는 '카예'였기 때문에 몇 번을 얘기해도 못 알아들었다. 엔리케가 그 낱말이 표지에 적힌 책을 가져와 내게 보여주어 그때서야 "아하" 하고 말았다.

25년 동안 연극을 해온 엔리케는 보고타 시내에 있는 오래된 극단에서도 활동하지만, 젊은 극단인 디시 아르테에서도 활동한다. 디시 아르테는 사회문제를 연극으로 이야기하는 극단으로 거리와 학교를 돌아다니면서 공연을 한다. 엔리케가 컴퓨터에 담아놓은 사진을 보니, 청소년들이 겪는 문제들, 임신과 약물중독, 폭력을 다룬 연극을 만들었다.

어떤 작품은 총 8시간 동안, 배우 3명씩 두 팀을 꾸려 1시간씩 번갈아가며 공연을 했다고 한다. 거리에 큰 천막을 치고 공연을 했는데 음악도 없고 대사도 없다. 공부하기 싫어하는 학생, 예쁘게 치장하는 데에만 신경 쓰는 학생, 아이를 낳아 키우며 공부하는 학생이 나왔다. 엔리케가 배우들과 공동 창작한 작품들은 특별한 무대나 장치, 소품, 음향, 조명이 없다. 그래도 연극이다. 배우와 관객이 서로 나누고 싶은 이야기를 가지고 만나는 연극. 디시 아르테는 지금 콜롬비아에서 벌어지는 사회문제를 이야기한다. 이러지도 저러지도 못하는 문제 한가운데 놓인 게 사람이고 그 사람을 이야기하는 게 연극이니.

학교를 찾아가 공연을 하면 끝나고 난 뒤 그 자리에서 심리 상담가와 아이들과 배우들이 함께 토론을 한다. 토론 연극이다. 엔리케가 억압받는 자를 위한 연극으로 유명한 아우구스토 보알이 만들어낸 방식이라고 전해준다. 나는 오래전 보알이 쓴 연극 책을 읽으면서 그런 연극을 하는 것을 상상만 해보았다. 연극은 상상만으로는 안 되는데, 몸을 움직이지 않으면 안 되는데, 세상도 상상만으로는 변하지 않는데…….

서울로 돌아가면 디시 아르테가 하는 작업을 사람들에게 보여주고 알려주고 싶은데, 문득 내가 가진 게 아무것도 없고, 할 수 있는 게 별로 없고, 힘이 없다는 생각에 엔리케한테 조금은 미안하고 서글퍼진다. 오랫동안 나는 동지도 없이, 울타리도 없이 혼자라는 사실이. 어느 행사라도 갈라치면 "어디서 왔느냐"고 소개를 하라는데 그 "어디서"는 '그 나이에 뭐로 한 가닥 하느냐'는 물음일 텐데 나는 "구로 3동에서 왔어요"라고 라디오방송 전화 통화에서나 할 만한 답을 한다. 쓸쓸하긴 하지만 좀 더 혼자 가보는 거다.

깊어가는 밤, 오랜만에 연극 얘기를 하니 부자가 되었다. 아무도 믿지 않겠지만 한때 내 꿈은 배우였고, 마흔 어느 날, 아니면 쉰 어느 날에도 여전히 배우를 꿈꿀지 모른다.

11월 5일 일요일

춤, 회오리바람 불다

엔리케가 모는 차를 타고 보고타 국제공항에 왔다. 디아나가 일요일에 쿠바 사람을 만난다기에 콜롬비아에 사는 쿠바 사람인 줄 알았는데, 그게 아니라 쿠바에서 오늘 오고, 디아나도 처음 만나는 사람이라고 한다. 그 사람이 오면 곧바로 다함께 지역에서 하는 춤 경연 행사에 가려고 한다. 디아나가 흰 종이에 빨간 사인펜으로 이름을 쓰는데 가만 보니 들어본 이름이다. 어떤 사람이냐고 물으니 쿠바 문화부에서 일하는 사람이란다. 갑자기 10월에 갔던 쿠바가 떠오른다. 다시 이름을 보니 맞다. 우리가 아바나에 도착한 다음날 만났던 기예르모다, 세상에.

한참 웃었다. 아바나에 도착한 다음날 한 번 만나고는 휴일이 지나고 오겠다던 그 사람은 일이 바쁜지 그 뒤 한 번도 못 보고 전화로만 연락이 왔다. 세상이 너무 좁다고, 정말 착하게 살아야겠다고 했더니 디아나와 엔리케도 그렇다고 한다. 몇 다리만 거치면 다 아는 사이라는 얘기가 좁은 한국에서만 통하는 줄 알았는데 아니다.

쿠바 사람 기예르모와 한 달 만에 다시 만나 춤 경연 대회를 한다는 타비오 가는 길. 도시를 벗어나자 찻길 양옆이 다 목장이다. 넓은 땅에서 얼룩소들이 풀을 뜯는다. 이 넓은 땅을 두고도 집이 없어 산 위로 올라가는 사람들이 허다하겠지. 길가에는 키 큰 유칼리나무가 줄줄이 서 있다. 꽃 농사를 짓는 커다란 농장들이 늘어섰다. 큰 식당들도 많다. 식당 너른 마당에는 승용차들이 잔뜩 서 있다. 일요일, 아이들과 도시를 빠져나온 사람들이 말을 타고, 식당에서 구워주는 고기를 먹는다. 쉬는 날 도시 사람들이 시골로 놀러 나온 모습이다.

보고타 북동쪽으로 한참을 달려 4시 30분에 타비오에 도착했다. 마을은 축제 분위기에 휩싸여 있었다. 타비오 마을 길은 콘크리트나 시멘트 길이 아니라 돌길이다. 무척 오래된 동네는 그냥 척 봐도 예쁘다. 돌길과 작고 낮고 오래된 집들이 들어선 마을은, 마치 마르고 가는 나무들을 때는 부뚜막 아궁이 앞에 앉은 것처럼 따뜻하고 부드럽고 붉다. 크고, 높고, 세련된 것들처럼 차갑고 찌를 듯 날카롭지 않다.

11월 1일과 2일에는 춤 워크숍과 연극을 하고 3일부터 6일까지 나흘 동안 각 지역에서 고유한 춤들을 가지고 나와 경연 대회를 한다. 행사 이름은 전통춤국가대전 토르베이노(회오리바람)다. 토르베이노는 춤 이름이기도 하다.

오늘이 경연대회 사흘째다. 행사 안내지에는 매일 아침 7시나 9시부터 행사를 시작해 저녁 8시, 9시까지 이어진다고 나와 있다. 마을 광장 무대에서는 벌써 춤판이 벌어졌다. 경연 대회에 나온 사람들이 춤을 추고, 광장 한가득 사람들이 앉아서, 서서, 오가면서 춤에 빠져든다. 광장 오른쪽 빈터에서는 장작불을 피워 돼지고기를 굽는다.

한 남자가 혼자 음식을 먹는다. 얼굴에 붉은 반점이 잔뜩 나 얽어 보였다. 그 사람이 다 먹고 나서 자리를 뜨자, 엔리케가 "저이는 농민이야. 햇볕 아래에서 일을 많이 해서 얼굴이 저렇게 되었어"라고 이야기해준다. 얼굴은 한 사람의 삶의 내력이다.

우리는 낡은 탁자에 둘러앉아 고기와 구운 바나나, 구운 감자를 먹는다. 누군가 맥주를 가져왔는데 이름이 '아길라'다. 비야 엘살바도르 아멜리아네서 키우는 새 이름이다. 타비오 지역 문화의 집에서 일하는 사람들이 하나 둘 오고, 먼저 도착한 다를링과 그이의 아내, 디시 아르테 친구들도 왔다. 배부른데도 몇 개씩 까먹을 정도로 감자가 맛있다.

사람들이 워낙 많아 파고들기가 힘들지만 무대 가까이 가본다. 사람들이 별말 없이 조금씩 비켜준다. 타비오 마을은 해마다 같은 날짜에 춤 경연 대회를 여는데, 올해로 15년째다. 그동안 많이 알려졌는지 여행 온 사람들도 꽤 보인다. 이 마을에 오니 콜롬비아 전통 모자를 쓰고 판초를 두른 사람들이 많다. 어린아이들도 판초를 입었다. 행사 진행 요원들도 행사 기념 글씨가 새겨진 판초를 입었다. 전통 춤이라고 해서 그냥 앉아서 가만히 보는 춤이 아니다. 옆에 아주머니는 어깨를 들썩들썩, 춤 바람이 났다.

춤추는 사람들 발을 보니 맨발이다. 맨발로 춤추는 사람들. 흙을 밟던

'파로타스' 춤

맨발일까. 얼굴 한가득 웃음이다. 웃는 여자들, 웃는 남자들이 아름답다. 한쪽에는 악기를 연주하는 사람들이 있고 그 연주와 노래에 맞춰 온몸 뼈 마디마디가 다 살아나도록 춤을 춘다. 노래도 그렇고, 춤도 그렇고 이야기가 들어 있다. 구구절절 말로 늘어놓을 수 없는 이야기.

넓게 펼쳐지는 꽃 빛 치마를 입은 여자들과 콜롬비아 하늘의 새하얀 구름 빛 옷을 입은 남자들이 쿰비아라는 춤을 춘다. 그 춤이 끝나고 남자들이 여자 치마를 입고 나와 춤을 춘다. 아주 작은 우산을 펴 들고 춤을 춘다. 이 춤은 남자들이 여장을 하고 추는 파로타스라는 춤이다. 이 춤에는 전해 내려오는 이야기가 있는데, 백인들이 이곳 여성들을 욕되게 하는 것을 보면서 콜롬비아 남자들이 보복하기 위한 전략으로 만들어낸 춤이라고 한다. 쿰비아와 파로타스는 북쪽 바닷가 지역에서 추는 춤이다. 원주민의 음악과 춤, 그리고 강제 노예로 끌려온 아프리카 사람들의 음악과 춤이 만난 것이 쿰비아와 파로타스다. 그래서 이 음악과 춤은 아프로콜롬비아나Afro-colombianas다. 파로타스 춤을 추는 동안 한 사람은 깃발을 들고 춤을 추었다. 춤을 춘 단체명인 '마콘도'가 새겨진 깃발이었다. 마콘도는 북쪽 산탄데르 부카라망가에 있는 산탄데르 산업대학의 아프로콜롬비아나 민속음악·춤 그룹이다. 마콘도는 가르시아 마르케스가 쓴 『백년의 고독』의 이야기가 펼쳐지는 마을 이름이기도 하다.

작은 목소리

저녁 7시 30분, 커피를 마시러 간다고 다를링이 날 찾으러 왔다. 커피집은 좁은 대신 천장이 높다. 불그스레하게 어두운 불빛에 드러난 벽에는 연극에 썼던 탈과 팔로 데 아구아(물 막대. 속이 빈 긴 나무 막대에 구멍을 뚫고 사이사이에 가는 막대를 끼워 넣은 뒤 그 안에 곡식을 넣어 빗소리를 내는 악기)가 걸려 있고, 커다란 그림들이 벽을 채웠다. 바닥에는 겨를 깔아놓았다. 좁은 자리에 탁자를 하나 걷어내고 빙 둘러앉아 사람들이 틴토를 마신다. 커피 집 주인은 연극 연출가이기도 하다. 젊은 단원들과 연습하고 공연하는 모습을 담은 사진집을 돌려가며 본다. 딱딱한 시멘트 건물 연습실이 아니라 푸성귀들이 자라고 바람이 불어오는 땅에서 연습하는 모습이 절로 싱싱하다.

누구한테 내 이름을 물었을까. 10살 라우라가 '수정' 하며 나를 부르더니 전통 옷을 입은 인형 배지를 하나 준다. 어린이는 라우라 혼자인데 스스럼없이 어른들과도 한참 이야기를 잘한다. 라우라한테 어른들은 좀 덩치 크고 나이 든 친구들이다.

잠깐 밖에 나오니 행사 진행을 맡은 여자가 초콜릿 하나를 손에 쥐어주면서 마을을 한 바퀴 돌아보겠냐고 묻는다. 좋지. 타비오에서 태어나 25년을 살았다는 여자와 길을 나서려는데 안에서 기타 소리가 울린다. 주인 남자가 기타를 잡았다. 여자에게 노래를 듣고 가자고 하고 빈 의자에 앉았다. 주인은 조용히 노래를 한다. 함께 온 이들과 다른 손님들, 모두 스물다섯 사람이 한 사람이 부르는 노래에 귀 기울인다. 주문 받는 곳에선 아내가 작은 목소리로 함께 부른다. 고요하고 아름답다.

주인은 이탈리아 사람이다. 부인과 함께 커피 집을 열어 사람들이 이곳에 모여들어 이야기하게 하고, 새로운 뭔가를 찾게 하고, 찾은 것을 좇아 움직이게 하고, 놀게 하고, 쉬게 한다. 노래를 다 부른 주인이 노랫소리만큼이나 작은 목소리로 이야기를 한다. 사라져가는 원주민을 이야기하고, 평화가 간절한 세계를 말하고, 어느 곳에 있든지 세계가 안은 문제들을 외면하지 말자고, 함께 느끼고 생각하고 맞부딪치자고 말한다. 콜롬비아의 시골 타비오에 있는 어느 골목 작고 작은 커피 집에서 작은 목소리로 세계를 말하고, 평화를 말한다.

자기 고향에서 멀리 떠나와 낯선 사람들과 삶을 꾸리고, 극단을 만들어 젊은이들과 함께 연극을 하는 사람. 일을 하고, 예술을 하고, 친구를 사귀고, 모임을 만들고. 나는 한 번도 생각해보지 않은 삶을 사는 사람들이 세상에는 참 많다. 중요한 건 어디에서 사는가가 아니라 어떻게 사는가이겠지. 세상에는 세상 사람 수만큼이나 다양한 삶이 있을 게다. 다양한 걸 받아들이지 않을 때 삶은 피곤해진다. 그 다양함을 배우려 하지 않을 때, 다양함이 무시될 때, 세상은 비겁해진다.

만남

광장으로 돌아가 문화의 집 기획자들과 인사하고 헤어지려는데 춤 경연 대회에 참가한 사람들이 지나간다. 머리에 하얀 수건을 둘러쓰고 하얀 옷을 입었다. 검은 얼굴빛이 유난히 강렬하다. 학교 식당에서 저녁 먹을 때도 보았는데 뭐랄까, 세상 비바람에 담금질되어 거칠 것도 두려울 것도 없는 사람들처럼 보인다. 그이들 중에서도 한 여자가 유독 눈에 띈다. 그 여자는 내가 갖지 못한 그 무엇을 가진 듯하다. 저이 앞에서는 조금이라도 삶이 어쩌고저쩌고 뇌까릴 수 없어 보인다. 엔리케한테 저이도 콜롬비아 사람이냐고 물으니 그렇단다. 엔리케가 만나보겠냐고 한다. 만나고 싶으면 만나면 되는 것을, 나는 마음에만 두었는데 엔리케한테 한 수 배운다. 여자가 반갑다며 나를 꼭 안는다. 악수를 하고 헤어진 게 다다. 여자가 동료들을 따라 움직여야 해서 무얼 더 할 시간도 없다. 여자가 춤추는 모습은 어떨까. 상상컨대, 목숨이 피어나고 지는 그런 춤을 추지 않을까. 여자 얼굴을 사진 찍고 싶었지만 말았다. 이것도 찍고 싶어? 그럼 찍자, 하면 되는데, 나는 그게 여전히 어렵다.

11월 6일 월요일

쉬는 날

박물관과 보고타 옛 거리를 걸을 때 다를링이 많이 썼던 낱말이 '인디헤나indigena〔원주민〕'였다. 콜롬비아에 오면서 '인디헤나'가 더 궁금해졌다. 그리고 겉으로 보이는 일상들 속에 흐르는 그것이 무얼까 찾는 게 중요하다는 생각이 들었다. 남미 사람들에게 음악과 춤, 여유가 겉으로 드러난 것이라면 그 안을 흐르는 고통은 무엇인가. 그중 '원주민'은 고통의 큰 줄기일 것이다. 남미에서 흔히 보는 가장 가난한 사람들, 구걸할 수밖에 없는 사람들은 대부분 원주민 얼굴이고 원주민 옷을 입었다. 그 모습을 보면 안타깝다. 아니, 그 말로는 제대로 나타낼 수 없다. 보고타 옛 거리를 지나다가 본 판초를 둘러쓴 원주민 늙은 여성, 아야쿠초에서 만난, 눈 아래뿐만 아니라 눈 둘레가 모두 새빨갛게 짓물러 금방이라도 눈이 녹아버릴 것 같던 할머니, 비야 엘살바도르에서 아이 네 명을 데리고 장사 나와 채 100원도 안 되는 물건들을 팔던 내 또래 여자, 플라리아노폴리스에서 본 원주민 부부와 아이들.

그이들이 가진 것들, 함께 누렸으나 결코 홀로 소유하지 않았던 자연, 종교, 문화를 폭력과 침략에 의해 빼앗기고 그이들은 이제 가장 가난한 자리로 내몰렸다. 멕시코 치아파스의 원주민들은 존엄성을 지키기 위해서 싸운다는데 나는 그 모습 대신 여기 가난한 원주민의 비참한 모습만 본다.

지난 토요일부터 월요일인 오늘까지 콜롬비아는 만성절 연휴다. 도서관에 가서 원주민과 관련된 책을 찾아보고 싶어 디아나에게 물으니 모네다 거리에 있는 루이스 앙헬 아랑고 도서관은 휴일에도 열 거라고 한다. 글이 어려우면 그림이나 사진으로라도 원주민의 발자취를 더듬어보고 싶다.

내가 혼자 버스 타고 가려는 게 걱정이 되었는지, 디아나가 마침 엔리케 차를 빌려 나간다는 엔리케 남동생 부부에게 말해 나를 태워다주게 했다.

도서관은 문을 열지 않았다. 경찰이 있기에 물어보니 도서관도 쉬는 날이란다. 디아나가 깜빡했나 보다. 갑자기 시간이 많아졌다. 쉬는 날, 보고타 거리 가게들은 모두 문을 닫았다. 아무도 걷지 않는 골목은 조금 무섭다. 도서관 아래로 내려오니 '문화 센터'를 짓는다. 디아나네 집 달력에는 오늘이 빨간 날인데, 건설 현장은 쉬지 않나 보다. 빨간 날이 소용없기는 한국 노동자도 콜롬비아 노동자도 마찬가지다.

도서관에서 죽 내려와 대로를 걷는다. 오늘도 도로는 자전거 길, 시클로비아Ciclovía로 변했다. 혼자서, 둘이서, 여럿이서 자전거를 탄다. 강아지를 끌고 나온 아이도 있고, 보조 바퀴가 달린 자전거를 타는 다섯 살쯤 되어 보이는 아이도 있다. 나는 자전거를 탈 줄 모르지만, 이런 길이 부럽다. 보고타 사람들은 일요일과 공휴일마다 아침 7시부터 낮 2시까지 찻길에서 맘껏 자전거를 탄다. 차가 다니는 교차로에는 교통정리를 해주는 사람들이 있다. 길가에는 빵과 음료를 파는 천막과 자전거 부품을 파는 천막, 이동 화장실까지 만들어놓았다. 어제 공항 갈 때 본 트란스 밀레니오 찻길도 자전거 길로 바뀌어 쭉 뻗은 길을 사람들이 자전거를 타고 달리고 있었다.

저쪽 너머

자전거를 타던 사람들이 자전거를 멈추고 한곳에 잔뜩 모였다. 뭘까 궁금해서 가보니 웃통을 벗은 차력사가 병을 깨고 있다. 차력사는 병을 산산조각 내 그 위에 맨발로 선다. 그런데 그리 위험하지 않게 살살 올라서서 사람들을 웃게 만든다. 솜방망이에 기름을 묻혀 불을 붙이고 팔과 배에 갖다 댄다. 그리고 한 남학생을 불러내 따라하게 한다. 차력사는 특별히 뭘 팔지는 않았다. 길바닥에 놓인 차력사의 검은 가방에는 먼지가 묻어 있다. 비야 엘살바도르에 와서 춤을 췄던 푸노 춤꾼 가방이 떠오른다.

차력사가 원하는 건 무엇일까. 내 눈에 차력사는 사람들에게 다른 걸 보여주고 싶어 하는 사람으로 보인다. 자기가 만난 세계를 사람들에게 보여주고 싶은 사람. 그래서 웃게 만들고, 잃어버린 호기심을 다시 불러일으키는 사람. 그야말로 차력사는 저쪽 너머에서 와서 이쪽 현실에 사는 우리에게 저쪽 너머 세계를 보여주고 싶어 하는 사람으로 보인다.

저 차력사는 아무도 인정하지 않지만 행위 예술가이고, 배우이다. 저이 입에서 쉬지 않고 나오는 말에 사람들은 웃고, 저이가 움직일 때마다 사람들은 놀란 눈을 하고, 숨을 쉬지 못한다. 무엇보다, 한 순간일지라도 사람들한테 저쪽 너머를 꿈꾸게 하는 저 차력사는 예술가이다.

11월 7일 화요일

디시 아르테

디시 아르테 사무실은 디아나 집에서 차로 30분쯤 가면 나온다. 디시는 수도 지구라는 뜻이다. 디시 아르테가 있는 보사 남부 지역은 원래 농촌이었는데 사람들이 하나둘씩 이곳으로 옮겨 와 집을 짓고 살면서 농사짓던 흔적은 이제 거의 남아 있지 않다. 이 마을 사람들은 반정부군과 정부군이 대립하던 지역에 살다가 폭력을 피해 이곳으로 옮겨 온 사람들이다.

아침 9시 30분. 놀이터에 가보니 아이들이 죽마를 타고 걷는 연습을 한다. 엘리아나, 아드리아나, 크리스티안, 세바스티안, 미겔, 오마르는 그동안 얼마나 연습했는지 사무실 올라가는 좁고 가파른 계단도 그대로 올라간다. 여덟 살부터 열네 살까지의 이 아이들은 낮에 학교 수업이 있는 주에는 화요일, 목요일, 금요일 아침마다 모여서 연습을 한다.

엘리아나가 자기들이 배우고 연주하는 악기를 자랑한다. 탐보르와 마라카. 탐보르는 북인데 아주 작은 것부터 큰 것까지 크기가 여러 가지다. 속에 곡식이 들어 있어 흔들면 소리가 나는 마라카도 마찬가지다.

엘리아나는 선반에서 자기들이 글을 쓰는 공책을 꺼내 보여주고, 물감이며, 붓, 다양한 미술 재료들을 보여준다. 냉장고 문을 열어 자기들이 먹는 간식도 보여준다. 아이들과 함께 바나나와 과자, 우유를 간식으로 먹었다.

배우들이 연극을 하는 극단이기도 하고, 그 배우들이 보사 지역 어린이들을 대상으로 예술교육과 방과 후 교육을 하는 단체이기도 한 디시 아르테. 빈곤 지역 어린이들을 대상으로 시에서 지원하는 기획 사업으로 디시 아르테가 운영되지만, 엔리케나 다를링 같은 예술가이자 문화 활동가들이 있기에 이런 일이 가능하다. 25년 활동한 전문 연극 연출가인 엔리케는 보고타 시내로 나가지 않고 외진 곳에서 아이들과 연극을 하고,

아이들을 먹이고, 아이들과 논다.

엘리아나는 자기 이름과 친구 이름을 종이에 한글로 써 달라고 하더니 자기 팔에도 한글 이름을 써 달라고 한다. 볼펜으로 엘리아나 팔에 이름을 쓰는데 꼭 문신 새기는 사람이 된 기분이다. 아, 이 아이, 물 위로 팔딱 팔딱 튀어 오르는 물고기 같은 아이. 흐르는 물살을 거슬러 오를 아이. 언젠가 사랑을 만나면 두말 않고 불길에 섶을 쥐고 뛰어들 아이. 어느 날 사랑을 떠나야 하면 눈물 따윈 흘리지 않고 햇빛 속을 씩씩하게 달릴 아이. 때때로 나는 지나친 상상을 한다.

산에 지은 도시, 볼리바르

볼리바르 시. 산 하나가 도시다. 볼리바르 시도 보고타 남쪽에 있는데, 대부분 농촌에서 이주해온 사람들이 산에 집을 짓고 살면서 도시가 만들어졌다. 사람들이 집을 짓고 산 지 50년이 되었다는데 지금도 사람들은 여전히 집을 짓는다. 짓다 만 집, 한 남자가 시멘트를 이긴다. 아무래도 산의 땅값은 아래 땅값보다는 훨씬 싸니까 사람들이 땅만 사서 각자 자기가 집을 짓는다고 한다. 보고타 곳곳에 있는 아파트들은 대개 5층짜리인데 무척 단단하고 튼튼하게 보인다. 그런 아파트들이 날마다 늘어나도 거기에 살 수 없는 사람들이 더 많다. 사람들은 산꼭대기로 올라와 남아 있는 자투리땅을 찾아 모자란 재료로 보금자리를 꾸민다.

산 중턱쯤 올라오니 너른 평지가 있다. 물론 사람들이 길을 내고 마을을 만든 거다. 신기하다. 갑자기 아래에는 아무 세계도 있지 않은 것처럼 느껴진다. 산 위에 다른 세계가 있다. 학교도 있고, 시장도 있고, 교통정리 하는 사람도 있고, 무리지어 있는 학생들도 있다. 마치 보고타 안에 다른 나라가 하나 더 있는 것처럼 착각하게 된다.

같은 볼리바르 시라도, 같은 산 위에 있는 집이라도 그 생김새는 다 다

산에 지은 도시,
볼리바르 시.

르다. 좀 더 튼튼해 보이는 집이 있고 좀 더 허술해 보이는 집이 있다. 좀 더 큰 집이 있고 좀 더 작은 집이 있다. 산꼭대기 가까이, 더 가난한 쪽으로 접어드는 길은 닦이지 않아 붉은 흙 길이다. 아직 물을 제대로 쓰지 못하는 집도 많다고 한다.

어쩌다 보니 바람 냄새도 못 맡고 휘 둘러보고만 내려온 볼리바르. 차를 세워 잠시 내리자고 하면 되는데 언제쯤 그 얘기를 할까 어디쯤에서 멈추면 좋을까 보다가 어느새 차가 내리막길로 접어들어 그냥 쑥 내려오고 말았다. 남미 오기 전에 볼리바르 시 이름을 들어서 궁금했었다. 책들에서는 대표적인 빈민가로 이곳 이름을 예로 들었다. 첫날 다를링이 차를 타고 지나가다 저쪽이 볼리바르 시라고 알려주어 혼자 한번 가볼까 했다. 혼자 느릿느릿 걸어보고 싶었는데 그럴 시간을 만들지 못했다. 내가 가보고 싶어 하는 걸 눈치 채고는 엔리케가 차를 돌려 와주었는데 차에서 내리지 않고 안에서 바라보기만 해 볼리바르 산마을에 미안하다.

비 오는 마지막 밤

보고타에서 자는 마지막 밤이다. 창문을 두들기며 비가 온다. 내일 떠나야 하는데, 우산도 잃어버렸는데, 비가 온다. 이렇게 세차게 내리는 비는 남미에서 처음인가. 아니 부에노스아이레스에서도 한 번 비가 거칠게 왔더랬지. 굵은 빗방울이 창을 두드려댄다.

여기는 내 집이 아니다. 돌아가야 하기 때문에 집이 있는 걸까, 집이 있기 때문에 돌아가야 하는 걸까. 돌아가는 길, 나는 잘 모른다. 무작정 왔는데 너무 멀리 왔다. 어디로 가야 할지도 실은 잘 모르겠다. 남은 시간들을 어떻게 보내야 할지도. 베네수엘라를 거쳐 브라질로 넘어갈 거라고 하니 디아나와 엔리케는 그게 가능할까, 시간이 될까 걱정한다. 비행기를 타는 게 낫지 않겠냐고도 하고. 그냥 다시 버스를 탄다.

비차마 알베르토 집에서 선물로 받은 숄과 도기 냄비를 어제 디아나에게 주었다. 알베르토가 서울 가서 그걸로 꼭 음식을 만들어 먹으라고 했는데, 알베르토한테는 미안하지만 디아나에게 주고 싶었다. 디아나가 숄을 걸쳤는데 잘 어울렸다. 길을 떠나는 사람이 짐을 불리면 안 되는 걸, 욕심 부리면 안 되는 걸, 한껏 무거워지면 안 되는 걸.

인터넷으로 뉴스를 찾아보니 11월 1일 콜롬비아무장혁명군이 북부 어느 지역에 있는 경찰서를 기습 공격했다고 한다. 경찰 17명, 반군 게릴라 11명, 일반 시민 1명이 숨졌다고 한다. 보고타 남동쪽으로 75km 떨어진 곳에서는 차량에 폭탄을 설치해 사람들이 죽었다. 콜롬비아무장혁명군은 주로 북쪽 지역에 있다고 하는데 분포도를 보니 내가 가야 할 국경 지역 쿠쿠타도 같은 북쪽이지만 딱 거기는 아니다. 며칠 안 된 기사를 읽는데 별 실감이 안 난다. 보고타는 오히려 평온해 보인다.

11월 8일 수요일

보고타 버스 터미널

낮 12시에 떠나는 버스를 기다린다. 30분 뒤면 보고타와도 안녕이다. 터미널에는 남쪽, 북쪽, 동쪽, 서쪽으로 가는 버스들이 나누어져 있다. 보고타 오면서 지나친 칼리도 아쉽고, 북쪽으로 메데진도, 그렇게 아름다운 바닷가가 있다는 카르타헤나도 아쉽다. 길은 많지만 언제나 하나만 골라야 한다. 일은 여러 가지를 할 수 있지만 길은 이 길을 가면서 저 길을 갈 수가 없다. 그러면 가랑이 찢어진다. 쿠쿠타까지는 15시간 걸린다니 새벽 3시에나 떨어지겠다. 물론 그 시간에 딱 맞춰 도착하진 않을 거다. 아무리 일러도 해 뜰 무렵이나 되어야 할 거다. 오히려 이번에는 제시간에 떨어지면 낭패다. 새벽 3시에 터미널에서 무얼 한단 말인가.

코트란스라는 회사 버스표를 끊었는데 다른 회사보다 요금이 반 조금 안 되게 싸다. 게다가 깎아주기까지 한다. 이제까지 한 번도 차비를 깎거나 깎아볼 생각을 안 했는데, 매표소 직원에게 그냥 슬쩍 얘기해보니 당연하다는 듯이 깎아준다. 환전을 해야 하는데 터미널 안에는 환전소가 없다. 직원이 밖에 어디쯤 가면 큰 쇼핑센터가 있는데 거기에 환전소가 있다고 알려줬다. 좀 멀어서 직원한테 가방을 맡겼다. 사람을 믿으면 참 편하다. 그 가방을 지고 메고 모르는 환전소까지 다녀오려면 무슨 생고생인가.

환전소에서는 여권을 확인하고 돈을 바꾸어주었다. 콜롬비아 국경에서 환전할 때보다는 덜 쳐준다. 돌아와 버스표를 사는데 영 이상하다. 그냥 손으로 써준다. 이제까지는 모두 컴퓨터로 처리해 표를 끊어주고 여권도 확인했는데 매표소 직원 여자는 그냥 전표 하나에 자리 번호 하나만 적어준다. 짐을 달라고 했더니 다른 곳에 갖다놓았다고, 차 탈 때 주겠다고 한다. 차 타기 전까지 들고 다니는 것보다는 그게 나을 것 같아 굳이 달라고 하지 않았다. 좁은 창구, 몸 하나 딱 들어가는 자리에서 일하는 여자는 어떤 모습으로 하루를 살까. 여자한테 차가 괜찮은 차냐고 물으니 무덤덤한 목소리로 좋다고 그런다. 알 수 없다. 차가 와봐야 알지. 묻는 내가 더 웃기다. 그럼 자기 회사 차 좋다고 하지 나쁘다고 할 사람이 어디 있겠는가. 짐도 걱정하지 말고, 차도 걱정하지 말라고 여자는 "트랑키요tranquillo, 트랑키요"라고 말한다.

좀 더 큰 회사 버스를 고를 걸 그랬나, 아무래도 이상하다. 다른 버스 회사들은 타는 곳 문 앞에 넓고 깨끗한 사무실과 대기실이 있어 사람들이 그 안에서 기다리는데 코트란스 버스 타는 곳 문 앞엔 작은 공간만 있고 그 안에는 사무기기도 없고 사람도 없다. 가까이 가서 보니 내 가방만 덩그러니 놓였다. 믿어야지, 뭐. 남미 다니면서 지금까지 내가 믿은 건 사람들이고, 나를 보살펴준 것도 다 사람들인데. 사람들을 믿지 않는다면 나는 계획한 대로 버스로 남미 위쪽으로 올라갔다가 다시 브라질 상파울루로 내려오기 힘들다.

노래하는 버스

쿠쿠타 가는 코트란스 버스는 지금까지 탄 장거리 버스 가운데 가장 허름하다. 15시간을 달릴 버스치고는 너무 약해 보인다. 달리면 달달달 소리가 날 차다. 버스 요금은 우리 돈으로 12,000원. 싸긴 한데 너무하다. 그래도 의자는 튼튼해 마음을 놓는다.

함께 차에 탄 사람은 운전기사와 승무원 빼고 나까지 5명이다. 중년 부부 한 쌍과 큰 배낭에 기타 가방을 들고 귀걸이를 잔뜩 진열한 나무틀과 보온병을 들고 타는 남자들 두 명. 그중 한 사람은 내 뒤에 앉고 다른 사람은 그 건너 자리에 앉았다. 가는 길에 차는 여러 번 서겠지. 빈자리에 사람들이 다 탈 때까지.

차가 출발하자 바로 비가 흩뿌린다. 승무원이 노래를 튼다. 노래가 흘러나오는 버스. 그러고 보니 처음부터 노래를 틀고 가는 버스는 처음이다. 싸고 허름하고 노래하는 이 버스, 꽤 끌린다. 길가 꽃을 파는 곳에서 차가 서서히 서더니 승무원이 꽃다발을 하나 사온다. 어디에 있는 누구를 주려는 걸까. 운전기사가 부탁했을까, 저이가 필요해서 샀을까. 음악을 틀고, 꽃을 사는 사람들. 참 멋지군.

4시간 반을 달려와 차가 멈추었다. 터미널에서 막 빠져나가는 차들이 많다. 어떤 차는 승객이 덜 찼는지 차 문을 열어놓고 승무원이 "보고타, 보고타"를 외쳐댄다. 터미널에서 일하는 사람처럼 보이는 노란 조끼를 입은 남자한테 여기가 어디냐고 물으니 보샤카 두이타마라고 한다. 두이타마는 원주민 무이스카족이 살던 땅이다. 보샤카, 어디서 많이 들어본 이름이다 했더니 부에노스아이레스 거리 이름이다. 남미의 여러 도시는 서로 다른 나라의 도시 이름을 길 이름으로 쓴다. 그래서 진짜 그 이름을 가진 도시를 만나면 반갑다.

사과 2개와 비스킷을 샀다. 디아나 집에서 먹던 비스킷이다. 꼭 먹고 싶은 건 아닌데 그냥 반가워 덥석 집었다. 따로따로 포장된 비스킷 세 덩이가 들어 있다. 큰 것밖에 없어서 저걸 어찌 다 먹나 그냥 사지 말까 하다가 함께 차에 탄 사람들과 나눠 먹으면 되겠다 싶어 샀다. 중년 부부에게 한 봉지, 뒤에 앉은 총각 둘에게 나누어 먹으라고 한 봉지 주니, 저절로 다섯 사람이 서로 얼굴 보고 인사를 하게 된다.

뒤에 앉은 남자가 내게 어디 가냐고 묻는다. 쿠쿠타에서 베네수엘라 메리다로 갔다가 카라카스로 갈 거라고 말했더니 두 사람도 나랑 똑같이 쿠쿠타, 메리다, 카라카스로 간단다. 나랑 가는 길이 똑같다니. 그 친구들이 잘 알까 싶어서 카라카스에서 브라질 가는 버스가 있냐고 물으니 머리를 빡빡 민 친구가 차가 있다고 한다. 우리가 하는 말을 듣고는 앞에 앉은 아저씨가 나보고 세계를 자유롭게 드나든다고 말한다. 이제 막 처음 나라 밖으로 나온 사람인데 무슨 그런 말씀을. 머리를 빡빡 민 친구가 보온병 뚜껑에 콜라를 따라 한 잔 준다. 산티아고 엘보스케와 오히긴스에서 아주머니들이 콜라를 줘서 마셔보고, 페루에서 노란색 잉카 콜라를 마셔본 뒤로는 한 번도 콜라를 안 마셨는데. 하긴 페루 자존심이라는 잉카 콜라도 코카콜라가 접수했다는 얘기를 들었다. 버스를 타고 달리다 허허벌판에도 딱 걸려 있는 코카콜라 간판을 보면 점령자 이름표를 보는 것만 같다. 청년이 마음 써주는 게 고마워 쭉 마신다.

사람들이 새로 탄다. 창밖을 내다보니 버스 짐칸에 커다란 철물을 두 개나 싣는다. 저걸 싣고도 차가 움직일까 싶을 정도로 크고 무거워 보인다. 승무원이 들지도 못해 굴리면서 가져와 싣는다. 중간에 그쳤던 비가 다시 온다. 소년 둘이 차에 종이 상자를 몇 개 싣더니 타지는 않고 내린다. 일하는 아이들일까.

사람들은 살기 좋은 곳에 모여 산다. 마을이, 도시가 그렇게 이루어지겠지. 버스를 타고 가다 보면 집들이 많이 모인 곳도 있고, 외따로 홀로 서 있는 집도 있다. 높은 산 위나 황량한 벌판 위에 있는 집도 있다. 그런 집들을 지나다 옹기종기 머리를 맞댄 집들이 나오면 그쯤에서 차가 멈춘다. 도시 높은 곳엔 가난한 사람들이 살고, 황량한 들판엔 홀로 들판을 일구는 사람들이 산다.

한 여자가 어린 남매만 차에 태우고 아이들과 "차오" 하며 인사를 한다. 딸아이가 엄마를 부른다. 아이들을 꼭 껴안아주고 엄마가 내린다. 아이 둘만 버스를 타고 가는구나.

보샤카를 출발한다. 이 버스는 노래를 좋아한다. 보고타에서 출발할 때부터 노래와 음악을 틀고, 버스 터미널에서 쉬는 동안 꺼두더니, 출발하자마자 바로 노래를 튼다. 듣기 좋다. 4박 5일 동안 버스 탔을 때 이야기에도 지치고, 영화에도 지친 사람들이 승무원한테 노래를 틀어 달라고 해서 페루 노래를 한참 듣고 왔다. 노래들이 어찌나 재밌는지 모른다. 기억에 남는 건 하나밖에 없는데, 〈미 프론테라(내 국경)〉라는 노래다. 페루, 페루 사람, 남쪽, 북쪽, 땅, 모두가 형제자매라는 노랫말이 귀에 쏙쏙 박히는 노래였다. 남미 사람들은 노래와 춤이 없었다면 어떻게 살았을까. 노래와 춤은 하늘에서 툭 떨어져 생겨나지 않고, 벌판과 산과 바다와 사막과 정글에서 살아야 하는 사람들의 노동에서 생겨났을 거다. 기쁨이 노래 부르고 춤추게도 했겠지만 슬픔과 고통도 사람들을 노래 부르고 춤추게 했을 거다. 머물러 노래 부르기도 하고 정처 없이 떠다니며 춤추기도 했을 거다. 모여서 함께 부르기도 하고 혼자 어두운 하늘, 별을 바라보며 부르기도 했을 거다. 사람들은 아주 오래전에도 노래 불렀고 지금도 부르고 내일도 부를 것이다.

벌써 어둡다. 산이 깊어서 금방 해가 지나 보다. 밖에서 한 소년이 버스를 향해 손을 흔든다. 차가 선다. 소년을 태워준다. 태워주지 않으면 소년은 밤이 깊을 때까지 걸어야 한다. 터미널이 아니어도 소년을 태워주는 건, 도움이 필요한 이를 돕는 게 당연한 일임을 이 길을 가는 이 버스가 알기 때문이다.

어둠을 달리는 버스

어두운 시골 길, 불빛도 없는 곳에서 차가 선다. 어른 두 명이 새로 탄다. 다시 차가 서고 맨 앞자리에 앉은, 보샤카에서 엄마와 헤어진 오누이가 내린다. 밖에서 오누이 아버지가 기다린다. 어린 딸이 달려가 아버지 품에 안긴다. 정확하게 아이들이 내릴 길에 내려주는 버스 기사와 승무원. 놀랍다. 오누이가 아버지 손을 꼭 잡고 간다. 내 마음이 다 놓인다.

잠든 마을로 슬며시 들어서는 버스. 이제 8시가 좀 넘었을 뿐인데 시골 마을은 모두 잠을 자는 듯 어둡고 조용하다. 마을 사람 누구 하나의 단잠도 깨우지 않으려고 버스는 그림자처럼 움직인다.

달리는 차를 향해 손을 흔드는 사람들이 있다. 차가 자신들을 보지 못하고 떠날까 봐 두 팔을 뻗어 온 힘을 다해 손을 흔든다. 길가의 대문 없는 집에서 한 여자가 품에 아기를 안고 급히 나온다. 아기와 여자를 보내는 그 집 사람들이 모두 나와 차에 탄 여자를 향해 손을 흔든다. 그 집 강아지까지 나와 꼬리를 흔든다.

한 젊은이가 내린다. 이곳에는 따로 작은 마을을 다니는 버스가 없는지, 아니면 일찍 끊기는지 탔다가 얼마 안 가서 내리는 사람들이 많다. 그러니까 이 장거리 버스가 동네 버스가 되기도 한다. 젊은 여자와 나이 든 여자, 잠든 아이를 담요 씌워 안은 남자, 더 나이 든 남자가 탄다. 짐칸이 다 찼는지 차 안으로 짐을 들고 온다. 꽤 많다. 농사지은 먹을거리일까 묵직해 보이는 자루가 4개, 상자가 2개다.

밤 9시, 버스가 무척 흔들린다. 비포장도로다. 가로등은 아예 없다. 가까이 집들도 없다. 깜깜한 길, 버스가 전조등을 비추어도 어둠이 쉽게 걷히지 않는다. 무섭다. 운전기사가 길이 아닌 곳으로 잘못 접어든 건 아닐까. 맞은편에서 트럭이 오는 걸 보니 길은 길인가 보다. 트럭이 지나가는 동안 버스가 잠시 숨을 고른다. 두 대가 한꺼번에 지날 수 없는 외길인가 보다. 내가 앉은 오른쪽으로 버스가 기울어진다. 금방이라도 뒤집어질 판이다. 이렇게 멀리 와서 사고로 죽고 싶지는 않은데. 보고타에서 표 끊을 때 여자는 내 이름도, 여권 번호도, 아무것도 적지 않았는데. 사고라도 나면 나는 그야말로 남미 하늘을 떠도는 객귀가 되는 건가. 리마에서 아야쿠초 가는 크루스 델 수르 버스는 혹시 모를 사고에 대비해 아예 비디오까지 찍어두던데. 카린이 그건 비싼 차고, 싼 차는 사고가 나도 아무 대책이 없다고 그랬지. 서울에 돌아가면 김이 모락모락 나게 밥을 하고, 보글보글 찌개를 끓여 나를 기다린 사람들과 둘러앉아 먹으리라고 차 타기 전에 수첩에 써놓았는데……. 별 오두방정 다 떤다.

이 길도 날마다 사람들이 다니는 길이다. 이 길에 사는 사람도 있을 테고, 늘 이 길을 지나야 하는 사람도 있을 거다. 저 운전기사는 어디쯤에 무엇이 있는지도 훤히 알리라. 이런 길일 줄은 전혀 생각 못했지만 이 길을 지나 쿠쿠타로 베네수엘라로 가겠다고 한 것은 나 자신이다. 어느 누구도 이 길로 가라고 하지 않았잖은가. 환하고 평평한 길만 다니면 모른다. 세상에는 얼마나 많은 길이 있는지를. 때로는 바라지 않았으나 두려움을 안고 가야 하는 길이 있다는 걸. 길 앞에서 고개 숙여야 한다는 걸. 가파른 길, 구불구불한 길, 외길, 푹푹 꺼지는 길, 한 치 앞도 안 보이는 길. 버스가 다리를 지난다. 버스가 꽉 낄 만큼 폭이 좁다. 저 아래, 물이 거칠게 흐른다.

안개 자욱한 밤길을 달린다. 언제부터인가 운전기사가 한 명인 버스를 계속 탄다. 보통 장거리 버스는 운전기사가 두 명씩 타거나, 아니면 중간에 큰 버스 터미널에서 다른 기사와 교대하던데, 이 버스 회사는 15시간 달리는 것쯤은 장거리에 끼지 못한다고 생각하는 걸까. 운전기사와 승무원, 이 노동자들도 여간 힘든 게 아니겠다.

땅과 사람의 자유:

베네수엘라, 메리다 투카니

11월 9일 목요일

동행

모두들 일찌감치 아침을 시작했는지, 7시의 쿠쿠타 버스 터미널은 사람들로 붐빈다. 택시 운전기사들, 환전하라고 다가오는 사람들, 보온병을 들고 다니며 커피를 파는 사람들 모두 부지런히 아침을 연다.

뒤에 앉았던 남자 둘이 바로 국경을 넘어 메리다로 간다고 해서 나도 같이 가기로 했다. 원래 쿠쿠타에서 하루 이틀 머물면서 남은 시간을 어떻게 지낼지도 짜보고, 아무 생각 없이 푹 자고 쉬어야지 했는데, 아무래도 길 가는 사람 있을 때 함께 가는 게 낫지 싶다. 더군다나 출입국사무소가 눈앞에 있는 것도 아니고 버스를 타고 국경을 찾아가야 한다니.

내내 함께 오면서도 두 남자에게 이름을 묻지 못했다. 머리 빡빡 깎은 친구는 디에고, 기타를 맨 친구는 루시오다. 둘 다 스물다섯 살이고, 들고 다니는 보온병이 말해주듯이 아르헨티나 사람들이다. 아르헨티나 사람들은 늘 저렇게 보온병을 가지고 다니면서 마테차를 마신다. 산티아고 가는 버스에서도 어느 중년 여성이 보온병을 들고 차에 탔다. 부에노스아이레스에서는 시내버스에도 보온병을 갖고 타는 사람들이 있었다.

버스 타고 가면 출입국사무소까지 한참 걸어야 한다며 택시를 타라고 끈질기게 권유하던 기사를 따라 택시 앞까지 갔는데 세 사람에 얼마라고 들었던 요금이 한 사람당 요금이란다. 더 고민할 것도 없이 가뿐하게 택시를 포기했다. 기사도 더는 우리한테 연연하지 않는다. 오히려 버스 타는 곳을 자세히 알려준다.

버스 기사가 내려서 걸으면 된다고 해서 내렸는데 버스 터미널보다 더 복잡하다. 늘 국제 버스를 타고 편안히 국경을 넘다가 직접 찾아가서 넘으려니 힘들다. 먼저 콜롬비아 출입국사무소에서 출국 도장을 받아야 한다. 콜롬비아 출입국사무소를 향해 기다란 시몬 볼리바르 국제 다리를 지나는데 차가 길을 꽉 메웠다. 콜롬비아로 오는 차들, 베네수엘라로 가는 차들이 움직일 줄 모르고 서 있다. 한 사람 간신히 걸을 수 있는 다리 갓길에는 그 차들보다 더 많은 사람이 줄줄이 걷는다.

어디선가 "딱! 딱!" 하는 소리가 난다. 사람들이 가지 않고 다리 난간에 달라붙어 소리나는 쪽을 바라본다. 무슨 소린가 했더니 다리 오른쪽 강가에서 콜롬비아 사람들과 베네수엘라 경찰이 마주 서 있다. 디에고와 루시오, 나도 멈춘다. 사람들이 보인다. 디에고한테 들으니 트라피코(마약 밀매)라고 한다. 콜롬비아 사람들이 마약 밀매를 하다가 베네수엘라 경찰에게 걸려 총격전이 벌어진 거다. 디에고 말로는 경찰들은 공중으로 공포를 쏘고, 콜롬비아 사람들은 경찰을 향해서 실탄을 쏜다고 한다. 내가 "내일 아침 신문에 나겠다"고 했더니 디에고가 "아니"라고 한다. "늘 있는 일"이라면서. 바로 눈앞에서 총격전이 벌어지지만 국경을 넘는 사람들은 아무렇지도 않게 다리를 건넌다. 나도 다리 난간에 붙어 구경을 하다가, 총소리를 들으면서 다시 걷는다. 무섭지도 않고, 두렵지도 않다. 현실이 현실 같지 않아서 그럴까.

콜롬비아 출입국사무소는 한가하다. 잠시라도 무거웠던 가방을 내려놓고 땀을 식힌다. 베네수엘라 출입국사무소는 가까이에 없고 한참을 가야 한다. 사람들에게 위치를 물어 베네수엘라 출입국사무소로 걸어가는데 숨이 턱턱 막힌다. 땀이 어찌나 나는지 등짝도 다 젖고 바지 엉덩이 쪽도 축축하다. 그동안 이렇게 먼 길을 가방 메고 걸은 일이 없어서 더 힘들다. 디에고와 루시오는 그 큰 가방을 들고도 잠시도 쉬지 않고 간다. 오렌지 주스를 파는 사람이 있기에 내가 살 테니 한 잔씩 마시고 가자니까 안 된단다. 메리다로 가는 버스 시간이 어찌 될지 모르니 부지런히 가야 한단다. 맞는 말이다.

베네수엘라 국경도시 타치나 주 산 안토니오를 걷고 있자니 이런 복잡한 곳에서 하루 묵는 것도 괜찮겠다는 생각이 든다. 하루 묵는다고 해서 국경 마을에서 사람들이 어떻게 살아가는지가 다 봐지는 건 아니겠지만. 출입국사무소는 마을 깊숙한 곳에 숨겨놓은 것처럼 있다. 입국 도장을 찍고 좀 걸어 나와 산크리스토발 버스 터미널로 가는 버스를 타러 가는데 갑자기 사이렌 소리가 시끄럽게 울린다. 군인들이 잔뜩 탄 차 몇 대가 내리 달려간다. 아까 총격전이 일어난 곳으로 출동하는 차들이다. 저렇게 많은 군인들이 가니 보통 일이 아닌가 보다.

버스 터미널에 도착해 메리다 가는 버스 시간을 알아본 다음에야 가방을 내려놓는다. 한 시간쯤 있다가 낮 12시에 떠나는 버스가 있다. 두 사람 말이 맞았다. 부지런히 잘 걸어왔다. 오후 늦게 타면 하루가 그냥 가버리는 것이니.

디에고와 루시오한테 여행을 어떻게 해야 하는지 배운다. 어디를 가든 가장 중요한 건 제일 먼저 해야 할 일을 하는 것. 오늘로 치자면, 메리다 가는 버스를 가장 먼저 알아놓는 것이다. 한 가지 더, 힘들더라도 걷고 버스를 타면서 움직이기. 이곳 사람들이 움직이는 방식대로 살아보기.

디에고와 루시오는 목걸이와 팔찌, 허리띠를 만들어 팔면서 여행을 다닌다. 끈을 엮어서 만든 것이다. 루시오네는 부에노스아이레스에서 식구들이 함께 일을 하고, 가게도 냈다고 한다. 서울로 돌아가면 사람들에게 선물로 주려고 팔찌 8개와 목걸이 하나를 골랐다. 디에고가 아이한테 선물로 주겠다고 하나 더 고르란다.

12시 30분, 버스가 출발한다. 무슨 이유인지는 모르겠지만 운전기사가 뒤에 타라고 한다. 디에고와 루시오가 맨 뒷자리에 앉고 내가 그 앞자리에 앉았다. 세 사람만 탄 채 차가 달린다. 얼마 안 가 남자 한 명이 앞에 탄다.

베네수엘라 산은 이제껏 다른 나라에서 본 산들과 다르다. 하긴, 어느 나라도 똑같은 나라는 하나도 없다. 콜롬비아 산이 높고 뾰족하다면 여기는 산 하나가 무척 크다. 높기도 하지만 넓기도 넓다. 웅장하고 광대하다. 찻길 가 우거진 나무들이 내뻗은 나뭇가지를 버스가 투두둑 치면서 지나간다. 정글이 이럴까. 따듯한 볕에 까무룩 잠이 온다.

누가 툭 쳐서 일어나 보니 군인이다. 여권을 보고 나서는 다들 내리란다. 초소 밖에 나이 든 상급자가 서 있다. 여권을 한 장 한 장 천천히 넘겨가며 세세히 본다. 나중에 탄 남자는 베네수엘라 사람인데도 꼬치꼬치 묻는 것도 많다. 차에 오르니 가방이 내가 놓았던 것과 다르게 놓여 있다. 여권 검사하는 동안 군인이 차에 들어왔었나 보다. 그냥 가방 검사하자고 하지.

6시간 걸린다고 하는 메리다, 이제 얼마 안 남았다. 쨍쨍하던 하늘에서 비가 쏟아진다. 장대비다. 사람들이 비를 피해 막 달린다.

메리다의 밤

메리다 버스 터미널에 도착해 다시 버스를 타고 시내로 들어왔다. 퇴근길, 버스는 사람들로 붐비는데 디에고와 루시오, 나까지 세 사람이 배낭을 메고 서 있으니 버스가 꽉 찬다. 한 남학생이 좁은 통로에서 짐을 메고 어쩌지 못하는 내게 기꺼이 자리를 내준다. 고맙다.

저녁 7시, 볼리바르 광장에는 젊은이들이 많다. 광장에 가방을 내려놓고 잠시 한숨 돌리는 동안 루시오가 방을 알아보러 간다. 디에고는 어디서 뜨거운 물을 구해 와 마테차 잎이 든 유리병을 꺼내 차를 탄다. 마테차는 빨대로 빨아먹는데 희한하게 잎들이 빨대로는 안 들어온다. 큰 잎이 아니라 잘게 잘리고 부수어져 가루도 있던데. 그 빨대로 모두 돌려가면서 마신다. 한 사람이 다 마시면 다시 물을 부어 다른 사람에게 넘긴다. 다른 사람이 입 댔다고 해서 빨대를 닦는 일은 없다. 나는 사실 이런 일이 처음이라서 조금 꺼려졌다. 겉으로는 아무렇지도 않은 척 마셨지만. 그런데 사실 별거 아니지 않은가. 마테차는 '내'가 아니라 '우리'를 만든다. 디에고가 가까이 있는 여자들한테 마테차를 건네니 금방 친구가 된다. 다시 만나지 못한다 해도 서운할 것도 없고 얼굴 맞대고 이야기 나누는 동안을 함께하는 친구가 된다.

루시오가 간신히 이탈리아라는 숙소에 하나 남은 방을 구했다. 그나마 이곳이 싸다고 한다. 4인용 방이다. 따로 얻을 방이 없으니 어쩌겠는가. 2층 침대가 양쪽 벽으로 두 개 놓인 방. 디에고와 루시오가 화장실 쪽으로 놓인 2층 침대를 쓰고, 문 쪽에 있는 2층 침대를 내가 쓰기로 한다. 하루 종일 땀을 흘려서 씻어야 하는데 루시오가 씻고 나오니 물이 끊긴다. 화장실 변기 위로 작은 바퀴벌레들이 떼를 지어 달리기 시합을 한다. 여행하는 동안 벼룩한테는 많이 물렸지만 바퀴벌레는 베네수엘라에서 처음 본다.

2개에 1,200원 하는 커다란 빵을 사와 셋이서 저녁으로 먹는다. 과일을 사려고 아무리 돌아다녀도 일찍 문을 닫았는지 안 보였다. 버스에서 내려 광장으로 걸어올 때 홍보용으로 나눠 준 묽은 치즈를 빵에 발라 먹으니 맛있다. 나는 나눠 주는 대로 2개만 챙겼는데 디에고와 루시오는 더 달라고 해서 왕창 받아 왔다. 거기에다 광장에서 만나 함께 마테차를 마셨던 메리다 여자들이 자기들이 받은 것까지 디에고한테 주어 치즈는 며칠 먹어도 될 만큼 충분하다.

집이 있는 부에노스아이레스에서 출발해 칠레 남쪽에서 북쪽까지 쭉 훑으면서 여기까지 온 두 사람은 카라카스까지 갔다가 디에고는 여자 친구가 있는 스페인으로, 루시오는 부에노스아이레스로 돌아간다고 한다. 하지만 어느 날까지 여기, 언제까지 저기 하는 식으로 날짜를 딱 박아놓고 움직이는 건 아니다. 두 사람은 자신들이 여행자이기에 앞서 노동자라고 한다. 팔찌와 목걸이와 허리띠와 가방을 만드는 노동자. 살기 위해서 여행하는 두 사람. 어차피 산다는 건 머물러 있든 떠돌아다니든 여행일 테지. 시간을 여행하고, 오늘 하루를 여행하는.

두 사람의 부모님들은 독재 정권 때 젊은 시절을 보내며 독재 정권에 저항해 싸우기도 했고, 가까운 친구들을 잃는 아픔도 겪었다고 한다. 내가 『눈까마스』와 『수탈된 대지』 이야기를 하자 루시오가 자기도 읽었다며, 읽는 동안 수도 없이 책을 내려놓고 덮어둔 일이 많았다고 한다. 읽다가 덮어놓고 읽다가 덮어놓고. "왜 이래야 했을까" 하면서. 남미를 알려면 몇 달이 아니라 몇 년은 돌아다녀봐야 할 거라고 한다. 왜 모르겠는가. 석 달 다니면서 내가 볼 수 있고, 만날 수 있는 건 지극히 적은 것일 뿐이라는 걸. 디에고, 루시오가 다니면서 만나는 남미와 내가 짧은 기간 다니면서 만나는 남미는 똑같지 않을 것이다. 두 사람은 여행하면서 생김새로 판단당하는 일을 자주 겪는다고 한다. 국경에서 검문할 때 그런 일이 많다고 한다. 내가 쉽게 눈치 채지 못하는 미묘한 일들이 있나 보다.

11월 10일 금요일

메리다에서 길을 잃다

마노가 메리다 투카니토에 사는 미겔한테 전화하라며 전화번호를 적어 이메일을 보내왔다. 미겔을 통하면 이르마 연락처를 알 수 있을 거라며. 이르마는 브라질의 땅 없는 농업 노동자 운동을 만들고 활동한 사람인데, 지금은 비슷한 활동을 베네수엘라에서 한단다. 활동력이 대단한 여성이라며 만나면 좋을 거라고 했다.

아침 일찍 전화방을 찾아 나섰다. 미겔에게 전화를 하는데 신호가 안 간다. 가만 보니 전화번호가 너무 길다. 전화방 여자에게 보여주니 전화번호가 이상하다고 한다. 아무래도 잘못된 전화번호 같다. 번호를 몇 개 빼고 눌러보았는데 미겔이 아니다. 마노한테 전화를 해보니 자기가 아는 건 그 번호뿐이니 어쩌냐며 더 찾아보고 이메일을 보내겠다고 한다.

어떻게 하나. 만나야 할 사람은 이르마. 이르마를 만나기 위해서는 미겔과 통화를 해야 하는데, 전화가 안 되면 직접 투카니토로 가서 미겔을 찾아야 하나. 그런데 투카니토가 어디인가. 메리다에만 오면 찾아지는 줄 알았는데 그게 아니다.

12시에 차베스 대통령이 메리다에 온다는데 보고 바로 투카니토로 출발할 생각으로 숙소에서 가방을 가지고 나왔다. 디에고와 루시오는 좀 더 싼 방을 얻을 거라고 했으니, 12시까지는 숙소에서 가방을 빼야 했다. 두 사람이 장사하는 데에다 가방을 맡겨놓고 움직이려고 찾아가는데 아침 일찍 가보았던 길과 다르다. 이상하게도 메리다에서는 계속 길을 잃는다. 모든 길이 직선이어서 헷갈릴 게 없는데 말이다. 조금 전에도 짐을 가지러 숙소로 가면서, 길을 잃어 몇 번을 헤매다 겨우 찾았는데.

어제는 가방을 들고 다닐 만했는데 갑자기 길을 헤매니 당황해서인지 짐이 말 그대로 짐이다. 배낭을 내려놓고 쉬기를 몇 번 해도 다시 걸으면 어깨가 내려앉는 듯해 얼마 못 가 멈추고 만다. 노트북과 수첩들만 빼고 다 버리고 싶다. 사람들이 가르쳐주는 곳으로 가면 더 낯선 데가 나온다. 왠지 내가 가야 할 곳에서 더 멀어지는 것만 같다. 마치 귀신에 홀린 듯 무거운 짐을 메고 길을 간다.

동서남북 방향감각은 무디어도 한 번 봐둔 곳은 잘 찾고, 주소 하나만 가지고도 잘 찾아다니는데 얼마 넓지도 않은 메리다에서 길을 잃고 헤매다니. 그래도 이 길을 계속 가다 보면 나오겠지. 사는 길 몰라 헤매는 일은 얼마나 더 허다한가. 가만히 집에 앉아서 길을 잃기도 하지 않던가.

공원이다. 아, 내가 지금까지 사람들한테 광장을 물어야 할 것을 공원을 물어봤던 거다. 플라사(광장)라고 해야 할 걸 파르케(공원)라고 물어보니 메리다 숲으로 가는 길을 알려준 거다. 나는 '광장'이 익숙한 곳에 살지 않았다.

볼리바르 광장에 다다르니 온몸에 힘이 쫙 빠진다. 차베스 대통령을 보겠다는 마음도 따라 시들해졌다. 보고 싶은 건 차베스가 아니라 그이를 보러 모여들 메리다 사람들, 사람들이 내뿜을 열기였는데, 너무 지쳐 그럴 마음이 싹 사라졌다. 그냥 메리다를 떠나 투카니토로 가야겠다는 생각뿐.

디에고와 루시오가 장사하는 곳은 광장에서 위로 올라가야 하는데 도저히 가방을 들고 갈 힘이 없다. 다리가 다 후들거린다. 만약 위로 올라갔다가 디에고와 루시오가 그곳에 없으면 다시 내려와야 하는데 이 상태에서 가방을 들고는 한 발짝도 못 걷겠다. 그렇다고 간다는 말도 없이 그냥 갈 수도 없고. 좀 쉬면 나을까 싶어서 한숨 돌리는데 여전히 힘이 안 난다. 어디 짐 맡길 데가 없는지 둘러보니 광장에서 작은 수레를 놓고 팝콘을 파는 할아버지가 계신다. 잠깐만 가방을 봐줄 수 있느냐, 금방 사람만 만나고 오겠다고 하니, 할아버지께서 선선히 그러라고 하신다. 수레 옆

땅바닥에 가방을 두고 뒤돌아 광장 위로 오른다. 잘하는 짓인지. 누가 지나가다 들고 갈지도 모르는 일인데, 할아버지가 내 가방만 뚫어져라 지켜볼 수도 없는데. 하지만 차라리 가방을 잃으면 잃었지 도저히 들고 갈 힘이 없다.

루시오는 만들던 허리띠를 나무에 걸어놓고 짠다. 디에고와 루시오 말고도 목걸이, 팔찌를 만들어 파는 사람들이 많다. 어디서들 지나쳤는지 디에고와 루시오가 아는 사람들도 꽤 있다. 어린 아들을 데리고 장사하는 젊은 여자와 남자도 있다. 모두 한곳에 머물지 않는 사람들이다. 아이와 함께 여행이 아니라 유목하는 삶을 선택한 사람들. 만들어놓은 물건들을 들여다보면 다 예술품이다. 노동자이면서 예술가인 사람들. 예술가는 노동자이다. 아, 나도 디에고, 루시오한테 팔찌 만드는 기술을 배워 더

디에고와 루시오는 목걸이, 팔찌, 허리띠를 만들어 팔면서 여행을 다닌다.

이상 뜬구름 잡듯 버둥대지 말고, 이참에 좀 눈에 확실히 보이는 일을 하면서 살아볼까. 유목하는 저 아이 엄마처럼 거침없이 살아볼까. 하지만 나는 손이 맵지도 않은 데다가 눈대중도 없어 매듭 하나도 맺지 못하고 금방 손에서 내려놓을 것이다. 안녕, 디에고, 루시오. 보고타에서부터 메리다까지 함께해주어 고마워.

메리다를 못 빠져나가다

메리다 거리는 아침 일찍부터 빨간 티셔츠를 입은 사람들, 빨간 모자를 쓴 사람들로 가득했다. 12월 3일에 치러질 베네수엘라 대통령 선거를 앞두고 메리다에 오는 차베스를 보러 온 사람들이다. 차베스가 도착할 시간이 다 되자 더 많은 빨간 물결이 메리다 거리를 채운다. 저 사람들이 뿜어낼 열기나 차베스가 아무래도 나와는 인연이 아닌가 보다. 메리다를 떠날 마음을 다잡는다. 내 가방은 잘 있었다. 다 먹을 수 있을까 모르겠지만 할아버지한테서 팝콘을 한 봉지 사고 다시 가방을 맨다.

버스 타는 곳으로 걸어 내려갈 엄두가 도저히 안 나 택시를 잡으려는데 그나마 택시도 안 잡히고 다니는 차도 없다. 그래서 길에 주저앉았다. 잡화상 아저씨한테 투카니토를 아느냐고 물어보니 두세 시간 걸린다고 한다. 아무리 기다려도 택시를 잡을 수가 없어서 차가 있을 듯한 길 쪽으로 간신히 몇 블록을 걸어갔는데, 그 길은 아예 차가 막혀 가질 못한다. 아무래도 차베스가 왔나 보다. 날은 덥고 힘은 빠지고, 메리다를 빠져나가는 일은 영 불가능할 듯싶다. 그렇다고 간다고 나섰는데 디에고, 루시오한테 다시 가는 것도 창피하고 그럴 만한 힘은 더더욱 없고.

길 건너에 오텔 센트랄이라는 숙소가 눈에 띈다. 방이 하나 있단다. 15,000볼리바르, 7,000원쯤 한다. 가방을 내려놓으니 살 것 같다. 숙소 주인은 텔레비전을 보면서 환호한다. 방송에선 메리다에 온 차베스를 생중계한다. 주인은 "¡테 아모 차베스!(차베스, 당신을 사랑해!)"라며 싱글벙글 웃는다. 메리다 떠나는 걸 포기하니 차베스를 볼 여유가 생겼다. 카메라만 챙겨 들고 사람들이 모인 곳을 찾아간다.

차베스 노 세 바

팔팔 끓는 물이 저 메리다 사람들보다 뜨거울까. 남미 해방에 앞장섰던 시몬 볼리바르 인형을 얼굴에 쓰고 나온 사람도 있고, 채 돌도 되지 않았을 아이를 안고 나온 사람부터 할머니, 할아버지까지 그야말로 모두 쏟아져 나왔다.

메리다 거리는 온통 빨간 물결이다. 반팔 티셔츠도 가지가지다. 시몬 볼리바르, 차베스, 체 게바라, 카스트로, 네 사람 얼굴이 새겨진 티셔츠에는, 좀 재미나게 읽자면, '놀라운 혁명 4인조'라고 쓰여 있다. 등에 '볼리바르 세력 대변자 차베스와 함께'라고 쓰인 옷도 있고, 차베스 얼굴이 크게 새겨진 옷도 있다.

사람들이 들고 나오거나 건물에 걸어놓은 현수막은 '우리는 차베스와 함께할 수 있다', '사회주의를 향한 길', '혁명에서 교육을 우선으로', '평등한 사회와 정의를 위한 혁명을 지지하는 중간계급'이라고 외치고 있다.

21세기, 다시 사회주의와 혁명을 이야기하는 사람들. 누구나 교육받고, 아프면 치료받고, 굶주리지 않고, 일하고, 함께 잘살고, 평등하자고 한다. 이게 사회주의이고 혁명이라면, 혁명은 뜨겁기보다는 참 따뜻한 것이리라. 물론 말처럼 쉬이 갈 수 있는 길이 아니라는 것쯤은 나도 안다. 당연하다고 생각하는 그 길로 가는 것이 더 어려운 세상 아닌가. 그래서 많은 나라들에서 다양한 눈으로 볼리바르주의 혁명을 바라보는 것 아니겠는가.

볼리바르주의 혁명은 남미 해방에 앞장섰던 시몬 볼리바르의 사상을 계승한 베네수엘라 변혁을 일컫는 말이다. 지난해, 노동문학 행사장에서 〈베네수엘라 민중의 삶과 투쟁〉이라는 제목을 단 볼리바르주의 혁명에 관한 다큐멘터리를 보았다. 그 다큐멘터리에서 내가 보고 들은 볼리바르주의 혁명은 이렇다.

미국이 주도하는 신자유주의 세계화는 어느 나라든 민중의 삶을 피폐하게 만들었다. 베네수엘라도 마찬가지였다. 세계 4위의 산유국이며 세계 6위의 수자원 공급국인 베네수엘라에서 상위 5%가 국부의 80%를 소유한 반면, 국민의 80%는 빈곤선 이하의 삶을 살아야 했다. 1988년 선거에서 대통령으로 당선된 카를로스 안드레스 페레스가 1989년 집권하면서 국제통화기금(IMF)을 받아들여 미국이 주도하는 신자유주의 정책대로 공공 부문과 사회보장 프로그램들을 중지시키고 여러 산업 분야를 민영화시켰다. 그리고 필수품의 가격을 자유화했다. 그러자 당장 기름 값이 오르고, 교통비가 올랐다. 1989년 2월 27일, 버스를 타고 카라카스로 출근하려던 사람들은 하루아침에 버스 요금이 200% 오른 것에 경악했다. 노조나 정당이라는 조직이나 지도 없이 민중들은 거리로 쏟아져 나왔다. 이것은 곧 각지에서 민중들의 투쟁으로 이어져 5일 동안 계속되었다. 이것을 카라카스 민중 봉기(카라카소)라고 한다.

물론 정부는 군대를 동원해 봉기에 나선 사람들을 무참히 죽였다. 공식 발표와 달리 수천 명의 사람이 죽었다고 한다. 동구 사회주의사회가 무너지고 자본주의가 기세를 떨치면서 다른 세계를 꿈꾸는 것은 더 이상 불가능하다고 생각한 그때에 이 봉기가 일어났다. 그래서 이 봉기는 자본가계급에 대한 민중들의 투쟁이고, 전 세계를 획일화하는 세계화에 저항하는 투쟁이며, 가진 자들이 말하는 민주주의가 아니라 민중의 민주주의를 외친 투쟁이다. 봉기는 실패했지만 그때부터 민중들은 다시 시작했다. 서서히 무언가 바꿀 준비를 했다. 그것이 볼리바르주의 운동이다.

그런데 이러한 볼리바르주의 운동은 군대 내에서도 있었다. 그 중심에 현재 대통령인 차베스가 있었다. 1992년 2월 4일 육군 중령이었던 차베스가 군대 내 볼리바르주의 운동 세력과 함께 쿠데타를 일으켰다. 하지만 쿠데타는 실패했다. 민중들은 감옥에 갇힌 군인들을 지지하는 대규모 시위를 벌였다. 카를로스 안드레스 페레스 대통령이 공적 자금 유용으로 기소되고 그 뒤를 이어 1994년에 대통령이 된 라파엘 칼데라는 차베스를 풀어주었다. 차베스는 민중들과 함께 볼리바르주의 운동을 이어나갔다. 1998년 대통령 선거에 출마한 차베스는 대의제 민주주의에서 참여민주주의로의 전환과 국가권력의 구조 개편, 새 헌법을 제정하는 과정에 민중들의 참여를 보장하겠다는 약속을 했고, 58.7% 득표율을 기록하며 대통령에 당선되었다.

차베스는 그 뒤 제헌의회 소집을 위한 국민투표를 실시해 국민들의 동의를 얻어 1999년 12월 15일 새로운 볼리바르주의 헌법을 제정했다. 나라 이름도 베네수엘라 볼리바르 공화국으로 바꾸었다. 새 헌법은 국민투표를 통해 승인을 받았고 새로운 대통령 선거에서 차베스는 59%의 지지로 재당선되었다. 그리고 올해 다시 대통령 선거가 있다.

볼리바르주의 운동에서 시작한 볼리바르주의 혁명은 진행 중이다. 이 혁명의 사상적인 토대는 세 사람의 사상에 있다. 시몬 볼리바르한테서는 민중의 자기결정권과 참여권을, 에세키엘 사모라한테서는 인간의 자유, 토지의 자유로운 사용, 경제와 토지가 민중을 위해 사용되어야 한다는 주장을, 시몬 로드리게스한테서는 교육의 중요성을 가져왔다. 교육이 중요한 이유는, 교육에 대한 접근권이 보장되어야 기회가 균등해지고 그럼으로써 인간의 존엄성이 보장되며 사회의 민주화가 가능해져 성공적인 사회를 건설할 수 있기 때문이다.

볼리바르주의 혁명이 진행되는 동안 자본가계급을 위시한 반대 세력들의 공격도 있었다. 그래서 베네수엘라 민중들은 혁명 속의 혁명을 진행하고 있다고 한다. 베네수엘라 민중들은 이 혁명이 차베스와 민중들이 함께하는 혁명이라고 말한다. 그렇기에 반대 세력의 쿠데타로 차베스가 카리브 해 섬에 있는 감옥에 갇혔을 때 민중들은 두려움 없이 시위를 했고 다시 차베스를 제자리로 돌아오게 했다.

이 다큐멘터리를 보면서 놀란 것은 가난한 민중들이 스스로 깨어나는 모습이었다. 자기 삶을, 베네수엘라 민중의 삶을, 베네수엘라 국가를 다른 세력의 손에 맡기는 게 아니라 자신들 스스로 주체가 되어 만들어나가는 모습이었다. 총에 맞아가면서도 길거리로 쏟아져 나온 사람들, 내가 사회과학 책이나 오래전 혁명에 관한 책에서나 읽었을 말들을 20세기 말, 그리고 21세기 초에 스스럼없이 당당하게 쏟아 붓는 베네수엘라 사람들을 보면서 나는 많이 놀랐다. 17년 전 이 메리다 거리로 쏟아져 나왔을 사람들, 그리고 그 뒤로 계속 거리로 나왔을 이 사람들을 오늘 눈으로 본다.

새로 만든 긴 다리에서 차베스가 연설을 했나 보다. 도착해보니 연설은 거의 끝나고 막 행진이 시작됐다. 빨간색 웃옷을 입은 차베스 대통령이 탄 차가 서서히 움직이자 사람들도 움직인다. 차베스 대통령이 힘차게 주먹 쥔 손을 내뻗을 때마다 사람들이 "와" 하고 소리친다. 워낙 사람들이 많고 내가 키가 작아 카메라를 든 손을 위로 뻗어 셔터를 그냥 몇 번 눌러봤는데 차베스 얼굴이 두 장 찍혔다. 사진 속 차베스는 웃는다. 마냥 환하게 웃는다. 사람들이 한꺼번에 움직이는 바람에 뒤로 밀려 하마터면 넘어질 뻔했다. 넘어지면 그냥 깔리겠다 싶어 정신을 차리고 비켜섰다.

차베스를 보면서 행복해하는 메리다 사람들 얼굴은 단지 '차베스가 좋다'거나, '차베스가 영웅이다'라는 얼굴이라기보다는 자신들이 일구어낸 볼리바르주의 혁명이 멈추지 않고 이어지기를 바라는, 희망이 현실로 이

〈위〉 차베스 지지자들.

〈아래〉 워낙 사람이 많아 카메라를 높이 들고 셔터를 몇 번 눌러보았는데 차베스가 흐릿하게 잡혔다. 차베스가 주먹을 불끈 쥐고 있다.

루어지기를 바라는 얼굴로 보인다. 노래하고 춤추고 크게 외치며 행복해하는 이 메리다 사람들 얼굴은 진실이다.

메리다 가득 울려 퍼지는, 장단을 맞추어 함께 외치는 "¡우, 아, 차베스 노 세 바!(차베스는 쓰러지지 않는다!)"를 듣는다. 자신들의 혁명 동지이자 대변자인 차베스에게 보내는 연대의 함성이다. 저렇게 사랑하는 대통령 후보를 가진 이들이 부럽다. 아니, 자기가 지지하는 사람을 향해 맘껏 그 지지를 표현하는 이 사람들이 가진 솔직함이, 몹시 부럽다.

사람, 소리

낮에는 차베스를 맞이한 행진 대열로 그렇게 뜨겁다가 저녁에는 공원에서 젊은이들이 노는 소리로 시끄럽더니, 밤이 되자 열기도 소리도 점점 사그라진다.

오텔 센트랄 106호. 낮에 무거운 가방을 내려놓을 때는 방이 있다는 사실만으로도 기뻤는데 밤이 되자 기쁨은 쪼그라든 풍선이 되어버렸다. 오텔 센트랄은 가운데 마당이 있고 빙 둘러 방들이 있는 구조인데, 106호는 처음에 건물을 지으면서 만든 방이 아니라 마당 한쪽에 널빤지로 만든 방이다. 널빤지가 짧았는지 슬레이트로 만든 지붕과 널빤지 벽 사이가 뜬다. 그래서 옆방과 천장이 통하고, 바깥 벽 쪽도 뚫려 찬바람이 숭숭 들어온다. 널빤지 문도 영 허술하다. 문짝도 딱 안 맞는 데다가 걸쇠도 헐렁해 밖에서 힘껏 밀면 쑥 열릴 판이다. 싼 방이라고 좋아해놓고는 뭔 욕심이 그리 많은지. 낮에 내내 땀을 흘렸는데 씻으러 나가기도 귀찮다.

갑자기 마음이 쓸쓸해진다. 보고타에서 너무 편안히 머물렀나 보다. 아니, 혼자 다닌 게 열여드레째지만 진짜 혼자인 건 처음이기 때문인가 보다. 혼자 간 아야쿠초에서도 카린과 하비에르가 있었고, 버스를 타고 이동할 때는 버스 동지들이 있었다. 보고타에서는 디아나와 엔리케가 있었고, 메리다로 오는 동안은 디에고와 루시오가 있었는데 이제야 온전히 혼자가 되니 쓸쓸해지는가 보다. 혼자 다닌다고 생각했는데 혼자가 아니었다.

옆방에 든 남자가 계속 소리를 낸다. 하나도 걸러지지 않고, 소리가 고스란히 내 방으로 넘어온다. 비닐봉지 부스럭거리는 소리, 침대 삐걱거리는 소리, 음식 먹는 소리, 가방 들어 올리는 소리, 내려놓는 소리, 지퍼 여는 소리, 옷 꺼내는 소리, 옷 갈아입는 소리, 기침 소리, 한숨 소리, 콧김 소리, 몸 뒤척이는 소리, 문 여는 소리, 닫는 소리, 화장실 문 여는 소리, 화장실에서 오줌 누는 소리, 물 내리는 소리, 씻는 소리, 돌아오는 소리, 텔레비전 트는 소리, 웃는 소리……. 다행히 텔레비전은 그리 오래 틀어놓지 않았다. 텔레비전 소리가 멈춘 대신, 남자가 내쉬는 한숨 소리가 커진다. 그리고 전등불이 꺼지고 몇 분 지나지 않아 코고는 소리가 들린다. 고단한 하루였나 보다. 소리에 날카로운 내 귀가 좀 무뎌지면 좋으련만.

불을 끄고 누워도 바깥 불빛이 새어 들어와 환하다. 자기 방을 찾아 들어오는 사람들 소리도 끊이지 않는다. 이 숙소에는 아무래도 방을 잡아 오래 머무는 사람들이 많은가 보다. 아침 일찍부터 옷이며 신발, 먹을거리, 기념품을 파는 장터가 곳곳에 서던데 그이들이 이 숙소에 많이 모여드나 보다. 마당 빨랫줄에도 옷이 잔뜩 걸려 있고 음식도 해 먹을 수도 있다고 하니.

태어나 중학생이 되던 해까지 살았던 경기도 고양군 화전이 떠오른다. 살던 동네에 딱 하나 있던 화전여인숙. 그 여인숙 생김새가 딱 이랬다. 한가운데에 햇볕이 짱짱하게 드는 마당이 있었다. 거기서 씻고, 옷을 빨고, 빨래를 널었다. 그리고 그 방을 빙 둘러 창호지를 바른 미닫이문을 단 방들이 있었다. 어느 누구도 하룻밤 묵자고 그 여인숙을 들지는 않았을 것이다. 학교 친구도 그곳에 살았던 걸 보면 거의 모두 몇 달씩이나 몇 년씩 지내던 사람들이었을 것이다. 그 마당이 동네에서 오직 하나 있는 넓은 마당이어서 그랬을까, 아니면 화전여인숙 주인이 굿을 좋아해서 그랬을까, 그 마당에서 여러 번 굿을 보고 떡을 얻어먹은 일이 떠오른다. 어린 눈에는 내가 사는 집보다 여인숙이 더 좋아 보였고, 철없이 그런 데서 살아보는 상상도 더러는 했을 거다. 아직 뭘 모르는 때였으니.

밤이 깊어져 내 맘도 좀 착해졌나. 뚫린 천장으로 들어오는 찬바람도 그리 춥지 않아 다행으로 여겨지고, 전날 묵은 숙소에 우글거리던 바퀴벌레들도 보이지 않아 어제 그 집보다는 괜찮다 싶고, 가방을 올려놓은 탁자도 오래도록 낡아온 게 마음을 끈다. 무엇보다 작은 몸 하나 하룻밤 잠재우는 데 뭐 그리 좋은 게 필요할까 싶어, 옆방에서 나는 소리 하나하나에 신경을 곤두세웠던 내가 우습다.

11월 11일 토요일

기다리지 말고 찾아가자

마노도 별다른 수가 없었나 보다. 일어나자마자 밖으로 나가 인터넷으로 이메일을 확인해보니 아무런 연락이 없다. 이제 기다리지 않고 찾아 나서는 거다. 브라질에서 농민운동을 했던 이르마는 이곳에서도 같은 일을 한다니 인터넷으로 베네수엘라에 있는 농민 조직을 찾아보았다. 카네스(CANEZ, 에세키엘 사모라 국가 농업 조정자)라는 조직이 눈에 띈다. 지푸라기라도 잡는 심정으로 카라카스 본부 전화번호를 수첩에 적었다. 점심에 먹을 빵과 사과와 물 한 병을 미리 사두었다.

가방을 챙기려고 보니 탁자 위에 하얀 벌레들이 가득하다. 저게 벌레가 맞나 싶을 정도로 먼지처럼 작은 벌레들. 벽에서 붉디붉은 바퀴벌레도 한 마리 쓱 기어 나온다. 그래도 간밤에 달게 잤다. 하루 거뜬히 길 떠날 힘을 얻었다.

숙소 주인 에베리한테 투카니토가 어디쯤 있느냐고 물으니 그런 곳은 없다고 한다. 옆에 있던 에베리 친구도 고개를 흔든다. 아니, 무슨 말인가. 어제 만난 잡화상 아저씨는 분명 좀 멀긴 해도 투카니토가 있다고 했는데. 에베리가 아마 투카니일 거라고 한다. 투카니송이라고도 하는데 여기서 2시간 넘게 걸리는 시골이란다.

"버스 터미널에 가면 투카니로 가는 버스가 있어."

물어보는 김에 궁금한 건 다 물어보자.

"에베리, 카라카스 가려면 메리다로 다시 돌아와서 타야 돼, 아니면 투카니에서 바로 카라카스로 갈 수 있어?"

"당연히 카라카스로 가는 버스가 있지."

"참, 내가 나중에 브라질로 가야 하는데 카라카스에서 브라질 마나우스까지 버스가 있어?"

"그럼. 내 친구도 버스 타고 마나우스에 갔었어. 32시간 걸렸대."

에베리 이야기를 들으니 갑자기 힘이 난다. 말이 힘이 된다. 어젯밤까지만 해도 브라질 마라바를 포기하고 그냥 카라카스에서 비행기 타고 상파울루로 갈까 고민했는데, 버스로 32시간이면 충분히 갈 수 있지. 32시간쯤이야.

여주인한테 들으니, 오텔 센트랄은 메리다에서 처음 지어진 숙소로, 200년이 넘었다고 한다. 어젯밤에는 한시라도 빨리 여기를 떠나고 싶었는데 막상 떠나려니 아쉽다. 가만 보니 이 숙소가 자못 예쁘다. 마당에 화분도 줄줄이 걸어놓았다. 다람쥐도 있고, 새도 있다. 체를 사랑하고 차베스를 사랑한다는 주인 부부와 재미있게 이야기하고 각처에서 물건 들고 와 묵는 사람들과도 사귀면 재미날 곳이다. 주인 남자는 한 번 들은 내 이름을 잘도 기억한다. 한국 젊은이들도 이곳에 많이 와서 머물렀다면서.

외로워하거나 쓸쓸해할 시간에 한마디라도 더 사람들에게 말 붙여보고, 사는 모습을 들여다볼 일이다.

투카니를 찾아서

에베리가 알려준 대로 걸어서 세 블록을 지나니 버스 터미널 가는 차가 있다. 하루 쉬어서 그런지, 짐이 한결 가볍다. 쉬는 게 약이다. 운전기사에게 버스 터미널에서 꼭 알려 달라고 부탁했다. 나중에 뒷문으로 내려야 해 아예 뒤에 가서 앉았는데 앞에 앉은 여자가 뒤돌아본다. 자기도 버스 터미널에서 내린다면서 걱정 말란다. 내가 하는 말을 들었나 보다.

버스 터미널은 카라카스처럼 큰 도시로 가는 장거리 버스를 타는 곳과 투카니처럼 시골로 들어가는 버스를 타는 곳으로 나누어졌다. 표 끊는 곳도 다르다. 1,000볼리바르를 주고 터미널 이용표를 끊은 뒤 투카니 가는 버스가 도착하는 곳에서 기다렸다. 얼마 안 있어 작은 버스가 온다. 차 뒤꽁무니에 짐을 실었다. 8분 있다 떠난다는 버스는 사람들이 다 찰 때까지 하염없이 기다린다.

오텔 센트랄도 아쉬웠지만 메리다도 아쉽다. 어제 아침에 본, 구름이 피어오르던 산도 못 올라보고 그냥 간다. 높고 뾰족한 산을 휘감은 아침 구름을 보면서 디에고와 내가 똑같이 걸음을 멈추고 아름답다는 말 한마디만 하고는 뒷말을 못 이었다. 산에 못 오르더라도 산과 이어진 공원을 단 30분이라도 걸으면 사람이 절로 고요해질 텐데. 그 이름도 모른 채 떠난다 싶어 건너편에 앉은 남자에게 산 이름이 뭐냐고 물으니 피코 볼리바르란다. '뾰족 봉우리 볼리바르' 산이라고 할까. 이름이 생김새 그대로다.

낮 12시, 버스가 출발한다. 앞뒤 헤아리지 않고 길을 나선다. 이르마를 만나기 위해서는 미겔을 만나야 한다는데, 미겔을 찾자고 주소도 전화번호도 없이 투카니에 있다는 것만 알고 길을 떠난다. 투카니에서 내려 달란다고 딱 내가 찾아가야 하는 곳에 알아서 내려줄 리도 만무한데. 어쨌든 요금 받으러 온 승무원한테 투카니에서 꼭 내려 달라고 신신당부를 해놓는다.

그런데 왠지 나는 미겔을 꼭 만날 것 같다. 라파스에서 푸노까지 간 그 밤처럼. 투카니를 다 뒤져서라도 미겔을 찾든지, 정 안 되면 경찰서를 찾아가 투카니에 있는 농민 조직을 알려 달라고 할 참이다. 그야말로 투카니에서 미겔 찾기다. 못 찾고 돌아오면 하루 시골 나들이 한 셈 쳐야지, 뭐. 날씨 탓일까, 마음이 저절로 여유롭다. 메리다 북서쪽에 있는 투카니를 찾아 달리는 길, 따가운 햇볕, 밝은 빛, 시원한 바람, 파란 하늘, 하얀 구름, 차에서 흘러나오는 노래만으로도 이 길이 후회하지 않을 만큼 좋다.

투카니에 내리는 비

낮 2시 40분. 장대비 쏟아지는 투카니다. 승무원이 여기가 투카니란다. 빗발치는 길에 내 가방을 내려놓고 차는 떠난다. 짐을 들고 나타난 나를 모든 사람들이 쳐다본다. 투카니 사람들 발길을 묶어놓은 비. 옷도 팔고 생활필수품도 파는 큰 가게 앞 비닐 포장 밑에 사람들이 죄다 모여 비를 피한다. 엄청난 빗줄기다. 햇볕이 그리 좋더니 이렇게 비가 쏟아진다. 거의 날마다 한 번씩은 비가 쏟아지나 보다. 그러니 나무들이 그렇게 울창하게 자라나지. 버스 안에서 제발 비 그친 뒤 도착하기를 얼마나 바랐는데, 제발 여기, 지금만은 투카니가 아니기를 애타게 바랐는데, 비가 제일 많이 쏟아지는 이때 이곳이 투카니라니.

모두 말없이 무장 굵어지는 빗줄기만 쳐다본다. 옆에 플라스틱 의자에 앉은 젊은 남자가 내게 앉겠냐고 묻는다. 가까이에 나이 든 어른들도 많고 편안히 앉아 있을 마음도 아니어서 그냥 괜찮다고 했다. 노느니 물어나 보자고 남자한테 투카니에 있는 농민 조직 아느냐고 물으니 모른단다. 그리 큰 마을이 아니면 알 수도 있지 않을까 싶어 미겔이라는 사람을 아느냐고 물으니 모른단다. 나이 지긋한 분들한테 물어도 모른다고 하고. 어쩔 수 없다. 비 그친 뒤 움직여봐야지.

점심으로 먹으려고 산 빵을 꺼낸다. 사람들 많은 데에서 먹는 게 쑥스럽긴 하지만, 배가 고프니 서러워지려고 해 무어라도 먹어야 한다. 보기보다 빵은 퍽퍽하다. 아무 맛도 안 나는 빵을 우걱우걱 씹는다. 의자에 앉은 젊은 남자가 흘깃 쳐다본다.

낮 3시 30분. 거의 한 시간째 비가 내린다. 빗줄기는 조금 가늘어졌다. 그 많던 사람이 서서히 사라진다. 낡은 택시를 합승해 떠나기도 하고, 버스를 타고 가기도 하고, 달려가기도 한다. 모두 가던 길이 남았고, 갈 길이 있는 사람들인 게지. 갈 곳 없고, 갈 곳 모르는 나는 비가 쏟아져도 걱정, 비가 그쳐도 걱정이다. 차라리 이 비가 저녁까지 밤까지 밤새도록 그치지 않아 모르는 사람들이라도 함께 그냥 이대로 있었으면 좋으련만. 비가 그치면 서울에서 김 서방 찾듯, 투카니에서 미겔을 찾아 나서야 하니까.

메리다를 떠나면서 호기롭던 나는 막상 투카니에 와서 풀이 죽는다. 후회하지 않으리라 했던 마음도 언제 그랬냐는 듯 사라진다. 비가 오지 않았어도 마찬가지였을 거라며, 이 나이에 이렇게 대책 없이 움직이는 내가 한심해진다.

약국에서 미겔을 찾다

사람들이 빠지고 나니까 가게 앞 저쪽에 전화기를 올려놓은 둥근 탁자가 보인다. 전화방이다. 틀린 전화번호라도 다시 눌러본다. 9자리나 되는 번호를 다시 조합해본다. 이중에 뭐가 덧붙은 것이기를 바라며. 잘 빼면 통할 거라고 억지로 믿어보면서. 한 번은 신호가 가고 사람 소리가 났는데 끊긴다. 일하는 어린 여자한테 부탁해 미겔인지 물어봐 달라고 했는데 아니다. 경찰서라도 찾아가서 찾겠다고 했지만, 사람들한테 경찰서가 어디냐고 묻는 것도, 그래서 경찰서를 찾아가는 것도 버겁다.

사람들 속을 빠져나가자, 먼저 정신을 차리자. 빗방울이 떨어지긴 하지만 흠씬 젖을 정도는 아니라 걸을 만하다. 작은 공원이 나오고 저만치 약국이 있다. 목이 타고 입이 쩍쩍 마른다. 약국에서 물 한 병을 벌컥벌컥 다 마시고 나니 살겠다. 약국에는 여자 두 명이 일을 한다.

"내가 사람을 찾으러 왔는데 혹시 투카니에 농민 조직이 있나요? 미겔이라는 사람을 찾으려고 하는데."

"잘 모르겠는데요."

"비아 캄페시나Via Campesina처럼 농민 조직이에요. 농민 공동체일 텐데."

중소 규모 생산자와 농업 노동자, 여성 농민 조직을 키우고 연결시키는 국제 운동 기구로 워낙 유명한 비아 캄페시나(농민의 길)를 예로 들어 물어보았다. 베네수엘라에도 비아 캄페시나가 있으니 두 사람도 알지 않을까 싶었다. 두 사람이 서로 마주보며 뭐라고 얘기하더니 서랍을 뒤져 명함을 하나 꺼내는데 거기 농민 조직 이름이 적혀 있다. 그 명함에 적힌 번호가 내 수첩에 적힌 번호와 비슷했다. 내 수첩에 숫자가 더 많이 붙었던 거다. 그곳에 전화를 했는데 통화가 안 된다. 토요일이라서 사무실이 비었는가 보다.

혹시 몰라 인터넷을 뒤져 적어온 카네스 카라카스 본부 전화번호를 보여주니 알렉산드라라는 여자가 전화를 한다. 수화기 저 너머에서 여자 목소리가 들린다. 알렉산드라가 한국에서 한 여자가 찾아왔다며 미겔에 관해 물으니 그쪽에서 휴대전화 번호를 알려준다. 그리고 알렉산드라가 미겔한테 전화를 한다. 미겔이 오겠단다.

꿈만 같다. 약국에서 미겔을 찾다니. 다짜고짜 두 사람한테 농민 조직을 아느냐고 물었던 건, 가만 생각해보니 한국에 있는 농민 약국 때문이다. 2005년 겨울, 문화예술인 창작 농활에 참여해 전라남도 화순에 일주일 다녀온 일이 있다. 마지막 날, 농민 문학 행사를 하려고 읍내에 나와 농민 약국에 잠깐 들렀다. 그보다 몇 해 앞서 나주 농민 약국 이야기를 신문에서 읽기도 했다. 내 머릿속에 잠자던 그 기억들이 밑도 끝도 없이 투카니 약국 사람들에게 농민 조직을 아느냐고 묻게 했을까. 중국 사람은 더러 이곳에 살아도 한국 사람은 처음이라는데 낯선 나를 위해 카라카스까지 전화해 미겔을 찾아준 두 사람. 아무리 고맙다고 인사를 해도 모자란다.

그나저나 마노가 미겔과 전화통화를 한 것도 아니고, 내게 미겔 이메일 주소를 안 알려준 걸로 봐서는 편지도 못 보낸 게 분명한데 대체 미겔은 내가 누군지 알고 오는 건가.

5시. 미겔이 약국으로 들어온다. 손을 잡고 인사를 하고, 약국 사람들에게 다시 한 번 고맙다고 인사를 하고 미겔이 타고 온 차에 오른다.

베르베레 협동조합

미겔이 사는 공동체 마을에 들어선다. 미겔은 다른 일이 있어서 급하게 나가보아야 한다며 마을 주민에게 나를 부탁해놓고는 사라진다. 아, 미겔, 이르마는? 물어볼 새도 없이 미겔은 다시 차를 타고 가고, 나는 이곳이 어디인지, 어떤 곳인지도 모른 채 발을 들여놓는다. 너무 많이 알려고 하지 말자 생각하며. 내가 여기를 몰라도, 여기 사람들이 나를 몰라도 이렇게 만났는데, 모르면 모르는 대로 만나면 되지.

꼬불꼬불 파마한 머리가 이마를 가린 한 여자가 눈을 감고 나를 향해 소리를 지른다. 대여섯 살 먹은 조무래기들이 나를 향해서 달려온다. 메추라기 울어대는 사육장 앞 나무 탁자에 가방을 올려놓는다. 몇몇 나이 든 여자와 젊은 여자들이 나타난다. 그 사람들은 얼마나 황당했을까. 미겔이 어디서 여자 하나를 데려와 맡겨놓고 갔으니.

낯선 사람을 가장 반기는 건 어린아이들이었다. 그중 쌍둥이 자매와 남동생이 외출했다 돌아오는 엄마를 따라 가며 나보고 함께 자기 집에 가잔다. 주저하는데 마구잡이로 내 손을 잡아끈다.

마을 안쪽으로 맨 끝 집이 아이들이 사는 집이다. 엄마가 나갔다 오는 사이에 비가 쏟아져 빨랫줄에 걸린 옷들은 죄다 젖었다. 아이들이 사는 집은 좁고 허술하다. 바닥은 그냥 맨땅이다. 나무로 짠 침대 하나와 해먹 하나가 살림의 전부다. 옷장 같은 건 따로 없다. 들여다보기가 미안해지는데, 쌍둥이 자매와 남동생은 자기 집이라며, 침대도 있다며 침대 위에서 펄쩍펄쩍 뛰면서 자랑한다. 그래, 엄마와 잠잘 집이 있구나. 비가 오면 비를 피하고, 바람이 불면 바람을 피할 수 있는 집. 어두운 밤, 좁지만 엄마와 꼭 껴안고 잘 수 있는 침대가 있고, 너희들이 맘껏 뛰어놀 수 있는 땅도 있고.

이곳은 차베스 정부 농업토지부가 땅 없는 농업 노동자들을 조직해 만든 베르베레 협동조합이다. 경작되지 않은 땅에 이들이 들어와 집을 짓고, 농사를 지었다. 나무판자로 지은 집들이 넓은 땅 곳곳에 있다.

협동조합 사무실 옆에는 메추라기를 키우는 사육장이 있고, 사람들이 모여 회의하고 함께 밥을 먹는 커다란 탁자와 음식을 만드는 화덕이 있다.

저녁이 되자 아이들과 어른들이 협동조합 사무실 앞에 모여 비디오로 영화를 본다. 집집마다 텔레비전과 비디오가 있는 게 아니라 이렇게 함께 모여 어울려 본다. 꼬마들, 학교 다니는 아이들, 청소년들 모두 모였다. 꼬마들이 돌아다니면서 떠들어대자 큰애들이 영화 소리가 잘 안 들린다며 조용히 하라고 한다. 하지만 그때뿐, 꼬마들은 다시 자리에서 일어나 저이들끼리 장난하느라 몹시 바쁘다.

공동체란 이런 건가 보다. 우리는 한 집에 텔레비전이 한 대씩 있고, 비디오도 하나씩 자기 것을 갖고 산다. 우리는 얼마나 많은 텔레비전을 가지고 있는가. 세상에는 정말 수천수만 대가 넘는 텔레비전이 있다. 더 크고, 더 좋은, 더 고급스러운, 더 기능 많은, 더 비싼 텔레비전을 만들기 위해 똑똑한 사람들은 텔레비전 연구에 빠지고, 그걸 사기 위해 사람들은 돈을 번다. 여기는 텔레비전 한 대로 충분하다. 텔레비전이 한 대이니 사람들이 모인다. 메추라기가 시끄럽게 울어대는 영화관이다.

쌍둥이네 엄마 마리아와 내게 저녁으로 비스킷 샌드위치를 만들어준 아니에가 선선하게 부는 밤바람을 맞으며 나란히 앉아 영화를 보는 아이들을 본다. 아니에는 처음 봤을 때 일하고 왔는지 옷이 흙투성이였는데 깨끗한 옷으로 싹 갈아입었다. 아니에한테 이르마를 아냐고 물으니, 이르마는 이곳에 없고 더 먼 곳에 산다고 한다. 아무래도 이르마는 못 만나고 이 사람들을 만날 운명이었나 보다.

열여섯 살 파니는 아직 학생이지만 자기가 사는 협동조합을 잘 안다. 동생들과 함께 메추라기를 돌보기도 한다.

"이 공동체는 언제 만들어진 거야?"

"2003년 11월 15일에 여기 땅으로 들어왔어. 올해 11월 15일이 세 번째 생일이지. 여기에는 아기들, 어린이들, 청소년들, 어른들이 함께 살아."

"어떻게 만들어진 건데?"

"미시온 사모라Misión Zamora 중 하나인데, 땅 없이 농사를 지어온 사람들에게 나라에서 땅을 준 거지."

미시온 사모라는 베네수엘라 차베스 정부가 토지개혁과 땅 재분배를 위해 진행하는 정책이다. 미시온은 '파견대, 임무'라는 뜻으로, 미시온 사모라말고도 교육을 비롯해 빈민층을 대상으로 하는 다양한 미시온들이 현재 진행 중이다. 상위 2% 인구가 베네수엘라 농지의 65%를 소유했다는데 협동조합 들머리에 농업토지부에서 세워놓은 큰 간판을 보면 차베스 정부가 농민들과 함께 만들어가려는 농업과 땅에 관한 정책이 어떤 것인지 대강 눈치 챌 수 있다. 거기에 이런 문구가 적혀 있다.

"새로운 조국에 씨를 뿌린다."
"농촌에서부터 공화국을 개혁한다."
"땅과 사람의 자유."
"광대한 사유 농지는 일하는 사람이 땅에서 생산해낼 수 있도록 국가 손에 들어와야 한다."

"땅과 사람의 자유." 이 말은 1846년 에세키엘 사모라Ezequiel Zamora (1817~1860)가 농민 존중과 자유를 위한 투쟁에서 앞세운 구호다. 농업과 토지개혁 정책을 '미시온 사모라'라고 한 것도 바로 에세키엘 사모라의 이름을 따른 것이다. 부엌 나무판자와 사무실에 붙은 포스터에 죄다 'FNCEZ'라고 적혀 있어 뭔가 했는데 에세키엘 사모라의 이름을 따서 만든 농민전선연합체를 가리키는 것이었다. 포스터에는 '해방'과 '사회주의', '혁명'이라는 낱말들이 많다. '제국주의에 저항하자!'는 구호도 보인다. 이 구호는 미국적인 삶의 방식이 아니라 베네수엘라 민중 고유의 삶의 방식을 지향하겠다는 것이리라.
"처음 시작할 때 몇 사람이 모인 거야?"
"처음에는 여자 36명과 남자 9명이 모여 시작했지."
"농사는 뭘 짓지?"
"우리가 경작하는 땅은 563헥타르야. 여러 가지를 씨 뿌리고 심었어. 어떤 거냐면, 레몬, 호박, 구아바, 삼나무, 티크, 부카레 나무, 대나무, 마데레라 나무, 카카오, 유카, 귤, 오렌지, 구아나바나, 바나나, 파파야, 아보카도야. 그리고 일부 밭에 모판을 만들어서 토마토, 양파, 상추, 고수, 오이, 사탕무, 당근 씨를 뿌려서 모종을 냈지. 거름 밭이 있는데 거기에 지렁이들을 키워. 지렁이들이 작은 구멍을 내면서 일을 해."

"사람들은 어떤 식으로 일을 해?"

"우리는 공동 작업을 해. 서로 역할을 나누어서 일을 하지. 농사도 짓지만 저쪽에 보이는 것처럼 새도 키워. 쟤들은 메추라기야. 1,000마리야. 가축들은 암소와 돼지가 있고."

"여기 주소가 어떻게 돼?"

파니가 수첩에 적어준 주소 첫 줄은 '사모라 협동조합 베르베레 땅'이다. 맨 마지막 줄을 보니 예전에 이곳은 포도나무 골, 느릅나무 골이었나 보다. 그 말대로 이 땅은 그동안 땅 없이 살아온 노동자들을 주인으로 맞아들였다.

우리가 이야기를 나누는 틈에 파니 남동생과 여동생들이 모여들었다. 파니는 위로 오빠가 셋 있고, 아래로 열네 살 릴리아와 열세 살 유라이마, 열 살 마리우리, 이렇게 여동생 셋과 남동생이 하나 있다. 오빠들은 다 커서 따로 나가 살고 이곳에서는 부모와 다섯 아이가 산다. 파니의 열한 살 남동생, 루이스가 공책을 가져오더니 한국말로 숫자를 알려달란다. 1부터 10까지 가르쳐주었더니 자기가 알아볼 수 있게 알파벳으로 발음을 쓴다. 이 아이 보통이 아니다. 11부터는 자기가 먼저 말한다. 십일, 십이, 십삼 하면서 어느새 백까지 혼자 다 말하고 써버린다. 어두운 불빛 아래, 아이 손에 들린 공책과 연필이 참 빛난다.

11월 12일 일요일

나는 땅에서 일하는 게 좋아

닭이 울어대는 소리에 눈이 떠졌다. 아침 7시다. 누구네 집인지도 모르고 잠을 잤다. 어젯밤, 아니에를 따라 가방을 들고 이 집에 들었는데 여주인은 옆방에서 자고 나는 중학생인 아들 방에서 잤다. 침대 하나 놓인 방은 흙바닥이고, 문은 없고 커튼을 쳐놓았다. 아들은 메추라기 장 옆에서 해먹을 걸고 잤다. 밤늦게 바깥주인이 들어오는 소리가 났지만 나가보기에는 너무 늦어 그냥 있었다. 주인이 밤새도록 틀어놓은 선풍기가 낡았는지 덜덜거리는 데다가 낯설어서 쉽게 잠들지 못하다가 어느새 잠이 들었다.

밖에 나오니 주인 부부 엠마와 에베르가 있다. 두 사람이 어쩜 그리 닮았는지. 함께 사는 사람들 얼굴이 닮는 걸 보면 신기하다. 두 사람은 참 포근하고 부드럽게 닮았다. 어떤 이들은 닮되 강팔지게 닮기도 하는데 그러면 안 되겠지.

사무실 뒤쪽 파니네에 가보니, 파니가 엄마와 함께 아침을 준비한다. 파니는 유카 껍질을 칼로 깐다. 다 까고 나서는 물로 유카를 씻고, 부엌을 청소한다.

일요일이라서 모두 일을 않고 쉰다는데 한 여자가 장화를 신고 긴 칼과 뭔가 담긴 검은 비닐봉지를 들고 사무실 앞으로 온다. 땅바닥에 박혀 있는 칼 가는 돌에 긴 칼을 쓱쓱 간다. 물도 조금씩 뿌려가면서.

"일 나가시는 거예요?"

"응."

"그 칼 이름이 뭐예요?"

"마체테."

한국에서 쓰는 낫과 쓰임이 비슷해 보인다. 베르베레 사람들은 어떻게 일하는지 보고 싶었다.

"따라가도 되나요?"

"30분 정도 걸어가야 하는데."

"괜찮아요."

"나는 계속 일해야 하는데."

아주머니는 중간에 내가 혼자 돌아올 게 걱정되었는지 좀 주저하는 눈치였다.

"있다가 나 혼자 돌아올 수 있어요."

"그럼 같이 가지."

마흔 여섯, 마리엘라와 함께 풀이 우거진 길로 들어선다. 이른 아침인데도 날은 푹푹 찐다. 비쩍 마른 데다가 꼬리가 긴 개 한 마리가 따라온다.

"아주머니 개예요?"

"콤파녜로야."

친구, 친구다.

"잘 따라다니나 봐요."

"일할 때마다 꼭 함께 가는데."

"늘, 날마다요?"

"응."

다른 곳도 아니고 일하는 밭으로 꼭 따라다니다니. 신통하다. 가는 길, 심어놓은 과일과 채소들이 곳곳에 있다. 마리엘라는 발걸음을 멈추고 내게 고구마 맛이 나는 유카와 속이 붉은 열매인 구아야바, 약재로 쓰인다는 노니와 동그란 과일 파르차(시계꽃 열매, 패션 푸르트라고도 함)를 알려주었다. 어젯밤 파니가 알려준 것 몇 가지를 오늘 눈으로 본다.

마리엘라가 돌보는 과수나무 근처에는 키 크고 억센 잡풀들이 우거져 있다. 개는 한쪽에 자리 잡고 편안히 눕는다.

"일요일인데 왜 쉬지 않고 일을 해요?"

"내일 열매를 따야 해. 잡풀을 베어야 길이 좀 나니까."

마리엘라는 검은 비닐봉지에 담아 온 일옷을 꺼내어 걸치고 작아진 티셔츠를 머릿수건으로 쓰더니 손에 장갑도 끼지 않은 채 마체테를 쥐고 잡풀들을 단칼에 쳐낸다. 마리엘라가 왼손에 쥔, 끝이 구부러진 긴 나뭇가지로 풀을 모아 오른손에 든 칼로 내리칠 때마다 잡풀들이 싹둑 잘린다. 얼마 안 있어 마리엘라 옷이 땀으로 젖는다.

"나도 좀 해볼게요."

마리엘라가 준 마체테를 잡았다. 손잡이는 짧고 날은 긴 칼. 몇 가닥 안 되는 풀이 칼로 몇 번을 내리쳐도 쉽게 잘리지 않는다. 마리엘라가 한 번에 한 뭉텅이씩 쳐내던 걸 나는 대여섯 번은 내리친다. 얼마 하지 않았는데 금세 손가락에 물집이 잡힌다. 더 잡고 있으면 시간만 끌 것 같아 마리엘라에게 칼을 넘겨준다. 그렇게 풀을 베어내다 마리엘라가 잠시 땀을 식힌다.

옆에 앉은 마리엘라 손을 보니 손가락 하나에 봉합한 흔적이 있다. 마리엘라가 손을 내밀어 보여준다.

"어릴 때 잘려서 그래."

마리엘라 손바닥엔 굳은살이 두껍게 박였다. 팔꿈치를 들어 보여주는데 꿰맨 자국이 있다. 노동은 마리엘라 몸에 깊은 자국들을 새겨놓았다.

"여기 투카니에서 태어났어요?"

"아니. 난 콜롬비아에서 태어났어. 우리 부모님도 농사를 지었어. 나도 아주 어렸을 때부터 일을 했지."

8살 무렵에는 어엿한 일꾼이었단다. 마리엘라는 왼쪽 눈이 보이지 않는다. 처음 나와 마주쳤을 때는 그 왼쪽 눈을 보여주지 않으려는 듯 고개를 돌렸는데 이제 스스럼없이 자기 눈에 대해 이야기해준다.

땀으로 흠뻑 젖은 마리엘라가 잠시 쉬고 있다.

“13살 때였는데, 아버지가 총을 메고 집으로 돌아오다 잘못해 무언가에 걸려 넘어지셨어. 그때 총알이 발사돼 눈에 맞았지. 한 달 동안 병원에 입원했는데 다시 볼 수 없었어. 아버지 잘못은 아니야. 실수였던 거지. 난 아버지를 원망하지 않아.”

“베네수엘라에는 언제 온 거예요?”

“나 스무 살에. 26년째 베네수엘라에서 사네.”

콜롬비아에서도, 베네수엘라에서도, 옛날에도, 지금도 마리엘라는 농민이다. 마리엘라는 여기 협동조합에 오기 전까지 늘 땅 없는 소작농이었거나 농업 노동자였다. 그래서 가난하게 살았다. 하지만 이제 마리엘라한테는 자기 땅이자 우리 땅이 생겼다.

“나는 땅에서 일하는 게 좋아. 땅에서 생명을 키워내는 거잖아. 나는 이 일이 무척 좋아.”

이런 말은 쉽게 누구나 할 수 있는 말이 아니다. 이런 말을 할 수 있으려면 실제 이런 일을 하는 사람이어야 한다. 그리고 내게 이 일은 그리 쉽지 않아 보인다. 마리엘라 같은 사람을 만나면 한없이 고개가 숙여진다.

얼마쯤 쉬었을까. 땀을 식히고 마리엘라가 다시 칼을 잡는다. 풀을 베는 걸 가만히 보니 무작정 마구 쳐내는 게 아니다. 내 눈에는 잘 보이지 않았는데 마리엘라는 모종들을 잘도 본다. 막 자라나는 작은 고춧잎을 발견하고는 그 작은 잎이 조금이라도 다치지 않게 풀을 베어낸다. 마리엘라 노동에는 관찰과 배려가 들어 있다.

과일과 채소, 곡식을 키워내는 사람들은 다른 이들을 먹이고 살리는 노동을 한다. 가만히 있어도 금방 땀이 차고 자디잔 날벌레들이 얼굴이며 목, 팔다리 할 것 없이 온몸에 꼬인다. 나는 돈을 준다고 해도 못하겠다. 도시에서 편안히 과일과 채소, 곡식을 사 먹는 나는 농사짓는 사람들이 어떤 마음으로 이 노동을 하는지 헤아리지 못한다.

너무 더웠나 보다. 마리엘라가 한 시간 반을 일하고는 그만 가자고 한다. 날벌레들을 쫓아내느라 가만히 있질 못했던 나는, 일하는 엄마가 그만 일하고 일어나기를 내 기다렸던 아이처럼 철없이 좋다고 일어난다. 마리엘라가 검정 비닐봉지에서 새참으로 반쪽 싸온 파파야를 꺼내 그 큰 칼로 껍질을 쳐내고, 속에 잔뜩 든 보석 같은 까만 씨앗을 칼로 긁어내 둘이 나누어 먹는다. 나는 일도 않고 잘도 먹는다.

친구가 일하는 동안 내내 자던 개를 마리엘라가 휘, 휘파람을 불어 깨운다. 바로 일어나 뒤따르는 개. 나비 한 마리가 우리 곁을 날다 저 멀리 가버린다. 마리엘라가 "마리포사[나비]"라며 날아간 자리를 바라본다.

마리엘라를 따라 걷는다. 마리엘라가 걸어가는 뒷모습은 내게 절로 생각을 불러일으킨다. 마리엘라는 벌써 오래전에 시인이었고, 작가였으며, 음악가였고, 화가였다. 하지만 마리엘라는 종이에 쓰지 않고, 오선지에 그리지 않고, 물감으로 칠하지 않는다. 나비들과 새들과 바람과 햇빛과 날벌레들과 이슬과 함께 일하는 마리엘라. 마리엘라 눈길이 가 닿는 곳에서 시가 나오고, 손길 주는 곳에 그림이 펼쳐지고, 몸에서 흐르는 땀이 흙에 떨어질 때 노래가 나온다. 머리끝부터 발끝까지 온몸으로 일하는 마리엘라는 몸으로 시를 쓰는 시인이고, 몸으로 그림 그리는 화가이며, 몸으로 노래하는 음악가이다, 아주 오래전부터.

쉴 틈에

엠마가 뭘 한참 반죽해서는 둥글게 빚어 두 손바닥으로 치대더니 프라이팬에 굽는다. 옆에 생선살과 당근, 양파를 썰어 마요네즈로 버무린 게 있어서 그걸 넣고 호떡처럼 굽는가 보다 했더니 아무것도 안 넣고 그냥 빵만 굽는다. 아침으로 그 빵과 생선살 버무린 걸 먹었다. 아레파라는 전통 음식이다. 옥수수 가루로 만든 빵은 짠맛 단맛 어느 것도 전혀 안 나는데 그 밍밍한 맛이 오히려 옥수수 빵이 지닌 제 맛을 알게 해준다.

엠마는 회의 준비를 하러 사무실로 가고 나 혼자 부엌 의자에 앉았는데 아니에 딸이 열린 부엌문으로 쑥 들어온다. 그리고 냉장고 위에서 머리에 바르는 젤 통을 꺼내더니 벽에 걸린 거울을 보면서 머리를 꾸민다. 어디 가려나 보다. 이곳 집들은 죄다 문을 열어놓고 산다. 엠마네 뒤쪽으로 좀 걸어가면 아니에 집인데 그 사이에 있는 화장실을 두 집이 함께 쓴다. 아니에 딸만 그러는 게 아니라, 다른 집 애들도 모두 냉장고가 있는 이 집에 와서 시원한 물도 꺼내 마시고, 의자에 앉았다 가기도 한다. 내 물건 네 물건 따로 없이 필요한 게 있는 집이 있으면 함께 쓰나 보다. 아무도 '우리 집에 왜 왔니?'라고 안 한다.

한참 거울 앞에서 머리를 꾸미는 아이를 보는데 거울 아래 벽 구석에 무슨 칼이 있다. 마리엘라가 일할 때 썼던 마체테를 크게 모형으로 만든 것이다. 이것은 농민전선연합체의 상징물이다. 그러고 보니 사무실에 붙여놓은 포스터에도 마체테 두 자루가 엇갈려 그려져 있다. 아이가 마체테를 들고 멋지게 폼을 잡는다.

아이도 가고 이제 집에 나밖에 없지만 열린 문 밖으로 나가면 어디고 사람이 있다. 집 바깥에 있는 나무로 지어놓은 화장실로 가서 땀 찬 몸을 씻는다. 물론 옆만 막혀 있고 하늘은 뻥 뚫려 있다. 하늘을 보면서 씻는다. 하늘만 보이는 게 아니라 키가 좀 큰 사람은 바깥으로 지나는 사람 얼굴도 볼 수 있다. 나무 사이사이 틈도 벌어졌다. 문은 안 달려 있고 대신 커다란 검정 비닐을 쳐놓았다. 수세식 변기를 놓았는데 급수장치가 안 되어 있어 받아놓은 물을 떠서 붓는다. 물을 받아두는 큰 통이 있는데 언제 받은 물인지 햇볕에 달구어져 미지근하고 먼지도 떠다닌다. 그래도 어쩔 수 없지, 엠마도 에베르도 다들 이 물로 씻었을 텐데 나라고 못 씻을 것도 없다. 비누칠도 않고 물만 끼얹었는데 땀을 많이 흘려서 그런지 때가 잔뜩 불어 손만 대도 그냥 밀려 나온다. 따뜻한 물로 몸을 씻었던 콜롬비아 디아나 집에서도 때는 안 나왔는데. 그래도 두 달 동안 쌓인 때가 나오니 시원하다. 그나저나 물도 별로 없는데 어쩌나. 가만히 있어도 땀이 비 오듯 쏟아지는 투카니에 와서 달거리를 한다.

일요일 한낮

일요일, 협동조합 회의를 한다고 사람들이 모였다. 아침 11시부터 여기 사는 사람들과 다른 지역에 사는 사람들이 하나 둘 모여들더니 11시 30분부터 회의를 시작했는데 2시간이 넘도록 회의는 끝날 줄 모른다. 이런 회의가 바로 참여민주주의를 실현하는 모습일 것이다. 생산할 것을 결정하고, 생산성을 높일 방법을 찾고, 어려운 점을 나누고, 각자 필요한 것들을 내놓고, 함께 해결해야 할 문제들을 골똘히 생각하고……. 협동조합의 살림을 넘어 투카니의 삶을, 메리다의 삶을, 베네수엘라의 삶을 고민하고 이야기 나누고 실천하는 회의.

한 나이 든 아주머니는 회의하는 동안 나란히 앉은 젊은이들과 함께 뜨개질실을 세 덩이나 뭉쳤다. 실패를 잡고, 실을 뭉치면서도 다른 사람들이 하는 말을 듣고, 할 말이 있으면 한다. 언제 들었는가 싶게.

징징대고 우는 아기가 있다고 회의에 참가할 수 없는 건 아니다. 엄마가 안아주기도 하고 아빠가 얼러주기도 하고 아빠가 다른 젊은이한테 획

안겨주면 그 사람이 아이와 놀아준다.

엄마를 따라 다른 마을에서 온 오누이가 있는데 여자 아이가 내 옆에 앉아 웃을락 말락 하면서 나를 쳐다본다. 내가 아이를 쳐다보면서 웃어주었더니 내 손을 살짝 잡는다. 그러더니 뭐가 그리도 신기할까, 제 오른손 집게손가락 끝으로 내 손톱을 살살 문지른다. 엄지손가락에서 시작해서 새끼손가락까지, 오른손에서 왼손까지 하나씩 조심스럽게 만져본다. 숨소리도 내지 않고, 살살. 이 아이도 잠들 때 엄마 손톱을 이렇게 문지르면서 잤을까. 집에 있는 내 아이가 잠자려면 이렇게 손톱을 만지곤 했는데.

아이랑 다른 아이들이 노는 곳으로 가보았다. 물이 마른 개울 돌 틈에서 아이들은 몇 가지 안 되는 장난감을 가지고 살림을 차렸다. 아이들은 엄마가 되었고, 아빠가 되었고, 아기가 되었다. 아이들한텐 돈 주고 사야 하는 장난감은 없지만, 돈 가지고도 못 사는 건 무진장 많다. 맨발로 걷고 달릴 수 있는 땅, 맨발로 걷고 달릴 수 있는 자유, 땅바닥에 뒹굴 수 있는 자유, 얼굴이 흙투성이가 되도록 놀 수 있는 자유가 아이들한테는 있다. 어른들 누구도 "옷 버린다 뒹굴지 마라, 발 다칠라 신발 신어라, 뛰지 말고 얌전히 놀아라"라고 말하지 않는다. 땅바닥에 떨어진 과자가 있으면 아이들은 하나도 남김없이 주워서 탈탈 흙을 털어내고 먹는다. 아이가 주워 먹을 새라 야박스럽게 바삭, 발로 밟는 어른은 아무도 없다.

파니 남동생 루이스가 집 옆에서 네모나게 돌을 두르고 두둑하게 흙을 쌓아 다진다. 뭐 하느냐고 물으니 채소밭을 만든단다. 옆에는 흙을 담아 온 긴 자루가 있다. 어제는 어두운 불빛 아래서 그렇게 열심히 공부를 하더니 오늘은 밭을 만들겠다고 자루에 몇 번이고 흙을 담아 온다. 아무도 시키지 않은 일, 아이 스스로 하는 이 일은 아이가 찾은 재미있는 놀이이자, 실험이고, 노동이다. 여기서는 일부러 '노작교육'이라는 이름을 만들 필요도 없고, '노작 선생'도 필요 없다.

회의하기 전, 파니 여동생들이 메추라기 모이를 주고 물을 떠다주고 언제쯤 알을 낳을지 확인해본다. 어떻게 알을 낳을지 아느냐고 물으니 메추라기 한 마리를 꺼내어 밑을 보여주면서 만져보면 안다고 그런다. 협동조합 아이들은 아는 것도 많고 할 줄 아는 것도 많다.

갑자기 비가 쏟아진다. 정말 하루에 한 번씩 비가 온다. 놀던 아이들이 죄다 비를 피해 회의하는 곳으로 몰려든다. 비는 쏟아지고, 1,000마리나 된다는 메추라기는 울어대고, 하루살이, 날벌레가 달라붙고, 개와 어디서 나타났는지 모를 닭들까지 처마 밑으로 모여들고, 그 속에서도 애들은 좋다고 뛰어놀고……. 그래도 회의는 멈추지 않는다. 아무도 개와 닭들을 쫓아내지 않고, 아이들에게 조용히 하라고 다그치지 않고, 메추라기한테 울지 말라고 하지 않는다. 회의를 시작한 지 3시간 반이 지나서야 회의가 끝났다. 비 그친 하늘처럼 다들 쌩쌩하다.

어쩌다 부른 노래

저녁이 되자 모기들이 엄청 달려든다. 팔이고 다리고 다 물어뜯는다. 여기 사람들은 정말 대단하다. 더위와 모기들과 사는 일 자체가 대단하다. 찜통더위에 왜들 그렇게 긴 바지를 입나 싶었는데 그 이유를 알겠다. 모기 때문이다. 그런 것도 모르고 반바지를 입은 나는 종아리가 온통 빨갛게 부어올랐다. 어젯밤에 자면서 물린 데가 시간이 갈수록 더 간지럽다. 옆구리를 득득 긁는데 파니가 자기 배를 박박 긁는다. 파니가 발꿈치로 다른 발 발목을 문질러댄다. 나도 발꿈치로 종아리를 긁는다. 그렇게 긁다가 우리는 마주보고 웃는다.

중학생인 엠마 아들이 나무 탁자 앞 긴 의자에 앉아 자꾸 땅바닥에 퉤퉤 침을 뱉는다. 그러더니 옆에 있는 젊은 남자한테 뭘 달라고 손을 내민다. 젊은 남자가 주머니에서 동그란 연고 곽 같은 거, 그러니까 한때 벌레

물린 데 좋다고들 했던 '호랑이연고' 같은 그런 곽을 꺼내어 거무스름한 걸 조금 떼어준다. 그걸 엠마 아들이 혀 밑에 넣는다. 젊은 남자도 그 거무스름한 걸 자기 입에 넣는다. 둘은 계속 침을 퉤퉤 뱉는다. 궁금해서 뭐냐고 했더니 치모Chimo란다.

"담배 대신 먹는 거야. 계속 침을 뱉어야 되니까 다른 사람이 보면 좀 지저분해 보이고 실례가 되기는 하지만 담배를 좋아하는 사람이 담배 피우는 거나 치모 먹는 거나 똑같아."

"치모를 먹으면 뭐가 좋은데?"

"긴장을 풀어줘. 마음도 편안하게 해주고."

"그냥 물고만 있는 거야?"

"침으로 조금씩, 조금씩 녹여. 삼키면 안 되고 침으로 뱉어내야 돼. 잘못 삼키면 취하는 수가 있어. 조심해야 돼."

잘 이해가 안 된다. 말로 들어서 뭐 알겠나.

"나도 좀 줘봐."

"안 돼. 절대 안 돼."

안 된단다. 주머니에 얼른 집어넣고는 코딱지만큼도 안 준다. 그러고 보니 협동조합 사람들 중에 담배 피우는 사람을 보지 못했다. 어젯밤 쌍둥이 엄마만 담배 한 대 쓸쓸히 태우는 걸 보았다. 그렇다고 다들 치모를 먹는 건 아니다. 치모 빛깔이 산뜻하면 좀 나으련만 거무칙칙한 걸 입에 넣는 걸 보니 괜히 안쓰럽다. 내가 모르는, 만나보지 못한 사물에 대한 두려움일까.

농사짓는 곳에 젊은이들이 있으니 좋다. 스물두 살 먹은 이 청년 위아래로 20대가 15명쯤 된다고 한다. 어제는 젊은이들이 호박을 잔뜩 따 차에 싣고 와 망에다 담는데 금방 일을 해치웠다.

한가로운 저녁, 모기에 뜯기면서 간지러워 긁다가, 이야기하다, 어둠

저편을 바라보다, 그러다 나도 모르게 입을 다물고 콧노래를 불렀다. 아주 작은 소리였는데 파니가 들었나 보다.

"그거 한국 노래야?"

"응."

"소리 내서 한번 불러봐."

불러야지 해서 불렀던 것도 아니고 이 노래를 해야지 해서 한 것도 아니고 그저 나도 모르게 흥흥 댔던 게 하필이면 김남주 시인이 쓴 「길1」과 「길2」라는 시에서 몇 구절 뽑아내 곡을 붙인 노래 〈길〉이다. 파니가 불러 보라는데 못 부를 게 뭐 있겠는가. 파니 앞에서는 노래 못 부르는 것이 하나도 부끄럽지 않고, 못 부른다고 빼고 싶지도 않다.

> 길은 내 앞에 놓여 있다 나는 안다 이 길의 역사를 길은 네 앞에 놓여 있다 여기서 네 할 일을 하라 허나 어쩌랴 길은 가야 하고 죽창 들고 나섰던 이 길 가자 또 가자 모든 것 주인 되는 길 오~ 해방이여.

길, 역사, 해방, 주인 이런 낱말을 파니가 알아들을 수 있게 이리저리 설명해주었다. 그런데 정작 나는 저 낱말들이 가진 깊은 뜻을 아는가 모르겠다. 파니가 다시 부르란다. 전화 거는 걸 통 못 봤는데 휴대전화를 꺼내어 녹음을 하겠다며 내 입에 바짝 들이댄다. 다시 부른다. 내 노래라기보다는 파니와 투카니 사람들 노래라고 하기에 딱 맞는 노래를. 주인 되는 길로, 해방되는 길로 나아가려고 땅을 일구는 이 사람들 노래를.

11월 13일 월요일

새벽, 함께 나누는 밥

닭들은 아직 울지 않았는데 눈이 떠진다. 옆에서 여섯 살 여자 아이가 잔다. 할머니네 집에 갔다가 어제 낮에 온 엠마 딸 에베르린이다. 엄마랑 아빠랑 안 자고 나랑 잔다고 내 옆에서 잠들었다. 엊저녁에 나한테 편지도 써주었다. 아직 글자를 배우는 중이라 글씨가 틀리기는 해도 한참 들여다보면 무슨 말인지 알 수 있다. 집, 나무, 차, 사람도 그려주었다. 파니네 막내 마리우리도 내게 다시 오기를 바란다고 편지를 쓰고는 그걸 멋지게 읽어주기까지 했다. 침대에 자디잔 개미들이 기어 다녀 자꾸 개미들한테 신경이 갔는데 에베르린은 아무렇지도 않게 누웠다. 그래, 불 끄면 아무것도 안 보이는데, 저 쪼끄만 개미가 뭘 어쩐다고. 내가 알아듣든 못 알아듣든 에베르린이 옆에 바짝 붙어서 쫑알쫑알 대는데, 참. 못 알아들으면 몇 번이나 되풀이해서 말하고 저 나름대로 한참 설명을 해댔다. 내 팔을 끌어다 자기 배에 탁 올려놓더니 웃으면서 잠들었다.

새벽 5시다. 밖으로 나오니 사무실 옆 마을 공동 부엌에 불빛이 환하다. 머리에 모자를 쓰고 앞치마를 두른 여자 셋이 바쁘게 움직인다. 모자와 앞치마가 짙은 풀빛이다. 아침을 만드는구나. 더 잘 것도 아니고 해서, 낯도 안 씻은 채 여자들이 있는 곳으로 간다.

세나이다, 알리다, 글란디스. 세 사람은 월요일부터 토요일까지 협동조합 사람들이 먹을 아침, 점심, 저녁을 준비한다. 협동조합에서 세 사람이 맡은 일이다. 새벽 4시에 일어나 일을 시작했다고 한다.

빨갛게 빛나는 화덕 위에서 밥이 끓는다. 타닥타닥 불꽃을 피우던 불쏘시개 나무들 소리가 점점 잦아든다. 솥은 까맣게 그을리고 찌그러졌다. 세나이다가 사람들이 마실 커피를 보온병에 담아 나무 탁자 위에 가져다 놓고, 작은 플라스틱 커피 잔을 챙긴다. 젊은 세나이다는 이른 새벽이 조금은 몸에 부치는지 탁자 위에 엎드린다.

6시가 조금 넘고, 어둡던 하늘이 아주 조금씩 푸르스레해지자 마을 사람들이 하나 둘씩 모여든다. 몇 사람은 냄비를 가져와 음식을 담아 집으로 간다. 6시 30분이 되니 협동조합 사람들이 거의 다 모였다. 오는 대로 커피 한 잔 마시고, 세나이다, 알리다, 글란디스가 이른 새벽에 잠 안 자고 만든 아침을 받아 간밤 이야기나 올 아침 이야기를 나누며 밥을 나눈다. 농사짓는 사람은 아침을 빵이 아니라 쌀밥으로 먹는다. 남미에서 이른 아침에 쌀밥을 챙겨 먹는 사람들을 처음 본다.

7시도 안 되었는데 에베르린이 교복을 입고 커다란 가방을 메고 나온다. 엄마와 아빠는 일찍 이곳에 나왔으니 어린 에베르린은 일어나 씻고 옷 갈아입고 가방 챙기는 일을 혼자 알아서 한 게다. 손에 들고 온 커다란 머리빗을 엄마한테 내밀며 머리를 묶어 달라고 하기에 장부를 들고 바쁜 엄마 대신 내가 에베르린의 뒤엉킨 머리카락을 빗겨준다. 집집마다 학생인 아이들이 나온다. 아이들은 집에서 밥을 먹었는지 아니면 일어나자마자 학교에 가야 해서 입맛이 안 나는 건지 교복을 입고 서둘러 학교로 간다. 어른들은 어른들대로 학생들은 학생들대로 다 자기 일을 알아서 척척, 자기 갈 길로 척척.

에베르린이 카메라를 달라고 한다. 손에 들려주었더니 가방을 맨 채 여기저기 다니며 사람들도 찍고 자기 눈에 들어오는 가지가지 사물을 찍는다. 멀리서 보니 어른들이 에베르린 카메라 앞에서 다들 잠시 멈춰 한 자세 잡아준다. 일 준비하고 나가기 바쁜데도 그 순간만큼은 에베르린 앞에서 최고로 멋진 모델이 되어준다. 작은 아이가 키가 커다란 어른들을 찍는데 그 모습이 얼마나 예쁜지, 카메라가 하나 더 있으면 찍어둘 텐데 아무런 방법이 없다. 내 맘속에 찍어두는 수밖에. 아이들한테, 젊은이들한테, 어른들한테 카메라를 들려주어야겠다. 이 사람들이 나보다 더 여기를 잘 안다는 사실을 왜 미처 생각하지 못했을까. 사람들 손에 카메라를 들려준다면 무엇을 가장 찍고 싶어 할까.

에베르린이 달려와 카메라를 주며 찍은 걸 보여 달란다. 사진을 돌려보니 죄다 얼굴이 잘리고, 옆구리가 잘리고 다리가 잘렸다. 어른들이 너무 키가 커서다. 발꿈치를 들고 고개를 아무리 젖혀도 에베르린한테는 너무들 크다. 그래도 잘린 사진 속에서 어른들은 누구나 한결같이 웃었고 카메라 저편 에베르린한테 사랑을 보냈다.

아침을 다 먹은 사람들은 일하면서 쓸 도구를 챙긴다. 메추라기 장 옆에 있는 냉장고에서 얼려놓은 물병도 꺼낸다. 오늘 열매를 수확한다는 마리엘라는 아니에와 함께 길을 나선다. 아이들도 어른들도 다 썰물처럼 빠져나간다.

밖에서 여자 한 명과 남자 네 명이 차를 타고 온다. 청바지에 빨간 티셔츠를 입고 머리에 스카프를 두른 여자는 얼굴선이 무척 굵다. 머리에 두른 스카프는 올이 거칠어지고 보푸라기가 일었다. 우아하게 목에 척 걸치는 그런 스카프가 아니라, 빨간 꽃무늬 박혀 있는, 어릴 때 어머니와 아주머니들이 바람막이로 머리에 두르던 그런 스카프다. 이 멋진 여자는 쿠바 여자다.

마르호리스, 라울, 토로스, 엘리오, 라사르, 이 다섯 사람은 쿠바 사람들로, 쿠바와 베네수엘라 교류 사업으로 온 농업 전문가들이다. 2년 기한으로 왔는데 이제 1년 지났다고 한다. 이 사람들도 자기 일할 곳으로 간다. 어떤 이는 나무를 연구하러 가고, 스카프를 두른 마르호리스는 메추라기를 돌보던 테레사와 로사리오와 함께 모종밭으로 향한다.

씩씩한 여자들

파니 큰오빠가 집에 와 있다. 발렌시아에 산다는 엔리케는 이제 21살이라는데 도저히 그 나이로 안 보인다. 남미 젊은이들은 일찍 어른이 되는 걸까. 집에서, 부모한테서 일찍 독립하니 일찍 어른이 되나 보다. 파니가 오빠한테 어제 녹음한 노래를 들려준다. 그러더니 노래를 다시 부르란다. 쑥스럽게. 그래도 한 번 더 불러준다.

엔리케가 사람들 일하는 곳에 가보자고 해서 집을 나섰다. 모종밭에 가니 마르호리스, 테레사, 로사리오와 한 남자가 딱딱한 땅을 곡괭이로 찍어낸 후 삽으로 흙을 퍼내고, 흙을 잘게 부수어 부드럽게 만들어 다시 붓는다. 밭을 만든다. 네 사람은 일을 하면서 잠시 곡괭이와 삽을 놓고 뭔가 의논을 한다.

남자가 일을 하다 주머니에서 치모 곽을 꺼내 손으로 조금 떼어 앞니 안쪽에 붙인다. 치모든 담배든 술이든, 힘든 노동, 그 힘듦 때문에 사람들이 잠시라도 잊자고 찾는 것들이 있다. 일과 놀이가 하나가 된다는 건 어떤 뜻일까.

가난한 사람들이 주인 되는 세상을 만든다는 건 말처럼 쉬운 일이 아니다. 게다가 세상은 어떻게든 가난한 사람을 떨어내려 하지 않는가. 가난한 사람들이 주인 되는 세상을 만들기 위해 이들은 말을 하지 않고 지금 곡괭이와 삽을 들었다. 여자 일, 남자 일이 따로 없다지만 테레사와 로사리오가 든 곡괭이와 삽은 너무 무겁고, 땅은 단단하게 굳어 있다. 땅과 사람이 자유로운 세상을 만드는 데에 노동이 빠질 수 없고, 그 노동은 즐거운 것만이 아니라 몸을 아프도록 써야 하는 것이다……. 그래도 이들은 과거보다 나은 앞날을 위해 두 손에 힘을 주겠지. 황무지였던 투카니를 일구는 사람들, 황무지가 된 사회를 일구는 사람들이 바로 이들이다.

세 여자가 자기들이 키우는 모종을 보자며 앞장선다. 어제 파니 동생 유라이마와 한 번 보기는 했는데 다시 함께 가보았다. 씨를 뿌린 날, 싹이 나온 날도 적어놓고, 세 여자는 아기들이 얼마나 자랐나 살피듯 어린 식물들을 바라본다. 마르호리스가 작은 모종 사이로 삐죽 나온 풀들을 뽑아낸다. 이곳에서는 바나나 껍질과 채소 껍질을 모아 거름을 만든다. 파니가 말해준, 지렁이를 써서 거름을 만드는 거름 밭도 있다. 흙이 검고 기름졌다. 로사리오가 흙을 젖혀 통통해진 지렁이를 꺼내 손바닥에 놓고는 만져본다. 지렁이도 큰 일꾼이다. 유기농업은 대단하고 어려운 게 아니라 자연스런 농사 방법이 아닐까. 기름진 흙을 만든 지렁이들, 더 많아진 지렁이들을 큰 보물처럼 쓰다듬는 로사리오. 엔리케가 카메라 단추를 누른다. 지렁이를 찍고, 거름 더미를 찍고, 모종판을 찍고, 모종들을 찍고, 커다란 나무를 찍고, 씩씩한 여자들을 찍는다.

카메라를 들다

파니와 동생들한테 카메라를 주었다. 그리고 그냥 맘껏 찍고 놀라고 그 이들이 무얼 찍는지는 보지 않았다. 한참 뒤 카메라를 가지고 와서는 보자고 하기에 사진을 돌려보니, 하하, 이 여자들 자기 애인들과 다정한 몸짓으로 사진을 찍었다. 혼자 찍고, 둘이 찍고, 넷이 찍고. 한가로이 해먹에 누운 동생도 찍고, 오토바이 타는 오빠 엔리케도 찍고 점심 먹으러 온 사람들도 찍고.

아침 일을 마친 사람들이 다시 함께 모여 밥을 먹는다. 여기 저기 벗겨지고 긁힌 낡은 그릇에 담긴 파베욘은 쌀밥에 참새완두라는 콩으로 쑨 죽을 부어 먹는 음식인데 맛있다. 고기 몇 점과 구운 바나나도 함께 얹어 주었다. 구워 먹는 바나나는 껍질이 노랗게 익은 게 아니라 풀빛인 게 따로 있다. 무뚝뚝하고 화난 목소리로 4살짜리 손녀 안드레이나를 불러대던 글란디스는 새벽녘에 함께했던 시간 탓인지 내게 많이 먹으라며 듬뿍 담아준다. 아침 먹고 치우고 나서 한숨 돌리자마자 다시 점심을 준비했을 것이다.

내가 설거지를 하겠다고 나서서 세 여자가 잠시라도 쉰다. 내가 설거지 하는 동안 한쪽 다리를 저는 에리베르토 아저씨가 큰 통에 담긴 허드렛물을 버리고 새로 물을 받아주고, 씻어놓은 커다란 그릇들을 한쪽으로 치워주기도 했다. 아저씨가 내게 준다고 망고 2개를 설거지통 수세미 담긴 물에 넣어 씻는다. 그대로 주는가 싶더니 잠시 좀 더 나은 물에 헹구어 큰 부엌칼로 조각내어준다. 다디단 망고를 먹는다. 입 둘레에 죄다 단물을 묻히고, 두 손에 단물을 묻히면서 먹는데 파니랑 엔리케가 웃는다.

"어쩜 그렇게 맛있게 먹냐?"

"나 망고 처음 먹어봐. 참 맛있다. 먹을래?"

"아니, 너 다 먹어."

그렇게 맛있게 두 개를 다 먹었더니 굵은 섬유질이 이 사이에 죄다 끼어버렸다. 그걸 빼내는 게 쉽지 않다. 그래도 투카니에서 처음 먹어본 망고, 맛있다. 아, 정말 처음인가. 생각해보니 플로리아노폴리스 가비네서도 먹어는 봤다. 그때는 가비가 잘라준 걸 먹었다. 먹으면서 복숭아랑 비슷한 맛이네 했던 것도 떠오른다.

에리베르토 아저씨가 플라스틱 대야에 손을 집어넣어 무얼 꾹꾹 누른다. 치즈를 만드는 거란다. 꼭 두부 만드는 것 같다. 통에 담긴 치즈를 꾹꾹 눌러 물기를 뺀다. 물이 빠진 치즈는 약간 꾸들꾸들해졌다. 치즈를 소금물이 담긴 대야에 칼로 두부 썰 듯 잘라 담가둔다. 오늘 저녁에 먹을 치즈다. 파니 말이, 아저씨는 이곳에서 치즈 만드는 일을 한다고 한다. 협동조합에서는 저마다 사람들이 할 수 있는 일을 나누어 한다.

마리엘라와 아니에가 점심때가 지나서야 돌아왔다. 손댄 김에 일을 다 마치고 돌아온 거다. 늦은 점심을 먹는다. 그런데 그이들이 파파야를 실은 차를 타고 올 때 보니 한 소년이 함께 왔다. 라파소는 이제 12살이라는데 학교에 다니지 않고 일을 한다. 자기가 땄다고 파파야를 들어 보인다.

밥을 먹고 난 라파소가 카메라를 만져본다. 찍는 방법을 여러 번 가르쳐주었는데도 사진마다 라파소 손가락이 나온다. 라파소가 아니에한테 트랙터에 앉아보라고 한다. 아니에는 트랙터에 올라 자세를 잡고, 내려

학교에서 배우지 않고 땅에서 배우는 12살 라파소.

와서 옆에도 서보고, 앞에도 서본다. 몇 번을 오르락내리락하면서도 싫다고 하지 않는다. 라파소는 저 트랙터를 몰 날을 꿈꿀까.

라파소는 학교에 가서 배우지 않고 땅에서 배운다. 라파소는 학위 없는 농사 40년 경력자 마리엘라한테서 배우고 마리엘라 경력 못지않을 다른 어른들한테서도 배운다. 씨를 뿌릴 때와 싹이 틀 때를, 거두어들일 때를, 수많은 채소와 과일들 이름과 그 다름과 쓰임을, 햇볕과 바람과 비가 어떻게 이들을 키우는지를, 땅이 어떻게 숨 쉬고 생명을 키워내는지를, 농민들이 살아온 역사와 만들어야 할 역사를 배운다. 땅, 일하는 사람이 주인이어야 하는데 돈 가진 자가 주인이 된 세상, 그래서 버려지는 땅이 있는 세상이 있다는 것을. 오래전부터 부르짖어온 '땅과 사람이 자유로운'이라는 말이 어떤 뜻인지를. 라파소, 어린 라파소는 배울 것이다. 살아 있는 교육자들로부터.

라파소 손에 있던 카메라는 안드레이나 손으로 넘어갔다. 얼굴이 검은 안드레이나가 웃으면 눈이 반짝반짝 빛난다. 안드레이나는 다른 사람도 찍고 다른 것도 찍어보라고 해도 오로지 클라우디아만 찍는다. 내가 온 첫날 내게 눈을 감고는 "떼끼, 떼끼" 하는 듯한 소리만 계속 질러대던 클라우디아. 테레사도 한창 젊은데 클라우디아가 테레사 딸이란다. 클라우디아 아래로 기저귀 찬 동생이 있다. 테레사가 일하는 동안은 클라우디아가 동생을 돌본다. 몸은 다 커 어른인데 클라우디아는 살아오는 날 어디쯤에선가 정신을 놓아버렸는지 제대로 된 말로 소통하려 들지 않는다. 안드레이나는 계속 "클라우디아! 클라우디아!" 부르면서 클라우디아만 찍는다. 그 예쁜 얼굴을 찍는다.

차오, 안녕

이 더운 곳에서 사람들은 일하고 사랑하고 아이들을 키운다. 내 집 네 집 없이, 주인이 있건 없건 서로 드나든다. 사무실만 문을 잠그고 집 문은 잠그지 않는다. 낡고 허름한 냉장고라도 있는 집에 가서 시원한 물을 꺼내 마시고, 바닥난 샴푸 통에 물을 부어 흔들어 좀 덜어가고, 어린아이 얼굴에 벌레가 기어가면 좀 더 큰 아이가 벌레를 떼어주고, 눈에 보이지 않는 날벌레쯤 입에 들어가도 수선 떨지 않고, 다른 집 아기를 안아주고, 이야기 나눈다. 그 모습이 보기 좋다.

이틀을 자고, 저녁차를 타기 위해 짐을 꾸린다. 바리나라는 곳에 있다는 이르마는 못 만나고, 첫날 나를 이곳에 데려다준 미겔은 카라카스에서 하는 대행진을 준비하러 그날로 올라가는 바람에 다시 얼굴도 못 보고, 간다는 말도 못하고 간다. 콜롬비아에서 몇 가지 챙겨 왔던 것을 함께들 쓰라고 파니 엄마한테 내놓을 수 있어서 다행이다. 파니한테는 팔찌를 채워줬다. 점심 넘어서까지 일을 해 낮에는 쉬려고 한다는 아니에가 차 타는 곳까지 데려다준다고 함께 나선다. 몸에 물을 몇 바가지를 붓고 나왔는데 화장한 보람도 없이 아니에 얼굴이 땀으로 범벅이다. 낮술을 한 잔 걸친 앙헬이라는 아저씨가 자기도 나가는 길이라고 함께 나선다. 카라카스로 간다고 하니 11월 20일에 있을 대행진 때 만나자고 한다. 아무래도 그때쯤이면 브라질로 가 있을 것 같다고 하니 안 된다고 꼭 오란다.

사람들에게 인사를 하고 떠나는데 안드레이나가 나를 부르며 달려온다. 안드레이나와 꼭 껴안았다. 안드레이나가 웃는 얼굴은 잊지 못할 거다. 그러고 보니 학교 가 있는 에베르린, 쌍둥이 자매와 동생, 아니에 아들하고는 인사도 못하고 간다. 아침에 갈 거라는 말이라도 해둘 것을.

아니에가 멀찍이 떨어진 집 앞에서 공놀이를 하던 클라우디아에게 소리치니, 클라우디아가 내게 "차오!" 하며 손을 흔든다. 처음으로 클라우디아가 하는 말을 알아듣는다.

11월 14일 화요일

도시, 남루한

아침 9시, 카라카스 버스 터미널. 늘 그렇지만 버스 터미널은 정신이 없다. 이제 막 차에서 내린 사람들과 타고 갈 차를 기다리는 사람으로 뒤엉킨다. 카라카스에 막 들어오면서 보니 오토바이들이 한곳에 모여 있고 그곳에서 오토바이를 타고 가는 사람들이 있는데 그야말로 모터 택시다. 페루에서는 오토바이를 고쳐서 삼륜차처럼 만든 게 모터 택시였는데, 이곳에는 정말로 오토바이 뒤에 앉아 헬멧을 쓰고 타고 가는 게 모터 택시다. 모터 택시 기사가 '탁시'라고 쓴 종이를 들고 다가온다. 5달러라고 한다. 하하, 저 택시 안 탑니다.

카라카스에 값이 싼 숙소가 있다고 해서 전화번호와 주소를 적어 왔는데, 우선 택시 기사들을 피하자 싶어서 방향도 모른 채 버스를 타려고 한참 걸었다. 버스가 지나가기에 물어보니 안 간다고 한다. 내가 사바나 그란데 가냐고 묻는 걸 길 가는 청년이 듣고는 전철역 가는 길을 알려준다. 알려준 길로 한참 내려가니 전철역이 나온다. 전철이 있는 줄은 몰랐다. 사전 정보도 없이 다니니 다니면서 얻어듣는다.

바란데 역에서 전철을 탄다. 남미에 온 지 석 달째 되니 좀 여유가 생긴다. 전철이 한가해 짐을 들고도 타는 게 어렵지 않다. 배낭을 멘 데다 씻지도 못해서 여행 온 사람 티가 단번에 나지만 사람들을 경계하는 눈으로 쳐다볼 필요도 없다.

사바나 그란데 역에서 내려 밖으로 나오니 시장이 선다. 상인들이 부지런히 천막을 친다. 사람들한테 숙소 주소를 보여주는데 다들 모르겠다고 해서 한참을 빙 돌았다. 길마다 다 시장이다. 간신히 오텔 누에스트라를 찾았다. 저녁이나 되어야 방이 난다는데 3만 볼리바르, 1만 5,000원이다. 올라오면서 몇 군데 가격을 물어보았는데 다들 몇 곱절이나 비쌌다. 아무래도 더 싼 곳을 찾기는 어려울 테고, 지치니 그냥 여기서 머물러야지.

카라카스에 오니 그냥 집에 가고 싶다. 투카니에서 먹던 밥이 그립다. 도시로 나오니 사람들이 죄다 길거리에서 햄버거를 먹거나 좁아터진 식당에서 서서 밥을 먹는다. 좀 먹을 만하겠다 싶은 데는 너무 비싸 가장 싼 빵 하나만 사 들고 나오게 된다.

투카니에서도 그냥 접시만 들고 먹기도 했다. 파니 엄마가 만들어준 점심을 먹을 때는 의자가 하나밖에 없어서 아이들은 해먹에 가 앉아 먹기도 했다. 거기서는 그래도 아무렇지도 않았다. 그런데 복잡한 도시 길가에서 서서 먹어야 하는 사람들을 보니 그냥 답답하다. 편안히 앉아서 먹는 사람이 있고 서서 먹는 사람이 있는 도시. 도시는 아무래도 가난한 사람을 더 가난하고 비참하게 만든다. 도시로 나오니 사람들이 죄다 물건

파는 일만 한다. 시골보다 더 남루한 도시를 만난다.

혼자가 되니 투카니 사람들이 더 떠오른다. 파니는 16살이라도 속이 깊다. 헤어질 때 나를 꼭 안아주던 아이. 아야쿠초에서 만난 카린과 생김새나 성격은 달랐지만 두 사람이 비슷한 느낌을 준다.

카린이 많이, 자주 생각났는데 카라카스에 와서 확인해보니 이메일이 왔다. 어디쯤 가고 있느냐고, 건강하냐고, 별일 없느냐고, 하비에르와 엄마 모두 걱정한다고. 하고 싶은 말은 많았지만 그걸 다 쓸 수는 없어 짧게 안부 편지만 썼다. 카린과 하비에르와 함께 정글 지역에 가보지 못한 것도 못내 아쉽다. 페루 자연이 무척 다양한 모습이어서 신기했는데 하비에르가 페루에는 해안Costa, 산Sierra, 정글Selva, 이렇게 세 지역이 있다고 설명해주니 한 번에 딱 알겠던데. 고등학교 때 사회 과목은 재미난데 지리 과목은 그렇게 잘 모르겠더니, 다 책만 봐서 그랬나 보다. 때늦게 남미에서 옮겨 다니며 지리 공부를 새로 한다.

지나오니 아쉬움이 가득한 여행이다. 투카니를 떠나온 지 몇 시간 되었다고 그도 아쉽다. 사흘째 되어 서로 말문이 터지는데 떠나오다니. 아무래도 마라바에 가야겠다. 모든 아쉬움을 그곳으로 가는 길에 그리고 그곳에서 풀어야 하나 보다.

11월 15일 수요일

그림 속 무리로 그려진 민중

숙소 주인이 길 다닐 때 조심하라고 한다. 소매치기도 많고 강도도 많다며, 중요한 건 두고 다니라고 한다. 브라질에서 카라카스로 온 요리사라는 프랑스 남자도 일주일 전 새벽에 택시 기사가 시비를 걸어 여권도 잃고 돈도 잃었다고 한다. 나는 여태 다니면서 한 번도 그런 일을 당해보지 않고 오히려 사람들한테 도움을 받으면서 다녀 아무런 걱정이 없었는데 이런 말을 들으니 좀 움츠러든다.

카라카스에 오기는 했지만, 다시 브라질로 내려갈 준비를 해야 한다. 나는 부지런히 빨빨거리며 돌아다니는 여행자가 못 되어 어디 구경 다녀야지 싶은 곳도 사실 별로 없다. 서울로 돌아가면 어디도 못 보고, 거기도 못 가보고, 그렇게 후회할지도 모르겠지만 그저 머무는 곳 뒷동네를 설렁설렁 걷는 게 더 좋다. 그래도 그렇지 카라카스까지 와서 동네만 어슬렁거리는 건 좀 그렇지 않은가.

그래서 시몬 볼리바르 광장을 찾아 나섰다. 전철을 타니 몇 정거장 안 된다. 볼리바르 광장에 도착해보니 차베스 선거운동이 한창이다. 사람들이 줄을 서서 당원 가입 서류를 쓰기도 한다. 볼리바르 광장 한가운데 말을 탄 시몬 볼리바르 동상이 있다. 메리다에서도 그랬는데 동상 앞에 화환이 있다. 전혀 시들지 않은 생생한 꽃들.

동상에 "시몬 볼리바르, 베네수엘라의 해방자, 새로운 그라나다〔콜롬비아의 옛 이름〕, 에콰도르와 페루, 그리고 볼리비아의 창시자. 1783년 7월 24일 카라카스에서 태어나 1830년 12월 17일 산타 마르타에서 죽다. 유해는 1842년 12월 17일 카라카스로 옮겨졌다. 1874년에 이 기념물을 세운다"라고 새겨져 있다. 새겨진 연도를 보는데 '사이'라는 낱말이 떠오른다. 1783년과 1830년 사이에, 1830년과 1842년 사이에, 1842년과 1874년 사이에, 그로부터 지금 2006년 사이에 세상에는 어떤 일들이 있었을까. 비둘기 한 마리가 볼리바르의 머리 위로 날아와 앉는다.

광장에서 시몬 볼리바르가 살던 집으로 걸어갔다. 나는 솔직히 한 시대를 빼어나게 살다 간 사람이 남긴 흔적에 별로 마음이 안 간다. 빼어난 한 사람은 절로 생겨난 게 아니라 이름 남기지 않고 간 수많은 사람이 만든 것이 아니겠는가. 볼리바르가 살던 집에는 그림이 몇 점 걸려 있는데 볼리바르와 함께 스페인에 맞서 싸웠던 민중은 그림 속에서 무리로 그려져 있다. 그림으로라도 남아 다행으로 여겨지는 게 아니라 무척 서운하고 속상하다. 영원히 이름과 얼굴과 글이 남는 사람이 있고, 그래서 그이가 쓰던 물건 하나하나가 보존되는 사람이 있고, 흔적도 없이 가는 무수한 사람들이 있는 게 세상살이일까. 나는 왜 시몬 볼리바르니, 체 게바라니, 역사를 한 걸음 성큼 뛰게 한 사람들을 선뜻 받아들이지 못할까. 남미 사람들이 자랑해 마지않는, 사랑해 마지않는 사람들을. 여전히 나는 어린 것일까.

어떻게 브라질을 가는가

브라질 가는 버스를 알아보려고 반델라 역에 갔다. 어제 아침 도착했던 터미널에는 브라질 가는 버스가 없다. 매표소 직원이 브라질 가는 버스를 타려면 다른 버스 터미널로 가야 한다며 페타레 전철역으로 가라고 한다. 낮 4시도 안 되었는데 전철에는 사람이 가득하다. 에어컨에 문제가 생겼는지 그야말로 찜통이다.

페타레 전철역에서 내려 올라가니 이제껏 본 어떤 시장보다 복잡하다. 전철역 가까이 버스 터미널이 있는 줄 알고 물었더니 어떤 아저씨는 없다고 하고, 어떤 여자는 시장을 돌아가라고 한다. 아무리 보아도 터미널처럼 생긴 곳은 없다. 한 남자에게 물으니 친절히 자기가 앞장서서 길을 알려주는데 낡은 버스가 한 대 서 있는 곳에 오리엔테 터미널이라고 쓴 푯말이 있다. 아니, 이게 버스 터미널이 맞나 싶어 이상했다. 친절히 나를 거기까지 데려다준 남자가 고맙긴 하지만 이건 아니다 싶어 잠시 그곳을 빠져나왔다.

생각해보니 제대로 먹은 게 없다. 마침 시장에는 먹을 걸 파는 수레가 많다. 사람들이 어느 수레 앞 의자에 앉아 맛나게 먹는 게 있어서 앉았다. 카차파라는 빵인데, 베네수엘라 전통 음식이라고 한다. 미리 만들어놓은 걸 주는 게 아니라 눈앞에서 바로 만들어준다. 옥수수 가루 반죽을 크고 둥글게 부침개처럼 부쳐 두툼한 하얀 치즈와 햄을 얹어 반으로 접어주는데 맛도 괜찮고 크기가 워낙 커서 배가 부르다. 1,500원쯤 하는 값에 거의 한 끼 밥처럼 든든하게 먹을 수 있다는 게 무엇보다도 좋다.

먹고 기운을 차린 후, 아무래도 이상해 아까 그 푯말이 있던 데로 갔다. 버스가 한 대 서 있는데, 승무원이 밖에 나와 있다. 이 버스가 브라질 가는 버스냐고 물으니 그렇단다. 아니, 브라질이 이웃 동네도 아니고 지도로 봐도 며칠 갈 거리인데 어떻게 이 낡고 허름한 버스가 브라질까지 간다는 말인가. 도통 이해가 안 된다. 게다가 시장 한가운데에서 타는 브라질 가는 버스라니. 남자한테 계속 묻고, 묻는다. 가만 들어보니 이 버스는 브라질 가는 버스가 있는 오리엔테 버스 터미널로 가는 버스다. 이 남자, 못 알아듣는 나 때문에 얼마나 답답했을까, 정말 속 터졌을 거다. 이 말귀 못 알아먹는 나를 두고 이 남자는 답답하다는 표정도 안 짓고 계속 이야기를 해주었다.

버스에 오르니 벌써 사람들이 많이 탔다. 비어 있는 뒷자리에 내가 앉고 두어 명이 더 타니 차가 꽉 차 출발한다. 10살 안팎 돼 보이는 남자 아이가 맨 뒷좌석으로 와서 선다. 가까이 엄마나 아빠가 있나 보다 하고 보니, 아이가 차비를 걷는다. 아주 능숙하게 거스름돈을 거슬러준다. 흔들리는 차에서 비틀거리지도 않고 맨 뒤에서부터 앞으로 가며 차비를 걷는다. 베네수엘라에서도 그렇고 페루에서도 그렇고 어린애들이 일하는 걸 종종 본다.

터미널 가는 길, 다시 산에 다닥다닥 지어진 집들을 만난다. 그런데 그곳이 산이었을 거라는 흔적은 손톱만큼도 남아 있지 않다. 다른 나라에서 본 산마을 집들이 '산-집'이라면 여기 카라카스 페타레 역을 지나 만난 산마을 집들은 '집-산'이다. 네모난 성냥갑 모양으로 다닥다닥 붙은 집들. 대체 저 집들은 어떻게 갈까 싶게 길도 안 보이고 옆집이든 앞집이든 딱 달라붙었다. 시내에서 조금만 외곽으로 나오면 도시가 숨겨놓은 모습을 볼 수 있다. 시내 중심가라는 센트로, 은행과 기업과 관공서와 쇼핑센터와 모든 좋은 것이 모인 중심가가 도시 본모습이 아니라, 어쩔 수 없이 도시로 모여들 수밖에 없는 사람들이 사는 이 외곽이 도시의 본모습이 아닐까. 그리고 그 도시에서는 부와 가난이 적나라하게 펼쳐진다. 그나마 지금 베네수엘라에서는 사회 불평등 때문에, 소수가 차지한 부 때문에 생긴 '가난'이라는 문제를 해결하려고 애쓰고 있다니, 너무 성내지 말자.

지도와 나침반

카라카스에서 사흘 머물려고 했던 계획을 바꾼다. 내일 오후 5시에 베네수엘라 국경 지역인 산타 엘레나 데 우아이렌 가는 버스를 타려고 한다. 표는 아직 끊지 않았다. 낮에 들른 버스 터미널 매표소 직원이 내일 사도 자리가 충분하다고 했다. 버스에 중독되었나 보다. 가만히 머물지를 못한다. 침대에서 자는 것보다 춥고 불편해도 여럿이 있는 버스에서 자는 게 더 좋으니 어쩌나. 바퀴벌레 들끓는 이 숙소에서 자는 것도 오늘이 마지막이다.

지도를 보니 한참 멀리 올라왔다. 남미를 시계방향으로 돌아 이제 12시쯤에 와 있다. 올라왔으니 다시 내려가야지. 어떤 길로 가야 하나. 나는 복사해온 지도 하나만 가지고 있을 뿐, 길을 모른다. 지도에 선이 그어져 있다고 다 길인 것도 아닌데 거기에 길이 있으려니 하면서 올라왔다. 희미한 길들은 사람들을 만나면서 확실한 길이 되곤 했다. 사람들이 내게 길을 알려준다. 언젠가 지도와 나침반을 사야겠다는 생각을 한 적이 있다. 갈 길을 모르던 때였던가. 살아갈 길을 알려주는 지도와 나침반도 어디서 팔면 좋으련만. 아직도 나는 지도와 나침반을 사지 못했다. 사람들이 내게 지도가 되어주고 나침반이 되어준다.

카라카스에서 브라질까지 다시 긴 이동이다. 브라질 북부 파라 주 마라바에 있는 땅 없는 농업 노동자 운동 회원들이 사는 정착 마을을 찾아가려고 한다. 마노가 그 정착 마을을 방문해도 되는지 알아보고 있는데 가능할 것 같다고 한다. 하지만 마라바까지 곧장 가는 길이 없다. 벨렝에 들러서 가야 한다. 마노가 참 아름다운 사람이 벨렝에 있다며 만나보겠냐고 한다. 빼지 않고 그러마고 해버렸다.

베네수엘라 국경 산타 엘레나 데 우아이렌을 넘어 브라질 쪽 국경 지역 보아비스타로 가서 다시 마나우스, 마나우스에서 벨렝으로 가야 한다. 숙소에 머무는 프랑스 남자 말로는 마나우스에서 벨렝까지는 배로 닷새 걸린단다. 아마존 강을 건너는 배. 아무래도 그렇게 가야겠다. 가능하면 비행기를 타지 않겠다고 했으니 배를 타야겠다. 벨렝에 가서 며칠 있다가 버스를 타고 마라바에 가고 다시 상파울루로. 그러면 집으로 돌아갈 시간이 되겠지.

11월 16일 목요일

바나나 과자 파는 남자

어쩌다 보니 카라카스에서는 인터넷 방에 자주 들린다. 8시쯤 일어나 씻고 가방을 꾸려놓고 인터넷 방에 왔다. 인터넷 방 총각한테서 물 한 병, 커피 한 잔, 조그만 빵 하나를 샀다. 카라카스에서는 계속 이렇게밖에 안 먹게 된다. 나무닭움직임연구소에 필요한 사진을 보내려고 사흘째 해보는데 안 된다. 다시 카린이 이메일을 보내주었다. 모두들 나를 걱정하고 그리워한다고. 브라질을 포기하고 돈 들더라도 비행기 타고 리마로, 아야쿠초로 날아가 그이들을 한 번 더 보고 싶다. 계속 낯선 길을 가야 하고, 모르는 사람들을 만나야 하고, 떠나야 하니……. 아는 사람들한테 달려가고 싶지만 그러기는 힘들겠지. 가자.

버스 터미널까지 여유 있게 가려고 길을 나서는데 비가 한두 방울씩 떨어진다. 투카니보다는 훨씬 덜 더운 카라카스도 하루 한 번은 소나기가 쏟아진다. 기다렸다가는 빗줄기가 더 세어질지 모르니 떨어지는 비를 맞고 걷는다. 2시 30분이니 5시에 출발하는 버스를 타기까지 시간은 충분하다.

전철역에서 내려 헤매지 않고 버스 타는 곳을 찾는다. 전철역에서 아주 짧은 길인데 어제는 이 둘레를 몇 바퀴 돌았던가. 마지막 여행지일 브라질 북쪽으로 가는 길. 지금까지처럼 아무 탈 없이 잘 갔으면 좋겠다.

터미널 가는 버스 문 쪽 맨 앞자리에 앉았다. 아직 사람이 덜 타 버스는 출발하지 않는다. 가방이 너무 무거웠나, 내 숨도 무겁게 찼다. 헉헉 숨을 내쉰다. 건너편 자리에 앉은 할아버지가 나를 보고 작게 웃는다. 할아버지도 옥수수 한 자루와 무엇이 들었는지 모르는 자루를 들고 와 얼굴에 땀이 줄줄 흐른다. 할아버지도 나처럼 헉헉 숨을 쉰다. 나도 할아버지를 보고 할아버지가 웃는 뜻을 안다고 작게 웃는다.

무거운 짐을 든 사람은 무거운 짐을 든 다른 사람의 마음을 안다. 이 차는 짐을 싣는 데가 없어 다들 들고 탄다. 발밑에 가방을 놓고, 또 안고 옆에 사람이 앉을 수 있게 창 쪽으로 바짝 붙어 앉았다. 나도 불편하지만 옆에 앉은 여자도 마찬가지로 나 때문에 불편하겠지. 여자한테 "불편하지요?"라고 말은 못하고 엉덩이를 더욱 창 쪽으로 가져가 그이에게 조금이라도 자리를 내주며 얼굴 표정으로 말하자 여자가 웃는다. 여자도 큰 가방을 무릎 위에 얹어놓았다. 비가 오락가락하던 하늘은 다시 쨍쨍하다.

빨리 출발했으면 하는 내 맘과는 상관없이 차는 계속 사람들을 기다린다. 밖에서 젊고 숫기 없게 생긴 남자가 바나나 말린 과자를 판다. "500볼리바르, 500볼리바르"라고 말한다. 크게 "사세요, 사세요"도 아니다. 남자는 다른 일이 더 어울릴 것 같다. 장사를 하는 사람이 따로 있는 게 아니지만, 250원 하는 말린 바나나를 파는 게 어떻다는 건 아니지만, 잠시 보는 모습으로 뭐라고 판단하는 건 섣부른 일이지만, 나는 이 도시 사람들이, 충분히 다른 일을 할 수 있는 사람들이 모두 250원 하는 먹을거리를 파는 일에 나서야 하는 게 속상하다. 저 일은 저이가 원해서 하는 걸까? 왜 저이가 예술을 하는 사람이 되면 안 되는가. 저이가 신문기자를 할 수도 있고, 공부를 할 수도 있고, 정부 일을 맡아서 할 수도 있고, 기계를 만질 수도 있고, 250원짜리 물건을 파는 일 말고 그 무엇이든 할 수 있지 않을까. 누구에게든 평등하게 주어지는 기회란 애당초 없는 걸까. 저이에게 돌아오지 않은 기회들은 모두 누구에게로 갔을까.

버스가 없다

차가 없다. 5시에 출발하는 버스가 없단다. 매표소 안에 불은 켜졌는데 문이 잠겼고 사람도 없어 이게 무슨 일인가 하는데 어떤 남자가 와서 오늘 가는 차는 없고 내일 차가 있다고 한다. 어제 분명 오늘 있다고 했는데. 머리가 복잡해진다. 이 짐을 들고 다시 돌아갔다가 내일 와야 하나, 아니면 이 근처에서 하룻밤 묵어야 하나, 그도 아니면 그냥 터미널에서 하루 자야 하나. 어제 다른 회사의 버스 시간을 봤던 게 떠오른다. 옆 회사 버스는 3시 30분에 떠난다고 했는데 벌써 20분이 지났다.

3시 30분에 떠난다는 버스는 4시에 출발한단다. 90,000볼리바르 주고 바로 표를 끊었다. 매표소 직원이 나와 차 타는 곳까지 알려준다. 물 한 병 사고 차 있는 곳에 가서 급히 짐을 실었다.

2층 버스, 2층 24번에 가보니 어떤 여자가 앉아 있다. 내 자리라고 하니 여기는 그런 거 없다고 빈자리에 앉으라고 앞자리를 가리킨다. 지금까지 죽 표에 적힌 번호대로 앉았는데. 여자가 함께 가는 사람들이 있어서 그러니 다른 자리에 앉으면 안 되겠느냐고 말하면 좋았을 것을 쌀쌀한 한마디가 허겁지겁 달려온 나를 더 힘 빠지게 한다. 맨 앞자리 앞이 툭 터진 창문 앞에 자리를 잡는다.

물 마시고 한숨 돌린다. 어쨌든 모든 일이 다 잘되었다. 되돌아가는 일 없이 베네수엘라 국경으로 간다. 정신을 차리고 보니 배낭에서 잠바를 꺼내지 않고 그대로 짐칸에 실어버렸다. 버스에서는 긴팔 옷이 무엇보다 필요한데. 4시가 되어도 운전기사가 차에 시동을 걸지 않았으니 꺼내 달라고 해도 좋으련만 꼼짝하기가 싫다. 그냥 반팔 입은 채로 지나도 괜찮을 것 같다. 지금은 괜찮아도 땀이 식으면 그때는 후회할지도 모르지. 밤에 잘 때는 더욱더. 아, 모르겠다. 나중에 후회해도 지금은 손 하나 까딱하기 싫다. 차가 출발하는데 유리창에 빗물이 떨어져 흘러내린다. 멈추지 않고 계속. 창문이 우는 것 같다. 창문은 눈물을 주르륵 주르륵 흘린다.

차 안에서 만난 미시온

내 옆에 앉았던 엑토르 아저씨가 내렸다. 중간에 가방을 들고 탔던 엑토르는 가방을 내려놓지 않고 품에 안았다. 운전기사라는 엑토르는 차베스를 지지하는 당원이라면서 당원증을 꺼내어 보여주었다. 다음 달이면 베네수엘라 대통령 선거가 있다. 엑토르에게 "베네수엘라 사람들과 당신은 왜 차베스를 지지하느냐"고 물어보았다. 어두운 저녁, 희미한 불빛이 흔들리는 버스 안에서 엑토르는 내 공책에 정성껏 써주었다.

"12월 3일 선거에서 차베스 대통령이 이길 것이다. 왜냐하면 가난한 사람들이 차베스를 도울 것이고, 차베스는 좋은 대통령으로 벌써 증명된 사람이기 때문이다."

가난한 사람들이 지지하는 대통령. 그동안 베네수엘라에서는 가난한 사람들을 위한 정책들이 '미시온'이라는 이름으로 여럿 행해졌다. 엑토르가 어떤 것들이 있는지 기억나는 대로 적어주었다.

1. 미시온 수크레
2. 미시온 리바스
3. 미시온 네그라 이폴리타
4. 미시온 부엘반 카라스
5. 미시온 미란다
6. 미시온 바리오 아덴트로
7. 미시온 로빈손

이것보다 더 많은데 엑토르가 급하게 떠올리려니 다 생각이 나지 않는가 보다. 사실 나도 언론에서 이 미시온을 소개하는 것을 더러 보기는 했지만 크게 무상 교육과 무상 의료가 있다는 정도만 알지 잘 모른다. 여행을 준비하면서 어느 날 도서관에서 책들을 찾아보다가 몇 해 전 베네수엘라 대사관에서 시몬 볼리바르를 소개하는 책을 만든 걸 보게 되었다. 그 책을 구할 수 있을까 싶어 대사관에 전화해봤더니 그 책은 없지만 다른 책은 있다고 해서 대사관에 갔다. 고맙게도 베네수엘라 대사관 한국 직원이 베네수엘라 시인들이 쓴 시를 묶은 시집 『베네수엘라 현대시 60명의 시인과 상복 입은 나그네』와 로물로 가예고스Rómulo Gallegos가 쓴 장편소설 『도냐 바르바라』와 시몬 볼리바르에 관한 얇은 책, 『볼리바르, 그의 세계관』을 챙겨주었다. 대사관 대기실에 비치되어 있던 미시온과 관련한 자료들도 챙겨 왔는데, 그중 「우리는 가난이 끝나기를 원하는가? 가난한 사람들에게 권력을 주자」라는 자료에 베네수엘라에서 진행하는 미시온에 대해서 간략하게 설명이 나왔다. 엑토르가 이야기해준 것과 그

책자에서 설명한 것을 종합해보니 이런 내용들이다.

가난한 사람들을 위한 교육으로는 미시온 로빈손 1, 2, 미시온 리바스, 미시온 수크레가 있다. 미시온 로빈손은 한마디로 말하면 "나는 할 수 있다"다. 그동안 배움에서 소외되었던 사람들, 그래서 말은 할 줄 알지만 읽고 쓸 줄 모르는 사람들, 더 많이 배울 수 없었던 사람들, 배움을 바탕으로 다른 무엇을 할 기회를 애당초 원천 봉쇄당했던 사람들을 배우게 하는 게 바로 이 교육 미시온들이다.

미시온 로빈손 1은 읽고 쓸 줄 모르는 사람들을 7주 동안 가르친다. 다양한 시청각 도구들을 이용해 쉽고 빠르게 배우게 한다. 그 과정을 마치면 2단계에서 영어와 수 계산을 공부한다. 그런데 왜 로빈손인가. 언뜻 로빈슨 크루소가 떠오르지만, 이 로빈손은 시몬 볼리바르를 가르친 선생이자 조언자인 시몬 로드리게스의 예명 사무엘 로빈손에서 따온 것이다.

가난한 사람들을 위한 교육은 이들에게 단지 읽고 쓰는 것만 가르치는 데서 그치지 않는다. 미시온 리바스는 중등교육 과정으로 보면 된다. 일자리가 없는 사람, 공부할 기회를 잃은 사람에게 이 과정을 통해 희망을 주려는 것이다. 교육을 통해 삶을 바꿀 수 있다고 이들은 믿는다. 리바스는 스페인과 싸우다 살해당한 호세 펠리스 리바스 사령관 이름에서 따온 것이다.

미시온 수크레에서 수크레는 시몬 볼리바르와 함께 남미 해방을 이야기할 때 빠지지 않는 베네수엘라의 지도자 이름이다. 아야쿠초 전쟁에서 스페인을 남미에서 완전히 몰아냈던 수크레의 이름을 따 만든 이 미시온은 대학 교육과 비슷한 과정이다. 모든 젊은 사람과 성인이 대학에서 공부할 수 있는 것은 아니므로 지역·사회 모든 분야에 고등교육 프로그램을 만들어 교육을 한다. 그런 교육을 통해 그 누군가는 언론인이 되기도 하고 그 누군가는 법률가로 훈련받고 키워질 수 있는 것이다. 많은 사람을 공부시키는 데 필요한 돈은 베네수엘라 땅에서 나는 석유를 판 돈으로 충당한다. 그동안 소수를 부자로 만들었던 석유를 이제 가난한 사람들을 부자로 만들기 위한 종자돈으로 쓰겠다는 것 아니겠는가. 가난한 사람들이 공부를 하는 동안 공부에 열중할 수 있도록 장학금도 더 지급한다고 한다. 이렇게 가난한 사람들이 교육이라는 바다에 풍덩 몸 담글 수 있게 하는 것은, 그것이 베네수엘라 "정부가 민중에게 더 많은 힘을 전달할 수 있는 방법"이라고 여기기 때문이다.

엑토르가 미시온 바리오 아덴트로는 가난한 사람들을 위한 의료 정책이라며, 뛰어난 의료 기술과 의료진이 있는 쿠바와 협력해 진행한다고 덧붙였다. 미시온 바리오 아덴트로는 '지역 속으로'라는 이름처럼 지역 지구 주민들이 건강하게 살 수 있도록 각종 질병의 예방과 치료에 주력한다. 교육 미시온에 '나는 할 수 있다'라는 표어가 붙었듯 이 미시온에는 '건강을 위한 열정'이라는 표어가 붙었다. 베네수엘라 사람들은 이 미시온을 '사랑 파견대'라고 부른다고 한다. 건강 미시온에는 두 가지 미시온이 포함되는데, 하나는 미시온 밀라그로다. 밀라그로는 '기적'이라는 뜻으로, 이 미시온은 앞을 볼 수 없는 사람들이 앞을 볼 수 있도록 수술을 해준다. 다른 하나는 미시온 아덴트로 데포르티보로, 건강을 위해 다양한 운동을 하게 하는 것이다. 공동체 스포츠 개발, 여성들을 위한 체육관 설립, 에어로빅이나 춤 치료, 지나치게 살찐 사람들을 위한 특별 훈련, 고혈압 환자들을 위한 건강관리 등이 주요 사업이다.

엑토르가 세 번째로 써준 미시온 네그라 이폴리타는, 내가 이해하기로는 막다른 골목에 몰린, 지금 당장 손을 쓰지 않으면 안 되는 가난한 사람들을 위한 미시온이다. 자본주의 제국은 높은 첨탑처럼 부를 쌓으면서도 가난한 사람들을 살리기 위해서 쓰는 돈은 어떻게든 줄여나가는 게 현실이다. 아무리 뛰어난 의료 기술이 있어도 병원비가 너무 비싸 치료받지 못하는 사람들이 수두룩한 것이 자본주의 제국 미국의 모습이 아닌가. 시몬 볼리바르의 유모인 네그라 이폴리타의 이름에서 따온 이 미시온은 당장 보호가 필요한, 거리에 내몰린 어린이, 청소년들을 보호하고, 다양한 지원을 통해 사회 복귀를 이끌며, 위험에 처한 가정에게는 쉼터를 제공한다.

이 밖에도 예비역 군인들을 대상으로 하는 미시온 미란다, 문화 영역을 담당하는 미시온 쿨트라, 굶주림과 싸우는 미시온 메르칼, 원주민 관련 미시온 구아이카이푸로, 사람들이 다른 일을 할 수 있도록 자기 개발을 돕고 새로운 고용을 만들어내는 미시온 부엘반 카라스, 베네수엘라 땅에 풍부한 광물자원 개발을 통해 새로운 일자리를 만들어 실업이라는 고난과 싸우는 미시온 피아르(피아르는 독립 투쟁에 참여한 베네수엘라의 장군 이름이다), 땅 없는 농업 노동자를 지원하는 미시온 사모라, 주거 문제를 다루는 미시온 아비타트 등 여러 미시온이 더 있고, 앞으로도 더 많은 미시온이 행해질 것이다.

버스가 카라카스를 빠져나올 무렵, 이 미시온 사업들이 진행되는 현장을 찾아가보지 못한 게 아쉬웠다. 나는 명함도 없고 가진 게 아무것도 없지만, 그저 당신들이 희망을 키우는 그 모습을 보고 싶소, 라고 하면 거절할 이 누가 있겠는가. 꼭 떠나면서 아쉬워하고 후회한다. 그래도 미시온 사모라가 진행되는 메리다 투카니에 다녀왔으니 그걸로 됐다. 카라카스 거리에서 만난 혼잡함과 가난함이 이 미시온 사업으로 바뀌어나가겠지.

엑토르가 휴게소에서 차가 멈추면 내게 밥을 사준다고 했는데 한참 가도록 안 멈추더니 결국 저녁 8시 30분에 차가 멈춘 곳은 엑토르가 내리는 피리투였다. 엑토르가 내리면서 내게 전화하란다. 언제든 밥 한 끼 사주겠다고. 아무래도 엑토르한테서 밥을 얻어먹기는 힘들겠지. 언제 다시 카라카스에 갈 일이 생기지 않는다면. 누구든 따뜻하게 말을 걸어주면 고맙다.

11월 17일 금요일

깊은 밤

콜롬비아 디아나 집 앞 문구점에서 산 작은 수첩은 이제 다 써서 더 이상 쓸 자리가 없다. 맨 앞 겉장 안쪽에 적는다. 불빛도 없어 제대로 써지는지조차 알 수 없지만, 흔들리는 버스에서 적는다.

'작고 남루할지언정 어둔 밤 산등성이 불 켜진 집들이 부러웠다. 그곳에 깃든 사람들이. 아무것도 바라지 않고 사랑하기.'

사랑은 아무것도 바라지 않고 그저 사랑하는 것이라는 걸 깨닫기 위해서 이 멀리 왔던 걸까.

새벽 5시, 군인이 차에 들어와 자는 사람을 모두 깨워 밖으로 나가라고 한다. 차에서 가방을 꺼내어 군인들 앞에 선다. 여자 줄, 남자 줄이 나누어졌다. 사람들이 가방을 열어 속에 든 것까지 다 보여준다. 내 가방에서는 위에 있는 짐 몇 개만 꺼내고 만다. 검문이 끝난 뒤 가방을 다시 직접 차 짐칸에 넣었다. 가방을 꺼낼 때는 승무원이 도와주더니 이젠 도와주지도 않는다. 짐칸이 높아서 간신히 올라가 짐을 넣는다. 짐을 꺼낸 탓에 잠바도 꺼낼 수 있지만 이 새벽에 이게 무슨 일인가. 건너편 여자에게 물으니 카발라라는 곳이라 한다.

길에서 아침을 맞는다. 이동하기 위해 머무는 건지 머물기 위해 이동하는 건지, 이렇게 머물고 떠나기를 되풀이하는 일을 해보기도 처음이다. 어쩌지 못해 떠나기를 되풀이하는 사람들을, 그이들 절박함을 다 알 수 있을까만, 지금 나는 조금 고단하다.

카사블랑카에서 다시 짐을 꺼내 들고 검문을 받는다. 이번엔 승무원이 짐을 내려주지도 않는다. 내가 짐칸에 가서 꺼내고 다시 넣어놓고. 운전기사와 승무원이 너무 지쳤나 보다. 자기들만 챙긴다. 아까도 휴게소에 잠시 차를 세우더니 자기들 먹을 것만 사고 그냥 떠난다. 사람들한테 내려서 쉬었다 가잔 말도 않는다. 정말 배고프다. 어제 차에 탄 뒤부터 아직까지 아무것도 못 먹었다.

자본주의(돈)는 사람을 구분하고 자리를 구분한다. 2층 버스는 1층 좌석과 2층 좌석의 값이 다르다. 1층에 탄 사람들은 2층에 탄 사람들과 마주할 일이 없다. 검문할 때 내려보면 1층 사람들은 주로 백인이다. 편견일까, 자신들과 2층에 탄 사람들을 구별하려는 듯한 눈길을 만난다.

아침, 쇼를 하다

한바탕 쇼를 했다. 차가 가게 앞에 서고 사람들이 아침을 먹으러 가게에 들어가기에 나도 무척 배가 고파 뭐 먹을 게 있나 들어갔다. 그런데 빵을 사고 싶어도 하나씩 낱개로 팔지 않고 10개씩 든 걸 한 봉지씩만 팔아 그냥 과자만 사들고 나왔는데 차가 없다. 분명 함께 가게로 들어왔던 사람들이 있었는데 갑자기 그 사람들도 안 보인다. 바깥 의자에 앉았던 사람들한테 물으니 차가 갔다고 한다. 도대체 이게 무슨 날벼락인가. 노트북과 수첩, 여권이 든 가방도 안 갖고 내렸는데. 순간 너무 놀라 그 사람들한테 "도와 달라"는 말밖에 안 나왔다. 바로 옆 주유소에 군인이 있다고 가보라고 해서 달려가 도와 달라고 하니 군인이 차가 간 쪽으로 달린다. 나도 함께 찻길을 달렸다. 이렇게 달려가면 차를 잡을 수 있나, 어이없지만 달리는 수밖에. 달리다 보니 저만치에 차가 서 있다. 그곳에 허름한 식당이 두 개 있다. 다들 밥을 먹으면서 달려오는 나를 본다. 아까 사람들이 가게 앞에서 내릴 때 운전사가 좀만 더 가면 식당이 있다고 하기는 했다. 그 말을 듣기는 했지만 사람들이 내려서 그냥 여기서 먹고 가나 보다 했는데 나를 이렇게 놀라게 하다니. 어이가 없어 밥을 사 먹고 싶은 생각마저 다 사라져버렸다. 다시 좀 전에 갔던 가게에 가서 물을 사는데 같은 차를 타고 온 남자들이 거기서 여유롭게 빵을 먹고 커피를 마신다. 내가 허둥댈 때 말 좀 해주지. 하긴 내가 허둥대는 걸 안에 있던 그들은 보지 못했을지도 모른다. 이래서 차에서 친구를 사귀어야 한다. 중간 자리에 앉았다면 앞뒤 옆 사람 얼굴도 알고 올 텐데 맨 앞자리에 앉으니 뒤에 누가 탔는지도 모르고 얘기할 기회도 없어서 이런 일이 다 생긴다. 옆에 앉은 여자랑은 계속 조금씩 말을 하면서 왔는데, 혼자 밥 먹는 걸 보니, 참. 차 타고 다니면서 이러긴 처음이다. 좋은 마음으로 가자.

검문, 끝까지 검문

산 이그나시오 데 유루아니에서 다시 검문을 한다. 이번에도 짐을 다 꺼내 들고 검문을 받는데 이어지는 검문에 지쳐 막 화가 난다. 배낭에 든 물건들을 빼는 거야 어렵지 않지만 다시 넣기는 만만치 않은 일이다. 다른 사람들은 어떤지 몰라도 나는 작은 가방에 딱 맞게 짐 하나하나를 꼭꼭 넣어서 그냥 집어넣으면 다시 지퍼가 안 잠길지도 모른다. 사실 이제까지 내 가방은 지퍼를 열고 위에 있는 짐 한두 개만 젖혀 보는 선에서 검문이 끝났으니 다른 사람들에 비하면 덜한 편이다. 가방을 열어젖히면서 군인에게 그랬다. 벌써 몇 번째인지 모른다고. 꺼내면 다시 넣기가 너무 힘들다고. 다른 나라보다 더 심한 것 같다고. 그랬더니 대강 위에 놓인 노트북과 카메라 충전기만 보고 닫는다. 내 옆에 앉은 베네수엘라 여자 밀드레드는 트렁크에 전부 옷뿐이었는데 그 옷 하나하나를 다 탁자 위로 꺼내놓았다. 1층에 탄 백인 여자 세 사람은 작은 가방까지도 다 열어 보이는데 그이들이 가장 길게 짐 검사를 받았다.

차에 올라 밀드레드한테 왜 이렇게 검문을 많이 하고 짐을 하나하나 다 검사하느냐고 묻자 "코카인, 마리화나, 마약, 코카인을 정제한 마약, 원석을 밀매하는 사람들이 많기 때문"이라고 한다. "베네수엘라 사람들보다는 다른 나라, 특히 유럽 쪽 사람들이 밀매를 많이 한다"고 그런다. 산타 엘레나 데 우아이렌에 부모님이 사는 밀드레드는 카라카스를 왔다 갔다 할 때면 늘 이렇게 짐 검사를 받는다고 한다.

사실 베네수엘라만 유독 검문이 많았던 건 아니다. 어디나 국경 가까운 곳에 가면 이보다 더 여러 번 여권을 검사하고 짐을 검사하고 그러긴 했다. 그런데 그런 건 다 까먹고 베네수엘라 군인들한테만 다른 나라는 이렇게 안 했는데 왜 여기만 이렇게 심하게 하느냐고 따졌다. 모르니까 똥배짱도 생기나 보다.

21시간 30분 걸려 산타 엘레나 데 우아이렌에 도착했다. 국경 도시는 늘 혼잡했는데 여기는 버스 터미널 건물만 있고 황량한 바람이 분다. 버스에서 내리니 밀드레드가 군복을 입은 한 중년 남성에게 달려간다. 밀드레드 아버지다. 밀드레드는 어린아이처럼 아버지를 꼭 껴안는다. 밀드레드 아버지는 곧 차에서 내린 사람들에게 여권을 받아 검사한다. 아, 아주 끝까지 검문이다.

출입국사무소는 이곳에 없고 다시 차를 타고 국경까지 가야 한다는데 국경까지 가는 버스는 없고 택시뿐이다. 국경을 지나 브라질 쪽 버스터미널까지 데려다 준다는 택시 요금은 25,000볼리바르. 만 원이 넘는다. 버스를 함께 타고 온 젊은 남자 세 명도 국경을 넘어야 한다고 하기에 요금을 나누어 내면 될 것 같아 함께 택시를 타자고 했더니 다른 아저씨와 탄다고 거절한다. 어쩔 수 없이 혼자 택시를 타야 했다. 택시 기사와 이야기를 하는데 젊은 남자 세 명이 함께 타자고 온다. 함께 가기로 했던 아저씨와 같이 못 가게 되었나 보다. 그런데 택시 기사가 네 명이 요금을 나누어 내는 건 안 된다고 한다. 그러는 법이 어디 있느냐고 해도 그 세 사람 따로 나 따로 요금을 내라고 한다. 어차피 낼 돈이라면 그이들이라도 돈을 안 쓰게 내가 타는 차에 그이들이 함께 타는 것으로 하고 가자고 해도 양쪽 다한테서 요금을 받겠다고 한다. 결국 5,000볼리바르만 깎기로 하고 함께 택시를 탄다. 보아비스타 가는 버스가 3시 30분에 있다고 하니 부지런히 가야 한다. 이제 곧 브라질이다. 브라질 남쪽에서 시작한 여행, 브라질 북쪽으로 다시 들어간다. 남쪽과 북쪽은 꽤 먼 거리지만 한 번 들른 나라여서인지 그 이름만으로도 아는 집에 가는 기분이다.

가지 않아야 할 길은 없다:

브라질, 마나우스

11월 17일 금요일

간이역 같은 버스 터미널

브라질 북부 호라이마 주 파카라이마는 베네수엘라 국경 산타 엘레나 데 우아이렌과 이어진 곳이다. 브라질 출입국사무소에는 나 혼자 갔다. 젊은 세 남자는 브라질 사람들이라 출입국사무소에 들를 필요가 없어 택시에서 기다린다. 이민국에서는 늘 줄 서서 차례가 오기를 기다렸는데 입국 도장을 받는 사람은 나 혼자뿐이다. 처음 있는 일이다. 한가한 만큼 직원들도 웃는 얼굴이다. 이제까지 칸막이 창구 저 너머로 딱딱한 제복에 고단한 얼굴들을 많이 봐왔는데 반가이 맞아주는 사람들을 만나니 마음이 편하다. 입국 신고서도 직원이 직접 써준다.

버스 터미널에 도착하기 전 젊은 세 남자가 내린다. 그이들은 브라질 자기들 집에 다 온 거다. 이제 다시 아는 얼굴 없는 새로운 곳에서 혼자다. 파카라이마 버스 터미널에는 늘 정해진 시간에 보아비스타로 가는 버스가 있다. 국경만 넘으면 바로 보아비스타인 줄 알았는데 버스를 타고 3시간을 가야 보아비스타다. 보아비스타에서 1시간을 기다렸다가 저녁 7시 30분에 마나우스로 가는 버스를 탄다. 파카라이마에서 보아비스타까지, 보아비스타에서 마나우스까지, 표는 두 개인데 파카라이마에서 한 번에 끊는다. 버스 요금은 모두 99.5헤알, 4만 9,000원 남짓 한다. 베네수엘라 국경이 가까워도 매표소에서는 베네수엘라 돈은 받지 않아 환전을 해야 하는데 여자가 터미널 의자에 앉아 있는 한 남자를 불러준다. 베네수엘라 볼리바르를 브라질 헤알로 바꾸려니 계산이 여간 복잡한 게 아니다. 내가 전자계산기를 꺼내들고 몇 번을 눌러대면서 계산하는 동안 여자도, 환전해주는 남자도 아무 말 없이 기다려준다.

여자에게 가방을 맡기고 화장실에 가서 얼굴을 씻고 나니 베네수엘라가 매듭지어진다. 내내 달려오기만 한 길. 스스로 한갓지지 않으면 그 누구도 나를 한갓지게 만들어주지 않는다. 카라카스를 출발하기 전 타려던 버스가 없다는 사실을 안 순간부터 나는 정신이 없었다. 중간에 버스가 나를 두고 떠난 줄 알고 한바탕 놀라면서 그나마 차분해진 숨이 다시 빨라졌다. 하지만 이제 괜찮다. 차를 기다리는 동안 잠시 쉴 시간도 있고, 무엇보다 주린 배를 빵 하나로 채웠고, 바나나 튀긴 과자도 한 봉지 샀으니.

간이역 같은 버스 터미널. 의자에 앉아 차를 기다리는 사람들은 조용하다. 모두들 보아비스타로 가는 걸까. 그곳을 거쳐서 마나우스로 가는 걸까. 다시 마나우스를 거쳐서 다른 어느 곳으로 가려는 걸까.

길찬 숲

어쩌자고 이곳 브라질 북부까지 왔는가. 터미널을 벗어나자, 길은 깊은 숲이다. 바라보는 내가 푸르게 물드는 숲. 베네수엘라 숲이 웅장하다면 브라질 숲은 깊다. 그리고 더 진하고 축축하다. 어디쯤 물이 있는 것일까. 온통 물안개 피어오르는 숲이다. 깊디깊은 이곳에 사람들이 산다. 어쩌다 집이 나오면 버스가 슬며시 멈추어 서고 버스에 탄 사람이 여럿도 아니고 딱 한 명씩 내린다. 집 앞에는 아버지를 기다리는 어린 딸들이 나와 있거나, 아내를 기다리는 남자가 나와 있다. 며칠 찬거리나 당장 써야 할 물건을 들고 내리는 사람들. 모두 숲을 닮았다. 작고 순박한 얼굴들. 저렇게 혼자 있는 집들은 외롭지 않을까. 복잡한 도시라고 해서, 아는 사람들이 그물처럼 엮여 있다고 해서 외롭지 않은 건 아니지만 나는 저이들이 감당할 외로움을 내 것으로 껴안을 자신이 없다. 이제 쉽사리 '외롭다'라는 말을 입에 올리지 못할지도 모르겠다. 아니, 아무렇지도 않게 외롭다고 말해서는 안 된다. 그동안 버스에서 울 틈도 없이 지나왔는데 보아비스타 가는 길, 나무들과 집, 사람들 얼굴이 나를 울린다. 세상이 보아주지 않아도 숲을 이루는 나무들, 무엇이 되어 세상 밖으로 나가기를 바라지 않는 사람들. 나는 어디쯤 있는 것인가.

두 달이 흐르다

정확하게 저녁 6시 30분에 보아비스타에 도착했다. 스페인 말에서 포르투갈 말로 바뀌어 낯설다. 하지만 사람들이 친절하다. 버스 터미널 화장실 바닥에 물기가 많아 버스가 들어오는 곳에 있는 사무실에 가방을 맡기고 화장실에 다녀왔다. 가게에 들러 수첩도 하나 샀다. 좀 두툼한 게 있으면 좋으련만 얇은 게 한 권에 1,000원이나 한다. 달리 갈 곳도 없는 나는 넉살좋게 가방을 맡긴 사무실 의자에 앉았다. 사무실을 지키던 아저씨에게 마나우스에서 벨렝으로 가려고 한다고 말하자, 아저씨가 보아비스타에서도 마나우스에서 벨렝으로 가는 배표를 판다고 한다. 아저씨가 잠시 나가더니 스페인 말을 할 줄 아는 아저씨를 데려온다. 스페인 말을 할 줄 아는 아저씨라고 해서 내가 포르투갈 말을 쓰는 아저씨하고 얘기할 때보다 더 잘 통할 수 있는 것도 아닌데. 잠깐 지나는 나를 위해 이렇게까지 신경을 써주다니 고맙다.

두 아저씨를 따라 어느 사무실로 가보니 그곳은 버스표와 배표를 모두 파는 곳이다. 내일 아침 마나우스에 도착하는 대로 벨렝으로 가는 배를 탈 생각으로 바삐 달려왔는데 다음 주 수요일에나 배가 있단다. 여기에서 수요일에 배가 있다고 한다면 마나우스에서도 마찬가지일까. 다음 주까지는 생각을 못했는데. 어쨌든 마나우스에 가보면 확실해지겠지.

마나우스에 가서 벨렝으로 가는 배를 타려면 돈이 더 필요한데 현금인출기가 안 된다. 옆 인출기에서 돈을 찾는 사람한테 부탁해서 해보아도 여전히 안 된다. 수수료가 들긴 해도 필요한 만큼만 꺼내 쓰다 보니 돈이 딱 떨어질 때가 있다. 베네수엘라 메리다에서도 현금인출기가 안 되어 고생을 했다. 간신히 카라카스 가는 차비를 하고 카라카스에 가서도 다른 사람 도움을 받아 돈을 찾으면서야 방법을 알았는데 보아비스타에 오니 다시 갑갑한 상황에 맞닥뜨린다. 마나우스에서도 안 된다면 그때는 정말 큰일인데. 어쨌든 브라질에 온 것을 다행으로 여기자. 상파울루가 좀 더 가까워졌고 집으로 돌아갈 날도 조금은 가까워졌으니. 천천히, 긴장하지 말고, 긴장을 잃지도 말고, 허둥대고 서두르지 말고, 끝까지 잘해낼 수 있을 거야. 마나우스로 가는 버스가 들어온다.

브라질 버스에서는 물을 마음껏 마실 수 있다. 뒤에 있는 냉장고에서 꺼내 먹으면 된다. 처음 플로리아노폴리스에서 버스를 탔을 때도 밥은 주지 않았지만 물은 실컷 마실 수 있었다. 그 차에 함께 탔던 여자가 떠오른다. 마르고 날카롭게 생겼지만 성깔 같은 건 하나도 없어 보이던 얼굴. 차가 출발하면서부터 내내 책에 파묻혔던 여자. 물을 열심히 갖다 마시던 여자. 벌써 두 달 전 일이다.

11월 18일 토요일

배 떠난 항구

밤새 달리는 동안 아무도 내리는 사람이 없더니만 딱 12시간 걸려 마나우스 버스 터미널에 도착했다. 중간에 쉴 거 다 쉬면서 온 차가 어떻게 이리 시간을 딱딱 맞추는지 신기할 정도다.

터미널에서 경비를 보는 남자에게 물어 마나우스 항구 지역 터미널로 버스를 타고 왔다. 버스에서 내리니 햇볕도 엄청 쏟아지고, 사람도 거리로 엄청 쏟아져 나온다. 아마존 지역 관광 상품과 비행기 표 판매를 대행하는 여행사, 버스 매표소, 음식점과 상가가 있는 터미널 안에도 사람들이 많다.

마나우스와 벨렝 사이를 오가는 배 사진을 확대해서 코팅해 들고 다니는 검은 선글라스를 낀 남자가 나를 보자마자 다가온다. 베네수엘라 카라카스에서부터 2박 3일을 쉬지 않고 버스를 타고 마나우스로 달려왔는데 배는 다음 주 수요일에 떠난단다. 보아비스타에서 들었던 대로다. 배는 수요일과 금요일에만 출발한단다. 어제 낮 5시에 배는 벨렝을 향해 떠났다. 카라카스 숙소에서 만난 프랑스 남자한테 얻어 본 여행 책에는 월요일과 수요일로 나와 있던데 그건 벨렝에서 마나우스로 출발하는 요일이었던가 보다. 그 친구 말이, 한 주에 두 번 배가 있지만 어쩌면 토요일에도 운행할지 모른다고 해서 빠르면 오늘, 늦어도 월요일에는 배를 탈 수 있을 거라고 생각했는데.

배를 타고 벨렝까지 가는 데 드는 시간이 닷새다. 마나우스에서 닷새를 기다렸다가 다시 닷새를 배를 타면 열흘이나 걸린다. 거기에다 벨렝에 머무르는 시간이나 마라바에 들르는 시간을 더하면 아무래도 상파울루까지 버스를 타고 가는 게 힘들 수도 있다.

남자에게 산타렝까지 가는 배는 있냐고 하니 낮에 떠날 수 있다고 한다. 산타렝까지 배를 타고 거기서 벨렝까지 버스를 탈까. 하지만 남자는 산타렝에서 버스를 타고 가는 건 아무래도 힘들 거라고 한다. 길이 별로 안 좋다는 거다. 마나우스에서 벨렝까지 가는 길은 아마조나스 지역 서쪽으로 가서 빙 돌지 않는 이상 없을 테고. 게다가 코팅한 배 사진은 내가 상상했던 것과 달리 엄청나게 크고 웅장하다. 3층짜리 배에 가득한 사람들. 프랑스 남자가 닷새 배 타고 오는 동안 날마다 노래와 춤과 먹는 일이었다며 무척 즐거웠다는데 내게는 배가 화려하게만 보인다. 비행기를 타지 않으려면 배를 타는 길밖에 없는데, 배를 타자니 시간이 너무 걸린다. 미련 없이 배 타는 걸 접는다.

터미널 안에 있는 여행사에서 비행기를 알아보니 삯이 터무니없이 비싸다. 그럴 리가 없는데. 터미널 안, 인터넷 방에서 검색해보니 탐 항공에 싼 비행기가 있다. 여행사 직원에게 말하니 그것으로 끊어준다. 18만 원. 돈을 아끼려다 오히려 더 쓰게 된 건 아닌지 모르겠다. 내일 새벽 4시 40분에 떠나는 비행기.

마나우스 시장

여행사에 가방을 맡겨두려고 했지만 토요일이라 1시면 문을 닫는다며 터미널 안에 있는 옷과 기념품을 파는 가게가 가방도 보관해준다고 알려준다. 가게 한쪽에 나무 선반을 만들어놓고 짐을 보관해주는 그곳에 노트북이 든 가방까지 죄다 맡겼다. 터미널만 나가면 찌는 듯한 더위라 가능하면 몸이 가벼워야 한다.

여행객들과 시장에 들른 마나우스 주민들로 길이 복잡하다. 가게와 노점들은 가지각색 물건들을 진열해놓았다. 크리스마스 장식품을 파는 가게도 많다. 리마에서는 10월부터 크리스마스 장식품을 팔기 시작했으니 그리 빠른 것도 아니다. 이 뜨거운 나라에서 크리스마스 장식품을 보니 재미나다.

마나우스에서는 해먹을 많이 판다. 다른 나라에서도 보기는 했지만 여기처럼 많은 건 처음이다. 가게고 노점이고 해먹이 없는 곳이 없다. 해먹을 걸어놓을 나무도 없고, 그늘도 없지만 어쩐지 하나 사고 싶다. 여태껏 무얼 꼭 사고 싶은 게 없었는데, 아직 갈 길이 머니 짐이 늘어나면 안 되는데 해먹은 꼭 사고 싶다. 가게보다는 노점이 더 싸지 않을까. 끝 쪽 줄이 좀 더 튼튼해 보이는 건 더 비싸고, 좀 더 가는 줄로 되어 있는 건 싸다. 눈에는 약해 보이는데 주인이 튼튼하다고 해 만 원 주고 하나 산다. 기껏 깎았다고 좋아했더니 묶을 밧줄은 따로 계산을 한다. 이왕 사는 거 조리도 하나 사자. 플로리아노폴리스에서 조리를 하나 샀어야 할 것을 내내 샌들 하나로 버텨왔더니 신발에서 냄새가 나 이제는 안 되겠다. 나야 냄새가 나든 시커멓게 때가 끼든 괜찮은데 차에 타는 사람들한테 냄새가 풍길 것 같아 안 되겠다. 그런데 신어보니 발가락 닿는 곳이 불편하다. 마나우스 사람들은 죄다 조리를 신고 다니는데 발에 착착 달라붙어 그렇게 편해 보일 수가 없더니 내게는 그렇지 않다. 좀 더 신어보면 익숙해지려나.

가지 않아야 할 길은 없다

강물이 바람에 실려 온다. 항구가 가까이 있을 테니 강도 바로 어딘가 있을 텐데 눈에는 보이지 않고 물 냄새가 물씬 풍겨와 가슴을 설레게 한다. 저 물을 타고 가지 못하는 대신 그 물이라도 한번 보자 싶어 둘러보는데 좀체 어디로 가야 강이 나오는지 모르겠다. 비행기 표를 끊은 여행사에서 준 여행안내장을 보니 마나우스에 있는 강은 네그로 강(검은 강)이다.

터미널 아이스크림 파는 가게 여자한테 강이 어디에 있느냐고 물으니 나가서 왼쪽으로 가보란다. 여자가 웃음 띤 얼굴로 이야기를 해준다. 마나우스에는 여행객이 많이 오나 보다 했더니 그렇다고 한다. 그러면서 여자들도 많다고 눈짓을 해 보인다. 가만 보니 젊은 여자들이 밥을 먹거나 술, 차를 마시는 사람들 사이를 돌아다니면서 열쇠고리를 파는데 나이 든 남자들이 여자들 손을 끌어당겨 다른 남자 목에 감싸게 하고 그런다. 보고 있자니 눈꼴틀린다. 그 여자들이 열쇠고리를 팔면서 종이에 뭘 적던데 그것까지는 모르겠다. 괜한 상상은 여기서 멈추자.

여자가 알려준 길은 사람들이 많이 오가는 길이 아니다. 무엇으로 쓰였던 건진 모르겠지만 굉장히 오래된 건물이 있고 그 옆 철창을 둘러친 쪽에서는 낡은 건물들이 혼자 무너져 내려간다.

이제 쓰임새를 잃은 건물들이 죽 늘어선 길로 발걸음을 옮기는데 지린내가 확, 콧속을 파고든다. 뒤돌아서면 바로 등 뒤로 물건을 파는 사람들, 물건을 사는 사람들, 버스를 기다리는 사람들, 버스에서 내리는 사람들, 길이 막힐 정도로 늘어선 버스들로 바글바글한데 이 길은 아무도 걷지 않는다. 시끌벅적하게 들리던 소리도 이 길에서는 딱 멈춘다. 길 들머리에서 두 세계가 딱 나누어지다니. 어떻게 이렇게 다를 수 있을까. 이 길과 저 길이.

깨진 시멘트 길 사이로 풀들이 고개를 내민다. 어쩌면 저 풀들이 시멘트를 뚫고 나왔는지도 모른다. 낡아 버려진 건물 벽 틈 창틈 문틈으로 넝쿨들이 세차게 줄기를 내뻗었다. 사람들이 버린 건물을 풀들이 접수해 자기들 세상으로 만들어버렸다.

한번 콧속을 파고든 지린내는 쉽사리 사라지지 않는다. 발은 앞으로 향하는데 머리는 뒤돌아 가야 하지 않느냐고 내게 묻는다. 여행 시 주의사항으로 빠지지 않는 길이 바로 이런 길일까. 저 길 끝에 남자들이 몇 앉아 있고, 그 옆에는 검고 커다란 쓰레기 봉지가 산더미처럼 쌓여 있다. 겁은 나지 않지만 조금 주저하게 된다. 저이들이 저 자리에 없다면 나는 그냥 앞으로 걷거나 그냥 뒤로 돌아가거나, 그냥 그랬을 것이다. 사람이 있는 길을 무섭다고 되돌아가려니 저이들한테 미안하고, 낯선 곳에 남자들만 있으니 저 길을 지나갈 수 있을까 싶기도 하다. 그러면서도 걸음은 멈추지 않는다. 그래, 길은 사람이 다니라고 있는 건데, 저기 사람들이 있지 않은가. 나는 저이들에게 어떤 혐의도 씌울 자격이 없는 것을.

건물 끝 모퉁이를 살짝 도니 소꿉놀이하는 아이들이 보인다. 플라스틱 의자와 철제 의자를 디귿자로 늘어놓고, 바닥에는 앉을 수 있게 널빤지를 깔아놓고, 책이며 이것저것 잡다한 것들을 가져다놓았다. 그런데 어느 것도 가게에서 아이들 장난감으로 파는 것은 아니다. 누나들이 의자에 나뭇가지들을 얹어 꾸미는데 남동생이 확 흩뜨려놓는다. 나뭇가지들이 땅바닥으로 떨어지고 의자들은 맥없이 팩 쓰러진다.

집을 만드는 아이들. 의자와 나뭇가지로 자기들 집을 짓는 아이들. 한눈에 알 수 있다. 내 아이도 집에서 몇 개 없는 의자들을 다 끌어 모아 이불을 뒤집어씌우고, 빨래집게로 집어 집을 짓곤 했다. 세 식구 자는 넓지 않은 방 반을 자기 집으로 만들고는 그 안에 쏙 들어가 즐거워하던 아이.

무너진 아이들 집을 세워주려고 의자를 일으키는데 다리가 하나 없다. 대강 세워놓으면 픽 쓰러진다. 조심조심 세우니 땅에 선다. 하나 있는 철제 의자만 빼고는 죄다 다리가 하나씩 없다. 어떻게 하나같이 다리가 하나씩 없는 걸까. 아이들은 다리 없는 의자로 집을 만든다. 마지막으로 나뭇가지를 올려놓고는 "너희들 집이지?" 하고 물으니 고개를 끄덕인다.

집을 짓는 아이들이 하도 예뻐 카메라를 꺼내든다. 찍기는 하되 주기는 만만치가 않은 사진. 그러니 찍어준 게 아니다.

제일 큰언니 안드레사는 이제 여덟 살이다. 두 팔 벌려 동생들을 품는 아이. 예쁜 안드레사 눈빛은 왜 그리 슬퍼 보일까. 여덟 살 인생은 벌써 세상이 슬픔으로 가득 찬 걸 알아버린 걸까. 다섯 살 아나는 활짝 핀 꽃도

왼쪽부터 막내 이사이스, 둘째 아나, 첫째 안드레사, 셋째 헤지나.

따라올 수 없게 웃는다. 눈도 웃고 코도 웃고 입도 웃고 입속 가지런한 이도 웃고 볼도 웃는다. 한 살 아래 동생 헤지나는 사진을 찍는 동안 입에 막대를 계속 문다. 아이는 저 막대로 채워지지 않는 그 무엇을 대신하는 걸까. 손가락에 붕대를 감은 막내 이사이스는 누나들이 지은 집을 무너뜨릴 때와는 달리 두 살의 어린 웃음을 보여준다. 강을 찾으러 왔다 강 물살보다 더 반짝이는 아이들을 만난다. 마나우스에 분 바람에 실려온 건 강 내음이 아니라 아이들 살내였나 보다. 아까 저 길에서 되돌아갔다면 이 얼굴들을 만나지 못했겠지. 어느새 봄은 모퉁이에 와 있다고 하더니 길모퉁이에 예쁜 아이들이 저희 세상을 만들어놓았구나.

아이들을 사진 찍자, 어른들이 나온다. 젊은 할머니 프란시스카, 아이들 엄마 코치아네, 이모 부르나와 호사. 아이들 못지않게 맑게 웃을 줄 아는 어른들. 사진 속 내 얼굴은 늘 어정쩡하기만 한데 이 여자들은 확실하게 웃는다.

아이들이 놀던 곳은 무너져가는 건물 앞이다. 창고 같은 그 건물 안에는 종이 상자며 유리병, 캔, 페트병 같은 재활용품들이 가득하다. 무게를 재는 커다란 저울도 있다. 프란시스카는 딸들과 함께 재활용품을 주워다 판다. 모을 돈은 없고 딸들과 어린아이들과 함께 하루 먹고 하루 산다. "일을 해야 먹는 걸 살 수 있다"고 하는 프란시스카. 막내딸 호사가 "우리는 밤에도 일한다"고 한다. 다리 하나씩 없는 의자들도, 널빤지도, 놀이에 쓰인 알 수 없는 물건들도 모두 할머니와 엄마, 이모가 주워 온 것이겠지. 부러지고 망가지고 버려진 것들이 이 여자들 손에서 그리고 아이들 손에서 다시 살아난다.

호사가 언니 코치아네한테 점심을 사 오게 돈을 달라고 한다. 코치아네는 윗옷 가슴골에서 3헤알을 꺼낸다. 코치아네는 점심은 2.5헤알이라며 호사에게 미리 잔돈을 받는다. 늘 그렇게 가슴에 돈을 넣어두느냐고 물으니 바지 주머니에 넣으면 누군가 채간다고 한다.

여자들과 아이들이 사는 집. 무너진 벽으로 쏟아져 들어오는 햇볕에 옷가지들을 말리고, 재활용품을 쌓아놓은 한쪽 구석에는 버려진 것인지 살림인지 가늠이 안 가는 물건들이 어지러이 놓여 있다. 여기 어디쯤 여자들과 아이들이 자는 방이 있을까. 2층으로 올라가면 있을까. 벽이 무너져 다 드러난 2층에. 늘 이렇게 웃고 사는 건 아니겠지만 외진 골목 무너진 건물에 깃들여 사는 이들은 어느 누구한테도 웃음을 빼앗기지 않았다. 세상은 다른 모든 것을 이들한테서 빼앗아 갈 수 있어도 웃는 이 얼굴은 빼앗아 가지 못하리라. 웃는 얼굴을 빼앗기지 않는 한 삶은 이들 차지다.

사람들이 바쁘게 오가는 길에 있는 수레에서 호사가 점심거리를 사 온다. 두 그릇. 그것으로 모두 함께 나누어 먹는 걸까. 아니면 어른들은 벌써 먹었고 아이들을 챙기려는 걸까.

인사하고 가려는데 헤지나가 나를 보고 웃는다. 헤지나를 힘껏 들어서 꼭 안아주니 한참 내 품에 안긴다. 아이들도 밥을 먹어야 하니 그만 가려는데 헤지나가 사진을 찍어달란다. 안드레사가 어린 동생들을 다시 품에 안는다. 아이들 얼굴을 카메라에 담는다.

어디선가 휘파람 소리가 난다. 길 위쪽 의자에 앉은 남자들이 내 뒤통수에 대고 부는 휘파람 소리다. 못 들은 척할 이유도 없건만 부러 못 들은 척 사진만 찍어대는데 계속 휘파람을 불고 소리친다. 아가씨, 시간 있으면 우리 차 한 잔 할까요, 하는 휘파람도 아니건만 참. 아이들을 사진 찍는 걸 지켜보던 그이들이 사진 한 장 찍어달란다. 못 찍어줄게 뭐 있겠는가. 네 사람이 서로 떨어져 앉아 있어 한 사람씩 따로 찍는다. 사진 찍은 걸 보여주니 웃는다. 사진 찍어줘서 고맙다고 한다. 그이들한테 뽑아주지도 못하고 내 카메라 안에만 담기는 사진이어서 오히려 내가 미안한데 고맙다는 말을 왜 그리도 진지하게 해 사람 더 미안하게 하는지 모르겠다. 이 길로 굳이 여행객들이 올 리는 없고 낯선 얼굴을 한 내가 오니 그이들이 도리어 관심을 보여준다.

브라질로 넘어오면서 사람들 얼굴을, 특히 사라져가는 얼굴들을 찍고 싶다는 생각이 들었다. 아마 베네수엘라 메리다 투카니에서 안드레이나 얼굴을 만나면서부터였을 거다. 한 번도 사람들 얼굴을 찍고 싶다는 생각을 해본 적이 없는데, 아니 카메라를 잡으면 뭘 어떻게 찍어야 할지 몰라 머릿속이 새하얘지기만 하는데, 찍어놓고 보면 죄다 흔들리고 잘렸는데…….

성큼성큼 내걷지 못하고 주저하며 걸어 들어온 길, 다시 나가면서야 사진을 찍는다. 사람을 만난 뒤에야.

아쉬운 사람들

강은 끝내 찾지 못했다. 아니, 아이들을 보고 나니, 굳이 강을 찾아야 할 이유가 없어졌다. 터미널로 돌아와 화장실에 갔다가 짐을 찾으러 가는데 아이스크림 판매대 앞에서 여자가 강을 보았느냐고 묻는다. 아, 한 번 보고 잠깐 이야기한 나를 아는 척해주다니. 못 보았다고 하자, 다시 알려줄 테니 가보란다. 거기 가면 노 젓는 배도 탈 수 있다면서. 이제 공항으로 가야 할 것 같다고 하니 강을 못 보아서 어떻게 하냐고 도리어 여자가 아쉬워한다. 나는 강은 아쉽지 않으나, 이 아이스크림 가게 여자나, 내가 터미널에 와서 화장실을 찾을 때 청소를 하다가 자세히 알려준 다른 가게 여자와 스치듯 지나야 하는 게 더 아쉽다. 백인 여행객들이 많은 곳에 내가 나타나서 그럴까, 이 여자들이 다정하다. 이들이 다정한 건 눈으로 알았다. 그곳을 왔다 갔다하는 나를 알아보고, 인사하고.

더 다니고 싶은 곳도 없고, 있다고 해도 너무 더워 돌아다닐 수도 없다. 눈을 붙이든지 날을 새든지 공항에서 기다려야 하니 더 늦기 전, 해 있을 때 움직이는 게 낫다. 공항까지 찾아가는 길이 얼마나 걸릴지도 모르니.

버스 정거장에는 사람들이 무척 많다. 버스가 쉬지 않고 오고, 사람들이 계속 버스에 올라타도 정거장에 사람들은 좀체 줄어들지 않는다. 한참을 기다리니 드디어 내가 탈 버스가 온다. 후다닥 달린다. 원래 뒷문으로 타고 앞문으로 내리는 건데 그럴 여유가 없어 앞으로 탔다. 공항 가는 거 맞냐고 운전기사에게 물으니 안 간단다. 그렇다고 내리면 더 막막하다. 복잡한 정거장, 다시 누군가한테 길을 묻고, 기다려야 하는 일이 만만치 않으니. 버스 노선이 달라졌는지 탔다가 도로 내리는 사람도 여럿 있다. 한 아주머니가 이거 타고 가다 다른 버스 갈아타면 된다고 해서 그럼 꼭 알려 달라고 부탁하고 짐을 의자에 놔두고 차비를 내러 간다. 거스름 돈이 없어 기다리면서 어디 가서 갈아타면 되는지 나한테 말해 달라고 차비 받는 승무원한테도 부탁한다.

버스는 한참을 간다. 가다 보니 마나우스가 넓기는 넓다. 버스 타고 40분 걸린다고 비행기 표 끊을 때 들었는데 그만치 멀다. 웬만하면 이제 내려 몇 번 버스를 타라고 알려주면 좋으련만 아직 말이 없다.

비가 쏟아진다. 활짝 열어놓았던 창문들을 사람들이 후다닥 닫는다. 낮 4시에서 5시 사이에 내리는 비. 마나우스도 베네수엘라처럼 하루 한 번씩은 비가 내리는 건가. 한참 달려왔는데 이 버스도 투카니에서처럼 빗속에 나를 던져놓는 건 아닐는지. 더 멀어도 좋으니 제발 저 비가 그친 다음에 내릴 수 있기를.

드디어 모터 택시를 타다

버스 타고 공항에 가려던 내 노력은 반은 물거품이 되었다. 일부러 그런 건지 우연인지 버스 기사가 날 내려놓은 곳이 모터 택시 회사 앞이었다. 회사라고 해서 별다른 건 아니고, 작은 가게 앞에 오토바이 몇 대 둔 게 다다. 다행히 비는 그쳤다. 일반 택시보다는 훨씬 싼 모터 택시를 탄다. 베네수엘라에서 처음 본 바로 그 모터 택시를 브라질에 와서 타본다. 그런데 그리 크지 않은 오토바이에 짐을 어찌 다 싣고 타나 싶어 요금을 흥정하는 사람에게 짐을 들고 탈 수 있냐고 하니 할 수 있단다.

요금을 흥정하던 사람 말고 건물에서 더 젊은 남자가 나온다. 헬멧을 내민다. 안경을 쓴 채로 헬멧을 쓰려다 다칠 뻔했다. 안경을 내려놓고, 헬멧을 쓰고, 다시 안경을 쓴다. 등에 멘 배낭과 앞으로 맨 가방 때문에 휘청거려 오토바이 위로 오르는 게 쉽지 않다. 골목에 온 사람들이 다 나를 보고 웃는다. 거울로 한번 보면 딱 좋을 내 모습에 나도 웃는다.

남자 앞에 둔 가방이 달리다 떨어지면 어쩌나 걱정했는데 달리다 보니 남자가 자기 목에 가방 끈을 걸었다. 비가 와서 길이 미끄럽다. 물웅덩이 진 곳도 남자는 마다않고 달린다. 그렇게 달리면 내가 옴팡 젖는 것을. 그나마 비가 그쳐서 다행이다. 공항이 보통 먼 곳이 아닌지 오토바이는 달리고, 달리고, 달린다. 얼마 만에 타보는 오토바이인가. 한 10년 전에 타보고는 처음이다. 비가 와서 시원한 거리, 기사가 속력을 꽤 낸다. 그래봤자 작은 오토바이가 얼마나 빠르게 달리겠냐만 그래도 달리는 건 재미있다. 그냥 쫙 뻗은 길, 앞에 앉은 남자를 두 손 깍지 껴 꽉 부여안고 '야!' 하고 길고 크게 소리치며 달리면 더 신나련만, 손은 쥔 듯 만 듯 남자 옆구리 옷자락 끝만 살짝 잡고, 소리는 밖으로 나오지 않고 속에서 난리가 난다. 이런 데서 소리치고 달려봤자 이 젊은이밖에 더 누가 웃겠냐만.

공항 주차장에 멈추고서야 오토바이를 함께 타고 온 젊은이 얼굴을 본다. 처음부터 헬멧을 쓰고 나와서 얼굴을 못 보고 한참을 달려왔다. 22살 파르시오마르가 가방을 공항 안까지 갖다주겠다는 걸 혼자서도 충분하다고 그냥 두라고 했다. 출발하기 전, 요금을 흥정할 때는 2헤알을 깎아 8헤알만 주기로 했는데 먼 빗길을 달려오고 보니 그래서는 안 되겠다. 적당한 가격인지 아닌지 상관없이 나를 데려다주어 고맙다. 거스름돈을 주려는 파르시오마르한테 그냥 두라고 하고는 그거 원래 깎은 값이니 사무실 남자한테는 모르게 하라고 하니 알아듣고는 웃는다.

파르시오마르가 오토바이를 타고 돌아간 뒤 보니, 바지고 배낭이고 가방이고 죄다 젖었다. 오토바이가 젖어 있던 것도 모르고 탄 데다 웅덩이를 몇 번 지나면서 빗물이 튀겨 배낭 손잡이에 묶어놓은 잠바도 흠씬 다 젖었다. 생각해보니 늦은 것도 아닌데 오토바이를 타고 초를 다투는 듯 씽씽 달려왔다.

브라질의 모터 택시. 그냥 헬멧 쓰고 오토바이 뒤에 타고 가는 거다. 나는 22살 파르시오마르가 모는 이 모터 택시를 타고 공항까지 왔다.

벨렝을 기다리며

그쳤던 비가 다시 쏟아진다. 낮이 몹시 더웠던 만큼 저녁 비도 지지 않을 만치 세차다. 한 번씩 천둥도 치고 번개도 번쩍인다. 일찍 서둘러 와 다행이다. 비록 9시간이나 기다려야 하지만.

내일 아침은 벨렝에서 시작한다. 브라질 북부 중앙에 있는 파라 주 수도 벨렝은 어떤 곳일까. 아마존 강 끝에 있는 도시. 마노가 아름다운 사람이라고 한 솔은 어떤 사람일까. '해'라는 이름을 가진 사람. 테노네에 산다는데 두 번 버스를 갈아타고 간다. 마노가 자세히 알려주어 혼자 충분히 버스를 타고 갈 수 있겠다.

공항은 버스 터미널과는 참 다르다. 사람이 많기로는 별 차이 없겠지만 버스 터미널은 시장 냄새가 난다면 공항은 백화점 냄새를 풍긴다. 마나우스 공항은 그리 크지 않고 더 화려한 공항에 비하면 그나마 소박한 편이지만, 그래도 쉬지 않고 쓸고 닦는 사람들이 있고, 똑같은 물건을 더 비싸게 파는 가게들이 있다. 버스 터미널에서 500원 하는 빵과 커피가 접시와 잔에 담겨 4~5곱절은 더 비싸고, 공항이라는 이유만으로 인터넷 방 요금도 몇 배는 더 비싸다. 왜 그렇게 비싸야 할까. 돈을 들인 게 더 많아서 그만큼 뽑아내야 하는 걸까. 사람들이 비싼 걸 사면서 비싼 걸 살 수 있는 자신의 능력을 확인하게 하려는 것일까?

그런데 이건 좀 지나치지 않은가. 밤 2시가 넘어도 여전히 물건을 팔아야 하고 물건을 구경하고 물건을 사야 하는 사람들을 만드는 자본주의는 너무하지 않은가. 공항 안 모든 가게들이 지금도 영업 중이다.

모든 것이 상품이 되는 시대에 독자성은 과연 어떻게 확보될 것인가? 어느 나라든 도시, 상품, 문화가 비슷하다. 똑같은 은행 현금인출기가 있고, 맥도날드가 있고, 심지어 텔레비전 광고도 서울에서 보는 거나 브라질에서 보는 거나 페루에서 보는 거나 별반 다르지 않다. 구조가 같다. 빨래 세제 광고를 하는 여자를 보면서 헛헛한 웃음을 지었다. 남미 어떤 나라에서든 광고에는 금발머리 여자가 나온다. 서울에서도 이런 광고는 흔하다. 버스에서는 늘 미국 영화를 보게 된다. 서울에서도 마찬가지다. 아마존은 상품이 되어야 사람들에게 알려지고, 인디헤나도 마찬가지다. 그나마 상품으로 만들어져야만 살아남을 수 있는 것일까. 하지만 내 눈에는 상품이 된다는 것은 박제되는 것이다. 상품이 된 인디헤나는 가게 유리 선반에서 불빛을 받으며 전시되어 비싸게 팔리지만, 살아 있는 인디헤나는 길거리 찬 바닥에 앉아 붉게 짓무른 눈으로 채소를 팔거나 구걸을 한다.

시간은 새벽을 걷는데, 그리 치울 것도 없건만 청소하는 여자가 잠도 못 자고 바닥을 쓸어댄다. 공항을 이용하는 사람들을 위해 가게를 여는 것인가, 가게를 위해 공항에 머무는 사람들이 있는 것인가. 당연히 '판매'를 위해서지. 상품이 된 것들은 팔려야 하니까. 공항 의자에서 내 생각은 너무 심하게 널뛰었나.

다른 말을 쓰지만 삶은 같다:

브라질, 벨렝

11월 19일 일요일

환영, 벨렝 공항

아침 7시 30분에 벨렝에 도착했다. 8시 40분에 도착하는 줄 알았는데 1시간 일찍 도착하다니, 이게 무슨 일인가. 분명 산타렝에서 한 번 멈추고 그다음이 벨렝인데 다른 곳을 더 지나치는 건가. 사람들한테 벨렝이 맞느냐고 물으니 맞단다. 공항 시계를 보니 8시 40분이다. 벨렝이 마나우스보다 한 시간 빨랐던 거다. 다시 한국과의 시차가 딱 12시간이 되었다. 몇 나라씩은 시간이 같아서 그리 자주 시곗바늘을 돌리지 않았는데 브라질은 땅이 크다 보니 한 나라에서도 시간이 다르다. 벨렝 공항 계단을 내려오는데 '환영'이라고 쓴 한글이 보인다.

아무래도 코약을 하나 먹어야겠다. 여태껏 약 먹지 않고 잘 왔는데 몸이 많이 지쳤나 보다. 코가 바로 반응한다. 목요일부터 토요일 아침까지 버스 타고 와서 다시 잠 한숨 안 자고 비행기를 탔더니 몸도 얼굴도 옷차림도 말이 아니다. 비행기가 산타렝에서 멈춰 잠이 깼는데 그다음부터 잠을 못 잤다. 벨렝이 종착지가 아니고 경유지라서 못 내리면 안 된다는 생각에 편히 잘 수가 없었다. 이래저래 몸이 지친다.

짐수레가 잘 안 밀리고 빡빡하다. 다른 사람들은 잘 밀고 가는데, 고장 난 걸 집었나. 짐수레를 바꾸어야겠다고 생각하는데, 어떤 아저씨가 내 수레를 잡는다. 택시 운전기사인가 싶어 안 탄다고 그랬는데 수레 손잡이를 꽉 잡고 안 놓는다. 놓으라고 안 탄다고 그래도 꿈쩍도 않는다. 알고 보니 수레 손잡이를 눌러야 밀리는 거였다. 내게 수레 미는 방법을 가르쳐주려는 거였는데 화까지 냈으니, 쥐구멍이라도 있으면 찾아 들어가고 싶다. 택시 기사가 들어올 수 없는 공항 안이었다는 사실도 못 떠올렸다. 아저씨는 공항에서 안내를 보는 사람이다. 몇 번을 고개를 끄덕여 고마움을 전한다.

화장실 가서 일단 씻고 버스 탈 준비를 하고 안내대에 가서 버스 타는 곳을 물으니 자세히 알려준다. 브라질 플로리아노폴리스에서 샀던 전화카드로 솔에게 전화를 해서 내가 지금 출발한다고 했더니 딸을 바꿔준다. 딸은 스페인어로 오지 말고 공항에서 기다리란다. 엄마가 공항으로 간다고. 혼자 넉넉히 찾아갈 수 있는데. 집에 차가 있는 거라면 모르지만 그렇지 않다면 더 미안해지는데.

비행기 안에서 괜히 모르는 사람한테 신세 지는 거 아닌가 부담이 갔다. 마라바로 바로 가는 비행기를 끊을 걸 그랬나 달리 생각해보기도 하고. 솔이 그동안 여러 공동체 활동을 해왔다기에 그것도 좀 알고 싶은 마음은 있었지만 친구의 친구라는 이유만으로, 말도 제대로 통하지 않는 낯선 나를 위해서 그이들이 며칠 신경 쓰게 될 걸 생각하니 마음이 무거워진다. 그냥 벨렝 어디에 숙소 잡고 잠깐 가서 만나기로 할 걸 그랬나 후회되기도 하고. 그냥 가자. 테노네에서 사람들이 사는 모습을 잘 눈여겨보고 나중에 내가 할 수 있는 일을 하자. 한국에 돌아가면 비좁은 집이지만 묵을 곳이 필요한 사람들을 언제든 반가이 맞아야겠다.

한눈에 알아본 솔

저만치 솔이 온다. 한 번도 만난 일이 없는데, 사진을 본 것도 아닌데, 마노한테서 어떻게 생겼다고 얻어들은 것도 아닌데 나는 한눈에 솔을 알아본다. 솔도 나를 한눈에 알아본다. 물론 짐을 들지 않고 공항으로 들어오는 사람은 분명 누군가를 찾으러 온 것이겠고, 공항 대기실에 아시아 사람은 나 혼자밖에 없었던 탓도 있겠지만 우리가 서로 알아본 건 그것 때문만은 아닐 것이다. 솔과 나는 서로 꽉 껴안았다. 너무도 오랜만에 만난, 보고 싶었던 친구처럼.

솔과 남편 후이, 딸 파올라, 아들 브루노가 사는 집에 들어서는데 솔과 후이가 신발을 벗는다. 신발을 벗고 사는 사람들을 만나니 놀랍기도 하고, 어찌나 반갑던지 신이 난다. 어디서든 신발을 벗고 싶을 때면 벗기도 했지만, 콜롬비아 디아나도 가끔 맨발로 집을 왔다 갔다 하기는 했지만, 이렇게 집 안에서는 아예 신발을 벗는 사람들은 처음 본다.

아침을 안 먹고 기다렸나 보다. 부엌 둥근 탁자에 파라 주 전통 음식이라는 타포푸라와 빵, 바나나, 망고, 커피, 주스가 있다. 타포푸라는 생긴 게 꼭 찹쌀 부꾸미 같다. 맛도 비슷하다.

몸을 씻고 그동안 제대로 빨지 않아 냄새가 지독한 샌들도 비누로 빨고, 옷도 빨았다. 솔이 세탁기로 하라는 걸 빨 게 몇 가지 안 되어 그냥 빨았다. 부엌문 밖으로 나가니 서서 빨래를 할 수 있게 빨래터를 만들어놓았다.

얼굴에 잠 못 잤다고 씌어 있었을까. 후이가 한숨 자란다. 아무래도 그래야 할 것 같아 오자마자 잔다. 브루노 방을 며칠 쓰기로 하고 누웠다. 잠 속으로 미끄러지듯 스읔 빠져드는 내가 느껴진다.

점거

이젠 남의 집에서 낮잠도 잘 잔다. 마나우스에서 산 조리를 꺼내 신고 후이와 동네를 한 바퀴 둘러보러 나섰다. 후이가 나한테 힘들었나 보다고 한다. 자면서 앓는 소리를 내더라며 안타까운 눈빛으로 바라본다. 꿈도 안 꾸고 그냥 잠 속에 푹 빠졌는데.

테노네도 무척 덥다. 2층 건물은 거의 없는 테노네, 땅도 하늘도 구름도 엄청 크고 넓다. 테노네에는 땅 없고 집 없는 사람들이 와서 빈 땅에 그냥 지은 집들이 많다. '점거'라는 뜻으로 그 집들을 오쿠파상이라고 부른다. 전기는 들어오는데 아직까지 수도 시설이 갖추어지지 않아 집집마다 알아서 지하수를 파서 물을 쓴다. 길도 붉은 흙 길이다. 사람들이 테노네에 와 땅을 점거해 산 지가 4년 되었다. 벽돌로 지은 집이 대부분이지만 판자로 지은 집도 많다. 재료를 사서 직접 지어야 하니까 다 지어지지 않은 집들도 있고, 좁은 집을 늘려 짓는 사람들도 있다. 일요일 낮, 시멘트를 이겨 집을 짓는 사람들을 여럿 본다. 혼자나 둘이서 일하는 사람들. 급할 것도 없이 느린 한낮처럼 일한다.

남미 곳곳에서 집을 짓는 사람들을 만난다. 플로리아노폴리스 솔 나센치 마을, 부에노스아이레스 바호 플로레스, 리마 비야 엘살바도르, 보고타 볼리바르 시. 산에다 짓거나, 모래벌판에 짓거나, 붉은 땅에 짓거나. 싸게 땅을 사서 짓거나, 빌려서 짓거나, 무단 점거해 짓거나. 처음부터 다 짓지 못하고 살면서 틈나는 대로 방을 늘려 짓는 집.

가난한 사람들이 처한 '집' 문제는 한쪽에 놔두고 다른 생각을 해본다. 살기 위해 집을 짓고, 남 힘을 빌리지 않고 자기 살 집을 스스로 짓는 이 사람들이 짓는 집이 비록 어설퍼 보일지라도 참 대단하다. 서울에서는 집을 다듬거나 허술한 곳을 보수하는 사람들은 볼 수 있어도 이런 사람들을 만나기는 어려운 일 아닌가. 스스로 집을 짓는 이들은 남이 지어준

도시 노동자나 빈민들이 빈 땅을 점거해 집을 짓고 산다. 지금도 곳곳에서 집을 짓고 있다.

집으로 떼돈을 버는 일 같은 건 하지 않는다.

브라질에서 땅 없는 농업 노동자들이 경작하지 않는 대농장들을 점거해 집을 짓고 농사를 짓는 것처럼, 집 없는 도시 노동자, 빈민들이 빈 땅을 점거해 집을 짓고 산다. 테노네뿐만이 아니라 브라질 다른 지역에도 이렇게 빈 땅을 점거해 사는 사람들이 많다고 한다.

다른 길로 가니 그 길은 포장된 길이다. 그쪽에 있는 집들은 똑같은 모양으로 무슨 주택단지처럼 지어놓았다. 후이 말이, 정부에서 벨렝 시내 빈민가에 사는 사람들을 위해 지은 이주 단지라고 한다. 그 집들 중 일부에는 지금 사람들이 산다. 아직 사람이 살지 않는 빈 집들에는 12월에 사람들이 새로 이주해 들어온다고 한다. 정부에서 하는 사업이기 때문에 이 집들에는 물과 전기가 다 들어온다. 집 없는 사람들에게 집을 주는 건 좋은데 사람들이 4년째 살고 있는 점거 지역은 왜 지원을 하지 않는 걸까. 후이는 사람들이 살 집을 짓는 것으로 정부의 역할이 끝나는 것은 아니라며 교육이나 교통 문제와 같이 해결해야 할 일들이 많다고 한다.

어느 집 앞에 빨간 승용차가 서 있다가 사람이 타고 지나가는데 후이가 코카인이나 마리화나를 파는 사람이라며, 테노네에는 이런 일이 자주 있다고 한다. 어디선가 총소리 같은 게 계속 들려 뭐냐고 물으니 밀매 문제로 생긴 일일 수도 있다고 한다. 테노네 파란 하늘처럼 사람도 늘 푸른 것만은 아니겠지. 사람 마음이 햇볕에 널어놓은 빨래처럼 보송보송하면 좋으련만. 지어야 할 것은 집만이 아니리라.

집으로 돌아가는 길, 가게들이 늘어선 길에는 노랫소리도 크게 들리고, 고기 굽는 냄새도 진동한다. 과일과 채소를 파는 가게에 들어갔는데 벽에 과일 그림을 어찌나 멋들어지게 그려놓았는지 모른다. 토마토, 사과, 파인애플, 바나나, 수박, 포도, 아세로라, 망고, 파파야, 머스크멜론, 카람볼라, 없는 게 없다. 내가 먹어보지 못한 과일 천지다. 한쪽에는 쌀과 콩, 기름을 짜 담아놓은 병들이 있어 우리네 사는 모습을 보는 듯했다. 후이가 작고 빨간 아세로라 한 봉지와 카람볼라를 사고 코코넛을 두 통 산다. 가게 주인이 코코넛 꼭지 부분을 칼로 도려내고 기다란 빨대를 꽂아준다. 시원한 물이 잔뜩 들었다. 목마르면 코코넛 따 마시고, 배고프면 갖은 열매 따먹고 그러고도 넉넉했을 시절이 있었을까. 집에 돌아와 씻어서 잘라놓은 카람볼라는 노란 별 꽃이다. 그래서 카람볼라를 별 과일이라고도 한다. 별은 하늘에만 있지 않다.

지도를 펼쳐놓고

솔과 후이와 함께 지도를 펼쳐들었다. 지금 내가 어디쯤 있는지, 이곳은 어디인지 지도로 찾아보았다. 브라질 북부 아마조나스 주 마나우스를 거쳐서 아마존 강으로 들어가고 나오는 곳에 있는 벨렝에서 내려 테노네로 왔다. 테노네는 벨렝에서도 남쪽에 있다. 적도가 보인다. 마나우스에서 벨렝까지는 적도 바로 아래다. 더울 만하다.

솔과 후이, 모두 파라 주에서 태어났다. 후이는 벨렝에서 맨 위로 올라간 곳에 있는 마라카낭에서 태어났고 솔은 벨렝 중부 이리투이아에서 태어났다. 이리투이아는 브라질 원주민인 투피-과라니Tupi-Guaraní 말로, '이리'는 '강'이라는 뜻이고 '투이아'는 '강한, 견고한'이라는 뜻이다. 테노네도 투피-과라니 말로, '해의 땅'이라는 뜻이다.

투피-과라니어도 사라져가는 언어일까? 그래도 브라질은 워낙 땅이 커서 다른 나라보다는 원주민들이 여전히 그이들 사는 방식대로 산다고 어디선가 읽은 것 같다. 땅 이름이 포르투갈 말이 아니라 투피-과라니어로 되어 있어 마음에 든다. 우리는 많은 땅 이름을 잃고, 일본이 지어낸 무식한 이름들을 여전히 쓰지 않는가. 전철이나 기차를 타고 가면서 만나는 이름들을 뜻풀이해보면 순우리말이 훨씬 부드럽고 예쁘건만 왜 그 이름들을 순우리말로 다시 바꾸지 않는 걸까.

솔과 후이는 사회체육을 가르치는 선생님들이다. 두 사람은 파울루 프레이리가 실천한 '피억압자를 위한 교육'에 바탕을 두고 가르친다. 지금은 학교에서 가르치지만 1995년부터 죽 파라 남쪽부터 북쪽까지 가난한 사람들이 사는 마을에서 공동체 교육을 해왔다. 파라 남쪽 아라구아이아, 투쿠망, 마라바, 중부 투쿠루이와 동북쪽 비지아 말고도 9개 지역을 다니며 일을 해왔다. 파라 동부 브라간사에서 솔은 어린이들이 당하는 성폭력 문제를 연극으로 다루기도 했다. 지금도 연극 연출과 학교에서 가르치는 일을 함께한다.

솔이 공부하는 작은 방에는 탁자에 책이 여러 권 놓여 있다. 파울루 프레이리라는 이름이 적힌 책, 페다고지(교육학)라는 이름이 적힌 책을 보면서 4년 전 『페다고지』를 읽던 여름이 떠올랐다. 한 구절 한 구절이 다 절절해 손가락이 아프도록 옮겨 적다 보니 커다란 공책을 12장이나 채웠다. 세상이 허무맹랑해 보일 때, 갈 길이 안개 자욱해 보이지 않을 때, 사람과 사람 사이에 벽이 느껴질 때, 무엇을 어떻게 해야 할지 모를 때, 세상이 끄떡도 하지 않고 변할 것 같지 않을 때……, 그럴 때 읽어보면 좋을 책이다. 그 책을 읽었다고 해서 당장 내가 변한 것도, 실천하는 인간이 된 것도, 세상이 나아진 것도 아니지만 적어도 눈길을 어디에 두어야 하는지는 알 수 있었다. 책을 덮으면 바로 잊는 일도 많았지만.

솔과 후이는 나처럼 머리로만 책을 읽고 공부하지 않는다. 가난한 아이들과 이야기하며 읽고 배운 것을 바탕으로 한 사람이 변하는 과정을 함께하고, 한 지역이 절망에서 희망으로 걸어가는 과정을 함께 만들어낸다.

공부하는 게 즐겁다는 솔은 학생들을 가르칠 준비를 하고, 음식 만드는 걸 좋아한다는 후이는 점심을 차린다.

11월 20일 월요일

이코아라시 나루터

테노네도 아침을 일찍 시작한다. 새벽 5시 30분이 되자 식구들이 모두 일어난다. 아침도 후이가 차린다. 빵과 치즈, 주스, 커피로 아침을 먹고, 6시 10분쯤 집을 나섰다. 솔은 좀 더 있다 나가도 되어 집에 남고, 학교가 벨렝 시내에 있는 파올라와 브루노는 버스를, 후이와 나는 한참 걸어 나와 승합차 버스를 탔다.

버스를 타고 내린 곳은 이코아라시 나루터다. 후이는 아침마다 배를 타고 코티주바 섬에 있는 학교로 간다. 이른 아침 나루터는 벨렝 시내로 일을 하러 배를 타고 나온 사람들과, 섬으로 들어가려는 사람들, 과일이며 채소, 해산물을 가지고 나와 파는 사람들로 활기차다. 기다리는 동안 후이의 동료 선생님들이 하나씩 모여들었다.

7시 15분, 배가 들어온다. 우리가 탄 배에는 선생님들이 많이 탄다. 선생님들은 책을 꺼내어 공부를 한다. 한 시간 정도 걸리는 거리, 한 선생님은 누워서 잠시 눈을 붙이기도 한다.

40분 정도 지나니 주투바 섬이다. 여기서 선생님 두 명이 내리고 코티주바 섬에 있는 학교에 가는 아이들이 두꺼운 공책을 품에 안고 탄다. 주투바 섬에 있는 학교는 아주 어린아이들이 다닌다. 섬에 배가 올 때마다 나와보는 아이일까, 아니면 곧 올 선생님을 기다렸을까. 반바지만 입은 남자 아이가 배가 들어오는 나무다리 위에 있다.

코티주바 섬 작은 학교

딱 1시간 걸려 코티주바 섬에 도착했다. 길을 두고 두 학교가 마주보고 있다. 오른쪽에는 벨렝 시에서 운영하는 초등학교가 있고, 왼쪽에는 브라질 정부에서 운영하는 중고등학교가 있다. 후이는 두 학교에서 체육을 가르친다.

예쁘다. 교실 6개와 교무실, 부엌, 식당, 화장실이 있고, 학교 뒤에 아이들이 뛰어노는 마당이 있다. 울창한 숲과 바로 이어진 마당이다. 교실에는 몇 학년 몇 반이라고 쓰여 있지 않았다. 아이들이 나이별로 나뉘어 공부한다는데, 반 이름이 모두 코티주바와 벨렝, 파라 지역에서 자라는 나무 이름이다. 투쿠망, 타페레바, 피퀴아, 아싸이, 부리치 그리고 망고다. 땅에 뿌리를 내리고 햇볕과 바람과 비를 맞으며 파란 하늘을 향해 자라나 열매 맺는 나무들. 아이들도 그렇게 자라나겠지.

후이가 내게 말한다. "내 학교가 네 학교야"라고. 어제는 자기 집에서 "우리 집은 네 집이야"라고 말해주더니.

후이가 망고반 교실로 들어갔다. 예닐곱 살 친구들이 작은 가방을 메고

코티주바 섬에 있는 초등학교.

교실로 들어선다. 오늘 수업은 밖에서 한다. 후이는 학교 식당 냉장고에서 얼려둔 물병도 꺼내고, 컵도 서너 개 챙긴다. 바닷가로 가는 길, 하나씩 서 있는 나무들은 교실 이름으로 적혀 있던 나무들이다. 가던 걸음을 멈추고 후이가 손가락으로 나무를 가리키며 "무슨 나무지?" 하고 물으면 아이들이 그 조그마한 입을 벌려 이름을 말한다. 아이들이 모르는 나무는 후이가 제대로 알려준다. 나무 이름을 아는 게 왜 중요할까. 자기 땅 이름을 알고 자기 땅에서 자라는 나무 이름과 자기 땅을 달리는 동물과 하늘을 나는 새 이름을 아는 것이 왜 중요할까. 문득 이자 계산을 하는 수학 문제가 나왔던 수학책과 문제집이 생각난다. 원금과 이율과 이자라는 낱말은 너무 딱딱했다. 아이들은, 어른들은 무얼 배워야 할까.

후이는 제대로 걸을 수가 없다. 아이들이 어떻게든 선생님 손을 잡으려고 난리가 났다. 손은 둘밖에 없으니 두 명이 잡으면 끝난다. 아이들은 후이를 혼자 차지하지 않는다. 손가락은 모두 10개다. 아이들은 후이 손을 잡는 게 아니라 손가락을 나눠 잡는다. 선생님 후이야 손가락이 찢어지든 말든. 손가락을 못 잡은 아이들은 후이 옷자락을 부여잡는다. 그마저도 못 잡은 아이들은 후이 손가락이나 옷을 잡은 아이 손을 잡는다. 선생님 기운은 그렇게 친구를 타고 이어진다. 그러고 걷는다. 후이는 아이들 손을 떼어놓지도 않고, 좀 떨어지라는 말도 않는다.

가는 길에 코티주바에서 살다 저세상으로 돌아간 사람들이 잠자는 묘지가 있다. 산 사람들과 함께 사는 죽은 자들. 집과 길과 함께 있는 묘지에서 스산한 기운이라고는 전혀 느낄 수 없다. 죽은 자들도 햇볕을 쬐며 바닷가로 가는 아이들을 바라본다.

길 끝에서 바다가 이어진다. 말을 찾기 어렵게 만드는 물빛. 아이들을 앉혀놓고 후이가 코티주바 섬 이야기를 들려준다. 걸어오느라 목말랐을 아이들에게 물을 나누어 준다. 아이들은 모래 위에 그림을 그린다. 후이가 떨어진 나뭇가지를 주워 아이들에게 나눠 준다. 나뭇가지로 그리기도 하고 손가락으로 그리기도 하고 모래에 털퍼덕 주저앉아 그리기도 하고 눕기도 하고. 아이들은 자기가 그린 모래 위 그림을 자랑하고 싶어서 어쩔 줄 모른다. 아무도 선생님이라고 부르지 않는다. 여기서도 "후이, 후이", 저기서도 "후이, 후이", 사방에서 "후이, 후이"를 부른다. 한 아이가 네모를 그리더니 거기에 작은 나뭇가지를 세워놓고는 "우리 집"이라고 한다. 후이는 자기가 낼 수 있는 가장 아름다운 목소리로 감탄한다. 어느 그림 하나 그냥 지나치지 않고 "예쁘다"고 "놀랍다"고 말해주고, "무엇이냐"고 묻는 후이. 아이들은 주저하지 않고 대답한다. 사랑이라고도 하고, 친구라고도 하고, 나무라고도 한다. 아이들은 자기가 자랑스럽다.

종이 위에서가 아니라 모래 위 자연 속에서 가르치고 배우는 후이와 아

아이들이 모래 위에 그림을 그린다.

한 아이가 그린 “우리 집”.

이들. 한국에서는 대안교육을 만들어내느라 온갖 고생들을 다하는데 자연에 있는 이 작은 학교는 그저 움직이기만 해도 살아 있는 교육이다. 자연에서 자연스럽게 이루어지는 교육이 그지없이 부럽기만 하다. 나는 늘 나무와 산과 들과 바다와 함께 산 사람을 만나면 주눅이 든다. 푸른 것은 모두 나무이고, 날아다니는 것은 모두 새이고, 높은 것은 산이라고밖에 모르는 나는, 자연을 이루는 낱낱의 이름을 대는 이들을 보면, 이름만 아는 게 아니라 그것이 무엇인 줄 알고, 그것이 내뿜는 기운을 받아들일 줄 아는 이를 보면 주눅이 든다. 책 속에서 배우지 않고, 책상에서 배우지 않고 땅에 몸 낮추고 배운 이들 말이다. 제발 중요한 게 무엇인지, 배워야 할 게 무엇인지 솔직하게 얘기하자.

함께 걷자

한 시간 뒤, 학교로 돌아오는 길, 아이 몇이 앞서 달려간다. 후이는 혼자 먼저 달려가는 아이들을 부른다. 손을 흔들어 그 자리에 멈추라고 친구들을 기다리라고 한다. 그래도 달려가는 아이한테는 후이가 호루라기를 분다. 아이는 신나게 맘껏 달리고 싶은 걸까. 후이는 그 아이가 맘껏 달릴 자유를 막았을까. 안전사고 때문에 그랬을까? 아니, 길은 흙 길이고, 확 터져 있어 어디서 무엇이 오는지 다 보인다. 어쩌다 한두 대 지나가는 차들은 아이들을 발견하면 멈추어 선다. 그럼 수업이니까 통제하기 위해서? 아니다. 후이는 먼저 달려가는 아이한테만 멈추어 서라고 했지, 아이들에게 떠들지 말고 조용히 하라는 말도 안 했고, 두 줄 기차로 줄 서서 걸어가자고도 안 했다. 후이가 왜 그랬을까. 혼자 앞서 달려가는 아이와 뒤에서 함께 가는 아이들을 보면서, 후이에게 물어보지 않았지만 후이가 왜 그랬는지 알 것 같았다. 앞서 달려가는 게 중요한 게 아니라 천천히 함께 가는 게 중요하다는 걸 깨닫게 하려고가 아닐까. 힘들거나 발걸음이 느려 뒤로 처지는 친구를 기다리고, 땅에 닿는 발걸음 하나도 느끼면서 걸어보자는 거 아닐까. 조그만 아이들이 나란히 걸어가는 모습을 보면서 어른들이 잃어버린 모습을 본다. 앞서 갈 필요 없이 함께 이야기하며, 웃으며 걷는 길. 앞서 가야 살아남는 거라고 가르치는 자본주의와 한국 교육. 대체 앞서 가면 무엇이 나오길래? 이 작은 학교는 먼저 온 아이들에게 문을 열어주지 않는다. 학교의 아주 낮은 나무 문은 앞서 간 아이들한테 열리지 않는다. 문 안쪽에 서 있는 경비 선생님은 한참 뒤 후이와 아이들이 모두 도착한 다음에야 딸깍, 문을 열어준다.

아침 10시. 바닷가에서 돌아온 아이들은 손을 씻고 간식을 먹는다. 우유인가 했더니 하얀 빛깔이 나는 몽글몽글한 죽이다. 만조카 가루와 타피오카로 만든 밍가우지타피오카 한 컵이 속을 든든하게 해준다.

체육 수업

후이는 아침 10시 30분부터는 초등학교 맞은편에 있는 중고등학교에서 16살 학생들과 수업을 한다. 말이 16살이지, 다들 어른이다. 열여섯 이팔청춘이니 다 컸다. 세상 모든 게 등 돌려 혼자인 것 같다가도, 세상 모든 게 다 시시하게 보이기도 하고, 세상 모든 걸 다 할 수 있을 것 같기도 하고, 쓸쓸하고 외로운 건 자기를 따라올 자가 없으며, 사랑도 절망도 구원도 오로지 자신밖에 하지 못하리라고 여기는 겁 없는 나이, 열여섯.

다들 조리를 끌고 나타난 학생들은 책상 위에 앉기도 하고, 의자에 허리를 걸치고 앉아 다리를 쭉 뻗기도 하고, 교실에 있는 것을 만지작거리기도 한다. 8명이 모였다. 후이를 쳐다보는 아이도 있고 딴 짓을 하는 아이도 있고 제각각이다. 그런데 웃긴 게 아이들은 어느 누구도 방해하지 않고, 방해받지 않는다. 손에 풀을 들고 만지작거리던 학생이 언제 선생님 말을 들었는지 후이 말이 끝나니 대답도 하고 묻기도 한다. 할 거 다하는 아이들이다. 수업이 끝날 무렵 4명이 더 온다. 모두 12명. 빨간 모자를 쓰고 온 학생은 오랜만에 학교에 나타났는지 후이가 아이에게 손을 내밀어 악수를 한다. 달력을 보며 과제물을 언제까지 낼 건지 아이들과 약속을 잡는 것으로 20분간의 교실 수업은 끝난다.

이제 풀밭에서 배구를 한다. 땡볕 아래 배구를 한단다. 가만히 있어도 땀이 나는데 배구라니. 에이, 그냥 놀아요, 하지도 않고 학생들은 배구 그물을 친다. 어슬렁어슬렁 나타난 아이들 둘까지 합쳐 모두 14명이다. 출석부에는 24명 이름이 적혔는데 10명은 어디 가서 뭐하나. 늦게 왔다고 뭐라고 안 하고 반갑게 왔냐고 하는 후이. 두 팀으로 나누어 후이가 중간중간 규칙과 방법을 알려준다. 서 있어야 할 자리와 위치를 알려준다.

공이 세게 부딪치자 낡아 삭은 배구 네트가 툭 떨어진다. 떨어진 네트를 잇는 아이들. 후이가 한 학생한테 호루라기를 주고 심판을 보라고 하자 아예 생중계를 한다. 아이 말에 공을 쳐대는 아이들이 깔깔깔 웃는다. 체육 실기는 배구로 끝나지 않고 축구로 이어진다. 배구도 축구도 여자, 남자 가리지 않는다. 모두 다 함께.

물 위에 지은 집

아침 수업을 마치고 집에 들어와 함께 점심을 먹은 솔은 다시 저녁 수업에 가야 한다. 5시쯤 솔과 후이와 함께 시내로 나왔다. 솔은 어른들이 참여하는 수업을 하러 간다. 후이와 나는 벨렝 시내 사람들이 사는 집을 찾아간다.

버스에서 내려 한참 뒷골목을 걸어 찾아간 곳은 바르카 마을. 바르카, '나룻배'라는 이름처럼 마을은 땅을 딛지 않았다. 아, 바닷물 들어오는 곳에 집을 짓다니. 이제껏 보았던 집들과 너무 달라 나는 마을 들머리에서 놀라고 말았다. 숨겨놓은 도시를 처음 발견한 사람처럼. 집도 나무판

바르카 마을. 바닷물 위에 집을 지었다. 나뭇조각과 나무판자들이 더러운 물속에서 썩어가고 있다.

자, 길도 나무판자로 지어진 동네. 허물어진 집도 더러 있다. 한때 벽이었고, 지붕이었고, 창문이었을 나무판자들이 더러운 물속에서 썩어가고, 집을 받쳤던 나무 기둥들만 스산하게 남았다.

우리가 들른 곳은 바르카 마을 공동체 대표인 후니오네였다. 후니오는 이 마을에서 태어났다. 올해 서른 살이니 30년을 물 위에서 살았다. 사람들이 여기에 집을 짓고 산 지는 70년이 넘었다.

후니오가 사람들이 사는 집을 보여주겠다며 앞장섰다. 후니오가 걸음을 멈춘 집은 지은 지 얼마 안 되었는지 나무판자 빛깔이 다른 집보다는 밝다. 사다리 계단을 타고 오르는데 밑을 바라보니 아득하지는 않으나 썩어가는 물이 마음을 어지럽힌다. 집은 튼튼하다. 나무 기둥 몇 개가 집과 몇 인생을 떠받친다.

방 안에 들어가니 태어난 지 얼마 안 되는 아기가 잠을 잔다. 눈길을 어디에 둬야 할지 몰라 창문으로 가 밖을 본다. 새근새근 숨 쉬며 자는 아기도, 집주인 여자도, 집 생김새도, 살림도 구경해서는 안 된다……. 창문 밖에 세상이 있다. 더께 낀 기와와 슬레이트 지붕보다 더 낡은 세상. 오래 물 위를 움직인 시든 배들보다 더 시든 세상이다.

집 밖으로 나와 물 위의 나무 길을 빠져나오니 빈 터에서 사람들이 축구를 한다. 한쪽에서는 아이들이 흙을 가지고 놀고 있다. 어디를 가든 아이들이 있다. 저 우주에서 반짝이던 별이었으되 지구에 와 별 대접 못 받다 세상 가난함을 짊어지는 가난한 사람이 되어야 하는 별들. 어린이는 우리의 미래라고들 말한다. 그 말을 하는 '우리'는 누구일까. 모든 사람이 우리가 될 수 있을까. '미래'가 되는 '어린이'들에 가난한 아이들도 들어갈까.

축구하는 사람들 너머로 새로 짓는 집들이 있다. 정부와 마을 공동체가 함께 '바르카 마을 도시계획 사업'으로 짓는 집이라고 한다. 서울에서는 낡은 집들을 허물고 아파트를 지어 낡은 집에 살던 사람들이 막막함을 안고 떠나야 하는데 바르카 마을 사람들은 살던 곳에서 살게 된다.

마을을 빠져나오는데 바닷가에서 일을 하는 노동자들이 후니오에게 아는 척을 한다. 엇갈려 걸어오는 사람들도 후니오를 아는 척하며 우리가 왔던 길로 걸어 들어간다. 땡볕 아래서 일한 하루도 저물어간다. 고단한 하루, 흘린 땀을 안고 나무 길을 걸어 돌아갈 집이 있으니 그래도 다행이다. 다시 내일을 기다릴 집이 있으니.

솔과 함께 집으로 가기 위해 길에서 만나기로 했는데 비가 쏟아진다. 비를 피하려고 들어간 건물 1층에 꽤 큰 식당이 있다. 천장에 무슨 장치가 되어 있는데, 사람들이 올라가 음악을 연주하는 곳이다. 연주하는 동안 그 장치는 한쪽 끝에서 반대쪽 끝까지 움직인다. 워낙 덩치가 큰 건물이라 식당 말고도 물건을 파는 가게들이 있다. 후이가 "병원도 없고 교육 기관도 별로 없는 곳에 정부는 이런 걸 세웠다"며 작은 목소리로 쓸쓸하게 말한다.

테노네로 돌아가는 버스로 갈아타기 위해 탔던 버스에서 내려서 걷다가 가까이 있는 노사 세뇨라 지 나사레 성당에 들렀다. 후이와 솔은 무엇을 위해 손을 모았을까.

11월 21일 화요일

새처럼

아침 9시다. 후이와 솔, 브루노는 모두 학교에 가고, 낮에 시험이 있는 파울라는 늦게까지 공부했는지 아직 일어나지 않았다. 솔이 공부하는 작은 방 컴퓨터 책상 앞에 앉았다. 창문 밖 처마 밑에는 화분이 걸렸다. 새 물통도 있다. 작은 새들이 날아든다. 아침에 솔이 학교에 가기 전에 물통에 물을 잔뜩 부어주었는데 벌써 반이 확 줄었다. 눈에 잘 보이지도 않는 작고 가는 부리로 목을 축이는데 저만큼 많이 나가나. 그럴 만도 하다. 4마리쯤 되던데 번갈아가며 부지런히 와서 물을 먹고 간다. 그런데 4마리가 맞나. 나는 그 4마리를 어떻게 다 다른 애들인 줄 알아보았을까.

사람들은 새장 안에 새를 가두어놓고 키우는데 솔은 지붕 처마 아래 나무를 심어놓고, 화분을 걸어놓고, 물통 하나를 놓고 새들이 머무는 자리를 만들었다. 아마 부엌문으로도 들어오고, 이 방 천장에 걸어놓은, 파울라가 천에 그린 그림을 보고 창문으로도 날아 들어오는 새들을 보면서 물을 주면 좋겠다 싶었을 것이다. 아침 내내 저 작은 새들은 쉬지 않고 지저귀고, 부르르 떨면서 날갯짓하고, 바쁘다. 가만히 앉아서 쟤들만 보는 게 왜 이리 좋은지. 나를 위해서, 나 심심치 말라고 지저귀는 것도 날갯짓하는 것도 아닌데 왜 보는 내가 좋을까. 눈만 즐거운 게 아니라 마음까지 편안해질까. 사람을 위해서 꽃을 피우거나, 푸른 잎을 드리우는 게 아닐 텐데 꽃과 나무를 보면 좋은 건 왜일까. 그저 자기 대로 사는 것인데 그게 다른 사람을 기쁘게 한다. 사람도 저러면 좋겠다. 내 삶을 사는데 다른 이가 절로 행복해지고, 서로 다른 삶들이 잘 어우러지며, 너 때문에 내가 못 사는 일도, 내가 누구를 위해 사는 일도 없는 세상, 불행한 다수를 딛고 행복해하지 않으며 다른 세계를 무너뜨리고 웃음 짓지 않는 세상.

다른 말을 쓰지만 삶은 같다

그렇게 날이 덥더니 어제 비 온 뒤부터 날은 서늘해지기까지 했다. 솔은 비가 내리는 시간을 정확히 안다. 같은 먹구름을 보면서도 나는 부리나케 널어놓은 옷을 걷으러 달려가는데 솔은 아무렇지도 않게 "아직 안 걷어도 돼" 그런다. 점점 더 구름이 무거워져 나가보려 하면 그때까지도 "아직은 멀었어" 그런다. 그러다 어느 순간에 "이젠 걷어야겠어, 비가 오려 해"라고 한다. 함께 옷을 걷으면 다 걷을 때쯤 비가 쏟아진다.

아침 일찍 후이와 브루노가 먼저 학교에 가고, 솔이 부엌 정리를 하면서 내게 "고맙다"고 한다. 아니, 내가 고마워해야지 왜 솔이 고마워하는가. 몇 달 전 힘든 시간을 지나왔는데 이제 많이 좋아졌고, 내가 와 좋다는 거다. 나는 그저 있을 뿐인데, 그이들이 내준 잠자리에서 푹 자고, 차려준 음식 맛나게 먹고, 함께 길을 걷고 그런 것밖에 없는데……. 그냥 있는 그대로 나를 받아들여주는 솔. 솔이 무엇 때문에 아프고 힘들었는지는 자세히 모르지만 그 아픔 때문에 더 깊은 마음을 지녔을 거다. 공부방에 있는 솔이 그린 꽃 그림들은 그 아픈 시간들을 스스로 다스려 피워낸 것일지도 모르겠다. 바라는 것들을 적은 종이쪽지들 중 하나에, 내년에 홍콩에서 열리는 국제교육연극협회 총회에 가게 되기를 바란다고 적어놓았다. 그 바람들이 다 이루어지지는 않는다 해도 간절히 바라는 시간이 소중하지 않겠는가.

솔이 내 손을 꼭 잡고 이런 말을 했다. "두 여성이 있는데 다른 말을 쓰지만 삶은 같다"라고. 우리는 한 번도 본 적 없지만, 이렇게 만나게 되리라고 꿈에도 생각하지 않았지만, 사흘을 함께한다.

어제는 솔에게 그동안 내가 만난 사람들과 길, 장소, 시간을 찍은 사진을 보여주니 좋다고 한다. 죄다 흔들리고, 제대로 안 보이는 사진인데, 어쩌다 하나 그나마 낫게 찍힌 게 있을 뿐인데 솔은 "아니야, 좋아"라고 한다. 내 사진에다 제목까지 붙여준다. 후이도 같은 말을 했다. 두 사람이 하는 말이 내 등을 토닥여준다. 솔이 나한테 "무척 강한 사람"이라고 한다. 난 한 번도 그렇게 생각해본 적이 없는데. 아니야, 난 겁쟁이야라는 말을 어떻게 해야 하는지 몰라 "내 마음은 무척 조그맣다"고만 했다. 사실이다.

파올라와 브루노가 이제 다 컸는데 솔과 후이는 내년쯤 셋째 아이를 가지려고 한다. 아니 가지려고 한다기보다는, 어디선가 간절히 생명으로 세상에 나오고 싶어 하는 별에게 솔과 후이가 친구가 되어주려 한다. 어느 날 멀리서 툭 나타난 내게도 친구가 되어준 것처럼. 힘이 되어준 것처럼.

파올라와 브루노와

밤 11시가 넘었다. 테노네에서 자는 마지막 밤이다. 일, 월, 화 사흘이 금방 간다. 내일 새벽 6시 30분에 마라바로 떠난다. 솔과 후이가 학교 가기 전 터미널까지 함께 나가준단다. 안 그래도 된다고, 혼자 갈 수 있다고 해도 안 된단다.

디에고와 루시오한테서 산 팔찌와 목걸이를 솔과 후이, 파올라와 브루노에게 주니 잘 어울린다. 그냥 볼 때는 잘 몰랐는데 팔찌를 후이 손목에 둘러주니 멋지다. 디에고와 루시오는 노동자이면서 예술가였다.

짐을 싸다 파올라와 브루노한테 아바나에서 책에 꽂아온 마른 꽃잎들을 주었다. 꽃을 돌보는 노동자 로베르토가 준 꽃이 예쁘게 말랐다. 10대 학생이었을 때는 꽃잎이나 나뭇잎을 책 속에 끼워 말렸다가 편지지에 붙여 편지를 보내기도 했는데 편지지에 편지를 쓰는 일도, 꽃잎이나 나뭇잎을 말리는 일도 손에서 멀어진 지 오래되었다. 마른 꽃잎 하나도 시시해하지 않고 기뻐해주는 파올라와 브루노. 더 찾으니 1,000원짜리 지폐와 500원, 100원 동전도 있다. 다른 나라에서 쓰던 동전도 있다. 그것도 둘한테 건넸다. 파올라와 브루노가 잠깐 나가더니 손에 무언가 들고 돌아온다. 파올라가 자기가 어릴 때 읽던 이야기책과 귀걸이와 머리띠를 내게 준다. 나는 귀걸이를 안 하는데 어쩌지 했더니 "안 하더라도 이걸 보면서 날 생각해"라고 한다. 브루노는 이제껏 모았던 공중전화카드를 가져와 돌아가면 아이에게 주라며 멋진 그림으로 골라준다. 카드 중에 인종차별 문제를 다룬 것도 있다. 브라질에도 이런 문제가 심각하다고 파올라가 말한다. 아이들한테서 선물을 받으니 가만히 있을 수 없어 가방에 무엇이 더 있나 보았다. 엽서 한 장과 공항에서 남편이 급하게 사 와 건네준 작고 날렵해 보이는 손전등이 있다. 한 번도 쓰지 않아 두었다가 돌아가 아이에게 주면 좋아하겠구나 하고 가방에 넣어두었는데 브루노에게 주고 싶어졌다. 안 주고 가면 두고두고 가슴에 남을 것 같아서 브루노에게 주니 정말 가져도 되냐고 묻는다. 이러고 있다가는 나와 파올라와 브루노는 서로 더 줄 것 없나 찾느라 밤을 샐 것이다. 지금까지도 몇 번이나 잘 자, 내일 만나라는 인사를 하고서는 다시 얼굴 맞대고 이거 가져, 저거 가져 했는지 모른다.

여기서 힘을 얻고 내일 출발한다. 익숙해지고 정들면 바로 떠나는 내 여행길. 다시 마라바에서 적응하는 시간이 필요하겠지. 마노 편지에 마라바 친구들이 기다린다고 그런다. 고맙다들.

11월 22일 수요일

눈물 보이기 싫어 등을 떠밀다

새벽 4시 15분쯤 눈을 떴다. 솔네에 있는 동안 늘 새벽에 일어나긴 했지만 떠나는 날이라고 좀 더 일찍 눈이 떠지는 걸 보니 내 몸이 많이 좋아졌나 보다. 시간을 잃었던 몸이 시간을 찾아간다. 서울에서는 늘 밤에 늦게 자는 생활을 해서 몸 시계가 고장이 났는데 남미에 와서는 밤에는 어쨌든 자니까 아침이 힘들지 않다. 돌아가면 다시 예전으로 되돌아가겠지.

솔, 후이, 브루노 세 사람이 나를 배웅해주었다. 새벽 5시, 후이는 여느 때처럼 아침을 준비했다. 후이가 냄비에 담아 가스 불에 살짝 데워주는 바게트 맛을 아마 못 잊을 거다. 차갑고 딱딱한 채로 먹지 않는 바게트. 그 새벽에 빵과 망고, 커피, 아세로라 주스, 먹을 거 다 먹고 나왔다. 내가 있는 동안 하루 세끼 다 챙겨준 후이.

5시 20분, 테노네 버스 정거장에는 벌써 사람들이 많이 모여 있고 버스에도 사람이 많았다. 중간에 버스를 한 번 갈아타고, 내려서도 버스 터미널까지는 많이 걸었다. 혼자 나왔으면 새벽부터 힘들었을 거다.

세 사람은 학교로 배우러, 가르치러 가고 이제 없다. 버스에 짐을 싣고서는 차가 떠날 때까지 있겠다는 그이들을 어서 가라고 했다. 더 있으면 그이들 앞에서 울어버릴 것 같아서. 솔과 후이, 브루노와 꼭 안으며 안녕, 하는데 눈물이 났다. 학교 늦겠다고 어서 가라고 등을 떠밀었는데 세 사람이 서운하지는 않았을까 모르겠다.

가방 한쪽 어깨 끈 아래쪽 연결 고리가 떨어졌다. 시간이 흘렀다는 증거겠지. 그래도 만 원 주고 산 배낭이 잘 버텨준다. 끈은 고리가 없어도 묶어서 쓸 수 있다. 집까지는 가겠지.

뭘 잘 잃어버리지 않는 편인데 하나씩 잃어버리기도 한다. 월요일, 후이 학교 가는 길에 언니가 쓰던 낡은 모자를 잃어버리고, 페루에서는 얼굴에 바르던 로션을, 보고타 가는 길에는 우산을 잃어버렸다. 나만 잃어버리지 않으면 다행이겠지. 아니 뭐 잃어버리고 자시고 할 게 어디 있는가. 나는 나인 것을. 버릴 건 버리고 채울 건 채우고 그러며 가는 길.

결국 마라바에 간다. 인터넷 언론 기사로만 읽었던 마라바와 땅 없는 농업 노동자 운동. 마지막 여정이다. 잘 보고, 잘 듣고, 잘 느끼고 가자. 이제껏 머물던 곳에서 떠나올 때마다 아쉬워했는데 그 아쉬움을 조금이라도 채우자. 하지만 절대로 욕심 부리지 말자. 새벽 6시 27분. 마라바 가는 트란스브라실리아나 버스 33번 의자에 나는 앉아 있다.

길은 길로 이어지고

모주에서 잠시 차가 멈췄다. 낯설지 않다. 솔한테서 모주라는 이름을 들어서 오히려 반갑다. 남미 친구들한테 이름을 얻어들은 땅에 가 닿을 때면 기분이 묘하다. 침보테를 지나칠 때도 그랬고, 아야쿠초에 갔을 때도 그랬고, 모주가 그렇다. 모주엔 파라 주 전통 음식인 타포푸라가 있어 더 반갑다. 차에서 내린 사람들이 다들 하나씩 타포푸라를 사 먹는다. 눈앞에서 바로 만들어주는데 언제 저걸 다 굽나 싶더니만 금방 만든다. 반죽해놓은 게 아니라, 하얀 가루를 철판에 올리고 기름을 위에 뿌리고 살짝만 익혀내 말아준다. 이쯤 오니 확실히 시골이다. 찻길은 여전히 울퉁불퉁하다.

어젯밤 솔이 내 수첩에 테노네 집 주소를 적더니 "너네 집"이라고 한다. 후, 갑자기 목메어 와 숨을 내쉬어야 했다. 여기는 너네 집이니까 다음에 식구들과 꼭 오라는 솔. 서른여덟에 떠나온 여행에 한 번에 많은 친구들을 얻었다. 상파울루를 떠나기 전 친구들에게 전화를 해야겠다. 비록 안녕, 수정이야, 고마워라는 말밖에 할 수 없더라도.

샌들을 깨끗이 박박 빨아 말렸는데도 여전히 고린내가 지독하다. 시간이 새겨놓은 냄새는 쉬이 사라지지 않는가 보다. 그래도 깨끗이 빤 옷을 입고 신발을 신고 낯선 길을 나서게 되어 좋다. 오늘 아침을 먹으면서 버스 타고 다니는 거 힘들지 않느냐는 솔과 후이에게 말했다. "버스는 내 호텔이야"라고.

내 뒷자리에 엄마와 함께 탄 어린 여자 아이가 창문 밖을 내다보면서 어쩔 줄 모른다. 쉬지 않고 말을 불러대고, 소를 불러대고, 들판을 불러대고, 노래를 부른다. 저 아이 같아야 한다. 즐거워야 하고, 신나야 하고, 신기해야 하고, 궁금해야 하고, 감탄해야 한다. 아이가 아무리 떠들어대도 시끄럽지 않고 노래처럼 들린다. 나만 그런 건 아닌가 보다. 아이가 소리 지를 때마다 버스 안에 탄 어른들이 웃는다.

타일란지아에서 사람들이 많이 내리고 다시 많이 탄다. 그 얼굴들이 한국 시골에서 만나는 어르신들과 많이 닮아 있다. 시골 사람들 얼굴은 도시 사람들 얼굴보다 더 자연스러워 보이고 강팔져 보이지 않는다. 앞에 앉은 아주머니에게 여기가 어디냐고 물었더니 여기저기서 '저 여자가 어디서 왔대?' 하는 눈길이 나한테 쏠린다. 한국 여자를 보기 쉽지 않은 동네일 게다. 눈길은 불편하지 않다. 이 먼데까지 잘 왔어, 라고 눈들이 말한다.

비었던 옆자리에 데시우라는 학생이 앉았다. 마라바에 있는 대학에서 공부하는 3학년 학생이다. 데시우에게 아침에 사두었던 초콜릿 바를 주었다. 젊은 남자가 차에 올라 판 건데 사길 잘했다. 나누어 먹을 사람이 있으니. 데시우가 풍선껌을 준다. 플로리아노폴리스에서 안드레가 껌을 주어 씹어보고, 리마에서 하나 사서 씹어본 뒤로 처음이다. 데시우가 웃든 말든 풍선을 분다. 문득 "껌 값 좀 줘"라며 손을 내밀던 아이, 이에 안 좋으니 씹지 말라고 하면 토라졌다가도 250원만 쥐어주면 좋아서 쌩 달려 나가던 내 아이가 눈에 선하다. 아무리 불어도 껌이 아이 혓바닥에 딱 달라붙어 부풀어 오르지 않더니, 어느 날 입에서 풍선이 날아올랐다. 그 날은 아이가 정말 쉬지 않고 연습을 한 날이었다. 돌 무렵 그토록 엉덩방아를 찧어대며 걸어보려던 아이가 어느 날 첫 발걸음을 떼어 네댓 발자국 걷고는 그 황홀한 웃음을 보여준 일이 왜 지금 기억 창고에서 따라 나오는지.

정말 오는 동안 잠시도 가만히 있지 않고 바깥 세상에 환호하던 뒷자리에 앉은 여자 아이가 고이아네지아에서 차가 속력을 줄이며 멈추기 시작했을 때 마중 나온 아빠를 발견했다. 아빠를 불러대고 사람들한테 우리 아빠라고 소리 지르며 그야말로 난리가 났다. 세상에 아빠는 오로지 저 아빠밖에 없는 듯 말이다. 아빠를 만나게 될 아이한테 축하라도 해줘야 할 것 같아 뒤돌아보니 나한테 "아빠예요, 아빠, 우리 아빠"라고 얘기한다. 나는 "그래, 그래" 하며 아이 마음을 거들어주었다. 아이 아빠가 차에 오르자, 아이는 달려가 아빠한테 매달린다. 차에 올라 집으로 돌아오는 사람들을 맞이하는 아빠. 이런 모습은 버스를 타고 처음 본다. 차에서 내린 뒤에도 아이는 펄쩍펄쩍 뛰면서 아빠와 만난 걸 기뻐한다. 아빠가 타고 온 작은 오토바이에 엄마와 아이가 탄다. 아이가 들고 내린 커다란 인형은 아빠 앞에 앉힌다. 인형도 입을 활짝 벌리고 웃는다. 떨어져 있던 가족을 만나는 일은 저렇게 좋은 일일까, 집에 가는 일은 저토록 신나는 일일까.

문제

자쿤다에서 점심을 먹는다. 데시우와 함께. 브라질은 먹는 것만큼은 참 여유 있게 먹는다. 다른 데서는 하루에 한 끼 챙겨 먹기도 어려울 정도로 버스가 내리 달리기만 할 때도 있었는데 브라질 버스는 밥 때를 꼭꼭 챙긴다. 밥 먹을 때가 아니더라도 자주 멈춰 쉰다. 그러고도 예상한 시간에서 크게 벗어나지 않는다. 운전기사와 승무원, 승객들이 다 한 식당에서 먹으니 차가 언제 떠나나 서둘 것도 없다. 먹을 것도 다양하고 값도 그리 비싸지 않다. 여러 가지 음식 중에서 먹고 싶은 걸 먹고 싶은 만큼만 골라 담아 저울에 무게를 달아 돈을 낸다. 고기에는 별로 손이 안 가 나는 2, 3,000원이면 충분하다. 그런데 그 맛난 생과일주스를 사 먹는 일은 주저하게 된다. 1,000원 조금 넘는데 왜 그리 큰돈으로 보이는지. 이러다 집에 가서 내내 브라질 주스만 아른거리는 건 아닌지 모르겠다.

어쩌다 마을이 나타나면 아싸이라고 쓴 간판이 꼭 보인다. 아싸이 나무는 이름을 들어봤는데 그 아싸이인가. 계속 보이는 저 간판을 볼 때마다 "아싸!" 하는 소리를 속으로 내지른다.

"데시우. 저 아싸이라고 쓴 간판이 뭐야?"

"아싸이 술."

"아싸이 술도 있어?"

"응. 아싸이로 술도 만들고 주스도 만들고 그래."

"플로리아노폴리스에서는 카이피리냐를 먹던데."

"아싸이 술이 더 좋고 비싸. 아싸이 술은 파라 주 전통 술이야."

아싸이는 어떻게 생겼을까. 아싸이, 아싸이 듣다 보니 왠지 아싸이가 무척 가깝게 느껴진다.

파라 주 북쪽에서 남쪽으로 내려오는 길, 들판에는 나무가 한 그루씩 서 있다. 가지도 없이 몸통만 남기고 하늘 높이 치솟은 나무들이 자꾸 내 눈을 붙잡는다. 그 죽은 나무가 자꾸 말을 한다. 무슨 말을 하는지 마음 귀를 기울여보지만 알아들을 듯 알아들을 듯하면서 안 잡힌다. 죽은 나무가 왜 산 나무보다 더 살아 보일까. 저 나무는 브라질 땅의 비밀을 품고 있는 걸까.

"브라질 사회에는 어떤 문제가 있어? 네가 생각하는 큰 문제는 뭐니?"

데시우에게 물었더니 크게 5가지를 든다.

1. 뇌물 수수, 부패
2. 인종차별
3. 빈곤
4. 굶주림
5. 실직, 실업, 열악한 노동조건

브라질은 다양한 인종이 함께 어우러져 다른 나라보다는 인종차별이 심하지 않고, 차별을 금지한다고 들었는데도 인종차별이 문제라고 데시우는 말한다. 빈곤뿐만이 아니라 사람이 당장 굶주리는 문제도 있다. 브라질 노동자당 룰라가 집권하면서 기득권자를 중심으로 했던 기존의 정책을 가난한 사람들을 우선으로 하는 정책으로 바꿔나간다고 하는데 이전에 생긴 문제가 워낙 커 당장 모든 것이 좋아지는 건 아닌가 보다. 데시우가 뽑은 이런 문제는 브라질만의 문제는 아니다. 한국 사회도 이 다섯 가지 문제를 피해 갈 수는 없을 것이다. 게다가 이 큰 문제 외에도 뒤져보면 숱한 문제가 쏟아져 나올 거다. 눈앞에서 자신이 겪는 문제가 아니라고 해서 없는 문제도, 내 문제가 아닌 것도 아니다.

10시간을 달려 마라바 시내라고 할 수 있는 노바 마라바에 도착했다. 시인이면서 작가이고 땅 없는 농업 노동자 운동 활동가인 샤를레스에게 전화를 한다. 다른 사람을 거치면 한참 설명해야 하니 적어 온 세 개의 번호 중에서 샤를레스와 바로 통화할 수 있는 샤를레스 휴대전화 번호를 누른다. 휴대전화가 생기고 나서부터 누군가를 통해 누구를 찾는 일이 번거로워졌다. 인사하고, 소개하고 그러고 난 뒤에야 연결되는 그 시간을 못 참는다. 사무실이나 집 전화가 있어도 늘 상대와 바로 연결을 시도한다. 샤를레스한테 주소가 있으니 사무실로 찾아가겠다고 말했다.

땅을 뚫고 피어나는 꽃:

브라질, 마라바

11월 22일 수요일

사진으로 만나는 엘도라도 카라자스

땅 없는 농업 노동자 운동Movimento dos Trabalhadores Rurais Sem Terra (MST, 이하 MST로 줄여 씀) 파라 주 사무소에 가니 샤를레스가 없다. 전화할 때 사무실에 있는 줄 알았는데 밖에서 일이 있다고 한다. 아까 샤를레스한테 내가 할 말만 하고 그이 말은 듣지 않았나 보다.

MST 사무실 안에는 비아 캄페시나도 함께 있다. 다들 회의하고 일하느라 바쁘다. 사무실 벽에는 사진과 포스터가 걸려 있다. 그중 1996년에 엘도라도 카라자스에서 일어난 사건을 찍은 사진을 본다. 메카세이라 농장을 점거한 농민들이 토지수용을 요구하며 마라바 주 수도인 벨렝으로 행진을 하다가 엘도라도 카라자스를 지날 무렵, 경찰이 시위대에 총을 쏴 수많은 사람이 다치고 19명이 그 자리에서 목숨을 잃은 사건이다. 나도 서울에서 신문 기사로 엘도라도 카라자스라는 이름을 읽었다. 매해 그이들이 죽은 날 한 사람에 1분씩 19분, 그이들이 피 흘렸던 자리를 점거한다는 기사였다. 사진으로 보니 참 기가 막히다. 살아남은 사람들은 해마다 그 길을 점거할 것이다.

다른 벽에 사진 액자가 걸려 있는데 눈에 익은 사진이다. 마노와 단이 말했던 기념물이다. 그 사진은 플로리아노폴리스에서도 보았다. 마노와 단이 죽은 19명을 기억하기 위해서 만든 기념물이었다. 책에 실린 이 사진을 마노와 단이 보여주었을 때는 그냥 그런가 보다 하고 보았다. 그런데 브라질 국경에서부터 죽 내려와 마라바에 이르러 사진을 보니 다르다. 커다란 19그루의 나무들을 세워놓은 사진은 한 치도 벗어나지 않고 19명을 상징했다.

벨렝에서 마라바 오는 동안 내 눈길을 잡아끌었던 죽은 나무들이 떠오른다. 사진을 찍고 싶어도 '아 찍어야지' 하면 버스가 앞으로 달려 좀체 찍을 수 없던 죽은 나무들. 그 나무들이 왜 그렇게 내 눈을 끌었을까. 그건 죽었으되 쓰러지지 않고 살아 있는 생명, 죽음도 생명이라는 걸 내게 말해주었기 때문이 아닐까. 죽은 것도 아름다울 수 있다는 걸 나는 보았다.

그런데 이 기념물 사진에도 죽은 자들이 그대로 살아 있다. 저 나무를 세운 단도 브라질 땅 벌판에서 죽어 서 있는 나무들을 보고 나와 같은 생각을 했을까. 죽은 나무가 말하는 소리를 귀 기울여 들은 것일까. 예술은 언어를 뛰어넘나 보다. 어느 나라 사람이든, 어느 언어를 쓰든, 사람은 모두 슬픈 건 슬픈 대로, 기쁜 건 기쁜 대로 느끼나 보다. 그러고 보면 가장 뛰어난 예술과 예술가는 자연인가.

단에 대해서는, 웨일즈에서 태어나 대학에서 학생들을 가르치다가 예술가들이 목숨을 걸고 활동하는 브라질 사회를 접하면서 이곳에 남아 연극을 하고, 사진을 찍고, 사회운동을 한다는 딱 그 말만 들어 아는 정도다. 그런데 죽은 나무를 세워놓은 저 사진을 보니 단은 예술가다.

저녁 6시가 다 되어가는데 샤를레스는 오지 않는다. 나는 왜 그렇게 마라바에 오고 싶었던 걸까. 아니 왜 MST 사람들을 보고 싶어 한 걸까. 조직가도 아니고 활동가도 아니고 농민운동을 아는 것도 아니고, 그야말로 아무것도 아니면서. 멀리 남미를 한 바퀴 돌아 찾아온 마라바, MST. 과연 여기까지 내려올 수 있을까, 중간에 포기해야 하는 걸까, 갈 수 있을까 의심하기도 하고 비행기를 타고 돌아가야 하나 생각도 했지만 어쨌든 나는 마라바에 왔다. 다시 낯선 사람들을 만나고 제대로 통하지 않는 언어로 좌절도 하고 그러겠지만 나는 며칠 이들과 살고 싶다.

MST 기숙사에서 만난 사람들

저녁 7시쯤 사무실로 돌아온 샤를레스와 헤어져 한 활동가가 모는 차를 타고 오늘 하루 잘 곳으로 왔다. 어디인지도 모르고 왔다. 와보니 방도 여러 개에 사람들이 많다. 내가 짐을 내려놓은 방에는 스물한 살인 레티시아와 서른 살 헤지나가 있었다. 나를 데려온 활동가가 자기 침대를 내주고 그이는 다른 방에서 잔다고 간다. 누가 이야기를 걸어주고 챙겨주기를 바라서는 안 된다. 스스로!

"레티시아, 여기가 어디야?"

"여기는 MST 농경학 학생 기숙사야."

"그럼 여기 있는 사람들이 모두 학생이야?"

"응. 우리는 각자 살던 정착 마을이 있고 공부하기 위해서 여기 마라바에 왔어."

"모두 파라 주 사람들이야?"

"아니. 세 개 주에서 왔어. 파라 주와 마라냥 주, 토칸칭스 주에서 왔어."

지도를 보니 마라냥 주는 파라 주 동쪽에, 토칸칭스는 파라 주 동남쪽에 있는데 이 세 주가 마라바를 중심으로 붙어 있다.

"모두 몇 명인데?"

"이 집에서 모두 33명이 지내."

"대학 이름이 뭐야?"

"파라연방대학인데 우리가 공부하는 곳은 마라바 캠퍼스야."

"무엇을 공부해?"

"농업경제학, 농학을 공부하지."

"이런 교육은 어떻게 시작된 거지?"

"이 과정은 한 기획이야. 파라연방대학과 MST, 정부기관인 '토지개혁과 이주 국가협회-인크라'와 '토지개혁 교육 국가 프로그램-프로네라'가 협정을 맺어 진행하는 과정이야."

"그럼 몇 년 동안 공부하는 거야?"

"5년 동안 공부하는데, 지금 함께 공부하는 동료들과 2004년부터 공부를 했어. 앞으로 2년 더 공부해야 해."

"공부하는 사람들 나이는 어떻게 돼? 가장 어린 나이와 가장 많은 나이가?"

"내가 21살로 가장 어리고, 30살도 있고 골고루 있는데 가장 나이 많은 사람은 48살이야."

"다른 지역에서도 이렇게 공부해?"

"응. 파라에서 가까운 곳으로는 브라질 동쪽 세르지페 주와 바이아 주에도 있어."

"기숙사는 어떻게 얻은 거야?"

"이 건물은 임대해서 쓰는 거야. 여기서 먹고 자고, 공부는 대학에 가서 하고. 대학에는 다른 과정도 있고 농경학을 공부하는 다른 그룹들도 있어. 그런데 너 씻어야 하지 않니?"

"응, 아직은 안 씻어도 돼. 어딘지만 알려줘."

방에서 나와 널따란 거실 안쪽 방으로 갔다. 그 방에 있는 화장실을 쓰면 된다고 한다. 그 방에도 여자 3명이 머무는데 태어난 지 얼마 안 된 갓난아기를 안은 여자가 있다. 레티시아가 그이 이름을 알려준다.

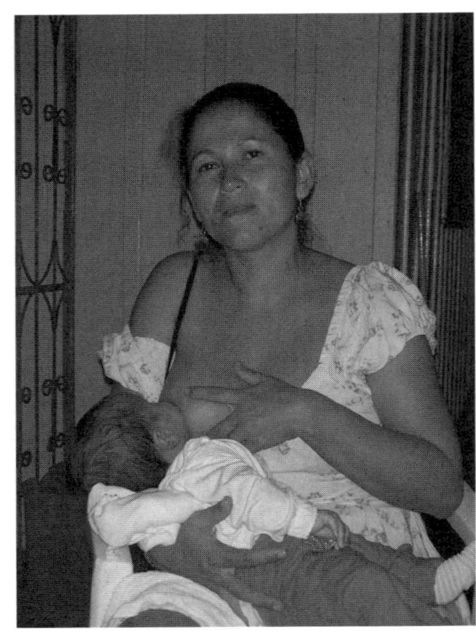

이곳에서 공부하는 린다가 과라이에게 젖을 먹이고 있다. 린다는 과라이와 함께 공부한다.

"린다야."

"난 수정이야. 어쩜 아기가 이렇게 예쁘니. 이름이 뭐야?"

"과라이."

"과라니? 투피-과라니?"

"응, 이 이름은 인디헤나 이름이야. 과라이는 투피-과라니 말로 '해'라는 뜻이야."

"애가 첫애야?"

"아니, 셋째야. 위로 둘은 집에서 할머니하고 지내. 얘는 여기서 낳았고."

"그럼 데리고 공부하는 거야?"

"응. 너네 나라는 아이들을 몇 명씩 낳니?"

"보통 하나나 둘 낳고, 많으면 셋 낳아. 나는 남자 아이 하나 있어."

"왜 그렇게 조금밖에 안 낳아?"

"여자들이 일하면서 아이 키우기가 만만치 않기도 하고, 무엇보다 경제문제지 뭐. 양육비니 교육비니 하는 게 무척 많이 들거든. 그래서 아이도 적게 낳고 결혼 자체를 많이들 안 하기도 해."

"그래? 우리는 평균 5명은 낳는데. 많이 사는 집은 16명이 한집에 살기도 해."

린다 옆에는 무슨 구슬이 든 통과 팔찌들이 있다.

"그런데, 린다. 이거 네가 만든 팔찌야?"

"응. 아싸이로 만든 거야. 목걸이도 있어."

"아, 이게 아싸이구나. 꼭 콩 같다."

"아싸이 알아?"

"이름만 들어봤어. 버스 타고 오면서 아싸이 간판을 많이 봤어."

이름만 듣던 아싸이를 눈으로 본다. 내 즐거움은 이런 거다. 얻어들은 이름을 직접 눈으로 보는 것. 브라질이라는 나라에서 자라는 나무 이름 하나 아는 것, 그 나무 열매를 눈으로 보는 것이 뭐 그리 대단한 일이라고 할지 모르지만 나는 이런 작은 게 좋다.

"이 팔찌랑 목걸이 파는 거야?"

"응."

눈앞에 두고도 안 사면 좀 그렇잖은가. 게다가 '아싸이'. 이 이름도 벨렝에서 익혀온 이름인데 이름만 듣다가 눈으로 보니 좋지 않은가. 린다한테서 팔찌를 여러 개 산다.

"저녁 안 먹었지?"

"응."

우리는 거실 바깥, 레티시아가 머무는 방 앞쪽 부엌으로 나갔다. 린다가 빵 한 덩이를 가져온다. 자르지 않은 식빵 덩이. 린다, 레티시아와 함께 먹는데 아, 이런 빵 맛은 처음이다. 플로리아노폴리스 가비네 집에서 걸어 나오면 아침 일찍 빵을 파는 가게가 있는데 그 집에서 사다 먹은 치즈 넣은 빵도 맛났고, 아야쿠초 하비에르 집에서 먹은 빵 차플라와 와와도 맛났고, 후이가 살짝 데워준 바게트도 맛났는데, 이 빵도 입에 딱 맞는다. 아무것도 넣지 않고 만든 빵. 다들 특별히 더하거나 요란 떨지 않은 담백하고 소박한 빵들이다.

"이 빵 정말 맛있다."

"맛있지. 이거 저 친구가 만든 거야."

덩치 크고 인상 좋은 남자가 웃으며 지나간다. 날마다 빵을 만드는 주시는 농부이면서 학생이면서 빵 만드는 사람이기도 하다.

세 여자가 먹으니 금방 떨어진다. 린다가 빵을 더 가지러 간다. 레티시아는 어려서부터 MST 정착 마을에서 자랐다고 한다. MST 그림이 그려진 빨간 티셔츠를 입고 찍은 어릴 때 사진도 있다. 레티시아의 어머니는 정착 마을 안에 있는 학교 선생님이고, 아버지는 경제 사정 때문에 중간에 회원을 그만두었다고 한다. 자세한 내용은 물어보기도, 말해준다고 다 알아듣기도 어려워 '왜'냐고는 묻지 않았다. 다만 삶에 쉬운 길은 없다는 것을 엿볼 뿐.

11월 23일 목요일

공부하는 MST

새벽부터 밖에서 사람들 소리가 난다. 어젯밤 늦게까지 공부하고 이야기하던데 레티시아도 헤지나도 보이지 않는다. 새벽 6시, 밖으로 나오니 다들 공책을 들고, 책을 들고 공부를 한다. 부엌에서도 공부하고, 거실에서도 공부하고, 컴퓨터실에서도 공부하고, 마당에서도 공부한다. 모두 말끔하게 씻고 옷을 갈아입었다.

게시판에는 하루 계획표가 적혀 있다. MST 학생들은 하루를 어떻게 지내고 있나.

5시 30분: 일어나기
6시 15분~6시 55분: 독서와 회의
7시~7시 40분: 카페(아침 식사)
8시~12시: 수업
12시 30분~1시 15분: 점심
1시 15분~2시: 개인 자유 활동
2시 20분~6시 20분: 수업
6시 40분~7시 10분: 저녁
7시 15분~7시 50분: 개인 자유 활동
8시 15분~10시: 조정·규율 회의, 공부 세미나, 하루를 생각하며 글 쓰기와 말하기
11시: 침묵(잠자기)

하루 8시간 수업이면 만만치 않겠다. 그래서 저렇게 이른 아침부터 공부를 하나 보다. 계획표에 적힌 대로 공부하는 모습이 착한 학생들이다. 아침 햇살 아래 공부하는 모습이 참 좋다.

기다란 탁자 앞에 사람들이 빵이 담긴 플라스틱 통과 커피를 담은 보온통과 다른 마실 거리와 컵을 가져다 놓는다. 공부를 하던 사람들이 하나 둘씩 모여든다. 이 많은 사람들이 함께 가볍고 소박하게 아침을 해결한다. 설거지 당번은 부지런히 먹은 컵을 씻고 다른 사람들은 학교에 갈 준비를 한다.

아침을 먹은 사람들이 하나 둘 가방을 메고 나온다. 레티시아한테 학교

가 가까이 있느냐고 물으니 걸어서 15분 거리란다. 나도 따라 나섰다. 조리를 끌고 시골 길을 걷는다. 대학이 있다고 해서 번화가도 아니고 쌩쌩 달리는 차도 드물다. 공부하기에는 조용한 시골이 더 알맞지 않을까. MST 학생들은 무언가 적은 걸 손에 들고 읽으면서 걷기도 하고, 동료와 이야기를 나누면서 걷기도 한다. 수업이 시작되면 혼자 돌아와야 하니 눈으로 길을 익혀둔다. 주유소를 눈에 넣어두고, 쓰지 않는 허름한 건물도 눈에 담아둔다.

파라연방대학 마라바 캠퍼스는 작고 아담하다. 대학이라는 이름이 갖는 지나친 권위는 어디에도 보이지 않는다. 아니, 학교에 오자마자 벤치에 앉아 공부를 하는 이 농민 학생들의 모습에서 나는 그 권위를 본다. 인구 3%가 경작할 수 있는 땅의 3분의 2를 갖고, 지주 1.6%가 46.8%의 땅을 통제하는 브라질 사회. 경작하지 않는 대농장이 있는가 하면, 땅이 없어 일할 수도 집을 가질 수도 없어 떠도는 사람이 셀 수도 없이 많은 브라질에서 이들은, 불공평한 땅 분배 문제를 들고 일어나 23~27개 주에 1,500백만 땅 없는 농업 노동자를 조직한 MST에서 보낸 학생들이 아닌가. 공부를 해 가방 끈을 길게 늘이는 게 아니라, 다시 정착 마을로 돌아가 브라질과 세계에 대안으로 내놓을 수 있는 경제 모형을 고민하고 실험하는 이들한테서 참다운 권위가 나올 것이다.

서로 물어보고 토론하고, 한 남자는 아예 바닥에 과제물을 늘어놓고 찾아가며 공부한다. 그 모습에 다들 껄껄 웃는다. 린다가 과라이를 안고 온다. 과라이도 엄마랑 공부하러 날마다 나온다고 한다. 린다는 수업에 들어가기 전 과라이한테 젖을 물린다. 저맘땐 배만 부르면 보채지 않고 한참 푹 잘 거다. 린다는 아이 때문에 곤혹스러워 보이거나 힘들어 보이지 않는다. 마음이 바빠 서둘러대지도 않는다. 말갛게 싹 씻겨서 옷도 새로 갈아입힌 과라이. 아이를 먼 곳에 떼어놓고 오지 않아도 되고, 아이 때문에 공부를 포기하거나 미루지 않아도 되는 린다를 보니 그저 모두 자연스럽다. 물론 린다가 수업을 받는 동안 아이를 돌봐줄 누군가가 있다면 한결 낫겠지만.

8시가 가까워오자 다들 교실로 들어간다. 첫 수업 선생님이 들어온다. 있다 가라는데 나도 아침부터 움직여야 하니, 인사만 하고 돌아선다. 혼자 돌아가는 길, 마실 나온 아낙네처럼 걷는다. 이렇게 걷는 내가 이상하다. 이 길이 낯설지 않고 오래전부터 걸었던 길처럼 느껴지는 건 도대체 왜일까.

클레우지마르네

MST 마라바 활동가인 샤를레스를 통해 마라바에 있는 정착 마을을 방문하게 되었다. 이름을 미처 묻지 못한 한 활동가가 와서 동행하게 되었다. 아침 9시 30분에 출발한 차는 쭉 뻗은 찻길을 30분 달렸다. 흙벽돌이나 나무판자로 지은 집들로 이루어진 마을. 남자는 클레우지마르라는 사람 집에 나를 데려다주고 다시 차를 타고 간다. 작은 집에는 따로 문을 달지 않은 방 하나와, 아이가 장난감을 가지고 노는 작은 공간과, 뒤쪽에 부엌이 하나 있다. 하지만 좁다거나 작다는 생각은 들지 않는다. 방 벽에는 체 게바라와 빅토르 하라가 그려져 있다. 클레우지마르가 그린 것이다. 바닥은 흙바닥이다. 그런데 흙이 단단하게 다져져서 발에 흙이 묻어나지 않는다. 클레우지마르 아들은 그 흙바닥에서 논다. 나도 그냥 앉는다.

클레우지마르는 부엌에서 밥을 짓는다. 쌀을 한참 볶다가 끓인 물을 부어 익힌다. 냄비에서는 콩이 푹 익는다. 밖에는 화덕도 있고 물을 받아 설거지를 하는 자리가 있다. 클레우지마르의 아내 엘리에니가 나무 의자에 앉아 파란색 빨래 담는 통을 책상 삼아 아이들을 가르칠 준비를 한다. 엘리에니는 마을 안에 있는 학교 선생님이다.

클레우지마르는 노래를 만들고 부르는 작곡가이자 가수이다. 클레우지마르의 부모님도 이 마을에 사신다. 클레우지마르는 사람들이 이곳에 정착해 마을을 이룬 1999년부터 8년째 살고 있다. 엘리에니는 마을에 들어온 지 2년 되었다. 두 살 된 아들이 수업 준비를 하는 엄마 둘레를 왔다갔다 한다. 엘리에니가 학교 수업을 하는 동안은 한 마을에 사는 레이아가 아이를 돌봐준다. 수업은 낮 1시부터 시작한다.

클레우지마르가 만든 밥을 함께 먹는다. 식탁은 없어도 그만이다. 의자에 앉거나 해먹에 앉아 먹는다. 흰 쌀밥에 페이종을 푹 끓인 페이조아다를 얹어 먹는다. 플로리아노폴리스에서도 그랬지만, 버스 타고 오는 동안 들렀던 휴게소 식당 어디든 저 페이조아다가 있었다. 생각키에는 콩죽을 무슨 맛으로 얹어 먹나 싶은데, 이제껏 그 페이조아다 없이 밥을 먹는 사람을 보지 못했다. 그만큼 브라질 사람들은 페이종을 좋아하나 보다. 플로리아노폴리스 가비네 부엌에는 곡식이 든 봉지들이 잔뜩 있었다. 가비가 브라질 사람들 주식이 쌀과 페이종이라고 했을 땐 조금은 의아했다. 쌀과 콩이 주식이면 우리랑 똑같잖은가. 나는 왜 쌀은 아시아 사람들이 주로 먹을 거라고 생각했을까. 그때는 페이종이라는 이름이 쉽사리 귀에 들어오지 않았다. 페이종을 보면서 우리나라 팥이랑 비슷해 가비한테 '팥'이라는 이름을 알려주었는데 페이종은 페이종이다. 구운 소시지가 무척 짰지만 먹을 만하다. 아세로라 주스가 맛있다고 하니 클레우지마르가 연거푸 따라준다.

3월 26일 정착 마을

클레우지마르와 함께 집 밖으로 나왔다. 이 마을 이름은 아캄파멘토 3월 26일이다. 아캄파멘토는 '야영지, 진지'라는 뜻이다. 이웃한 집들이 모여 한 그룹을 이루고 한 그룹에 50~60명이 산다는데 모두 13그룹이 있다고 한다. 한 집에 최소 5명이 산다고 하면 한 그룹에 10~12집이 있는 것이고, 마을에 사는 사람은 650~780명쯤 될 것이다. 구경하듯이 마을을 보려고 했던 건 아닌데 클레우지마르가 마을을 한 바퀴 돌자고 한다. 클레우지마르는 자기 마을과 사람들을 어떻게 찍을까 궁금해서 그이에게 카메라를 주었다.

커다란 화덕 위에 철판이 깔려 있는 곳은 마을 사람들이 함께 쓰는 파리냐다이다. 파리냐다는 가루를 내는 곳으로 특히 만조카 가루를 낸다. 클레우지마르가 파리냐다 가까이 있는 집에 들어가더니 아주머니한테 만조카를 보여 달라고 해서 빻지 않은 만조카를 한 그릇 내온다. 만조카는 플로리아노폴리스에서부터 잘 먹어 잊지 않고 있던 음식이다. 솔네에서는 밥 먹을 때마다 만조카 가루를 담은 플라스틱 통을 꺼내놓았다. 나도 거르지 않고 그 만조카 가루를 접시에 덜어놓고는 했다. 가슬가슬한 가루. 클레우지마르는 무척 소중한 걸 전해주듯 파리냐다를 소개시켜준다.

〈위〉 파리냐다. 가루를 내는 곳으로 주로 만조카 가루를 내며, 공동으로 사용한다.
〈아래〉 파리냐다에서 아버지와 함께 만조카를 만들고 있는 13살 남자 아이.

지나가다 보니 문이 열린 집에서 한 할아버지가 글씨 공부를 한다. 작은 나무 의자에 큰 공책을 올려놓고 볼펜으로 똑같은 걸 한 바닥 가득 쓰는데 아무래도 할아버지 이름이지 싶다. 아가메논 지 수사. 당신 이름을 쓰기까지 너무 오랜 세월을 돌아온 할아버지. 가난은 몸 누일 집도, 일굴 땅도 못 갖게 하고, 자기 이름마저도 쓰지 못하게 했다. 하지만 이제 할아버지는 몸 누일 집도 있고, 일할 땅도 있으며, 읽고 쓰기를 가르쳐줄 선생님과 학교도 있다. MST가 이루려고 하는 것이 이런 건지도 모르겠다. 자기 이름을 쓸 기회마저 빼앗긴 사람들에게 자기 이름을 쓰게 하는 일 말이다.

첫 번째 그룹에서부터 마지막 그룹까지 도는 동안 많은 사람들을 본다. 혼자 일하러 나가는 아저씨한테 주로 어떤 농사를 짓느냐고 여쭈니 쌀, 페이종, 옥수수, 만조카, 호박 농사를 짓는다고 한다.

나는 아무 말도 안 했는데 수공업품을 만드는 아저씨가 자신의 모습이 담긴 사진 액자를 들고 자신이 짠 바구니 끈을 머리에 매고 카메라 앞에 선다. 세계 곳곳에서 MST 운동이 벌어지는 현장을 보려고 많이들 찾아온다는데 아저씨도 그동안 사진을 많이 찍어보았나 보다.

어린 자매가 나를 보고는 웃는다. 아이들은 조리도 있고 샌들도 있지만 맨발로 흙을 밟고 논다. 투카니 아이들도 맨발로 놀곤 했지. 이 아이들은 도시 아이들이 가진 것을 갖지 못한 게 아니라, 도시 아이들이 할 수 없는 것을 한다.

갓난아기 딸을 안고 더 좋을 수 없는 아침을 보내는 젊은 부부. 방앗간을 맡아 일하는 집 마당에는 겨가 잔뜩 쌓였다. 야구를 신나게 하는 아이들이 내지르는 소리가 조용한 마을을 살린다. 맨발로 놀던 자매는 엄마 심부름으로 마을에 하나 있는 가게에 다녀오면서도 맨발이다. 이 자매를 몇 번째 마주치는지 모른다. 그야말로 동에 번쩍, 서에 번쩍이다.

다른 그룹에 있는 파리냐다에서 13살 남자 아이가 아버지와 함께 만조카를 만든다. 아이는 커다란 나무 막대 주걱을 들고 화덕 위 철판에서 만조카를 볶고, 아버지는 볶은 만조카를 가루 낸다. 아이는 언제부터 저 일을 했을까. 13살 아이 손에서 식구들과 마을 사람들이 먹을 만조카가, 브라질 어느 누군가가 먹을 만조카가 만들어진다.

마을 언덕 위쯤 오르니 정자가 있다. 바람이 시원하게 불어온다. 이 바람이라도 없으면 어떻게 숨을 쉴까. 정자 뒤로 마을 방송국이라고 할까, "아, 아, 주민 여러분께 알립니다" 하고 방송을 내보내는 집이 있다. MST에서 만든 신문과 여러 자료가 있다.

카를루스 마리게야

마을 들머리 가까이 있는 학교는 2000년 3월 1일에 세워졌다. 낮에는 아이들이 와서 공부하고 저녁에는 어른들이 공부를 한다. 아직 수업은 시작하지 않았다. 좀 있으면 와다다 달려올 아이들을 기다리며 선생님이 교실을 빗질한다.

나무로 지은 학교에는 '광대한 사유지가 없는 브라질을 위한 토지개혁'이라는 글귀가 굵은 글씨로 적혀 있다. 같은 건물 다른 쪽에는 어떤 남자 얼굴이 그려져 있다. 차를 타고 마을에 들어오면서도 그 얼굴을 보았는데 대체 누굴까. 클레우지마르한테 누구냐고 물었더니 카를루스 마리게야Carlos Mariguella라고 한다.

1911년 살바도르에서 태어난 마리게야는 공산주의자로, 1934년에 남미에 퍼지기 시작한 파시즘과 제국주의에 맞섰다. 브라질에서는 1930년부터 1945년까지 제툴리우 바르가스 정부가 독재정치를 했고, 1964년 카스테우 브랑쿠가 군사 쿠데타로 정권을 잡아 군사독재가 시작됐다. 마리게야는 민족해방동맹이라는 혁명 조직을 만들어 이에 대항했다. 마리게야가 1969년, 죽기 전에 썼다는 『도시 게릴라에 관한 작은 안내서』는 널리 알려져 있다고 한다.

클레우지마르가 이름을 알려주면 내가 당연히 알 거라고 생각했을 정도로 유명하고, 체 게바라나 카스트로와 함께 이름이 오르내리는 브라질 혁명가, 카를루스 마리게야. 그 얼굴을 땅 없는 농업 노동자 운동 마라바 정착 마을 학교에 새긴 건 그 시대에 못 다 이룬 혁명을 이루겠다는 뜻일까. 도시게릴라 투쟁을 하는 것이 아니라 집을 짓고, 밭을 일구고, 우물을 파고, 학교를 세워 새로운 삶을 일구는 이들은 지금 혁명 중이다. 죽음을 뒤집어 삶으로.

화덕과 불가마

마을을 돌아 마지막으로 클레우지마르네 옆집에 들렀다. 인심 좋게 생긴 마리아는 바느질 일을 한다. 시장에 내다 파는 수건도 만들고, 장식 덮개나 옷도 만든다. 재봉틀을 써서 만들기도 하고 좀 섬세한 건 손바느질을 한다. 시장에서 수건 한 장을 1헤알에 파는데 마리아는 그보다 싼 값에 시장 상인한테 물건을 넘긴다. 5헤알을 주고 마리아한테 수건 5장을 샀다. 마리아가 내가 마다하는데도 기어코 1장을 더 얹어준다.

마리아가 점심을 주었다. 클레우지마르 집에서 먹은 게 얼마나 됐다고 다시 먹는다. 음식은 흙으로 만든 화덕에서 만들었다. 닭은 안 보이는데 계속 닭 소리가 나서 찾아보니 불가마 안에 제집인 양 들어가 앉아 있다. 불가마를 쓰느냐고 물으니 빵을 구우면 참 맛있다고 한다. 흙으로 만든 불가마와 화덕을 써서 음식을 만드는 게 어떤 건지 나는 잘 모른다. 땔 나무를 찾고 나무가 타는 시간을 기다리고 얹어놓은 솥에 든 음식이 끓고 익는 데 드는 시간을 기다리는 일들을 이들이 어떻게 느끼는지 잘 모른다. 가스레인지는 밸브를 돌리고 손잡이만 돌리면 불이 켜진다. 그 편리

함이라는 눈으로 화덕과 불가마를 바라봐서는 안 되리라. 80년대 중반까지만 해도 아궁이에 가마솥을 걸어놓고 불을 때 밥을 지었던 집에서 살아본 나는 아궁이와 가마솥이 만들어낸 많은 이야기를 지녔는데, 가스레인지를 쓰는 내 아이도 나중에 가스레인지에 얽힌 이야기를 가질 수 있을까. 이 마을에서 만들어 쓰는 화덕과 불가마는 가난하기에 어쩔 수 없이 만들어 쓰는, 돈이 있다면 당장이라도 없애고 더 편리한 걸로 대체해버릴 도구로 보이지 않는다. 전통과 생태, 환경, 대안의 삶이 화덕과 불가마 안에서 지펴지고 있다.

노래

클레우지마르가 만든 노래는 따로 악보가 없다. 시처럼 적어놓은 노랫말에 기타 코드만 표시해놓았다. 아직 음반으로 만들지 않아 늘 들을 수도 없다. 클레우지마르는 MST 농민들이 시위하고 행진하는 곳이면 어디든지 기타를 메고 간다. 엘도라도 카라자스에서 경찰이 쏜 총에 맞은 19명을 기리는 노래도 만들었다. 클레우지마르가 기타를 치면서 노래를 부르는데 주먹 쭉쭉 내뻗으면서 불러야 할 듯한 노랫말을 무척 부드럽고 애절하게 부른다.

〈투쟁을 기억하다〉

엘도라도 카라자스, 그이들은 죽지 않는다
싸우는 민중들을 키우는 씨앗으로 다시 온다
그들은 늘 "S[에스]" 굽이에 남아 있을 것이다
투쟁하는 노동자 역사에 뚜렷하게 살아 있을 것이다
누가 폭력을 기억하는가

우리 핏줄 속 끓는 피는
죽어간 카라자스 벗들을 위해 정의를 원한다

투쟁하는 민중은
도움 주는 게바라, 사파타, 베르나르도 마린 안토니오의 이름으로
카라자스 벗들을 위해 정의를 원한다

변혁하기 위해 투쟁하는 곳이면
시골과 도시, 그 모든 지역에서 "S" 굽이는 계속될 것이다
육군대령이 쏜 총에 쓰러진
소년 오지엘을 부른다
해방을 향한 꿈을 안고
땅과 교육을 위해 투쟁한 민중 투사

학살을 명령한 자를 감옥으로!
파라 땅에서 생산하는 노동자
우리는 그만두지 않는다
민중은 하나된 목소리를 이루기 위해 계속 만날 것이다
땅을 뚫고 열아홉 꽃이 핀다
변혁과 계급투쟁 안에서 우리는 굳세어진다.

클레우지마르가 엘도라도 카라자스에서 죽어간 사람들을 노래 부른다. 죽어간 19명은 늘 땅 없는 농업 노동자들 곁에 살아 있을 것이며 씨앗이 되고 꽃 피어날 거라고 노래한다. 오지엘은 아무래도 그날 죽어간 젊은 이인가 보다. 오지엘은 더 이상 살아 해방을 꿈꿀 수 없지만, 남은 이들이

그 꿈을 이어가리라.

브라질에서 행해진 불평등한 토지 분배는 농업 노동자들을 이리저리 떠돌게 만들었다. 수출을 우선으로 하는 단일 품목 생산은 당장 굶주리는 사람들을 만들어냈다. 사회문제의 하나로 '굶주림'을 꼽았던 데시우의 말은 설마가 아니라 현실인가 보다. 이 광대한 땅에, 브라질 사람들 모두가 충분히 먹고도 남을 만큼 생산할 수 있는 땅에 굶주리는 사람들이 있다. 어디 브라질만 그러하겠는가. 내 곁에는 없겠는가. 세상에는 이해할 수 없는 일들이 많이 벌어진다. 가난이나 굶주림이 정말 어쩔 수 없는 일일까. '가난 구제는 나라도 할 수 없다'는 속담은 대체 어떻게 만들어진 걸까.

브라질에서 1980년부터 지주나 경찰에 암살당한 농업 노동자와 활동가들이 1,543명이라고 한다. 2001년에는 1월부터 11월까지 23명이 암살당했다고 한다. 한 달에 꼬박 두 명씩 살해당한 것이다. 하지만 살인자들은 처벌받지 않았다. 엘도라도 카라자스에서 학살을 저지른 책임자들도 마찬가지다. '처벌하지 않음'이라는 문제가 남미를 한 바퀴 도는 동안 이어진다. '학살'이 이어졌듯이. 이 문제는 내가 비행기를 타고 하늘을 나는 동안도 이어질 것이고, 우리 땅을 밟아도 이어질 것이다. 남미에서, 아프리카에서, 아시아에서, 한국에서.

목숨을 내걸고 땅과 평등과 정의를 구하는 사람들. 부드럽고 여리게만 들리던 노래가 무겁다. 그런데 "S" 굽이는 무엇일까.

루리발 산타나 정착 마을

클레우지마르가 사는 마을을 나와 클레우지마르와 함께 승합차 버스를 탔다. 빈자리를 찾아 클레우지마르는 맨 뒤로 가고 나는 운전기사 옆에 앉았다. 창문을 모두 열어놔도 뜨겁다. 열기가 차 바닥에서 올라오고 천장에서 내려온다. 차 앞 유리로 비추는 햇빛은 눈을 절로 감게 만든다. 나야 꾸벅꾸벅 졸면 그만이지만 운전기사는 얼마나 힘들까.

한 시간쯤 넘게 달렸나. 클레우지마르가 깨워 일어나니 엘도라도 카라자스다. 찻길 오른쪽 아래 펼쳐진 마을에 높은 막대에 걸어놓은 MST 붉은 깃발이 보인다. 엘도라도 카라자스에 있는 아캄파멘토 루리발 산타나다.

마을 들머리에는 그늘을 찾아 모여든 사람들이 있다. 브라질 북부 지역의 한낮은 일하기에는 너무 덥다. 클레우지마르가 사람들에게 반갑게 인사한다. 루리발 산타나 정착 마을은 클레우지마르가 사는 정착 마을보다 훨씬 크다. 하지만 클레우지마르 정착 마을이 좀 더 안정되어 보인다. 클레우지마르와 함께 찾아간 집은 마리아네다. 마리아는 자기를 코타라고 부르라 한다.

처음에 내가 MST 정착 마을을 찾아가고 싶다고 했을 때, 마노는 방문은 가능하지만 그곳에서 먹고 자는 것은 어려울지도 모른다고 했다. 그래서 정착 마을 가까운 곳에 숙소를 구해 머물며 사람들을 만나야겠다고 생각했는데 다시 온 이메일에는 마을에서 머물러도 된다고 쓰여 있었다. 사람들과 함께 지낼 수 있어서 좋지만 조금이라도 불편을 끼치는 건 아닌가 걱정스러웠다. 코타 집에는 방이 넉넉지 않았다. 그건 코타 집뿐만 아니라 정착 마을 어느 집도 마찬가지다.

방 하나와 부엌 하나가 있는 집에 부부와 딸 넷과 아들 하나, 모두 일곱 식구가 산다. 부부가 작은 방을 쓰고, 부엌이 있는 방에는 낡은 나무 침대가 하나 있을 뿐이다. 바닥은 흙바닥이다. 그냥 누울 수도 없는 방이다. 그 부엌방에서 다섯 아이들이 잠을 자야 하는데 어떻게 나까지 잘 수 있을까.

코타가 내게 해먹이 있느냐고 묻는다. 마나우스에서 만 원 주고 산 해

먹이 가방에 들었다. 해먹이 있다면 충분히 잘 수 있다고 한다. 침대에서는 큰딸이 자고 나머지 세 아이는 해먹을 걸고 자고, 막내딸은 흙바닥에 얇은 매트리스 하나 깔고 자는 게 이 집 잠자리다. 부엌 천장에 굵은 나무 기둥들이 있는데 거기에 해먹을 걸고 잔다. 내가 마나우스에서 해먹을 샀던 건 이런 일을 예감한 것일까. 어려운 일이 벌어질 때마다 잘 풀려나가는 여행이 신기하다. 볼리비아에서 푸노에 가던 밤이 떠오른다. 안 될 거야, 못할 거야라고 한 번도 생각하지 않고 지나온 길들이다.

클레우지마르는 함께 학교를 한번 둘러보고 집으로 돌아갔다. 코타가 돌이 섞인 쌀을 고른다. 나도 옆에 앉아 함께 돌을 고른다. 쌀이 오래되었는지 잘게 부서졌다. 골라내야 할 돌이 꽤 된다. 돌은 골라내 열린 문 밖으로 휙 던지면 되고, 부서져 너무 잘아진 쌀은 골라내 코타가 부엌 바닥에 던져놓으면 한 마리 있는 닭이 와서 쪼아 먹는다.

돌을 다 골라내자 이번엔 콩 까기다. 코타의 남편 시망이 챙겨온 콩이 바로 페이종이다. 껍질을 벌릴 때 하나씩 툭 튀어나가는 콩이 있고, 여물지 않아 작게 움츠린 콩도 있다. 저녁거리를 준비하는 한낮이다.

코타는 36살이다. 나이는 나보다 어리지만 큰딸이 16살이고, 막내딸이 11살이다. 스무 살부터 정신없이 달려온 세월이겠다. 시망은 코타랑 나이 차이가 많이 난다. 62살이니 26년 차이다. 하지만 두 사람은 잘 어울린다. 별 말 없이 살짝 웃기만 하는 시망과 재잘재잘 이야기하는 코타. 시망은 머리에 딱 맞지 않는 낡은 MST 모자를 썼다. 마치 '내겐 MST밖에 없어' 하는 것처럼.

클레밀디스라는 사람이 코타 집으로 왔다. 26살이지만 MST 활동을 12년째 하는 젊은이다. 클레밀디스와 함께 마을 사람들에게 인사하러 나섰다. 마을엔 아이들도 많고, 젊은이도 많고, 어른들도 많다.

루리발 산타나 정착 마을의 아이들. 어린 동생을 하나씩 안고도 씩씩하다.

동생을 돌보는 아이들

여자 아이들이 어린 동생을 하나씩 옆구리에 안았다. 언니나 누나라고 해도 이제 겨우 일고여덟 살 난 아이들이다. 아이들은 똑바로 서 있지 못하고 옆구리를 치켜 올리며 서거나 걷는다. 그래야 어린 동생이 흘러내리지 않는다. 학교 수업을 마치고 돌아오면 그러고 하루를 보내는 걸까. 그래도 아이들이 씩씩하다. 힘든 기색도 없다. 잠깐 내가 안아줄까 싶어 다가갔더니 어린 동생이 누나한테서 떨어지지를 않는다. 두 다리로 누나 허리를 꼭 감는데 엄청난 힘이다. 옆구리에 안긴 동생이 없다면 신나게 뛰어놀 테지만 아무래도 엄마가 혼자 돌보아야 할 아이들이 많은가 보다.

동생을 안은 일곱 살 여자 아이가 자기 집에 가자고 한다. 클레밀디스가 우린 다른 데에 갈 거라고 하니 안 된다고, 자기 집에 가는 일보다 더 중요한 일은 없다는 듯이 한참을 졸졸 따라오며 자기 집에 가자고 조른다. 말하는 아이 목소리는 단호하고, 얼굴은 다부지다.

아이를 따라 집으로 가니, 젊은 엄마가 아이들을 씻기고 있다. 아이는 엄마와 동생들을 사진 찍어주고 싶었던 거다. 아이 다섯을 낳아 키우는 젊은 엄마. 아이가 어서 엄마를 찍으라고 한다. 저 아이 마음은 어디서 생겨났을까. 늘 어른이 아이를 돌보는 것은 아니다. 때로는 아이가 엄마를, 아빠를 돌보기도 한다. 내 아이도 자주 나를 도닥거려주었다. 아이들은 별을 떠나온 지 얼마 되지 않아 어른보다 맑고 밝으며 세상을 한눈에 꿰뚫어 볼 수 있다.

한국 농촌에서는 더 이상 아기 울음소리가 들리지 않는데, 이 마을에는 아이들이 많다. 저 아이들이 있어서 MST 운동은 쉽게 끊어지지 않고 계속 앞으로 나아갈 것이다. 운동뿐만 아니라, 외진 시골에서도 삶이 이어질 것이다. 희망이 사라진 시골에서 도시 변두리로 내몰려 거리에서 헤매야 하는 남루한 삶이 아니라, 딛고 선 땅에서 당당한 삶을 이룰 것이다.

마을길에서 만난 사람들

여자들은 우물에서 두레박을 내려 물을 길어 가거나 설거지를 하고, 화덕에서 음식을 끓인다. 저녁을 준비하기에는 아직 이른 시간인데 벌써부터 서두르는 건 왜일까. 코타네는 집 안에 화덕이 있는데 집 바깥에 화덕을 만든 집도 있다. 어느 집에서는 집 안에 있는 화덕에 불을 피웠는데 연기가 자욱했다. 자욱한 연기 속, 집주인 여자는 참 단단한 얼굴이다. 쉽게 절망하지도 않고 쉽게 들뜨지도 않을 얼굴이다.

고춧가루를 곱게 체에 거르는 여자도 있다. 그 빨갛고 고운 가루를 보니 반갑다. 나라는 달라도 사람들 사는 게 비슷하다. 만드는 방법만 다를 뿐이지 남미 음식이 크게 다르게 느껴지지는 않는다.

나뭇가지로 둘레를 친 작은 채소밭을 보았다. 베네수엘라 투카니에서 루이스가 만들려고 했던 게 바로 저것이었나 보다. 루이스가 씨앗을 뿌리거나 무얼 심는 것은 못 보고 왔는데 그 밭에 무엇을 뿌렸을까. 지금쯤 싹이 나왔을까.

빵을 만드는 곳도 있다. 두 사람이 열심히 반죽을 한다. 빵을 보관해두는 선반은 나무로 만들어졌고, 빵은 흙으로 만든 가마에서 굽는다. 바나나를 익히고 저장해두는 곳에서는 풀빛 바나나가 노랗게 익는다. 흙집에서 익는 그 바나나는 어떤 맛일까. 나무와 흙을 바탕으로 사는 사람들은 나무와 흙을 닮았다.

집 앞에 의자를 내놓고 이웃들과 둘러앉아 이야기하며 뜨개질을 하는 여자들을 만난다. 앉으라고 비켜준 의자에 앉았는데 어미 닭과 병아리들이 지나간다. 어미 닭을 쫓아다니는 어린 목숨들. 사람들은 어미 닭과 병아리를 작은 울타리에 가두지 않는다. 저 맘대로 마을을 다니며 흙을 쪼고, 어미 닭한테서 사는 길을 배울 병아리들을 보고 있자니 목숨 달린 우리들은 다 비슷하다.

한 남자가 연필을 쥐고 공책에 띄엄띄엄 숫자도 쓰고 알파벳도 쓴다. 곁에는 아이를 가진 아내가 있다. 지금은 쓱쓱 쓰지 못하지만 아이가 파란 하늘빛에 눈부셔 할 때쯤이면 아빠는 아이 이름을 또박또박 쓸 수 있을 거다. 농기구를 들고 밭을 일구듯 연필을 쥐고 종이 위를 일구는 남자가 글 농사를 잘 지었으면 좋겠다.

글씨 연습을 하거나 책을 읽는 연습을 하는 사람들을 보면 괜히 가슴이 설렌다. 잃어버렸거나 빼앗겼거나 애초부터 막혀 있었던 배움을 되찾는 사람들이기에 그럴까. 조그만 의자에 앉아 다리를 가지런히 모으고 두 손으로 브라질의 짧은 이야기책을 펼쳐들어 읽는 나이 든 아저씨를 본다. 저 모습이 아름답지 않으면 세상에 그 무엇이 아름다울까. 공책과 책

〈왼쪽〉 숫자와 알파벳을 연습하는 남자. 아이를 가진 아내가 옆에 앉아 있다.
〈오른쪽〉 조그만 의자에 앉아 이야기 책을 읽고 있는 나이 든 아저씨.

앞에 겸손하게 앉은 사람들. 붉은 깃발을 들고 먼 길을 행진하고 시위하는 모습도, 밭을 일구는 모습도, 책을 읽는 저 모습도 모두 MST이리라.

자랑하는 여자

가게를 하는 집이 있다. 집주인이 안으로 들어오라고 해서 들어가니 뒷마당으로 이끈다. 뒷마당에는 닭들이 잔뜩 있다. 그걸 자랑하고 싶었나 보다. 모이를 한 줌 뿌려 닭들을 모이게 하더니 어서 사진을 찍으란다. 사진을 안 찍겠다는 어린 손녀를 어떻게든 찍어주고 싶었는지 닭들 있는 데에 데려다놓으니 아이가 운다. 내가 원했던 건 아니지만 어찌나 아이한테 미안했는지 모른다.

주인 여자한테는 자랑하고 싶은 게 하나 더 있다. 어디서 뭐가 큰 소리로 울어대서 깜짝 놀랐는데 붉은 금강앵무새다. 크기도 엄청 크고 소리도 한 번 들을 때마다 깜짝 놀랄 정도로 크다.

주인 여자가 카메라 앞에서 즐거워하는 동안 흙벽을 짚고 선 남자가 계속 눈에 들어온다. 소리 내어 웃는 주인 여자와 달리 막막한 눈으로 닭도 아니고, 금강앵무새도 아니고, 사진 찍는 식구들도 아니고, 그 어딘가 여기에 없는 곳을 바라보는 남자. 마을을 돌면서 만난 사람들이 그래도 다들 밝고 편안한 얼굴들이었는데 남자는 우울해 보인다. 몸이 고단한 걸까, 마음이 고단한 걸까. 자꾸 남자 얼굴이 눈에 밟힌다.

울던 어린 여자 아이가 집으로 들어가다 문 쪽에 있던 비닐봉지에 담긴 콩을 쏟았다. 울면서도 그 작은 고사리 손으로 얼른 콩을 주워 담는다. 아이도 이 콩이 소중한 먹을거린 줄을 아는 걸까. 할머니나 다른 어른들 모두 아이에게 뭐라 않고 오히려 괜찮다고 달래는데 아이 울음소리가 점점 커진다. 아이 옆에 쪼그리고 앉아 나도 콩을 줍는다. 다른 아이들과 달리 낯선 나를 피하던 아이가 그제야 바로 나를 쳐다본다. 울음도 조금씩 잦아든다.

클레밀디스가 그만 가야 한다고 해도 주인 여자는 쉽사리 나를 놓아주지 않는다. 아직 자랑해야 할 게 더 있다. 딸이 아기를 낳았다며 사진을 찍어주라고 한다. 밖이 그리 소란스러웠는데도 갓난아기는 푹 잔다. 얼마 안 있어 갓난아기는 잠자는 시간이 줄어들고 당싯당싯 팔다리를 놀리며 방실 웃겠지. 옹알이도 하고 뒤집기도 하고 배밀이도 하고 그러다 일어서고 걸으려고 애를 쓰겠지. 그때마다 할머니인 이 여자는 마을 사람들을 불러들여 살아 처음 보는 모습처럼 자랑을 하겠지. 모든 목숨 달린 것들을 자랑하는 여자. 가장 보여주고 싶었던 것은 이 갓난아기였을까. 여자는 내일을 두려워하지 않고 오늘을 산다. 여자는 행복을 두려워하지 않는다.

밥 한 그릇

금세 어두워지고 낮 더위가 무색하게 저녁 바람이 서늘하다. 아침에 들렀던 3월 26일 정착 마을에는 전기가 들어왔는데 엘도라도 카라자스 정착 마을에는 전기가 들어오지 않는다. 시망이 만든 호롱불이 어둔 집을 밝힌다.

코타가 낮에 돌을 골라낸 쌀로 밥을 짓고, 껍질 깐 페이종을 푹 끓인다. 다른 건 넣지 않고 페이종만 넣었다. 낮에 옆집에서 가져온 돼지고기 한 덩이를 잘라 꼬치에 끼워 불에 굽는다. 나무를 때는 화덕에서 음식들은 한참을 익었다.

플라스틱 접시에 밥을 담고, 끓인 페이종을 붓고 고기도 한 점 얹었다. 탁자에서 밥을 먹기에는 의자가 모자란다. 의자가 넉넉하다 해도 식구들이 다 둘러앉기에는 자리가 좁다. 시망이 짠 폭이 좁은 긴 나무 의자에 접시를 놓고 밥을 먹거나 침대에 걸터앉아 밥을 먹거나 다들 자리를 하나씩 찾아 앉는다.

호롱불이 있지만 구석구석 밝혀주지는 못해 사람들은 있는 듯 없는 듯 그림자처럼 숟가락을 든다. 집 밖이나 똑같이 어둔 집 안에서 모두 흩어져 조용히 밥을 먹는다. 아무도 말을 하지 않는다. 밥을 앞에 두고 기도하듯, 명상하듯 한 숟가락 한 숟가락 뜬다.

분명 낮에 돌을 다 골라냈는데 밥을 씹을 때마다 으드득 돌과 흙이 씹힌다. 그 소리가 이 고요를 깰까 적이 걱정스럽다. 그걸 뱉자고 밖으로 나갈 수가 없다. 옆에 앉은 둘째딸한테도 그 소리가 들릴 텐데 그냥 씹어 삼킨다. 어쩌면 다른 식구들도 그대로 밥에 섞인 돌을 씹는지 모른다.

밥과 콩, 고기 한 점, 이토록 소박한 밥을 먹는 일이 이 세상에서는 왜 그리도 힘든 일이 되었을까. 이 밥을 얻기까지 땅 없는 농업 노동자 운동은 22년 동안 수많은 동지들을 잃어야 했고, 어딘가에는 아직도 홀로 떠도는 땅 없는 농업 노동자들과 도시의 가난한 사람들이 굶주린 배를 움켜쥐고 있을 것이다. 엘도라도 카라자스에서 먹는 이 밥이 내게 자꾸 생각하라고 말한다.

공부하는 밤

저녁을 먹고 난 뒤 시망이 씻고 옷을 갈아입고 학교에 갈 준비를 한다. 책과 공책, 작지만 두꺼운 포르투갈어 사전을 들고 학교로 간다. 옷을 갈아입어도 모자는 여전히 벗지 않는다. 학교로 가는 시망은 마치 정갈하게 예배를 드리러 가는 사람 같다.

전기가 들어오지 않는 마을이지만 하루 딱 두 시간, 저녁 7시에서 9시까지 발전기를 써서 불을 켠다. 그렇다고 마을 모든 집들이 환히 불을 밝히는 건 아니다. 딱 두 곳만 불을 켠다. 학교와 사람들이 함께 모여 텔레비전을 보는 마당이다. 그래서 발전기는 학교와 그 마당 사이에 있다. 학교 수업이 끝나면 텔레비전도 끝난다. 아이들은 텔레비전을 보는 것보다 불 밝은 곳에서 친구들을 만나 노는 것이 좋아 불 있는 곳을 찾아 나온다.

학교에서는 공부가 한창이다. 마을 사람들은 비디오를 보면서 공부하기도 하고, 서로 생각을 자유롭게 이야기하기도 한다. 공부하는 엄마 다리를 베고 단잠 든 딸도 있다. 다른 교실에서는 잡지에서 그림을 오려 붙이는 일이 한창이다. 한 아주머니는 동물들을 그려 호박씨와 옥수수 알, 콩과 쌀을 붙여 꾸미기도 했다. 손에 물 묻히는 일과 흙 묻히는 일밖에는 해보지 않은 사람들이 자기 머릿속 생각을 도화지에 풀어놓는 시간, 교실에는 웃음이 끊이지 않는다.

맨 앞자리에 앉아 잠든 남자 아이는 그 웃음소리에도 깨지 않는다. 날마다 하루도 빠지지 않고 아버지를 따라 나온다는 아이. 그 시간에 텔레비전을 볼 수도 있고, 친구들과 놀 수도 있고, 집에서 잘 수도 있을 텐데 아이는 왜 늘 학교 가는 아버지를 따라 나설까. 밤에 불 켜진 학교가 아이에게는 다른 세계로 느껴질까. 그 세계가 내뿜는 냄새가 아이는 좋은 걸까. 아이는 아버지와 함께하는 동무인가.

낮에 아이들이 앉았던 의자에 앉아 책을 읽고, 토론하고, 잡지 종이를 오려 그 무언가를 표현하는 어른들. 이 모습이 운동이고 저항이고 혁명이리라. 돈 없는 자는 학문과 예술, 문화에 접근 금지인 자본주의사회에 맞서는.

선생님들은 MST의 붉은 티셔츠를 입었다. 선생님들은 멀리 다른 곳에서 출퇴근하지 않는다. 바로 이 마을에서 함께 사는 주민이자 동지이다.

공부하는 어른들.

겨우 두 군데 정착 마을을 보았을 뿐이지만 다른 무엇보다도 학교를 크게 지어놓은 걸 보니 MST 사람들이 교육 문제를 얼마나 중요하게 여기는지 알겠다.

수업을 마치고 교실 정리를 하는 어린 선생님과 잠시 이야기를 나누었다. 마을을 이룬 지는 이제 3년 되었고, 그전에 다른 정착 마을에 살다가 이곳으로 옮겨 왔다고 한다. 모두 몇 명 정도 사느냐고 물었더니 1,800명쯤 된다고 한다. 그렇게 많으냐고 놀라니까, 마을을 돌면서 보지 않았느냐고, 한 집에 열 명씩만 잡아도 그 수는 넘을 거라고 한다. 고만고만한 아이들이 네댓은 되는 집을 많이 봤는데 더 많은 경우 그럴 수도 있겠다.

학교 문 앞에 10대 아이들이 잔뜩 모여 있다. 낮에 못 본 친구들이 많다. 다들 하루 무더위를 물로 씻어내고 새 옷으로 갈아입고 나왔다. 우리는 어둠 속에서 잘 나오든 못 나오든 사진을 찍는다.

별을 보며 먹는 망고

수업도 끝나고 텔레비전도 끝나고 윙윙 소리를 내던 발전기도 잠들었다. 이제 겨우 9시가 조금 넘었을 뿐인데 마을은 서서히 잠에 빠져든다. 호롱불 하나 들고 야자나무 잎을 엮어 담을 세운 곳에서 몸을 씻었다. 작은 들통 하나에 길어온 물을 페트병 자른 바가지로 떠가며 몸을 씻었다. 이걸로 어찌 씻나 했는데 머리부터 발끝까지, 그 물이면 충분했다. 쓰고도 남았다. 그동안 내가 흘려버린 물은 얼마나 많을까.

적은 물로도 몸을 씻을 수 있고, 설거지를 할 수 있는 사람들. 그러고 보면 도시는 지나치게 '청결'에 얽매여 있다. 더 많은 세제와 더 새로운 세제를, 더 강력한 세제를 만들어 팔고, 사게끔 강요하지 않는가. 부엌, 화장실과 방, 옷, 그릇과 가구를 나누는 다양한 세제들은 사람들한테 쓸고 닦고 빠는 데 더 많은 시간과 힘, 물과 전기, 돈을 쓰게 한다. 내 한 몸

깨끗이 하자고 자연을 더럽히는 일들을 강요당하지 않는가.

코타가 준 망고 하나를 어둔 마을을 바라보며 부엌문 앞에 쭈그리고 앉아 먹는다. 하늘에는 별이 총총하다. 맛나긴 하지만 먹고 난 뒤가 고생인 망고를 두 손에 들고 먹는다. 바로 서지도 못하고 의자를 끌어다 앉지도 못하고 딱 이거라는 듯 똥 싸는 자세로 앉아 별 보면서 망고를 베어 먹는데 왜 어쭙잖게 눈물이 날까. 코타가 맛있냐고 묻는데 고개도 못 돌리고 응, 응만 해댄다. 아이들은 내 뒷모습을 보며 저 여자 왜 저러고 앉아 먹을까, 아마 우스울 거다. 나도 모르겠다. 왜 이러고 앉았는지.

도시라면 밤새 불야성을 이룰 텐데, 다른 곳이라면 물을 펑펑 흘려버릴 텐데 어느 한쪽에서 그 많은 불과 물을 쓰는 동안 여기는 잠들어야 한다. 그 불과 물이 없어서 눈물이 나는 게 아니다. 그런 것쯤 간단히 견뎌내는 사람들과 밤이 내뿜는 고요함이 서럽도록 아름다워서다. 전기가 들어오지 않아 오히려 밤이 밤다운 이곳. 밤늦게까지 공부하게 하지 않고, 밤늦게까지 텔레비전 앞에, 컴퓨터 앞에 정신을 잃게 하지 않고, 밤늦게까지 술 마시게 하지 않고, 배가 부른데도 생각 없이 먹게 하지 않고, 밤늦게까지 괴로워하지 않게 하고, 어둠에 겸손하게 만든다. 호롱불마저 꺼진 집들, 밤은 사람들에게 하루를 마무리하라고 한다. 벌써 아름다움은 다 빼앗겨버린 자본주의 도시들은 빌딩에, 다리에, 나무에 온갖 전등불로 밤을 밝혀 아름다움을 조작하지만, 정작 아름다움과 아름다운 사람들은 늘 이런 곳에 있다.

잠자리

막내 사라가 얇은 매트리스를 부엌 구석에 깐다. 넷째 솔란지의 해먹 옆에 시망이 내 해먹을 걸어준다. 첫째 시엘리는 작고 푹 꺼진 침대에 눕고, 둘째 산드리뉘와 셋째 시드니가 내 해먹 아래쪽에 해먹을 건다. 다들 자기 해먹은 자기가 건다. 나무에 해먹 네 개를 걸고 그 위에 네 명이 누워도 끄떡없는 이 집은 얼마나 튼튼하다는 걸까.

처음 누워보는 해먹이다. 무턱대고 발을 먼저 올렸더니 해먹이 흔들흔들, 나는 비틀비틀, 앉기도 전에 쿵 바닥으로 떨어진다. 한 번에 멋지게 오르리라 했던 기대가 폭삭 무너진다. 흙바닥이라 아프지는 않다. 다들 우스워 죽겠단다. 솔란지가 가르쳐주겠다고 나선다. 해먹을 뒤로 하고 가운데에 엉덩이를 걸쳐 편안히 앉아 중심을 잡고 몸을 돌리면서 다리를 뻗어 하나씩 올리면 된다는 거다. 가르쳐준 대로 하니 쉽다. 새벽이면 추울 거라고 코타가 얇은 이불을 건네준다. 내 카메라로 딸들이 서로 사진을 찍으며 웃는다. 누워 있는 내게 사진을 보여주려고 가져오고, 기념으로 해먹 위에 누운 나도 찍어준다.

하루 종일 열어놓았던 야자나무 잎으로 엮어 만든 문을 닫는다. 어느새 호롱불도 꺼져 깜깜하다. 코타와 시망이 작은 방으로 들어가고 언제 웃고 떠들었냐는 듯 아이들도 집도 마을도 세상도 고요하다. 밤은 이렇게 어둡고 고요하다는 걸 새삼 깨닫는다. 이제 사람도 고요해질 시간이다.

11월 24일 금요일

노래하는 아이들

새벽 5시부터 밖에서 사람들 오가는 소리가 들린다. 이 마을은 밤이 밤다운 것처럼 새벽도 새벽답다. 전기로 불 밝히는 곳이 아니어서 그럴까. 아침 하늘빛이 달라지는 걸 보고만 있어도 좋다.

6시가 되니 모두 일어나 움직인다. 그렇다고 허겁지겁 바쁜 건 아니다. 밖에 나와 아침 바람을 쐬고, 집 밖으로 나온 사람들과 인사를 한다. 날마다 바로 코앞에서 만나 이야기를 하면서도 밤이 지나고 나면 다시 할 말이 생긴다. 코타는 커피에 설탕을 넣고 팔팔 끓인 뒤 망으로 걸러 보온병에 담아둔다.

공동으로 쓰는 화장실은 재래식인데 희한하게도 냄새가 전혀 안 난다. 먼저 화장실을 다녀온 옆집 주앙 아저씨가 두루마리 화장지를 빌려준다. 화장지를 돌려주러 가니 아저씨가 내게 집 앞에 심어놓은 채소와 약초들을 하나씩 알려준다. 여기저기 저 맘대로 자라나 겉보기에는 이게 밭인가 싶은데 하나하나가 다 쓰임이 있는 푸성귀들이다.

아침은 커피 한 잔과 딱딱하게 마른 곡식이다. 꼭 찐쌀처럼 누른빛을 띤 걸 그냥 손으로 한 줌씩 집어 꼭꼭 씹어 먹거나 커피에 섞어서 떠먹는다. 나는 너무 딱딱해 몇 번 집어 먹고는 말았다. 내 이는 어느덧 약해졌나 보다. 더 가공하거나, 더 부드럽고, 더 입에 맞게 만들지 않고 그대로 딱딱한 걸 먹는 데는 나름대로 까닭이 있겠지. 조상 때부터 내려온 어떤 뜻이 담겼을 거다. 조금씩, 천천히, 겸손하게 먹으라는.

첫째가 탁자 위에서 점심거리로 쓸 닭을 다듬는다. 기름을 떼어내는 솜씨를 보니 일을 적잖이 해본 손이다. 둘째는 작은 수박 한 덩이를 가져와 얇게 조각낸다. 함께 먹어야 할 사람이 많다. 뭐든 많이 먹어야 맛이 나는 건 아니다. 함께 먹으면 더 맛난다.

클레밀디스도 오고, 옆집 이스나자니가 두 딸을 데리고 놀러온다. 이스나자니는 학교 선생님이다. 보통 네댓씩 아이들을 낳지만 이스나자니는 둘로 만족한다고 한다. 고생하는 젊은 여자들을 많이 봤는가 보다. 왜 그렇게 많이들 낳느냐는 물음에는 자기도 잘 모르겠단다. 한집에 여자 아이들이 많은 걸 보면 이곳도 아들에 대한 욕심이 있는 건 아닌지.

이른 아침부터 코타 집에 사람들이 가득 찬다. 한 마을에 사는 코타 친구도 왔다 가고, 아이들 친구인 하이아니와 시르레니도 와서 논다. 어느새 닭을 다 손질한 큰딸이 보여줄 게 있다면서 2006년도 MST 비망록을 가져온다. MST에서 해마다 만드는 비망록은 MST 활동 사진과 자료도 담고 있지만, MST를 지지하는 시인들과 화가들, 음악가들이 쓴 시와 노랫말, 사진, 그림으로 마치 예술 작품처럼 만들었다. 플로리아노폴리스 발전노조 사무실에서 보았던 것과 똑같다.

비망록에 든 MST 노래를 셋째딸과 막내딸, 그리고 친구 둘이 침대에 나란히 걸터앉아 부른다. 그렇게 까불던 셋째는 정작 노래 부르면서는 어찌나 쑥스러워 하는지. 노래 부르는 아이들을 대견스레 쳐다보던 코타가 자연스레 끼어 노래 부른다. 아이들이 노래를 시작할 때는 몰랐는데, 노래 부르는 코타를 옆에서 지켜보자니 콧잔등이 시큰해진다. 노래 가사도 못 알아들으면서 왜 가슴이 아릿해지는지……. 무조건 앞으로 가야지 뒤로 한 발 물러서면 그대로 굶주림과 죽음인, 아이 다섯 거느린 서른여섯 먹은 여자가 노래한다.

노래를 다 부른 아이들이 씩씩하게 외친다.

셋째 딸: 땅 없는 농업 노동자 운동!
다른 아이들: 투쟁!
셋째 딸: 땅 없는 농업 노동자 운동!
다른 아이들: 가치를 위한 투쟁!
셋째 딸: 자유로운 조국!
다른 아이들: 승리하리라!
셋째 딸: 토지개혁!
다른 아이들: 대농장 없는 브라질을 위하여!

핏발 선 구호라기보다는 노래하듯이 외치는 구호. "자유로운 조국! 승리하리라!"는 저 60년대부터 80년대까지 미국이 지원하는 독재 정권 아래에서 시달렸던 다른 남미 국가들에서도 절실하게 외쳤던 구호이고 노래였다. 이제 막 피어나는 10대 여자 아이들이 투쟁과 자유와 가치와 개혁을 외친다. 그건 삶이다.

떠들고 웃고 노래하던 셋째 딸과 막내딸이 금세 사라지고 안 보인다. 아이들은 학교 갈 시간을 놓치지 않는다. 큰딸과 둘째 딸, 아들은 좀 멀리 떨어진 마을 바깥 학교에 가야 해 준비한다. 마을에 있는 MST 학교에서 모두 배우는지 알았는데 중등 과정 학생들은 밖에서 배운다.

잠시 나갔던 옆집 이스나자니가 자기 비망록을 가져와 펼친다. '주는 사람'이라고 맨 위에 적혀 있고 밑줄이 그어져 있다.

"여기다 네 이름 좀 써줘."

내 이름을 알아두려고 하나 보다, 하며 별 생각 없이 이름을 적는다. 알파벳으로 이름을 쓰고, 옆에 한글로 적는다. 금방 다 적고서는 돌려주니 도로 나한테 내민다.

"네 거야."

벨렝에서 솔이 주소를 적어주고는 "네 집이야"라고 해 말문이 막히게 하더니, 다시 이스나자니가 내 말문을 막는다. 이스나자니는 비망록을 거의 쓰지 않았다. 앞에 몇 장만 일기를 쓴 흔적이 남았다. 나는 누군가를 감동시키는 말을 해본 적이 없는데, 이렇게 멋진 말을 해본 적이 없는데…….

도로시 스탕과 체 게바라

이스나자니가 준 비망록을 다시 펼쳐든다. 표지를 열면 첫 장에서 체 게바라가 웃는다. "우리 힘은, 앞날을 향해 힘차게 나아가지 않으면 안 되는 노동자와 농민, 가난한 모든 계급이 하나 될 때 생긴다"고 말하면서. "토지개혁, 정의, 빵, 자유를 외치는 그대 목소리 사방에 울려 퍼질 때 그대 곁에서 하나 된 목소리로 우리 그곳에 있으리"(장 코르미에, 『체 게바라

평전』, 실천문학사, 2000)라고 한 체 게바라는 브라질 땅 없는 농업 노동자들 속에서 다시 살아난다. 여기선 체 게바라가 상품이 되지도 않고, 소비되지도 않는다. 체 게바라를 외치는 목소리가 허망하지 않다.

비망록 뒤쪽에는 파라 주 트란스아마조니카 지역에서 30여 년을 땅 없는 농업 노동자들과 살아온 도로시 스탕Doroty Stang 수녀 사진과 짧은 설명 글이 있다. 도로시 스탕 수녀는 미국 사람인데 브라질로 귀화해 아마존 환경 보존과 농민운동에 헌신해왔다. 아마존 지역에서 불법으로 나무를 베고 약탈한 농장주들을 고발하고 맞서 싸웠다. 그러다 도로시 스탕 수녀는 2005년 2월 12일, 끝내 농장주들과 불법 벌목업자들이 고용한 사람이 쏜 총에 숨을 거두었다. 1931년에 태어난 도로시 스탕 수녀, 3년 먼저 태어난 체 게바라와 동시대를 젊은이로 산 그이는 총을 들지 않은 혁명가이다.

도로시 스탕 수녀와 체 게바라는 왜 자기 나라를 떠나 멀고 험한 곳, 가난한 사람들 속으로 들어갔을까. 가슴에 진지하게 물어야 할 물음 하나.

집 짓는 시망

시망은 집 옆 빈 터에 방을 몇 개 들일 참이다. 벌써 나무로 집 틀은 잡아놓았다. 지금 하는 일은 지붕으로 얹을 야자나무 잎을 말리고 다듬는 일이다. 한쪽에는 기다란 잎이 달린 야자나무 가지가 쌓여 있고, 다른 쪽에는 손본 가지들이 차곡차곡 겹쳐져 늘어서 있다.

야자나무 가지는 아주 길다. 두껍고 긴 가지에 마주보고 길쭉한 잎들이 나 있다. 가지는 꼭 목재소에서 깎아 다듬은 각목처럼 매끈하고 단단하다. 잎도 빳빳하고 억세다. 들어보니 꽤 무겁다.

시망이 허리춤에 차고 나온 칼로 가지와 잎 사이를 위에서 아래로 한 번 죽 긋는다. 마주 보는 다른 쪽은 방향을 거꾸로 해서 칼질을 한다. 잎

지붕으로 얹을 야자나무 잎을 다듬는 시망.

을 잘라내는 게 아니라 억센 나뭇잎을 가지 아래쪽으로 접기 위해서 금을 내는 거다. 뾰족하고 길쭉한 잎들은 잎겨드랑이만 남은 채 나뭇가지에 붙어 있다. 그다음에는 양쪽 잎들을 꺾어 접는다. 저러면 달랑달랑 달린 잎들이 떨어져 나가지 않나 싶은데 하나도 떨어지지 않는다. 나는 바로 앞에서 보면서도 도저히 모르겠다. 잔뜩 매달린 나뭇잎들을 어떻게 똑같이 잎겨드랑이만 남기고 자를 수 있단 말인가. 무심한 얼굴 뒤에 긴장과 집중이 숨겨져 있을까. 그런데 꺾어도 부러지지 않는 건 또 뭔가. 시망은 야자나무 성질을 꿰뚫은 게지. 그렇게 만든 가지들을 차곡차곡 겹쳐놓고 다른 야자나무 가지로 눌러놓는다. 그리고 한 번씩 시망이 그 위에 올라가 장화 신은 발로 꾹꾹 밟는다. 나중에 잎이 벌어지거나 일어나지 않게 하는 거다. 아니 저러면 이번엔 진짜 꺾여 나뭇잎이 떨어져 나가지 않을까 싶은데 야자나무 잎은 시망 무게도 이겨낸다. 저 강한 야자나무 잎은 잘리고, 꺾이고, 밟혀도 끄떡없이 다시 살아가는 이 사람들 같다.

나무와 흙, 야자나무 잎으로 짓는 집. 시망 아버지도 이렇게 집을 지었겠지. 나무를 구하고, 흙을 구하고, 야자나무 잎을 말리고, 시간을 기다리고. 이틀, 코타와 시망 곁에 있다 보니, 자라나는 아이들을 먹이고 입히고 잠재울 자리를 마련하는 일보다 더 소중한 일이 세상에 있을까 싶다. 목숨도 내걸고 해야 하는 어려운 일이다.

자연과 함께 일하는

클레밀디스가 체육 수업을 하는 선생님한테서 오토바이를 빌려서 사람들이 일하는 곳을 보러 나갔다. 마을 바깥, 쭉 뻗은 도로를 헬멧도 쓰지 않고 달리려니 조금은 겁난다. 찻길 아래로 양쪽에 들판이 펼쳐진 곳에 멈추어 섰다. 이곳에서도 마라바 정착 마을과 같이 쌀, 옥수수, 페이종, 감자, 만조카와 여러 가지 채소들을 키운다. 이런 걸 생활 작물이라고 하려나. 대농장들이 수출을 목적으로 단일 품목을 재배했다면 이들은 먹고 사는 데 우선 필요한 것들을 키워낸다.

그런데 일하는 사람들이 그리 많이 보이지 않는다. 내가 마을에서 나올 때도 마을에 남아 있는 사람들이 많았다. 아침 일찍 일을 시작하던 베네수엘라 투카니 사람들만 생각해 여기 사람들은 왜 별로 일을 안 할까, 이상했다. 속으로 왜 일들 안 하고 이러고 있나요, 라는 생각을 했다. 그런데 정말 이렇게 타는 듯한 더위에 일을 해야 맞는 걸까. 이 사람들한테는 이 사람들 철이 있을 게다. 이렇게 더운 날에는 갈아 얹어야 할 지붕을 엮거나, 그늘진 곳에 해먹을 치고 누워 쉬거나 이웃과 이러저러한 이야기를 나누는 게 오히려 적당한 일이겠지. 열심히, 성실히 일하고, 뭐든지 '최선을 다해 열심히 하겠습니다'라는 말과 '시간은 돈이다'라는 말이 무슨 격언처럼 쓰이는 사회에서 산 탓일까. 나도 모르는 사이, 노동자가 노동 기계가 되기를 강요한다.

자연은 일할 수 있을 때는 일하고 그렇지 않을 때는 쉬라고 말을 한다. 하지만 자본주의 도시는 24시간 불을 켜놓고 기계를 돌린다. 24시간 동안 일을 하게 한다. 24시간 동안 물건을 사고팔게 한다. 24시간 동안 청소하게 한다. 24시간 동안 먹게 한다. 24시간 동안 놀게 한다. 24시간 동안, 24시간 동안……. MST 사람들은 그 24시간 사회에 맞선다.

아르마딜로를 파는 남자

마을로 다시 돌아오는데 찻길에서 한 남자가 무슨 껍질 벗긴 동물을 높이 치켜들고 지나가는 차들을 향해 내비친다. 아르마딜로다. 아르마딜로는 열대·아열대 지방에 사는 젖먹이 동물이다. 몸이 등딱지로 덮여 있는데 특이한 건 등딱지에 띠가 나 있어 그 띠를 이용해 몸을 움직이는 거라고 한다. 껍질 벗겨진 아르마딜로를 보니 네 다리는 짧고 얼굴도 조그맣고, 꼬리는 길다. 등과 꼬리에 몸을 웅크리고 펴게 했을 띠가 선명하다. 남자가 그늘에 놓아둔 들통에는 껍질 벗겨진 아르마딜로가 여러 마리다. 어찌 먹을까 싶지만 고기 맛이 좋다고 한다.

코타 식구들과 마을 사람들이 어제 하루 종일 내게 "한국 사람들은 개고기를 먹는다면서? 고양이도 먹어?"라고 물어댔다. 어떻게 개고기를 먹느냐며 이해할 수 없다는 눈빛으로 말이다. 아무리 말해도 내 설명 같은 건 다 귓등으로 듣고는 마을 사람 누군가가 올 때마다 그 얘기를 꺼내 다시 묻고 다시 물어 조금은 서운했는데, 남미 사람들이 아르마딜로를 먹게 된 데에도 많은 이야기들이 있겠지. 비야 엘살바도르의 소이아는 고급 요리라며 손에 잡은 비둘기를 요리해줄까 하지 않았던가.

학살, 1996년 4월 17일

엘도라도 카라자스 학살이 벌어진 곳에 클레밀디스와 함께 가기로 했다. 버스를 기다리는데 내리쬐는 볕이 말이 아니다. 그저 견디다 나중에 물 한 바가지 끼얹는 수밖에 없다. 요란스레 더위를 피하려 애쓴다고 피할 수 있는 더위도 아니다. 저기 버스가 온다.

19명이 학살당한 현장은 한적한 찻길이다. 어쩌다 한번 휙 지나는 차가 있을 뿐, 뙤약볕 아래를 걷는 사람은 아무도 없는 낮 12시. 시계바늘 두 개가 12에 가 포개어진 채 그대로 멈춰버리고 그에 세상도 가던 길을 멈춘 듯 고요하다.

찻길 바깥쪽에 사진으로만 봤던, 마노와 단이 만든 기념물이 서 있다. 사진으로 볼 때는 웅장해 보였는데 와서 보니 쓸쓸해 보인다. 그래도 기념

마노와 단이 1996년에 학살당한 19명을 기리며 만든 기념물.

물이 있어 다행이다. 이 길을 지나는 사람들은 한 번쯤 뒤돌아볼 테니까.

나무들은 내가 브라질 북부 길에서 본 나무들보다 훨씬 굵다. 열아홉 그루다. 나무 끝을 따라 올려다본 하늘은 더없이 푸르고 맑다. 세워진 나무들 한가운데 죽은 사람들 이름이 적힌 동판이 있다. 나는 이들을 모르지만, 수첩에 이름을 적는다. 꼭 그래야만 한다고 마음이 시킨다.

> 리카르두 · 아망시우 · 아빌리우 · 코스타 · 알베스 · 이르망 · 크라시아누 · 조아킴 · 조세 · 히바마르 · 루리발 · 레오나르두 · 마누엘 · 하이문두 · 홉슨 · 오지엘 · 발데미르 · 호드리게스 · 카르네이루.

혹시라도 허투루 적을까 봐 클레밀디스한테 확인해가며 한글로도 적는다. 클레우지마르가 어제 부른 노래에 나오는 소년 '오지엘'도 있다. "땅과 교육을 위해 투쟁한 민중 투사"라고 클레우지마르가 노래 불렀지.

'루리발 다 코스타 산타나'라는 이름도 있다. 내가 지금 머무는 정착 마을 이름이 바로 루리발 산타나 아닌가. 땅 없는 농업 노동자들은 노래로, 마을 이름으로 어떻게든 저 4월 17일과 죽어간 사람들을 잊지 않으려고 한다. 정착 마을 이름이 '아캄파멘토 4월 17일'인 곳도 있다.

어제 클레우지마르가 부른 노래에서 풀리지 않았던 "S" 굽이가 무엇인지 이제 알았다. 여기가 바로 "S" 굽이다. 사람들은 이 마을 이 길을 그렇게 부른다. 카라자스를 지나 마라바 가는 이 길이 "S" 자로 굽었다. 아까 이 길을 사진 찍을 때는 몰랐다. 그저 그이들이 걸었을 길을 찍고 싶었을 뿐이었다.

"그들은 늘 'S' 굽이에 남아 있을 것이다/ 변혁하기 위해 투쟁하는 곳이면 시골과 도시, 그 모든 지역에서 'S' 굽이는 계속될 것이다"가 무엇을 말하는지 이제 풀린다. 변혁과 해방을 원하는 곳에는 죽음과 삶이 함께 있다. 살기 위해 불의와 불평등, 폭력에 맞서 싸우지만 돈과 권력을 쥔 사람들은 이들을 죽이려고 달려든다. 세상 사람들은 모두 똑같이 정의, 평등, 평화를 원할까? 자본가가 평등을 말할 수 있을까. 권력자가 정의를 말할 수 있을까. 총을 겨누는 자가 평화를 말할 수 있을까.

1996년 4월 17일, 헌병대가 사람들을 향해 총을 쏘았다. 헌병대는 엘도라도 카라자스 "S" 굽이를 사이에 두고 한쪽은 서쪽 파라우아페바스에서 출발했고, 다른 한쪽은 북쪽 마라바에서 출발해 이들을 포위했다. 한 사람에 두세 발씩 쏜 총에 19명이 목숨을 잃었고, 더 많은 수가 다쳤다.

죽고 다친 사람들은 "토지개혁을 위해 걷기"에 나선 땅 없는 농업 노동자들이다. 이들은 그해 3월 5일, 파라우아페바스와 엘도라도 카라자스 사이에 있는 마카세이라 농장을 점거했다. 모두 3,500명이 살 수 있는 땅이었다. 이들은 대농장을 점거한 후 '토지개혁과 이주 국가협회'와 함께 주정부와 교섭을 하는 중이었다. 주정부에 토지수용을 요구하며 4월 10일부터 모두 1,500명이 걸었다. 학살 하루 전 그이들은 여기 가까이에서 야영을 했다. 엘도라도 카라자스를 거쳐, 마라바를 거쳐, 파라 주 수도가 있는 북쪽 벨렝까지 걸으려고 했지만 총이 그 길을 막았다.

어째서 군대는, 주정부는, 브라질 정부는, 자기 나라 민중을 죽였을까. 자기 땅 민중을 향해 총을 쏜 군대와 정부가 허다한 세상인데 쓸데없는 물음인가. 파라 땅을 남쪽에서부터 북쪽까지 걸으려 했던 사람들. 3,500명이 살기 위해서는 걷는 것 말고는 다른 방법이 없었다.

그이들을 기념하는 작은 집은 문이 잠겼다. 가까이 사는 어느 할머니가 열쇠를 가지고 있다는데 할머니가 집에 안 계신다. 유리를 달지 않고 창살만 쳐놓은 창문 새로 보는 기념관, 그림 속에서 가족을 잃은 남은 가족들은 모두 소리 없이 오열하고 통곡한다. 나무판자로 지어 낡고 휑한 기념관이 안타까운데 그나마 나무판자 벌어진 틈과 창으로 빛이 드니 고맙다. 아니다. 낡고 휑한 기념관을 안타까워하지 말자. 학살 책임자가 그대로 거리를 거닐고, 실종된 사람들이, 죽어간 사람들이 어디에 있는지도 찾아내지 못하고 있는데, 빛나는 기념물이나 기념관이 무슨 소용이 있을까. 여기 낡고 작은 기념관이 오히려 진실하다.

기념관 옆에는 커다란 망고 나무가 있다. 툭툭 땅에 떨어져 썩는 망고들도 많다. 클레밀디스가 몇 개 따서 가게에서 빌려 온 칼로 깎아 나누어 먹었다. 이제 미립이 나서 통째로 쥐고 먹지 않는다. 잘라서 먹으면 나중에 고생하지 않는다. 나무 그늘 아래에서 다디단 망고를 먹는다. 이 망고 나무는 그해에도 여기 서 있었을까.

망고를 먹는 동안 할머니가 오셔서 열쇠를 받아 자물쇠를 열고 기념관에 들어갔다. 그날 현장을 다급하게 알린 쪽지를 크게 복사해놓았다. 누군가 4월 17일 저녁에 마카세이라에 있는 야영지에 보낸 쪽지다.

"경찰이 바로 이 굽이에서 숱한 사람들을 살해했다. 당신들은 황급히 나와야 한다."

영수증처럼 보이는 종이 뒷면에 적어 내려간 두 문장이다. 첫 문장에서 다음 문장 사이가 두렵다. 숨차다. 황급히 나와야 한다는 건, 이 굽이로 어서 오라는 건지, 아니면 마카세이라에 있으면 당신들도 위험하니 어서 다른 곳으로 피하라는 건지…….

1980년 5월 광주에 있었던 사람들도 이런 종이쪽지를 썼을까. 곳곳에서 총에 맞아 죽어간 사람들이 있으니, 그런 날이 단 하루가 아니라 여러 날이니 광주에서 오간 종이쪽지는 한 장이 아니라 더 많았을까. 광주에서 밖으로 날려 보낸 쪽지는, 바람에 휘날려 사라지지 않고, 비에 젖어 뭉개지지 않고, 발에 밟혀 찢기지 않고 잘 갔을까. 당신들은 황급히 와야 한다고 제대로 알려줬을까. 군인이 한반도 남쪽 이 굽이에서 숱한 사람들을 살해한다고, 학살을 멈추지 않는다고 제대로 알려줬을까. 광주에서 보낸 종이쪽지가 26년을 돌아, 엘도라도 카라자스에 선 내게로 날아와 말한다. 너는 나를 너무 쉽게 잊었다고.

느린 낮, 3시

코타와 시망이 나란히 의자에 앉았다. 시망은 학교에서 배우는 책을 펼쳐들고 공부한다. 코타가 옆에서 사전을 찾아 무언가를 알려준다. 코타가 입은 청바지 넓적다리께에 글씨가 써졌다. 'Simão'. 사랑하는 사람 이름을 바지에 적은 코타. 얼마나 좋으면 날마다 보는 사람 이름을 바지에 적었을까. 그 이름은 빨아도 지워지지 않고 그대로 남았다. 모든 게 부족해도 시망이 있어, 아이들이 있어 충분한 사람. 코타가 시망 어깨에 머리를 대고 시망이 코타 어깨에 손을 얹는다. 시망 웃는 얼굴에 나마저 행복하다. 영화 제목처럼 '사랑한다면 이들처럼'…….

시도 때도 없이 내 집 네 집 없이 열린 문으로 들어서는 사람들. 주앙이 오고 젊은 치알리스가 온다. 주앙이 나 보라고 만조카를 가져왔다. 베네수엘라 투카니에서 파니가 까던 유카다. 페루나 콜롬비아에서도 유카라고 부르던데 브라질에서는 만조카라고 부른다.

햇볕을 피해 흙집에 모인 우리들은 느리게 이야기를 한다. 코타가 도끼를 눕혀놓고 날 위에 야자열매, 코코 바바수를 얹는다. 나무 몽둥이로 탁탁 치니 열매가 반으로 짜개진다. 다시 올려 톡톡 쳐가며 두껍고 단단한 껍질을 떼어내고 그 속에 든 하얀 열매를 나도 주고, 주앙도 주고, 치알리스도 주고, 시망도 준다.

시망도 까고, 주앙도 까고, 치알리스도 까고, 다들 돌아가면서 코코를 까 계속 먹으니 배부르다. 치알리스가 잘 못 깐다고 다시 코타가 깐다. 다른 사람들은 두세 번 쳐야 하는데 코타는 딱 한 번 내리쳐 반으로 짜갠다. 다닥다닥 열매가 붙은 가지째 갖다놓고 심심하면 하나씩 떼어 까먹는 코코 바바수. 어제도 오늘 아침에도 이 집 다섯 아이들은 돌아가며 한 번씩 몽둥이를 잡았다. 도끼 자루를 한 발로 눌러 움직이지 않게 해놓고 한 손은 도끼날에 올라간 열매를 잡고 한 손은 몽둥이를 잡고 세게 딱 때린다. 그러고는 그 열매를 생전 처음 먹어보는 내게 가장 먼저, 가장 많이 준다.

밥이든 간식이든 지나치게 먹지 않는 사람들. 아니 지나치게 먹을 게 없다. 그러다보니 쓸데없는 걸 먹는 일이 없다. 뭐가 들었네 안 들었네, 건강에 좋네 안 좋네 할 일도 없다. 긴 낮을 지나려면 아이들은 입이 궁금할 텐데 그럴 때면, 작고 덜 여문 수박이라도 한 덩이 가져와 한 조각씩 나눠 먹고, 망고 따와 먹고, 코코 바바수를 까먹는다. 어디에도 무언가 잔뜩 쟁여 놓고 먹지 않는다.

바로 저 여자들

5시가 가까워오지만 한낮에 해가 너무 심하게 타올라 더운 기운은 쉽게 가라앉지 않는다. 슬렁슬렁 걷다 보니 아이들이 체육 수업 시간에 공 차던 운동장이다. 거기 여자들이 모였다. 코타 막내딸부터 아기 엄마 이스라자니까지 모두 12명 여자들이 축구를 한다. 이스라자니보다 더 나이 들어 보이는 여자들도 서넛 있다. 오로지 두 명만 운동화를 신고 나머지는 죄다 맨발이다. 배구공도 아니고 축구공을 차면서 맨발이다. 찼다 하면 저만치 날아간다. 서로 공을 얻겠다고 그 먼 길을 냅다 달려간다. 나 같으면 약아빠져서 그때 조금씩 쉴 텐데, 이 여자들은 몸까지 부딪쳐가며 공을 차지하려고 끝까지 달린다. 얼마나 뻥뻥 까대는지 소리만 들어도 소심한 나는 어깨가 절로 움츠러든다. 내가 있는 쪽으로 공이 날아올라치면 얼른 두 팔을 굽혀 얼굴 먼저 가리고 본다. 여자들은 그렇게 날아오는 공에 넓적다리를 맞고, 엉덩이를 맞고, 얼굴을 맞는다. 그래도 끄떡없다. 뻥뻥 차는 것보다 맞고도 아무렇지 않아 하는 모습이 더 무섭다. 아

축구하는 여자들. 대부분 맨발이다.

주 죽기 살기로 하는데 겁난다. 남자들과 아이들은 아무 말도 못하고 서서 구경을 한다. 공이 날아오면 "아!" 하는 감탄사를 날리며 뒤로 슬슬 피한다.

아, 이 더운 날에 축구라니. 너무도 무모한 일이라고 생각한다면 나는 벌써 늙어버린 걸까. 바로 저 여자들이다. 언젠가 신문에서 MST 여성들이 토지개혁을 확실하게 하지 않는 룰라 정부에 항의하기 위해 농업 관련 청사를 점거했다는 기사를 본 적이 있는데, 저 여자들을 보니 그 어디든 '점거 가능'이다. 시위를 해도, 행진을 해도 이 여자들이 맨 앞에 설 거다. 저 멋진 여자들이 뭔들 못할까. 하이힐에 발을 맡기지 않고, 더 예뻐 보이기 위해 얼굴을 꾸미지 않는 여자들. 이 여자들은 아무렇게나 자른 옷을 걸쳐도 멋지다. 그 누구랑 붙어도 기죽지 않을 여자들이다. 다섯 살 먹은 큰딸이 엄마가 벗어놓은 신발을 들고 울면서 엄마, 엄마 불러도 이스라자니는 고개도 안 돌리고 공이 가는 방향을 쳐다보며 달린다. 아이 울음에 뒤돌아보면 때론 발이 꺾인다. 허방에 빠져 허덕인다.

마을 회의

학교 마당에 여자 3명, 남자 10명 모두 13명이 의자를 빙 둘러놓고 앉았다. 코타도 있다. 마을 각 그룹 대표자들이 모여 활동 회의를 한다. 클레밀디스한테 조용히 물어보니 "마을에 부족한 것에 대해 이야기를 한다"고 한다. 듣고 싶었던 건 그 부족한 게 뭔지였는데…….

텅 빈 교실을 둘러본다. 학교를 지을 때 처음 마음이 어땠을까. 콘크리트 하나 안 쓰고 땅을 다지고 나무판자를 세우고, 야자나무 잎으로 지붕을 얹은 학교. 이 학교에서 공부하면 사람들 마음은 콘크리트처럼 굳어 딱딱하고 차갑게 되지 않으리라.

점점 더 어두워지는데 활동 회의는 끝나지 않는다. 부족한 게 무엇인지는 모르지만, 젊은이부터 나이 든 이까지 모여 다른 사람이 하는 말에 귀 기울이고 자신이 할 말을 차분히 하는 사람들을 보니 여러 생각이 든다. 회의하는 사람들 곁에서 혼자 생각한다.

'공동체'는 무엇일까. 이제까지 공동체라는 말을 참 많이 들었다. 지역사회 공동체, 교육 공동체, 빈민 공동체, 문화 공동체, 연극 공동체, 라디오 공동체……. 이 밖에도 공동체라는 말이 가 붙을 수 있는 곳은 많다. 아니 어쩌면 어디든 갖다 붙이면 다 공동체일지도 모른다. 하지만 진정한 공동체는 드물다.

이 마을은 삶터와 일터를 함께하는 공동체이면서 교육 공동체이며 사회변혁을 위한 운동을 하는 공동체이다. 이들 운동에는 이들 삶이 달렸다. 조무래기 아이들부터 이제 막 머리가 커지는 아이들이 있고, 기운 팔팔하게 솟는 젊은이들과 삶 굽이굽이를 돌아온 어른들이 있다. 브라질에서 땅 없는 농업 노동자는 운동을 해도 되고 그만둬도 되는 사람이 아니다. 이들은 바로 더 이상 물러설 곳이 없는 사람들이다. 더 많은 민주주의와 평등, 평화를 위해서 나서지 않으면 안 되는 사람들이다. 농사를 짓고만 있을 수 없는 사람들. 그럼에도 불구하고 삶은 한길이 아니다. 쉬고, 놀고, 카드놀이 하고, 하릴없이 앉아 있고, 술에 취해 있기도 하고…….

11월 25일 토요일

속삭임

이른 잠을 자놓으니 눈도 일찍 떠진다. 집 안도 바깥도 깜깜해 눈은 떴으되 일어나 나갈 수 없어 그대로 쌀쌀한 해먹 위에 눕는다. 아이들은 모두 곤하게 잔다.

그렇게 누워 있는데 저쪽 방에서 코타와 시망이 일어났는지 어둠 속에서 이야기를 한다. 작고 낮고 느린 속삭임. 어렸을 때 한방에서 자던 어머니와 아버지가 어둠 속에서 속삭이던 것처럼 두 사람은 일어나 밖으로 나오지도 않고, 사람들이 잠이 깰까, 호롱불도 밝히지 않고 이야기를 나눈다.

아, 저이들은 지금 속삭이는구나. 오랫동안 내가 잊은 게 속삭임이라는 사실이 머리를 친다. 이 새벽, 부드럽게 속삭이는 두 사람이 한없이 부럽다. 두 사람은 무엇을 속삭일까. 해가 밝으면 해야 할 일들을 이야기하는 걸까, 걱정거리를 나누는 걸까. 좋은 일이든 나쁜 일이든 함께 마음을 나누며 속삭일 사람이 있다는 건 얼마나 행복한 일인가.

저이들은 속삭이는구나. 새벽이라서가 아니라, 늘 두 사람이 그렇게 속삭여온 것처럼. 코타와 시망이 내게 알려주고 일깨워준 말, '속삭임'.

돼지 잡는 날

코타와 시망이 밖으로 나온다. 새벽 5시. 이슬아침, 아직 어둠이 걷히지 않았다. 시망이 큰 돌을 몇 개 갖다놓더니 작은 무쇠 솥을 올려놓고 나무로 불을 지핀다. 무엇을 하려는 걸까. 불길이 잘 일게 야자나무 잎으로 짠 부채로 바람을 일으킨다.

검고 푸르고 붉던 하늘이 30분쯤 지나자 환해진다. 아랫집 아저씨가 밭에 물을 준다. 아침이면 가장 먼저 하는 일, 목마른 푸성귀들에 물을 주는 일. 산 것들에 없어서는 안 될 물.

시망이 야자나무 잎을 가져다가 불 지핀 곳에 깔아놓고, 망치를 가져온다. 그리고 허리에 찬 긴 칼을 돌 위에 대고 간다. 아, 돼지를 잡으려나 보다. 어제 낮, 셋째 딸한테 카메라를 주었더니 친구들과 식구들을 실컷 찍고는 돼지우리로 가 그 안에 한 마리 있는 새끼 돼지를 찍었다. 돼지를 잡을 줄 알고 마지막 사진을 찍어둔 걸까. 아니면 아이는 몰랐을까. 아이가 돼지를 사진 찍는 걸 보면서 돼지를 소중히 여기나 보다 생각했다. 여러 마리도 아니고 딱 한 마리 있는 돼지. 작은 돼지우리는 그야말로 진흙과 똥 천지지만 아이는 그 앞에 다가가 사진을 찍었다. 옆에서 잠깐 보던 나는 냄새가 너무 심해 금방 뒤로 물러났는데.

돼지 잡는 건 처음 본다. 시망이 큰 망치와 칼을 들고 돼지우리로 간다. 작은 돼지가 시망 손에 잡혀 밖으로 나온다. 멀찍이 선 나는 고개를 돌렸다. 딱 하는 소리였는지, 쿵 하는 소리였는지, 망치로 내려치는 소리가 들린다. 그러는 사이에 희한하게 돼지 우는 소리는 들리지 않았다. 시망은 돼지가 고통스럽지 않게 단번에 그 일을 했다.

시망이 돼지를 들고 와 무쇠 솥 옆에 깔아놓은 야자나무 잎에 누인다. 목에 칼 자욱이 난 돼지는 얼굴에 붉은 피가 묻었다. 돼지우리 옆에 떨어진 피 냄새를 맡고 검은 개가 와서 피를 핥는다.

코타와 시망이 죽은 돼지 앞에서 물이 끓기를 기다리고 있다.

시망은 급하게 서두르지 않는다. 무쇠 솥은 쉽사리 달아오르지 않는다. 장작 위, 무쇠 솥 물은 한참을 끓는다. 코타도 나오고, 아들도 나와 끓는 물과 죽은 돼지를 본다.

얼추 물이 끓어오르자, 시망이 손잡이 달린 그릇으로 뜨거운 물을 조금 떠서 돼지 몸 위에 끼얹는다. 칼로 털을 긁는다. 슥, 털이 밀려나간다. 털을 긁어낸 자리로 더없이 하얀 살이 드러난다. 물 온도가 적당해졌는지 시망이 코타한테 그릇을 넘겨준다. 코타가 뜨거운 물을 천천히 살살 돼지 몸 위에 끼얹는다. 시망은 칼을 들고 털을 벗겨낸다. 잠에서 깬 딸들도 모두 나와 아버지가 하는 일을 바라본다. 코타 대신 딸들이 물을 뿌려준다. 시망은 돼지 뒷다리를 들고 남김없이 삭삭 털을 벗겨낸다. 큰 칼은 내려놓고 작은 칼을 들고 구석구석 천천히 털을 민다. 면장갑도, 비닐장갑도, 고무장갑도 끼지 않은 채 맨손인 시망. 그이 손에는 피가 묻었다.

물이 모잘라 물을 더 붓고 끓이는 동안 모두 기다린다. 어떤 아저씨가 저울을 들고 와 시망에게 보여준다. 돼지 잡는데 저울은 왜 필요한 걸까.

한쪽 털을 다 벗겨내고 뒤집어 다시 털을 벗겨낸다. 아이들 친구도 와서 보고, 동네 꼬마도 와서 돼지 잡는 시간을 함께한다.

그러는 동안 둘째딸은 부엌에서 커피를 끓인다. 물을 길으러 들통 두 개를 들고 나서기에 함께 갔다. 둥근 우물가에는 풀이 무성하게 자랐다. 두레박 물을 들통에 붓는데 풀 부스러기일까, 작은 것들이 잔뜩 떠다닌다. 밤에 씻을 때야 그런 거 저런 거 하나도 안 보였는데 이런 물이었구나. 한 통씩 들고 걷는데 어째, 나는 걸을 때마다 찔끔찔끔 물을 쏟는다.

부엌에는 어젯밤에 시망이 늦게까지 짜던 야자나무 잎이 있다. 문을 만드나 보다. 야자나무 잎 하나가 이렇게 쓰임새가 많다니. 부엌에 바구니도 야자나무 잎으로 만들었던데. 어두운 데에서도 참 고르고 촘촘하게 짜놓았다.

새벽부터 시작한 일이 7시가 넘도록 이어진다. 동네 사람들이 한 번씩 나와 본다. 모두 아무 말 없이 시망이 하는 일을 바라본다. 깔아놓은 야자나무 잎에 털이 점점 많이 쌓인다. 코타도 한 차례 칼을 들었다.

털을 다 벗겨냈다. 시망이 돼지 엉덩이를 들어 올려 똥구멍에 칼집을 낸다. 아래에서 위로, 배를 가른다. 돼지 배를 연다. 돼지 뱃속에 꽉 찬 창자들을 조심조심 꺼낸다. 한 번에 확 들려지지 않는다. 작은 칼로 끊어내야 할 것들을 천천히 끊어가며 꺼낸다. 플라스틱 대야 한가득이다. 돼지 발도 잘라내 담는다. 코타가 부엌으로 가져간다.

속을 모두 비워낸 돼지 몸 안에 피가 흥건하다. 시망이 돼지를 들고 깨끗한 물을 끼얹은 후 핏자국이 사라진 돼지를 들고 앞쪽 너른 길가로 간다. 길가 어느 집 앞에 기다란 나무 도마 같기도 한, 무언가를 늘어놓을 수 있는 곳이 있다. 돼지를 그 위에 내려놓는다.

저울을 가져오고, 사람들이 모여든다. 아, 오늘은 시망네가 돼지를 잡는 날. 사람들은 그 돼지고기를 사러 오는 것이구나. 나는 왜 돼지를 잡는지도 모른 채 돼지 잡는 걸 보았다. 시망은 식구들과 돼지고기를 먹기 위해서가 아니라, 돼지고기가 필요한 마을 사람들에게 팔기 위해서 돼지를 잡았다. 그리고 어쩌면 시망은 돈이 필요했는지도 모른다.

가져온 저울은 아까 한 아저씨가 가져다준 대저울이다. 그런데 아무리 해도 저울이 수평이 안 된다. 코타가 나무대에 걸어놓고 맞춰봐도 소용이 없다. 시망이 잘라낸 고기를 대저울 그릇에 올려놓는다. 따라온 첫째와 시망이 서로 의견이 안 맞는다. 고기를 사려고 기다리는 사람들은 하나 둘 늘어나는데 두 사람은 저울을 수평으로 맞추기 위해 애쓴다.

눈에 안 보이던 코타가 다른 저울을 가져온다. 한쪽에 추를 놓고 다른 한쪽에 고기를 놓아 무게를 재는 천칭저울이다. 그 저울이 오고서야 시망과 첫째가 서로 옥신각신하던 일도 끝난다.

기다리던 사람들이 고기를 사 간다. 1kg에 5헤알, 2,000원 안팎이다. 이스라자니 남편이 한 덩이를 맨손으로 들고 간다. 대저울을 가져다준 아저씨가 사 가고, 오랫동안 기다렸던 아주머니가 특별히 뒷다리 살을 달라고 한다. 심부름 온 어린 남자 아이가 손에 꼭 쥐고 있던 돈을 건네며 고기를 받아 간다. 한 여자 아이는 한 손에 고기를 들고 자전거를 타고 간다. 몇 사람은 비닐봉지에 고기를 담아 갔지만 몇 사람은 이렇게 맨손으로 들고 갔다. 담아줄 비닐봉지나 싸줄 종이가 없어도 아무도 불평하지 않고 손에 들고 간다. 모두 7명이 사 갔다.

시망네 아이들이 먹을 고기는 없다. 속 창자와 돼지 발이 남아 있기는 하지만. 아마 그것으로도 훌륭한 먹을거리를 만들 수 있으리라. 페이조아다가 원래 돼지 살코기보다는 돼지 귀나 발 같은 것을 넣어 페이종과 함께 푹 끓여내는 요리라고 하던데, 오늘 저녁에는 그걸 만들 수 있을까.

아침 8시다. 세 시간여 이어진 일이 이제 다 끝났다. 시망은 이제야 한숨 돌린다. 돼지 잡는 걸 지켜보는 동안 내 머릿속에는 여러 낱말들이 지나갔다. 끔찍한가, 아니다. 대단한가, 아니다. 신성한가, 아니다. 시망은 즐겁지도, 역겹지도, 안타깝지도, 뿌듯하지도, 슬프지도 않다. 격렬하지도, 사납지도, 들뜨지도 않았다. 기도하듯이도 아니고, 제사장처럼도 아니고, 그 무엇도 아니다. 하나, 책에서 읽은 기억으로는 원주민들이 꼭 필요한 사냥을 할 때 사냥 대상에게 미안하고 고마운 마음을 내비쳤다는데 시망에게서 나는 그 모습을 보았다. 시망은 칼을 쥔 손을 가장 알맞은 힘과 빠르기로 움직였다. 축산 자본가들이 사육 공장을 운영하는 세상에서 시망은 한 마리 있던 새끼 돼지를 잡았다. 좀 더 키워서 큰 돼지가 된 뒤 잡으면 돈을 더 벌 텐데 하는 내 생각은 얼마나 헛된 것일까. 오늘 사람들은 고기가 필요했을 뿐인 걸. MST 정착 마을 사람들은 더 이상 자본주의 방식으로 살아가지 않는다.

헤어지며

마라바로 나가 상파울루로 돌아가려고 짐을 꾸린다. 코타한테 마을 사람들과 함께 나누라고 여러 통 준비해온 차를 건넸다. 코타가 포르투갈어 사전을 내게 준다. 국어사전인 셈이다. 아들 시드니가 썼던 건지 이름이 적혀 있다. 꼭 편지를 하라며, 사진을 보내라며 주소를 적어준다.

클레밀디스가 함께 버스를 기다려준다. 디에고와 루시오한테 샀던 팔찌 남은 것을 클레밀디스 팔에 둘러주었다. 저렇게 멋진 팔찌였다니. 이틀 동안 나를 위해 시간을 내준 클레밀디스와 사람들에게 전할 게 많지 않아 미안하다.

버스가 오고, 클레밀디스와 헤어져 나는 마라바로 간다. MST 운동은 단지 땅을 점거하고 사는 게 아니라 자본주의가 강요하는 방식을 거부하고, 새로운 삶과 대안을 만드는 운동이라는 생각이 머릿속을 떠돈다.

다시 MST 기숙사로

마라바 MST 사무실에 오니, 클레우지마르가 있다. 다시 못 볼 줄 알았는데 만나니 갑자기 내가 이 동네 사람처럼 느껴진다. 처음에 이 사무실에 왔을 때는 포스터 속 여자가 누굴까 궁금했는데 다시 와서 보니 도로시 스탕 수녀다.

공중전화카드를 사기 위해 물어물어 찾은 큰 슈퍼마켓. 사람들은 수레 가득 먹을 것과 쓸 것을 사 간다. 매장 한쪽에서는 부드럽게 살살 녹을 달콤한 케이크와 빵들이 바로바로 만들어져 나온다. 허기가 졌다. 조금이라도 거칠어 보이는 빵이 있으면 살 텐데 아무리 찾아도 없다. 몇 시간 전까지 머물던 엘도라도 카라자스 마을과 너무도 다른 세상에 나오니 먹을 게 없다. 겨우 이틀 자고 사흘 만에 같은 곳에 왔는데 새삼 도시가 낯설다. 하지만 얼마 안 있어 낯섦 같은 건 사라질 테고, 다디달고 부드러운 것들도 거리끼지 않고 입에 댈 테지.

클레우지마르와 함께 모터 택시 2대를 잡아 MST 학생 기숙사로 왔다. 토요일이라 집에 다니러 간 사람들이 있어 기숙사는 한가하다. 다시 본 얼굴들이 반갑다. 그그저께 여기를 나가면서 수건을 빨랫줄에 널어놓고는 못 챙겼는데 린다가 챙겨놓았다. 그냥 그렇게 쓰던 수건을 잃어버리나 보다 했는데 다시 들러 찾게 되다니. 그동안 못한 빨래를 하려고 수돗물을 트는데 물이 콸콸 쏟아진다. 뚜껑 달린 항아리에 물을 담아두고 섞인 풀이나 흙을 가라앉혀 물을 떠 마시던 곳에서 틀기만 하면 시원한 물이 나오는 곳으로 나오니, 어쩐지 나는 사람들을 배반하고 나온 것만 같다. 그러면서 맘껏 시원한 물을 마시고, 비눗물 묻은 옷들을 여러 차례 헹군다.

모터 택시를 타고 버스 터미널로 갔다. 기사한테 기숙사로 다시 돌아갈 테니 기다려 달라고 부탁하고 터미널로 들어갔다. 상파울루로 가는 버스가 내일, 일요일 낮 1시에 있다. 생각보다 요금이 비싸다. 285헤알, 12만 원쯤 하니 이제껏 탄 버스 중 두 번째로 비싼 버스이다. 그런데 5헤알이 부족하다. 매표소 여자한테 5헤알이 부족한데 깎아줄 수 없느냐고 하니, 절대로 안 된단다. 다시 돈을 가지러 갈 수도 없고, 어쩌나 하다가, 오토바이 기사 아저씨가 떠올랐다. 여기서 아는 사람이라고는, 도움을 얻을 만한 사람이라고는 나를 태우고 온 기사 아저씨밖에 없는 걸. 저쪽에서 모터 택시 기사들과 이야기를 나누는 아저씨한테 가서 차비가 모자라 그러니 돈을 빌려 달라고, 돌아가서 택시 요금과 꾼 값 합쳐서 10헤알을 드리겠다고 했다. 브라질 마라바에서 돈도 꾼다.

저녁에 빵을 만든다기에 그 식빵을 만드는지 알았더니 다른 빵이다. 속에 햄과 치즈를 넣고 양념을 발라 구운 빵. 기숙사 마당에 텔레비전을 가져다놓고, 삼바를 신나게 추는 방송을 틀어놓고 실컷 빵을 먹는데 딱 세 잔 받아먹은 맥주에 정신이 없어진다. 사람들한테 자야겠다고 하고는 방으로 들어가 그냥 픽 쓰러진다. 밤새 놀아보자꾸나 했는데 맥없이 맥주 세 잔에 쓰러지다니.

11월 26일 일요일

상파울루 가는 길

이제 버스로 장거리를 이동하는 것도 마지막이다. 마라바에서 상파울루 가는 버스에 앉았다. 벨렝에서 마라바 올 때 탄 버스 트란스브라실리아나 버스. 같은 회사 차지만 이번엔 장거리를 가는 버스라 그런지 지난번보다 좋은 버스이다. 승무원에게 몇 번이나 "상파울루 가는 거 맞지요" 라고 물었다. 상파울루는 처음에 공항에 내려 플로리아노폴리스로 가는 비행기를 탄 곳이지만 머물지 않았던 곳이라 낯설다. 거기서 비행기 타는 날까지 머물러야 한다. 여행을 떠나온 이래 혼자 있는 가장 긴 시간이 될 것이다.

사람들이 베개까지 챙겨 들고 탄다. 1시 47분, 버스가 출발한다. 아무 일 없이 잘 도착하기를 바란다.

석 달 남미를 다니면서 많은 사람들이 어디서 왔느냐, 어디에 사느냐, 무슨 일을 하느냐, 어디로 가느냐, 누구와 사느냐고 물어왔다. 한국에서 왔다, 서울에 산다, 아들과 남편과 산다는 내 대답. 그이들이 원하는 대답만 했다. 아니 그이들이 원하는 대답은 한마디도 못 했다. 지나가는 사람들이 나한테 '중국 여자'라고 하면 꼬박꼬박 '한국 여자'라고 한 나. 그게 뭐 중요하다고. 저 넓은 우주에서 왔고, 저 깊은 바다에서 왔고, 저 부드러운 땅에서 왔으며, 저 반짝이는 별에서 왔다고는 말하지 못하고. 어디로 가는지 나도 모르지만 다른 세계로 간다고, 내 안으로 더 깊이 들어가려 한다고, 다른 나를 만나려 한다고는 말 못하고.

하루가 지났다. 아나부스라는 곳에서 점심을 먹는다. 여기가 어디쯤인지 모른 채 그저 남쪽으로 내려간다는 것만 알고 간다. 제대로 된 지도도 없이 길을 다닌다. 사람들이 내게 지도가 되어주어 길을 잃지 않고 왔는데 이제 여기가 어디인가 묻지 않고 그저 차에 몸을 싣는다. 마음속 지도는 다른 사람이 챙겨주지 않을 터. 오래도록 길을 잃고 헤매면서도 그런 줄도 모르고 살아온 길.

아야쿠초에서 카린과 하비에르와 함께 키누아 가던 길이 떠오른다. 모르는 사람들과 작고 낡은 버스를 타고 어딘가를 향해 가는 길. 막상 그 끝에는 별거 없어도, 길을 간다. 모든 일이 그렇듯, 절정은 짧기만 하다. 절정에 다다르기 전, 발단과 전개, 위기가 있어 길은 떠나볼 만하다. 좀 가벼워져서 돌아가면 좋겠다.

고이아스 주 고이아니아다. 버스 회사 지부에 멈춘 차는 사람들을 내려놓고는 점검받으러 들어간다. 맞은편 길에 앉아 차가 나오기만 기다린다. 다른 버스 탔을 때와 달리 이번엔 거의 말을 않고 다닌다. 말을 하기 위해서, 말을 알아듣기 위해서는 엄청나게 집중을 해야 하는데, 조금 지친다. 상파울루 가는 길은 그저 혼자이고 싶은 건가. 상파울루에 가면 서울로 가는 길과 시간이 짧아진다고 생각하니 마음이 묘하다.

이 버스는 처음부터 상파울루 가는 사람들이 타서 중간에 타고 내리는 사람이 많지 않았다. 그런데 저녁을 먹고 출발하면서 보니 앞에 앉았던 젊은 남자가 안 보인다. 그 자리에 다른 남자가 새로 와 앉는다. 승무원이 한 번 휘 둘러보더니 차가 출발한다. 그 젊은이는 상파울루 가는 게 아니었나. 앞자리를 보니 젊은이가 덮던 이불이 있다. 옆에 앉은 아주머니한테 앞에 젊은이 안 탔다고 하니 내렸다고 한다.

버스가 30분 정도 달리다 그냥 길가에 멈춘다. 왜 멈추는지 이유는 모르지만 이런 일들이 간혹 있으니 답답해도 그러려니 해버린다. 한참 있다 내렸다던 남자가 차에 오른다. 아, 어찌나 미안한지. 모두 그이를 잊어버린 거다. 이상했으면 나라도 승무원한테 이야기했어야 했는데 그냥 아주머니 말만 듣고 그런가 보다 한 내 잘못이다. 버스에 타지 못한 젊은이를 잊어버린 버스 안 우리들은 그 벌로 길에서 그이를 기다려야 했다. 함께 가다 보이지 않는 사람을 두고도 그냥 가면 안 되는 것을. 옆에 있는 사람이 그 자리에 있는지 고개 돌려 보아야 할 일이다.

홀로 노래하고 춤춘 아흐레:

브라질, 상파울루

11월 28일 화요일

다시 막히는 도시로

상파울루에 들어서면서 차가 엄청 막힌다. 베네수엘라 카라카스와 마찬가지다. 도시는 막히는 곳일까. 길도 막히고, 자연도 막히고, 잘못하면 사람도 관계도 막히고. 어디 차가 멈추어 서는 곳이 있을까 싶은 곳에 사람들이 배낭을 하나씩 메고 섰다. 기다리는 건 차인지, 일인지.

아침 8시, 상파울루 북쪽 치에테 버스 터미널에 도착했다. 2박 3일, 42시간 좀 넘게 걸렸다. 터미널이 무척 크다. 버스 터미널 2층으로 올라오니 브라질 각 지역으로 가는 버스표를 끊는 곳이 있다. 이제 더 이상 옮겨 다니지 않고 상파울루에 머물러 있다가 서울로 가야 한다고 생각하니 왜 이렇게 마음이 불안한가 모르겠다. 창구에 물어보니 플로리아노폴리스 가는 버스가 낮에 있다. 남미에 와서 처음 들렀던 곳, 플로리아노폴리스에 훌쩍 다녀올까. 마노 얼굴도 보고, 가비도 만나고, 무사히 잘 다니고 돌아간다고 인사라도 하고 올까. 마음은 자꾸 플로리아노폴리스로 달린다. 이제 그만 움직이고 멈추어 가만 생각해야 할 때. 간신히 창구 앞을 벗어난다.

터미널은 전철역과 이어져 있다. 13정거장 떨어진 아르보레 전철역에서 내려 자바쿠아라 거리에 있는 숙소를 찾는데 방향을 잘못 들어 한참이나 왔던 길을 되돌아가야 했다. 상파울루라는 숙소는 빈 방이 많았다. 3층에는 1인실이 대부분인데 2층에 있는 넓은 방을 써도 된다고 한다. 넓은 침대에 작은 침대가 하나 더 있는 방이다. 작은 탁자와 의자도 있다. 상파울루까지 시간이 얼마나 걸릴까 몰라 서둘렀는데 아흐레나 상파울루에 있어야 한다.

혼자 춤추는 밤

밤 10시 40분이다. 막술에 목이 멘다더니, 노트북이 암호를 먹지 않는다. 마라바를 떠나는 차에서 상파울루까지 별 탈 없이 잘 오기를 바라며 왔다. 끝까지 긴장을 잃지 말자 했다. 나는 잘 왔는데 노트북에 문제가 생겼다. 석 달 동안 차 선반에 얹어놓고 다니면서 저러다 언제 고장 나는 거 아닌가 걱정되기는 했다. 사진도 따로 시디에 굽질 않아 조금 걱정되기는 했다. 노트북을 잃어버리는 일도 가정해야 했기에.

예감이라는 게 참 그렇다. 이제까지는 모든 게 다 잘될 거라는 예감이었는데 마지막 버스 여행에서는 전과는 다르게 버스 안 사람들과 이야기도 안 나누고 혼자인 채로 왔다. 그냥 혼자이고 싶었고 더 이상 말하는 것, 듣는 것에 집중하고 싶지가 않았다. 노트북이 든 가방을 선반 위에 올려놓았는데 옆에 앉은 아주머니가 그 옆에 큰 가방을 올려놓았다. 별 생각 없었는데 휴게소에서 쉴 때 보니 아주머니 가방 때문에 내 가방이 꽉 끼었다. 그게 문제였을까. 차도 심하게 흔들렸지만, 이제껏 석 달 동안 더 심하게 흔들린 길도 잘 왔는데.

방을 얻고 밖에 나갈 마음도 별로 없고 해서 그동안 수첩에 적은 글들을 정리하자 싶어서 노트북을 열었는데 암호를 치면 자동으로 켜지던 것이 아무 반응이 없다. 몇 번을 해봐도 마찬가지다.

숙소에 앉아 있어도 답답하기만 할 뿐, 안 되겠어서 엠피쓰리와 1기가 메모리칩에 있는 사진만이라도 시디로 구우려고 인터넷 방으로 갔다. 시간이 많이 걸렸다. 6시 30분인가 갔는데 8시 30분까지 했다. 7시면 가게 문을 닫는다는데 키가 엄청 큰 카이오는 웃는 얼굴로 3장을 구워주었다. 투카니 사진은 있었다. 혹시 몰라 카라카스에서 내가 따로 저장해둔 기억이 있었다. 브라질, 칠레, 아르헨티나, 콜롬비아 사진도 있고. 하지만 현재로는 MST 사진이 하나도 없다. 코타한테 사진을 보내주겠다고 했는데, 주소까지 적어주었는데. 그 많은 아이들 얼굴, 쿠바 마리 아줌마 사진은 어쩌나. 비야 엘살바도르에서 내게 밥을 해준 아멜리아와 오스탈 칼리포니아 사람들, 푸노 필라르는, 솔과 후이와 다녔던 가난한 마을들은. 저녁 무렵 바닷가에서 일하는 노동자들, 판잣집에서 웃던 그 아이들, 모래 장난을 하던 여자 아이들, 후이 손가락과 옷자락을 잡고 걷던 학교 어린이들, 자기 집에 꼭 가야 한다던, 어린 동생을 안고 다니던 그 얼굴 검은 여자 아이 모습은 영영 사라지는 것인가.

내일 아침 10시에 노트북을 갖고 인터넷 방으로 가기로 했다. 하드에 이상이 없기를 바라는 수밖에. 노트북은 다시 못 써도 사진만 제발 살아 있기를. 그 무수한 얼굴들에 미안해서다. 적어놓은 인터넷 메일 주소로, 집 주소로 다 보내줄 작정이었는데.

할 일이 없어졌다. 남미에 와서 혼자 노래를 들은 일이 없었는데, 엠피쓰리에 몇 곡 남아 있는 노래를 튼다. 누워서 듣는데 가만히 있을 수가 없다. 신날 일이 없는데, 아니 신나지 않기 때문에 춤을 춘다. 혼자 누워 춤을 춘다. 남미에서 한 번은 실컷 춤을 추고 싶었는데 상파울루에 온 첫날, 이제 여행은 끝나고 혼자 춤을 춘다. 누워서 추다가 앉아서 추다가 침대 위에서 추다가 내려가 맨발로 바닥에서 추다가. 가수 인순이 노래 〈밤이면 밤마다〉에 몸을 흔들어 재끼는데 안치환이 〈내가 만일〉을 불러 그예 울고 만다. 석 달 동안 만난 얼굴들이 하나씩, 한꺼번에 떠오른다. 이틀 버스로 오면서 왜 마음이 그렇게 힘들었을까. 씩씩하게 잘 온 시간들인데 다시 일상으로 돌아가는 게 두려웠을까. 내내 예감으로 가득 찬 여행이었는데 끝내 안 좋은 예감으로 노트북에 문제가 생겼다. 내내 불가능할 것 같았던 길이 가능함으로 이어졌는데. 다시 나는 내일 별 문제없이 사진들을 만날 수 있을 거다. 내 예감은 그렇다.

솔이 아무것도 아닌 내 사진을 좋게 얘기해주고 제목까지 만들어주었는데 그 사진들을 다 잃어버릴지도 모른다. 하지만 사진을 다 잃더라도 내 마음속에 담긴 사람들 얼굴은 사라지지 않는다. 사진을 잃더라도 너무 연연하지 말자.

새벽 3시다. 자야 하는데 잠이 안 오고 못 자겠다. 얼핏 잠이 들었는데 꿈속에 아버지가 나타나셨다. 아버지한테 노트북에 문제가 생겨 4만 장이나 되는 사진을 잃게 생겼다고, 큰일 났다고 설명하다가 깼다. 4만 장이라니, 무슨 뻥이 그렇게 심한가. 세어본 적도 없는데, 일부러 피하며 찍지 않은 사진이 허다한데, 주머니에 카메라를 넣어두고도 꺼내지 않은 순간들이 얼마나 많은데, 나는 사진 찍으러 온 게 아니라고 속으로 말한 순간이 몇 번인데, 카메라를 든 내가 얼마나 어색했는데. 아버지께서 왜 꿈에 나타나셨을까. 도와주시려나. 제발 그러기를.

노래를 다시 듣다가, 누워 이불 덮고 춤추다가, 울다가, MST 학교에서 공부하던 나이 든 학생들, 그 아름답던 얼굴이 떠올라 막 눈물이 났다. 그 아름다운 얼굴들을 사람들한테 보여주고 싶었는데.

11월 29일 수요일

사진이 다시 살다

카이오가 문제를 해결해주었다. 알고 보니 노트북 엔터키만 고장 났던 거다. 처음에 카이오가 노트북은 다뤄본 일이 없어 자기는 못한다고 그러더니 상파울루에 있는 노트북 회사에 전화해 상태를 설명해주었다. 그러더니 다른 키보드를 가져와 연결해 암호를 치니 열린다. 사진도 아무 문제없이 다 있다. 아버지 꿈을 꾸고 나서 일이 잘 풀릴 수도 있겠구나 했는데 카이오 덕분에 해결되었다. 카이오가 하루 종일 사진을 구워주었다. 석 달 내내 다른 이 도움으로 산다.

12월 4일 월요일

MST 본부

11월 30일부터 한 나흘 꼬빡 카이오한테서 빌려 온 키보드를 연결해 그동안 수첩에 적은 기록들을 노트북에 정리했다. 물과 빵 한 쪽만으로도 충분히 버틸 수 있었다. 그리고 틀어박혀 있는 동안에도 밤이면 혼자 춤을 추었다. 나흘 만에 키보드를 돌려주러 카이오한테 들르니 잘 지냈느냐고 묻는다.

이제 주소만 있으면 어디든 찾아갈 자신이 있다. 택시가 아니라 전철이나 버스를 타고, 그리고 걸어서. 한국에 맨손으로 돌아갈 수는 없어 MST에서 만든 기념품을 사 가자 싶어서 주소를 들고 아침 11시 넘어 길을 나섰다. 전철역에 가서 직원한테 물었더니 두툼한 지도책을 꺼내 바로 바랑지 리메이라를 찾아준다. 번지수까지 나와 있다. 가장 가까운 역이 지네이로 역이라고 알려주며 나가는 길도 알려준다. 나는 중간 지점 이름을 적어 갔다.

길을 찾기가 쉽지 않았다. 아닌 길로 계속 올라가기도 했다. 내가 가는 길이 맞는지 의심이 들 때마다 사람들에게 도움을 받았다. 모두 모른 체하지 않았다. 생각보다 한참을 걸어서야 MST 사무실을 찾았다. 이젠 제법 이곳 번지수도 따져볼 줄 안다. 네거리 모퉁이에 있는 예쁜 집이다.

들어가보니 인권, 법률, 미디어, 국제 교류 등 분야별로 사무실이 따로 나뉘어 있다. 사무실이 하도 예쁘고 깔끔해 아, MST는 부자구나 했는데 이 집은 사진가 세바스치앙 살가도르Sebastião Salgador가 MST 사람들을 찍어 만든 사진집 『땅Terra』을 팔아 사준 것이라고 한다. 그이가 찍은 사진을 포스터로 만들어 기념품으로 팔기도 한다. 돌아가 사람들에게 나누어 줄 것으로 그 사진 포스터를 샀다.

MST 사무실 지하에는 이곳에서 발간한 책들만 모아놓은 방이 있다. 그 책들은 정착 마을 주민들을 교육하는 교재, 농업 교재, 정착 마을 학교 교재, 사회과학 도서, MST 운동의 역사, 예술 활동 등 다양했다. 단체 내부에서 쓰는 책들이기도 하지만 외부 사람에게도 판다. 그러니까 이 책들이 MST 안과 밖을 이어주는 역할을 한다고 볼 수 있겠다. 단순한 자료집이 아니라, MST가 만들어가고 꿈꾸는 세상을 하나하나 정리한 책들을 보면서 이 집단이 결코 만만한 곳이 아니라는 걸 느꼈다. 그이들은 쉽게 포기할 길, 가다 멈출 길을 걷는 사람들이 아니었다.

돌아가려고 나오는데 마라바에서 만난 샤를레스가 찻길 건너편에서 걸어온다. 이렇게 만나다니. 오랜만에 동네에서 만나는 사람처럼. 마라바를 떠나올 때 샤를레스는 일이 있어 벨렝에 가고 없었다. 짧게 전화 통화만 했는데 이렇게라도 다시 만나니 반갑다. 다음날 멕시코에서 열리는 회의에 가야 해서 상파울루에 왔다고 한다. 여전히 바쁘다.

12월 7일 목요일

꿈

아침 10시 15분. 간다. 석 달이라는 시간을 뒤로 하고 이제 간다. 어제 아이가 "엄마 사랑해"라는 한 줄, 한 문장으로 된 편지를 보냈다. 간다. 아흐레 동안 상파울루에 내린 비와 아흐레 동안 들었던 노래와 아흐레 동안 춘 춤을 남겨두고 간다.

상파울루에 너무 오래 있었다. 어쩌면 다시는 만나지 못할 얼굴들이 떠올라서 중간 중간 버스를 타고 싶었다. 그 마음을 억누르느라 힘들었다. 하지만 여기는 내 삶터가 아니다. 여행을 시작했으니 이제 여행을 마쳐야겠지.

상파울루에 온 첫날 밤에도 아버지 꿈을 꾸더니 어제 마지막 밤에도 아버지가 꿈에 나오셨다. 아버지와 함께 버스를 타고 어디를 가는 길이었다. 맨 뒷자리에 앉은 아버지께 내가 남미에서 버스 여행한 걸 재잘재잘 얘기했다. 베르베레 협동조합이 미시온 사모라였다는 것과 버스를 4박 5일 동안 타기도 했다고. 그러고 나서 혼자 어디를 가는데 콘크리트를 다 들추어낸 흙 길에 아주 작은 해골들이 드러나 있었다. 경사진 흙 길을 미끄럼 타듯이 내려갔는데 다리를 저는 한 남자가 어린 딸을 데리고 다니면서 작은 보온병에 담긴 커피를 판다. 하도 마음이 아파 커피를 한 잔 사 마셨다. 해골과 어린이와 가난한 사람. 내가 석 달 동안 만난 사람들인가. 학살과 죽어간 사람들, 가난한 어른과 아이들. 무언가 팔지 않으면 안 되는 사람들.

꿈속에서 아버지는 아무 말씀도 않고 그저 재잘대는 내 얘기만 들으셨다. 아버지는 내게 무슨 말씀을 하고 싶으셨던 걸까. 곰곰이 생각해본다. 아흐레 첫날과 마지막 날에 나타난 아버지. 아무래도 이런 말씀이 하고 싶으셨던 게 아닐까. 만약 글을 쓴다면 아무런 덧붙임 없이 있는 그대로,

느낀 그대로 쓰라는. 내가 인정할 수 없다면 써도 그냥 버리라는. 남미를 떠나는 날 꾼 이 두 가지 꿈을 쉽게 잊지 말자.

시간이 많이 걸리고, 몸은 좀 힘들었지만 버스를 타고 남미를 돌기를 잘했다. 하늘과 나무와 구름과 별과 길과 가난한 집들, 버스 터미널과 버스에서 말없이 기다리는 시간을 보내는 무수한 사람들을 만나고 생각할 시간을 가질 수 있었다.

남미 친구들이 보여준 모습들을 가슴에 새기고 씩씩하게 살아야지. 혼자 씩씩하게 잘 다니지 않았던가. 그리고 내게 소중한 것들을 잃어버리지 말고 살아야지.

조세피나는 없다

요하네스버그 국제공항에 내리자마자 그 화장실로 갔다. 조세피나와 비슷하게 생긴 나이 든 여자가 있지만 조세피나가 아니다. 청결점검표에도 조세피나 이름이 없다. 내가 잘못 알아봤나 싶어 나이 든 여자를 다시 보다가 혹시 조세피나 아니냐고 하니 아니란다. 분명 닮았는데. 그새 잊었을까. 수많은 사람들이 오가는 공항이니 잊을 수도 있겠지. 그런데 차고 있는 이름표를 보니 아니다. 혹시 조세피나를 아느냐고 물으니 모른단다.

몇 번 다시 들러도 다른 얼굴들만 보이고 조세피나는 보이지 않는다. 교대 근무이니 지금 집에서 쉴지도 모르지. 그런데 왜 표에 이름이 안 적혔을까. 화장실도 여러 군데 있으니 담당 구역이 달라졌을까. 석 달은 너무 긴 시간이었을까. 여기도 두 달이나 석 달마다 사람을 바꾸는 그런 일이 흔한 걸까. 계약이 다 끝나 다른 곳으로 간 걸까.

내 여행이 끝나는 건 내게 좋은 여행을 기원해준 조세피나를 만나고서라고 생각했는데 조세피나를 만나지 못하고 간다. 창밖에는 멈추어 선 비행기를 청소하고 나온 노동자들이 모여 있다. 저들 속에 조세피나가 있을까.

책을 내면서

길게, 집을 떠난 일이 처음이다. 내 사는 땅을 벗어나기도 처음이다. 처음인데도 그리 낯설진 않았다. 자본주의가 세상을 똑같이 만들어놓은 탓일 게다. 하지만 그것을 뛰어넘는, 사람이라는 이유가 있다. 벨렝에 사는 솔이 말한 것처럼 다른 말을 쓰지만 삶은 같기 때문이 아닐까.

낯설지 않았다 해도 여행은 눈앞에 맞닥뜨린 것들을 낯설게 보게 만든다. 나는 나무, 꽃, 열매, 집, 길, 사람, 마을, 조직, 낱말을 처음 배우는 아이가 되곤 했다. 여행에서 돌아온 뒤, 가끔씩 주문을 외운다. '처음'이라고. 시간, 장소, 사람, 사물, 생각……을 여행길에서처럼 보려고 하지만 쉽지 않다. 익숙하게 걷고, 만나고, 생각하고, 말하고, 찾는다. 절망도 희망도, 사랑도 미움도, 꿈도 실천도 너무 익숙해질까 겁난다. 경계해야 할 게 많다.

이 책에는 2006년 가을에서 겨울, 석 달 동안 남미(남미에 위치한 브라질, 아르헨티나, 칠레, 볼리비아, 페루, 콜롬비아, 베네수엘라와 중미에 위치한 쿠바—책에서는 중남미라 하지 않고 남미라고 했다)에서 내가 보고 듣고 겪고 느낀 것들이 담겨 있다. 여러 나라를 다녔지만 한 나라에 머문 날이 그리 길지 않고, 다닌 곳도 한 도시, 한 마을 정도이다. 더 오래, 더 깊게 남미를 들여다본 사람들이 많을 터다. 그에 비하면 턱없이 짧고 얕은 경험이지만 책으로 묶어 세상에 내놓는다. 내 눈길을 붙잡고 귀 기울이게 하고 찾아 나서게 했던 그 무엇을 나 아닌 다른 이들과 함께 나누고 싶다.

내가 사는 땅도 그렇지만 남미 그곳에도 변두리, 가난, 국가 폭력, 청산되지 않은 비겁한 역사, 민주주의·평등·평화를 위한 투쟁과 저항의 흔적이 있다. 세상 어느 땅이라고 그 흔적이 없을까. 그런데 그 흔적들은 지금 벌어지는 현실이기도 하다. 산티아고에서 병원 여성 노동자들이 파업과 단식투쟁을 했던 것처럼 지금 한국에서는 기륭전자, 이랜드-뉴코아, KTX 승무원 여성 노동자들이 비정규직 철폐를 위해 단식투쟁을 하거나 천막 농성 투쟁을 한다. 그 시간은 벌써 일 년을, 천 일을 넘겼다. 아야쿠초에서 만난 하비에르가 내게 진실·화해위원회에서 제작한 학살보고서 다큐멘터리 디비디 겉표지를, "검문에 잘못 걸리면 테러리스트로 몰린다"며 가져가지 말라고 했던 일이 있다. 그때는 어처구니가 없었지만, 하비에르가 걱정했던 일들을 요즘 나는 우리나라에서 본다.

2008년 5월에서 7월로 이어지는 동안 수많은 사람이 촛불을 켜들고 거리로 나왔다. 하루 이틀이 아니다. 비가 쏟아지는 날에도 사람들은 밤을 지새워 새벽을 맞이하고 아침이 되도록 자신들이 스스로 일구어낸, 광장이 된 찻길에 섰다. 그게 못마땅한 정권과 경찰, 보수언론은 사실 왜곡과 협박, 국가 폭력을 휘둘렀다. 없는 배후 세력을 말하고, 단체를 불법으로 수색해 압수한 문건에서 몇 구절을 따다가 짜 맞추기를 한다. 지나간 시대에 사람들이 분노했던 일들이 지금도 이어진다. 잘못된 정부 정책과 결정에 대해 의견을 밝히고 저항하는 국민을 몽둥이로 때리고, 방패로 내리찍고, 군홧발로 짓밟고, 목을 조른다. 소화기와 물대포를 쏴댄다. 아기와 어린이가 함께 있는 대열에.

그래도 사람들은 여전히 거리로 나오고 촛불을 켠다. 잘못된 권력을 두려워하지 않는다. 자신 속에 꼭꼭 감추어져 쉽사리 꺼내기 어려웠던 저항과 연대, 나눔이 툭툭 터져 나와 씨 뿌리고 있기 때문이라고 생각한다. 그 씨앗이 싹을 틔우고, 꽃을 피우고, 열매 맺을 때까지 얼마나 시간이 걸릴지는 그 누구도 말하지 못한다. 쉽게 와 닿지 않는 다른 이들의 고통과 삶에 어깨 겯기까지는 그보다 더 많은 시간이 필요할지도 모르겠다. 거리에 서서 사람들 속에 함께 있으면서, 메리다 그 붉은 물결의 사람들과 그 사람들이 걸어왔던 지난날들이 떠올랐다. 바꾸고 새로 만드는 일이 어렵다 해도 이제 막 꿈꾸기 시작한 여기, 촛불을 든 사람들은 쉽사리 포기하지 않을 것이다.

15년 전, 아버지는 내가 처음 노동자 잡지에 쓴 글을 읽으시고는 칭찬을 기대하던 내게 단 한마디, "세상을 뒤흔드는 글을 써야 해"라고 말씀하셨다. 서운했지만 나는 아무 말도 못했다. 세상을 뒤흔드는, 세상을 움직이는 그런 글은 아직 내 능력 밖인가 보다. 그런 것에 욕심내지 않으려 할 따름이다. 함부로, 허투루 글 쓰지 말라는 말로 새겨듣는다. 그런데 이것도 수월하지 않다.

초등학생 때, 어머니를 따라 옷에 구슬을 단 일감을 가져다주러 가는 길이었다. 밤하늘에서는 천둥과 번개가 치고 폭우가 쏟아졌다. 나는 우산을 버리고 집으로 되돌아가고 싶었는데 어머니는 그 길을 가셨다. 중학생 때, 집안 형편이 어려워져 따로 사는 식구들에게 반찬거리를 가져다주러 가는 길도 그랬다. 비가 와 30분 넘게 걸어야 하는 시골길은 발이 푹푹 빠지는 진창길이 되었다. 나는 이 길을 어찌 가나, 되돌아 기차를 타고 싶었지만 그때도 어머니는 한마디 말씀 없이 칠흑 같은 밤, 진창길을 걸으셨다. 묵묵히 삶이라는 길을 걸어오신, 한 번도 내게 "하지 말라" 소리를 안 하신 어머니가 계시기에 나는 여행을 하고, 글을 쓸 수 있었다.

남들처럼 용돈 한 번 두둑하게 어머니 손에 쥐어드리지 못하는 가난한 딸은 여전히 얼굴 두껍게 어머니한테 아이를 맡기고 시간을 얻곤 한다. 신문에 싣는 내 글을 꼬박꼬박 읽고 오려서 모아놓으시는 어머니는 내 든든한 벗바리다.

좁은 집에서 아옹다옹 세 식구 살다 보니, 어느 새 나와 남편은 마흔 줄에 섰고 아이는 열한 살이 되었다. 가끔, 아니 자주 아이는 철없는 부모 때문에 고생하고 걱정이 많다. 시인인 아빠가 쓴 시에 욕이 들어가는 것을 보고는 욕 좀 쓰지 말라고 충고하고, 내가 날을 새고도 글 한 줄을 못 쓸 때는 그냥 쉽게 쓰라고 지도한다. 여행하는 동안 돌아가면 두 사람에게 잘해줘야지라고 다짐했지만 잊고 사는 일이 많다. 남미에 있는 동안 두 사람, 경동과 관호가 보내준 편지가 아직도 메일함에 있다.

새해 첫날 밤, 전화벨이 울려 받아보니 카린이다. 카린은 지난해 가을 하비에르와 결혼해 아야쿠초에 산다. 페루에서는 새해 아침일 그 시각, 새해 행복하라고 전화 준 카린과 하비에르. 나는 전화번호를 적어만 왔지 전화해볼 생각은 못하고 사는데 늘 저쪽에서 먼저 전화를 한다. 솔과 후이도 마찬가지다. 팔찌와 목걸이를 만들어 팔며 여행을 하던 루시오는 부에노스아이레스로 돌아가 아르바이트를 하면서 영화 공부를 한다. 2차 세계대전 당시 이주 노동자 이야기를 만든다며 소식을 전해 왔다. 빡빡머리 디에고는 아직도 여행 중이다. 스페인 어느 땅에서 이따금씩 사진을 보내온다. 마노는 내년에 치를 국제교육연극협회 총회를 준비한다. 비차마 극단 친구들은 지난해 우리나라에 와서 연극 〈사라진 사람들에 대한 기억〉을 공연했다. 나무닭움직임연구소도 지난해 연극 〈체 게바라〉를 만들어 남미 순회공연을 다녀왔다. 남미를 다녀온 지 2년이 가까워 오는데 아직 사진도, 편지도 보내주지 못한 친구들이 많다. 마음은 늘 고마워하고 그리워하면서. 마음만으로는 부족하다. 생각만으로는 부족하다.

어려워하지 않고 마음과 생각을 표현하며 살아야 할 텐데, 어쩌면 내가 여행에서 배운 건 그것일 텐데……. 모든 고마웠던 사람들에게 일일이 이름 말하지는 못하지만 고맙다는 인사를 올린다. 몇 년 동안 책이 필요한 때 빼고는 통 연락도 않다가 남미 간다고, 글 쓰겠다고 보낸 편지에 흔쾌히 책을 내겠다고 한 이학사에 고마움을 전한다. 누군가 나를 믿어준다는 게 큰 힘이 된다.

변할 것 같지 않은 세상에서 꿈을 꾸고 저항하는 사람들에게 부끄럽게 책을 내민다.

2008년 7월 박수정